民法学

（下册）

主　编　龙翼飞
副主编　薛　杉

国家开放大学出版社·北京

图书在版编目（CIP）数据

民法学．下册／龙翼飞主编．-- 北京：国家开放大学出版社，2023.7

ISBN 978-7-304-11894-5

Ⅰ.①民… Ⅱ.①龙… Ⅲ.①民法-法的理论-中国-开放教育-教材 Ⅳ.①D923.01

中国国家版本馆 CIP 数据核字（2023）第 136215 号

民法学（下册）

MINFA XUE（XIA CE）

主　编　龙翼飞

副主编　薛　杉

出版·发行：国家开放大学出版社

电话：营销中心 010-68180820　　总编室 010-68182524

网址：http://www.crtvup.com.cn

地址：北京市海淀区西四环中路 45 号　　邮编：100039

经销：新华书店北京发行所

策划编辑：王国华　　版式设计：何智杰

责任编辑：宋　莹　　责任校对：朱翔月

责任印制：武　鹏　沙　烁

印刷：北京鑫益晖印刷有限公司

版本：2023 年 7 月第 1 版　　2023 年 7 月第 1 次印刷

开本：787mm×1092mm　1/16　　印张：24.25　　字数：457 千字

书号：ISBN 978-7-304-11894-5

定价：49.00 元

（如有缺页或倒装，本社负责退换）

意见及建议：OUCP_KFJY@ouchn.edu.cn

前言

《中华人民共和国民法典》是新中国成立后颁布的首部以法典命名的法律，是新时代人民权利的宣言书，在社会主义法治体系中举足轻重。为了加强民法典的宣传工作，让民法典走进教室、走进课堂，国家开放大学组织专家学者以《中华人民共和国民法典》为基础，对其进行理论阐释、法条解读和案例分析，编写了《民法学》教材。《民法学》教材分上、下两册，是一套入门性质的法学教材，主要适用于国家开放大学开放教育法律事务专业和法学专业的教学，也适合相关院校法律专业学生和对民法学感兴趣的初学者使用。

本套教材旨在阐明民法学的基本概念和原理，勾勒民法学的框架，阐释《中华人民共和国民法典》中的核心法律条文，培养法律思维。本套教材将学习目标分为掌握、熟悉、了解三个层次，明确了对应的知识点，有助于学生自主学习，也可作为音像教材、网络视频、网络课程及其他网上教学资源的配套材料。通过学习本套教材，学生能够掌握民法的基本原理和具体制度，掌握分析、处理相关民事法律事务的基本技能，具备将民法知识应用于社会生活并解决纠纷的能力，为法律相关执业工作做好充分准备，服务于社会主义市场经济建设和法治国家建设。

本套教材借鉴《中华人民共和国民法典》的结构设计，分为民法总则、物权、合同、人格权、婚姻家庭、继承、侵权责任七编，共四十二章，涵盖了《中华人民共和国民法典》各编的内容。本套教材呈现给读者的内容是按照现行法律法规编写的，由于法律法规会根据现实需要修改变化，为了大家学习时能参考最新的相关法律法规，了解相关立法动态，我们特别设计了“扫一扫看变化”二维码，敬请关注。

扫一扫看变化

本套教材具有以下鲜明特色：第一，注重思想引领。本套教材以阐释习近平法治思想为核心要义，宣传党的二十大精神，传递社会主义核心价值观，融入课程思政内容，将习近平法治思想和社会主义核心价值观融入民法学理论阐释和法律适用中。第二，关注立法、司法和法学研究的前沿。本套教材以《中华人民共和国民法典》及相关司法解释为基础进行编写，呈现立法、司法和法学研究的新成果。第三，言简意赅，兼顾学理性与实务性，避免有争议的理论探讨。本套教材结合开放教育法学教育专业的特点，在教学内容选取和章节设置方面以“必需、够用”为度，减少理论性文字的阐释，加强应用性和可操作性，增强教材的可读性。

本套教材主要由长期从事民法教学和研究的著名学者和骨干教师合作完成。其中，龙翼飞（中国人民大学法学院教授、博士研究生导师）任主编，各编编写分工如下：

第一编，龙翼飞、田野（中国人民大学法学院民商法学博士，北方工业大学文法学院教师）；

第二编，龙翼飞、董彪（北京工商大学法学院教授）；

第三编，龙翼飞、董彪、阴赵丹（西藏大学政法学院副教授）；

第四编，龙翼飞、阴赵丹；

第五编，叶志宏（国家开放大学副教授）；

第六编，陈群峰（中央民族大学法学院教授、博士研究生导师）；

第七编，薛杉（北京大学民商法学博士，国家开放大学政法教学部法学院教师）。

在《民法学》教材的编写过程中，清华大学崔建远教授，北京大学钱明星教授和刘凯湘教授，中国人民大学王轶教授和姚辉教授，北京工商大学李仁玉教授等，对本套教材的大纲、多媒体教材一体化设计方案、文字教材初稿等进行了审定，并提出了宝贵的意见，在此表示诚挚的感谢！

囿于编者水平和时间仓促，书中难免存在不足之处，衷心希望读者批评指正。

编者

2023年5月

目 录

第三编 合同

第四编 人格权

第五编 婚姻家庭

第七编　侵权责任

第三编

合同

第十六章 债法概述

学习目标

掌握：债的概念及特征，债的发生原因。

熟悉：债的分类、债的保全、债的担保、债的转移。

了解：债的消灭。

第一节 债的概念及特征

债权制度是民事法律制度体系中最基本的制度之一。在日常生活中，人们经常听到债的概念，如“债台高筑”“欠债还钱”“三角债”等，但是，法律上的债到底指的是什么呢？这正是本节要讲解的内容。

一、债的概念

债是按照合同的约定或者依照法律的规定，在当事人之间产生的特定的权利和义务关系。享有权利的人是债权人，负有义务的人是债务人。债权人有权请求债务人按照合同的约定或者法律的规定履行义务；债务人有义务按照合同的约定或者法律的规定为特定行为以满足债权人的请求。这种特定的权利义务关系就是债的关系。

民法上债的概念源于罗马法，罗马法上的债（oblitio），既指债权、债务，也指债权债务关系。大陆法系国家沿用了罗马法中的这种概念。尽管现代各国法律对于债的具体称谓有所不同，但其含义基本上都是一致的。我国现行法律中，债的概念包括债权和债务，即以债权债务为内容的民事法律关系。

二、债的特征

债，作为一种民事法律关系，是民法调整财产关系的结果。但民法调整财产关系所形成的法律关系，并非都是债的关系。债的关系与其他财产法律关系相比，具有以下特征：

1. 债是特定民事主体之间的法律关系

债发生在特定的民事主体之间，即债的主体（无论是权利主体还是义务主体）都只能是特定的。也就是说，债权人只能向特定的债务人主张权利，债务人也只能向特定的债权人履行义务。债权是一种相对权。而物权关系、知识产权关系及继承权关系中只有权利主体是特定的，义务主体则为不特定的人，即权利主体得向一切人主张权利，这种权利是一种绝对权。

2. 债须通过债务人的特定行为方可实现

债作为一种特定民事主体之间的法律关系，以民事主体间的请求为特定行为内容，因而债是以请求权为特征的一种法律关系。法律上的债不仅仅指金钱给付，其他诸如请求提供劳务、交付货物、移转权利等的法律关系也称为债。债是民事主体实现特定利益的法律手段，债的目的是一方从另一方取得某种财产利益，而这一目的只有通过债务人的给付才能实现，债务人不实施应为的特定行为也就无法使债权人实现债权。物权关系、知识产权关系中的权利人可以通过自己的行为实现其权利，以达其目的，而无须借助于义务人的行为来实现法律关系的目的。

3. 债是财产流转关系的体现

财产关系依其形态可以分为财产的归属利用关系和财产流转关系。前者为静态的财产关系，后者为动态的财产关系。物权关系、知识产权关系反映了财产的归属利用关系，其目的是保护财产的静态的安全；而债的关系反映了财产利益从一个主体转移给另一个主体的财产流转关系，其目的是保护财产的动态的安全。

4. 债具有平等性和多样性

债可因合法行为产生，也可因不法行为产生。对于因合法行为产生的债权，法律没有特别规定其种类，也就是说，当事人可以依法自行设定债权。因此，债具有多样性。而物权关系、知识产权关系都只能依合法行为产生，并且其类型具有法定性，当事人不能自行设定法律上没有规定的物权、知识产权。物权具有优先性和不相容性，在同一物上不能设立内容不相容的数个物权关系，同一物上存在数个物权关系时，其效力有先后之分。而债的关系具有平等性，在同一物上不仅可以设立内容相同的数个债，并且数个债相互间是平等的，不存在优先性和排他性。

5. 债基于合同约定或法律规定而产生

法律上的债，既可因合同约定而产生，也可因法律规定而产生，因而其具有极广的适用范围。因合同约定而产生的债，称为约定之债；因法律规定而产生的债，称为法定之债。

第二节　债的发生原因

债的发生原因，是指引起债产生的法律事实，主要有以下几种类型。

一、合同

合同是当事人之间设立、变更、终止债权债务关系的协议。基于合同产生的债的关系，是合同之债。合同是产生债的最常见、最重要的原因。《中华人民共和国民法典》（以下简称《民法典》）第四百六十四条第一款将合同界定为民事主体之间设立、变更、终止民事法律关系的协议，但同条第二款将婚姻、收养、监护等有关身份关系的协议排除在外。

二、侵权行为

侵权行为，是指不法侵害他人的民事权益，应承担民事责任的行为。通常认为，侵权行为发生后，侵权人应依法承担侵权责任，被侵权人有权请求侵权人承担侵权责任，这种责任关系也形成债的关系。

三、无因管理

无因管理，是指没有法定或者约定的义务而为他人管理事务。管理他人事务的人称为管理人，负有将开始管理事务通知本人、适当管理、继续管理、报告及计算等义务；被他人管理事务的人称为本人，本人负有偿还必要费用、赔偿损失等义务。

管理人与本人之间形成债的关系。

四、不当得利

不当得利，是指没有合法根据，致使他人受有损失而取得的利益。由于该项利益没有法律上的依据，因此应将其返还给受损人，从而形成以不当得利返还为内容的债的关系。不当得利可因各种原因产生，但作为债的发生原因，无论其是因何原因形成的，只要发生不当得利的后果，就在当事人间产生不当得利之债。

五、其他

缔约上的过失，是指当事人一方在缔约过程中具有过失，从而导致合同不成立、无效、被撤销或者不被追认等，使他方当事人受到损害的情况。于此情形之下，具有过失的一方应赔偿对方受有的损失，由此产生缔约上的过失责任。该责任成立后，过失一方负有向受损害一方赔偿的义务，受损害一方享有请求过失一方赔偿的权利，因此形成债的关系。

单独行为，又称单务约束，是指表意人向相对人做出为自己设定某种义务的行为，使相对人取得某种权利的意思表示。它之所以可以引起债的关系的发生，在于依当事人意思自治原则，当事人可以基于某种物质或者精神上的需要，为自己设定单方义务，同时放弃对于相对人给付代价的请求。第三人向债权人表示愿意清偿债务人尚欠债权人的借款，属于单方允诺。但是，对于悬赏广告究竟为单独行为还是要约，则存在争论。从保护相对人利益的角度讲，单独行为说更为妥当。

第三节　债的分类

由于债是具有多样性的法律关系，因此债的种类很多，根据不同的分类标准，可将债分为不同的类型。

一、特定之债与种类之债

根据债的标的物性质的不同，可将债分为特定之债与种类之债。

特定之债，是指以特定物为债的标的物的债权债务关系。特定之债的根本特征在于：债的标的物于债成立之时即已特定，具有不可替代性。特定的标的物既可以是独一无二的物，如某一幅字画；也可以是以当事人的主观意志选定的特定物，如某一台电视机。特定之债的法律意义在于：第一，债务人只能以给付特定的标的物履行义务，债权人也只能要求债务人交付特定的标的物。原则上，当事人不能以其他标的物代替约定的标的物给付。第二，当特定的标的物灭失时，发生债的履行不能，债务人不负履行责任。但是，如果特定标的物的灭失原因可归责于债务人，则债务人应负损害赔偿责任。第三，转移标的物所有权的特定之债，当事人可以约定特定标的物所有权的转移时间和风险转移时间。

种类之债，是指以种类物为债的标的物的债权债务关系。种类之债的根本特征在于：其标的物为种类物，在债成立之时，当事人仅以一定的数量和质量确定标的物。种类之债的法律意义在于：第一，债的标的物是不特定的，具有可替代性。因此，在债成立之时，当事人需要确定标的物的数量和质量。如标的物的数量和质量不确定或者不能确定，则债不成立。第二，在约定的标的物发生毁损、灭失时，一般不发生履行不能。种类之债的标的物具有可替代性，因而债务人在其标的物部分灭失时，仍可以用余下的标的物履行债务，而不发生债的履行不能。一般来说，只有在债务人所有的该种类物全部灭失时，才发生债的履行不能。第三，转移所有权的种类之债，标的物所有权的转移时间不能在标的物特定化之前，在法律没有另外规定或当事人无另外约定时，标的物的所有权自交付时转移，标的物毁损、灭失的风险也自交付时转移给债权人负担。

二、简单之债与选择之债

根据债的给付是否可由当事人选择，可将债分为简单之债和选择之债。

简单之债，是指债的履行标的只有一种，当事人无可选择的债。简单之债，也称为单纯之债，由于此种债的履行标的只有一种，当事人只能按照该种标的履行义务。当事人不仅不能选择其他标的来履行义务，而且在履行时间、方式、地点等方面都没有选择的余地。由于简单之债的当事人在债的履行上没有选择性，所以简单之债又称为不可选择之债。

选择之债，是指债的履行标的有数种，当事人可以从中选择一种进行履行的债。因为选择之债的当事人须从数种标的中选择一种履行，因此选择之债须具备以下两个条件：一是在债的履行上具有可选择性。债的履行上具有可选择性，是指在债的成立之始就有两种以上的标的可供选择。可供选择的数种标的，既可以是标的种类上的不同，如债务人给付金钱或提供劳务；也可以是标的物的不同或劳务内容的不同；还可以是履行时间的不同，履行方式的不同，履行地点的不同。凡在债的给付标的、履行时间、方式、地点等诸方面可供选择的债，都为选择之债。二是必须在债的履行标的特定后才能履行。选择之债的履行标的虽有数种，但当事人只能从中选择一种标的进行履行，也只有在履行标的确定后当事人才能履行债。如无须确定债的履行标的就可以履行，则该债就不是选择之债。

三、连带之债与按份之债

多数人之债指的是针对同一个给付标的，债务人和债权人至少一方主体为两个或两个以上的债的关系。而单一之债指的是债务人和债权人主体均为单数的债的关系。根据多数债权人或多数债务人之间对债权债务承担情况的不同，可将多数人之债进一步分为连带之债和按份之债。

连带之债，是指多数一方的债权人或债务人均有权请求对方履行全部债务或者都负有向对方履行全部债务的义务的债权债务关系。连带之债的多数人一方相互间有连带关系。若债权人一方为多数且有连带关系，则为连带债权；若债务人一方为多数且有连带关系，则为连带债务。

连带之债的成立须具备以下四个条件：

一是须有多数债权人或多数债务人。这是多数人之债的根本特征，也是连带之债成立的先决条件。

二是债的标的必须是同一标的。如债的标的不同，则不能成立连带之债。只要多数人一方相互间的权利义务份额在债履行前是不确定的，并且是不能确定的，就是连带之债。在连带之债中，债务人负有清偿全部债务的义务，并不以债务人能否清偿部分债务为连带之债成立的条件。当然，若债的标的不可分，连带之债的债权人请求债务人履行债务的，债务人只能就全部债务履行，而不可能仅就部分给付履行。

三是债的当事人之间的债权债务须有同一目的。连带之债的标的不仅须是同一的，而且债的目的也须是同一的。所谓债的目的是同一的，是指各债权人享受的债权或者各债务人负担的债务的目的是同一个。如果各债权人中某人受偿了全部债权或者各债务人中某人清偿了全部债务，债即消灭。如虽债的标的同一，但债的目的不同一，也不能发生连带之债。

四是债的多数人一方之间须有连带关系。这是连带之债的根本特征，也是由连带之债具有同一目的所决定的。所谓连带关系，是指就多数债权人或者多数债务人中一人发生效力的事项，对于其他债权人或者债务人也同样发生效力。例如，某一债权人接受了债务人全部债务的履行时，其他债权人的债权同样归于消灭；某一债务人履行了全部债务时，其他债务人对债权人所负的债务也归于消灭。某一债务人以抵销、提存等方法清偿全部债务时，其他债务人的清偿义务也归于消灭。

按份之债，是指多数一方的债权人或债务人各自按照确定的份额分享权利或分担义务的债权债务关系。按份之债是从主体的特征对多数人之债进行的区分，强调的是多数人一方主体之间的权利义务关系。按份之债包括按份债权和按份债务。二人以上的债权人按照确定份额分享权利的，即按份债权；债务人为二人以上，各自按照确定份额分担义务的，即按份债务。

按份之债的成立须具备以下三个条件：一是债权人或者债务人为二人以上。在单一之债中不可能发生一方当事人之间的权利或义务的份额问题，所以只有在债的当事人一方或双方为多数人时，才会成立按份之债。二是债的标的是可分的。所谓债的标的可分，是指该债的标的经分割后并不损害其性质或价值。因此，按份之债的标的物只能是可分物。如果债的标的是不可分的，则当事人之间不可能按照确定份额分享权利或分担义务。三是债权或债务由多数债权人分享或由多数债务人分担。多数一方的当事人之间分享权利或者分担义务，是按份之债的根本特征。虽然债的标的是可分的，但法律另有规定或者当事人另有约定时，也不能成立按份之债。例如，多位继承人在继承某份遗产时，对于被继承人生前的某项债权或债务，在遗产未分割前，各继承人不能按照确定的份额分享权利或分担债务。又如，甲、乙、丙共同向丁借款，约定甲、乙、丙共同不分份额地向丁负清偿责任，则甲、乙、丙与丁之间的债就不为按份之债。

第四节 债的保全

债的保全，是指法律为防止因债务人的财产不当减少给债权人的债权带来危害，允许债权人代债务人之位向第三人行使债务人的权利，或者请求法院撤销债务人与第三人的民事行为的法律制度。其中，债权人代债务人之位，以自己的名义向第三人行使债务人的权利的法律制度，称为债权人的代位权制度；债权人请求法院撤销债务人与第三人的民事行为的法律制度，称为债权人的撤销权制度。

一、合同保全

合同保全从本质上讲就是一种债的保全。合同之债中，债权人债权的实现是整个合同制度赖以维持的中心。为保证债权的实现，法律通过债权的担保制度使债权人获得双重保险，并在债务人不履行债务时通过违约责任制度强制债务人履行债务。即便如此，债权人债权的实现仍不能得到充分保障。因为即使在法律上设定了担保制度，受到保护的仅是具有特殊担保的债权人，对于无担保的债权人来说，其债权的实现仍无保障。而且，在追究债务人违约责任的情况下，债务人承担违约责任的财产仅为其现有财产。所以，法律还规定了债的保全制度，赋予债权人在受到债务人的侵害时，以债权人的代位权来保持债务人的财产，以债权人的撤销权来恢复债务人的财产，以此保护作为债权的一般担保的责任财产，进而更有力地保障债权实现。所谓一般担保的责任财产，是相对于基于担保制度担保个别债权的特别财产而言的，它构成对全体债权人的共同担保。

二、代位权

代位权，是指当债务人怠于行使其对第三人享有的权利而危及债权人的债权时，债权人为保全其债权，可以以自己的名义代位行使债务人对第三人之债权的权利。《民法典》第五百三十五条第一款规定："因债务人怠于行使其债权或者与该债权有关的从权利，影响债权人的到期债权实现的，债权人可以向人民法院请求以自己的名义代位行使债务人对相对人的权利，但是该权利专属于债务人自身的除外。"债权人的代位权不同于代理权。代理权是代理人基于本人委任而产生，代理人以本人的名义行使权利、履行义务，代理的效果直接归于本人。而债权人的代位权是基于法律直接规定，债权人以其自身名义行使原属于债务人的权利，旨在保护自己的债权。

代位权的成立，通常应当具备以下要件：

（1）债务人须享有对第三人的到期债权。代位权涉及第三人的权利，债务人对第三人享有的到期债权，为债权人代位权的标的。债务人对第三人享有合法的债权，且该债权已届清偿期，是债权人行使代位权的前提条件。至于债务人对第三人的债权是发生在债的关系成立之前还是之后，不影响代位权的成立。

（2）债务人怠于行使其债权。其是指债务人应当行使，且能够行使而不行使其债权。其中"应当行使"是指若不及时行使，该权利将有可能消灭或者丧失；"能够行使”是指行使权利不存在任何障碍，债务人在客观上有能力行使该权利；“不行使”是指主观上消极地不行使权利，即不以诉讼方式或者仲裁方式向第三人主张债权。第三人认为债务人没有怠于行使其到期债权的，应当承担举证责任。

（3）债务人怠于行使其债权的行为对债权人造成了损害。只有当债务人怠于行使其债权的行为对债权人的债权造成了损害，可能致使债权人的到期债权不能实现，债权人才能行使代位权来保全自己的债权。

（4）债务人的到期债权应当以非专属于债务人的债权为限。专属于债务人的债权，是指基于扶养关系、抚养关系、赡养关系、继承关系产生的给付请求权和劳动报酬、退休金、养老金、抚恤金、安置费、人寿保险、人身伤害赔偿请求权等权利。

三、撤销权

撤销权，是指债务人实施处分其财产的行为，危及债权人的债权实现时，债权人可以请求法院撤销债务人行为、恢复债务人财产的权利。《民法典》第五百三十八条规定：“债务人以放弃其债权、放弃债权担保、无偿转让财产等方式无偿处分财产权益，或者恶意延长其到期债权的履行期限，影响债权人的债权实现的，债权人可以请求人民法院撤销债务人的行为。”债权人的撤销权适用于债务人实施某种行为，使其作为债务担保的责任财产不当减少，因而危及债权人的利益，使债权不能实现的情形。撤销权与代位权同为保护债务人财产一般担保力的制度，二者的不同之处在于：代位权是对于因债务人消极不行使权利使财产减少而危及债权人权利的救济，而撤销权是对于因债务人的积极行为使财产减少而危及债权人权利的救济。

债权人撤销权的构成要件，包括客观要件与主观要件。

（1）客观要件。客观上须是债务人实施了危害债权人债权的行为，包括放弃债权、无偿转让财产、以明显不合理的低价转让财产等。这些行为并不当然产生债权人的撤销权，只有当这些行为有害于债权人的债权时，才允许债权人行使撤销权。所谓有害于债权，是指债务人的责任财产减少，清偿能力降低，致使债权人的债权不能实现，进而对债权人造成损害。

（2）主观要件。依据《民法典》第五百三十八条、第五百三十九条的规定，债务人以无偿行为损害债权时，债权人的撤销权不以债务人与受益人的主观因素为构成要件；只有当债务人以有偿行为损害债权时，才要求债务人与受益人均为恶意，即债务人知道自己的行为会损害债权人的债权而故意为之，受益人也知道或者应当知道该情形的，债权人方可行使撤销权。《民法典》对于债务人恶意的判断，采取的是客观推定标准，即只要债务人存在“以明显不合理的低价转让财产”

的行为，就可以推定其主观上具有恶意。受益人是指依债务人的行为直接或间接取得利益的人。受益人的恶意是指受益人在取得利益时知道或者应当知道债务人所为的行为会损害债权人的债权，至于受益人是否具有故意损害债权人权利的意图，或者是否曾与债务人恶意串通，则在所不问。对于受益人的恶意，应当由债权人予以证明。

第五节 债的担保

一、保证

保证，是指由债务人以外的第三人作为保证人，当债务人不履行债务时，由保证人按照约定履行债务或承担责任的制度。

（一）保证的法律特征

保证的法律特征主要体现在以下几个方面：

（1）保证是一种双方民事法律行为，同时也是单务民事法律行为。保证是由债权人与保证人双方实施的民事法律行为，须债权人与保证人双方意思表示一致才能成立。仅有一方的意思表示就可成立的保证是单方民事法律行为，不为债权法上的保证担保。例如，票据法上的保证，则不属于我们这里所说的保证，而是一种特别法上的担保。同时，保证作为一种双方民事法律行为，应当适用于民事行为的规定，不符合民事行为要件的“保证”，不能成立。保证合同为单务合同。在保证当事人双方之间没有相互对待给付的义务，因而不发生义务履行的顺序问题。

（2）保证是以合同当事人以外的第三人的信用提供的担保，属于人的担保。保证是保证人以自己的信用担保债务人履行债务，因而保证人只能是债务人以外的第三人，而不能是债务人自己。债务人对自己履行债务的担保，不为保证。例如，债务人对自己的产品质量所作出的保证，并不是债的担保中的保证。第三人对他人所作出的不属于担保其履行债务的担保，也不属于保证。

（3）保证具有补充性和从属性。保证债务是对主债务的补充和加强，因而具有补充性。保证的补充性主要表现在，只有当债务人不能履行债务时，保证人才负履行保证债务的责任。因此，债权人请求保证人履行保证债务时，应当证明债务人不能履行债务的事实。保证债务原则上应债权人的请求始届清偿期。也就是说，除了保证合同中特别约定债务人不能履行债务时保证人即应履行外，即使主债务的履行期届满，如果债权人未向保证人请求履行，保证债务也不届清偿期，不能发生保证人迟延履行的责任。

保证的从属性在于保证合同是主合同的从合同，保证债务是主债务的从债务。保证的从属性主要表现在以下几个方面：①保证合同以主合同的有效存在为存在前提。保证债务以主债务的存在为前提，并在主债务存续中从属于主债务。无主债务也就无从债务。因此，债权人要求保证人承担保证责任的，不仅须证明保证债务的存在，还须证明主债务的存在。②保证的范围与强度从属于主债务，但不得大于或者强于主债务。保证担保，保证人可以与债权人协商约定保证的范围与强度，若约定的保证的范围与强度大于或者强于主债务，应将其减到主债务的限度。例如，约定的保证担保的利息高于主债务利息的，应减至与主债务相同的利息；约定的保证债务的履行期先于主债务履行期的，主债务履行期届满后才为保证债务的履行期；约定的保证担保的数额高于主债务的，应减至与主债务相同的数额；约定的主债务的数额于保证成立后减少的，保证债务的数额也相应减少。③保证债权随主债权的转移而转移。在保证期间，债权人转让债权给第三人的，债权人对保证人的保证债权原则上也随同转移，保证人仍在原担保的范围内承担保证责任。但当事人在保证合同中约定债权人不得让与债权的，则于债权人转让债权时保证人的保证责任即消灭。④保证人的保证债务于保证期限内存在。保证是对特定债务人履行债务的信用担保，因而保证债务原则上只能随特定债务人债务的存在而存在。因此，债务人转移主债务的，除保证人明确表示对债务转移承担保证责任之外，保证人的保证债务消灭。⑤保证债务随主债务的消灭而消灭。主债务因清偿等原因消灭的，保证债务也应当消灭。主债务因合同解除而消灭的，保证债务也应当消灭。主债务因合同更新而更改的，除当事人另有约定以外，保证债务也应当消灭。

（二）保证的方式

保证的方式包括一般保证和连带保证两种，保证合同当事人双方应当约定保证的方式。在一般保证中，保证人享有先诉抗辩权。《民法典》第六百八十六条第二款规定，当事人在保证合同中对保证方式没有约定或者约定不明确的，按照一般保证承担保证责任。

（1）一般保证。一般保证是指保证人仅对债务人不履行债务负补充责任的保证。一般保证的保证人在主合同纠纷未经审判或仲裁，并就债务人财产依法强制执行仍不能履行债务前，对债权人可以拒绝承担保证责任。因此，一般保证是保证人享有先诉抗辩权的保证方式。

（2）连带保证。连带保证是指保证人在债务人不履行债务时，与债务人负连带责任的保证。连带保证的债务人在主合同约定的债务履行期届满时没有履行债务的，债权人既可以要求债务人履行债务，也可以要求保证人在其保证范围内承担保证责任。可见，连带保证保证人的责任重于一般保证保证人的责任。一般保证的保证人只在债务人不能履行债务时才承担保证责任；而无论债务人能否履行债务，只要债务人未履行债务，连带保证的保证人就有义务承担保证责任，并不享有先诉抗辩权。

二、定金

定金，是指合同一方当事人在合同履行之前给付相对方一定的金钱作为债权的担保的制度。定金也是债的担保的一种方式。

（一）定金的法律特征

定金的法律特征主要体现在以下几个方面：

（1）定金依书面合同的约定而成立，是一种约定担保。

（2）定金有着特殊的定金罚则。如果支付定金的一方当事人违反合同，则无权要求对方当事人返还定金；如果收受定金的一方当事人违反合同，则应双倍返还定金。

（3）定金合同属于实践性合同，合同自定金实际交付之日起生效。

（二）定金的种类

各国法律对定金的种类几乎都有规定，但不同时期、不同国家对定金类型的规定并不完全相同。概括起来，定金的种类主要包括成约定金、证约定金、违约定金和解约定金四种。

（1）成约定金，是指作为合同成立要件的定金。不交付定金，合同就不能成立。

（2）证约定金，是指交付定金作为合同成立证据的定金。

（3）违约定金，这种定金是作为违约的赔偿，即交付定金后，交付定金的一方如果不履行合同，则收受定金的一方得没收其定金而不予返还；收受定金的一方如果不履行合同，应当双倍返还定金。

（4）解约定金，这种定金是作为一方保留合同解除权利的代价，即交付定金的一方得以丧失定金为代价而解除合同；收受定金的一方得以双倍返还定金为代价而解除合同。

第六节　债的转移

一、债权让与

（一）债权让与的概念及分类

债权让与，即在不改变债的内容的前提下，由第三人承受债权人的全部或部分的债权。基于法律行为而发生的债权让与多以合同的方式为之，一般是指在不改变债的内容的前提下，债权人通过与第三人协商将其债权转让给第三人。债权人与第三人订立的关于转让债权的协议称为债权让与合同（或契约）。让与债权的一方当事人为让与人，受让债权的一方当事人为受让人。债权让与生效后，受让人即取代让与人的地位而成为债权人。

债权让与可分为全部让与和部分让与。债权的全部让与是指债权人将债权全部转让给第三人，转让行为生效后，原债权人退出债的关系，受让人成为债权人。债权的部分让与是指债权人将债权的一部分转让给第三人，转让行为生效后，原债权人并不退出债的关系，而是与受让人共同成为债权人。如果转让协议中约定了转让的债权份额，则原债权人与受让人按照份额享有债权，成立按份债权；如果转让协议中没有约定让与的债权份额，则原债权人与受让人连带享有债权，成立连带债权。

（二）债权让与的生效要件

债权让与通常是基于让与人与受让人之间的债权让与合同而发生的，它须具备以下条件方能生效：

1. 须当事人之间达成合意

债权让与时，让与人与受让人应当订立债权让与合同。该债权让与合同应具备合同的有效要件。如有使合同无效的情形，则债权让与合同不能生效。在债权让与合同有可撤销或可变更的事由时，当事人可以请求撤销或变更债权让与合同。债权让与合同一经撤销，溯及合同成立时无效。

2. 须存在有效债权

订立债权让与合同的目的是转让债权，因而必须具备有效的债权。若让与人不享有有效债权，该债权让与合同当然无效。对于债权是否有效，以何时为准，应具体分析。例如，债权人将可撤销的债权让与第三人的，在该债权被撤销前，该债权为有效，债权让与合同也为有效。以将来发生的债权为让与的，因于债权让与合同成立时该债权尚不存在，但并非将来不能有效存在，若当事人约定于债权人取得债权时债权移转于受让人，则该债权让与合同也应为有效。

3. 须所让与的债权具有可让与性

债权为财产权，一般具有可让与性，债权人可将其债权让与他人。但是并非所有的债权都具有可让与性。对于不具有可让与性的债权，债权人不得转让。按照《民法典》第五百四十五条的规定，下列情形的债权不得让与：

（1）根据债权性质不得转让的债权。这类债权主要包括以下四种。其一，以特定身份为基础的债权。例如，亲属间的抚养请求权、抚恤金请求权、受遗赠人的给付遗赠请求权等。其二，以特定债权人为基础的债权，如离退休金债权；以特定人为对象提供劳务的债权，如对特定人进行家教的债权。其三，基于当事人间特别信任关系的债权。例如，雇佣、委托、借用、租赁关系中的债权。其四，属于从权利的债权。因为从权利随主权利的转移而转移，性质上不能与主权利分离而单独让与。

（2）按照当事人约定不得转让的债权。债权人与债务人双方可以约定不得转让债权，但其约定不得违反法律的强制性规定。当事人关于不得转让债权的意思表示，既可以在债权成立时为之，也可以在债权成立后为之，但须在债权让与前作出。在债权让与后而作出禁止让与债权约定的，其禁止让与的意思表示无效。当事人既可以约定禁止向任何人转让债权，也可以约定禁止向特定人或特定范围的人转让债权。

（3）依照法律规定不得转让的债权。对于依照法律规定应由国家批准的合同债权，其转让应经原批准机关的批准，否则不能发生让与的效力。

4. 须通知债务人

债权让与合同为让与人与受让人之间的意思表示一致达成的协议，因此，债务人不为债权让与合同的当事人。从法律行为的一般原理上说，债务人的意思表示不能影响债权让与合同的效力。但因为债权转让合同所转让的债权与债务人有关，让与合同生效后，债务人须向受让人履行债务，因此债权让与合同是涉及债务人的合同。《民法典》第五百四十六条第一款规定：“债权人转让债权，未通知债务人的，该转让对债务人不发生效力。”依据此条规定，债权让与不以债务人的同意为生效要件，但应以通知债务人为对债务人发生效力的要件。债务人未收到债权让与通知的，则该让与对债务人不发生效力，债务人向原债权人清偿的，其清偿行为有效。

（三）债权让与的效力

债权让与会产生一定的法律效果，即产生债权让与的效力。债权让与的效力可以分为内部效力与对外效力两个方面。

1. 债权让与的内部效力

债权让与的内部效力，是指债权让与在让与人与受让人之间产生的法律效果。债权让与的内部效力主要包括以下三个方面：

（1）债权及其从权利转让于受让人。债权让与的基本效力是受让人取得受让的债权，即债权从让与人转移于受让人所有。除法律另有规定或者当事人另有约定之外，自债权让与合同成立之时债权转移于受让人，受让人即成为新的债权人。《民法典》第五百四十七条第一款规定：“债权人转让债权的，受让人取得与债权有关的从权利，但是该从权利专属于债权人自身的除外。”依据此条规定，从权利随主债权的转移而转移于受让人。例如，担保权、利息债权等随主债权的转移而转移于受让人。但专属于原债权人自身享有的从权利，如撤销权、解除权等形成权，不因主债权的转移而当然地转移于受让人。

（2）让与人应使受让人能够完全行使债权。让与人负有使受让人能够完全行使债权的义务，因此让与人应将所有足以证明债权的文件，如债权证书、票据等，全部交付给受让人；让与人应向受让人告知有关主张债权所必要的情形，如债务人的住所、债务的履行方式等；有担保权的，让与人应将担保文书一并交付给受让人；让与人占有担保物的，应将其占有转移给受让人。

（3）让与人对让与的债权负有瑕疵担保责任。让与人对其所让与的债权应负瑕疵担保责任，避免受让人因债务人主张对抗让与人的事由而使受让人的利益受到损害。但是，除了债权让与合同另有约定外，让与人不对债务人的履行能力负有担保责任。受让人于债权让与合同成立时知道债权有瑕疵而受让的，让与人也不应负瑕疵担保责任。

2. 债权让与的对外效力

债权让与的对外效力，是指债权让与对债务人及第三人发生的法律效果。债权让与自当事人双方的意思表示一致时成立，只有在向债务人发出债权让与的通知时，才能对债务人发生效力。债权让与的通知可以是各种方式，口头和书面的方式均可。债务人一经接收债权让与的通知，有异议的，可向对方提出，并向原债权人清偿债务；债务人未提出异议的，债权让与对其即发生效力。这一效力主要包括以下三个方面：

（1）债务人应向受让人履行债务。债权让与对债务人生效后，债务人应向受让人清偿债务，而不得再向让与人清偿债务。债务人仍向让与人清偿债务的，除构成向第三人履行之外，其清偿无效，不能对抗受让人，而只能依不当得利向接受清偿的让与人要求返还。

（2）债务人对原债权人的抗辩权得向受让人为之。受让人受让债权，其地位不能优于让与人，其权利不能大于让与人原有的权利，因此凡债务人得以对抗原债权人的抗辩权，同样得用以对抗受让人。《民法典》第五百四十八条规定："债务人接到债权转让通知后，债务人对让与人的抗辩，可以向受让人主张。"例如，债权未发生的抗辩，债权已消灭的抗辩，债权无效的抗辩，同时履行抗辩和不安抗辩，以及债权已过诉讼时效的抗辩等，债务人均可向受让人行使。

（3）债务人得主张以其债权与让与的债权抵销。《民法典》第五百四十九条规定："有下列情形之一的，债务人可以向受让人主张抵销：（一）债务人接到债权转让通知时，债务人对让与人享有债权，且债务人的债权先于转让的债权到期或者同时到期；（二）债务人的债权与转让的债权是基于同一合同产生。"

二、债务承担

（一）债务承担的概念及分类

债务承担，是指在不改变债的内容的前提下，由第三人承担债务人部分或全部的债务。债务承担可因法律的直接规定而发生，也可因法律行为而发生。依当事人之间的合意而发生的债务承担最为常见。当事人之间关于转移债务的合意即债务承担合同。

债务承担包括免责的债务承担与并存的债务承担。免责的债务承担，是指由第三人即承担人代替债务人承担全部债务，原债务人脱离债的关系，承担人成为新债务人。并存的债务承担，是指第三人加入债的关系与债务人共同承担债务，原债务人并不脱离债的关系，仍为债务人。狭义的债务承担仅指免责的债务承担。

（二）债务承担的生效要件

债务承担须具备一定的要件。《民法典》第五百五十一条第一款规定："债务人将债务的全部或者部分转移给第三人的，应当经债权人同意。"依据此条规定，债务承担须具备以下要件：

（1）须有以债务承担为目的的有效合同。如当事人之间订立的合同不是以转移债务为目的或者虽以由第三人承担债务为目的，但合同存有无效的事由的，均不能发生债务承担的后果。债务承担合同可由债权人与第三人订立，也可由债务人与第三人订立。由债务人与第三人订立债务承担合同的，须经债权人同意方能有效。

（2）须有有效债务存在。债务承担合同所转移的是有效债务，若债务并不存在或无效或已消灭，则债务承担合同不能有效。所转移的债务为将来发生的债务的，债务承担合同应自债务有效成立时，方能生效。

（3）须所移转的债务具有可移转性。性质上不能移转的债务，不得移转于他人承担；债权人与债务人约定不得移转的债务，也不得由第三人承担；法律直接规定不能移转的债务，也不具有可移转性。因此，凡以移转不具有可移转性的债务为目的的债务承担合同不能有效。例如，特定人的劳务提供，如歌手表演、教授讲座等，此种债务在性质上不能移转。

（三）债务承担的效力

债务承担合同生效后，发生以下三个方面的法律效力：

（1）债务全部转移的，承担人取代原债务人的地位而成为新债务人。原债务人脱离债的关系，而不再负担债务。债务人的债务部分转移给第三人的，第三人加入债的关系，与债务人共同承担债务。

（2）承担人取得原债务人基于债权债务关系所享有的抗辩权。《民法典》第五百五十三条规定："债务人转移债务的，新债务人可以主张原债务人对债权人的抗辩；原债务人对债权人享有债权的，新债务人不得向债权人主张抵销。"因债务承担为无因行为，承担人基于债务承担合同取得原债务人所享有的抗辩事由，不得以之对抗债权人。

（3）从属于主债务的从债务一并移转于承担人承担。《民法典》第五百五十四条规定："债务人转移债务的，新债务人应当承担与主债务有关的从债务，但是该从债务专属于原债务人自身的除外。"例如，附随于主债务的利息债务等除当事人另有特约以外，也一并由承担人承担。但是担保债务并不能随主债务的移转而移转，第三人为原债务人提供担保的，在债务承担时除担保人同意继续担保以外，债务移转时，担保随之消灭。

三、概括承受

债的概括承受，主要有两种情形：一是合同的承受，二是企业的合并。

（1）合同的承受。合同的承受是指合同当事人一方将其在合同中的权利和义务全部转移于第三人，第三人承受其在合同中的地位，享受权利和负担义务。合同的承受既可因当事人之间的协议发生，也可因法律的直接规定发生。《民法典》第五百五十五条规定："当事人一方经对方同意，可以将自己在合同中的权利和义务一并转让给第三人。"因此，当事人一方将其合同上的权利和义务一并转移于第三人的，须经对方同意，否则不能发生转移的效力。按照《民法典》第五百五十六条之规定，合同的权利和义务一并转让的，适用债权转让、债务移转的有关规定。

（2）企业的合并。《民法典》第六十七条规定："法人合并的，其权利和义务由合并后的法人享有和承担。法人分立的，其权利和义务由分立后的法人享有连带债权，承担连带债务，但是债权人和债务人另有约定的除外。"

第七节　债的消灭

债的消灭，是指民事主体之间的债权债务关系因一定的法律事实而不复存在的情况。债是债权人与债务人之间的权利义务关系，是有期限性的权利，在性质上不能永久存在。债权实现，债也就消灭了。就此意义上说，债的设定本身就是为了债的消灭。债的消灭原因主要包括清偿、抵销、提存、免除、混同。

一、清偿

清偿，是指债务人按照法律规定或合同约定履行了债务，债权人接受其履行，从而导致债的消灭。这是基于债的目的达到而终止债的情形。债务人向债权人为特定行为，债权人的权利实现，债的目的达到，债当然也就消灭。因此，清偿是债的消灭最正常、最常见的原因。

二、抵销

抵销，是指当事人双方互负同种类的债务，各自以其债权充当债务之履行，而使其债务与对方的债务在对等数额内消灭。《民法典》第五百六十八条第一款规定："当事人互负债务，该债务的标的物种类、品质相同的，任何一方可以将自己的债务与对方的到期债务抵销；但是，根据债务性质、按照当事人约定或者依照法律规定不得抵销的除外。"

当事人主张抵销的，应当通知对方。通知自到达对方时生效。抵销不得附条件或者附期限。抵销是债的消灭的一项原因，使用抵销方式消灭债，可便利当事人双方，节省交易成本。因为在当事人双方相互负有同种类给付的债务时，若各方均须履行自己的债务，双方就要相互交换给付，势必会增加给付的费用。此外，抵销还有担保作用。例如，双方互负同种类债务时，若其中一方的资力恶化，另一方向其履行，就有可能得不到相反的履行。但若实行抵销，则一方即使不能履行债务，他方的利益也可得到保障。

（一）抵销的种类

抵销可以分为法定抵销和约定抵销两种。

（1）法定抵销，是指具备法律所规定的条件时，依当事人一方的意思表示所为的抵销。依当事人一方的意思表示，使双方的债权按同等数额消灭的权利，称为抵销权。通常所说的抵销是指法定抵销。

（2）约定抵销，又称为合意抵销，是指依当事人双方的合意所为的抵销。它是由当事人自由约定的，其效力也取决于当事人的约定。《民法典》第五百六十九条规定："当事人互负债务，标的物种类、品质不相同的，经协商一致，也可以抵销。"该条规定的就是约定抵销。

（二）抵销的要件

抵销一般须具备以下要件：

（1）须双方互负债务，互享债权。抵销是通过冲抵债务，使双方的债权在同等数额内消灭，因此抵销必须以当事人双方相互享有对立的债权、负有对立的债务为前提。若当事人一方对另一方仅有债权而不负债务，或者仅负债务而不享有债权，当然也就不可能产生抵销。抵销人所供抵销的债权应为自己享有的具有完全效力的债权。抵销人的债权为诉讼时效完成后的债权的，不得以之供抵销，但对方以其债权与之抵销的，可以发生抵销的效力。抵销人只能以自己的债权供抵销。对于他人的债权，即使债权人同意，也不得抵销。

（2）须双方债务的给付为同一种类。因为只有给付的种类相同时，当事人双方的经济目的才一致，通过抵销才可以满足当事人双方的利益需要。若两项债务为不同种类的给付，当事人以抵销而不必为给付，则难以满足当事人的经济需要。

（3）须双方的债务均届清偿期。因为抵销具有清偿的效力，只有债务已届清偿期时才可抵销。债务未到清偿期，债权人不能请求履行，若债权人得以其债权与对方的债权抵销，也就等于请求债务人提前清偿。两项债务，一项已届清偿期，而另一项未届清偿期时，若未到期的债务人主张抵销的，可以抵销；已届清偿期的一方主张抵销，未到期的一方同意抵销的，也可以抵销。因为于此情形下，债务人自愿放弃自己的期限利益，法律自无限制的必要。如果两项债务都没有规定清偿期，则债权人可以随时要求债务人履行，即发生抵销。但是，在当事人一方受破产宣告时，破产债权人的债权无论是否已届清偿期，也无论是否附有期限或解除条件，也无论给付种类是否相同，均得抵销。此为破产中的抵销，与民法中的一般抵销不同。

（4）须双方的债务均为可抵销的债务。抵销的债务须为可以抵销的债务。对于依法律规定或者债务的性质不得抵销的债务，不得抵销。双方约定不得抵销的债务也不得抵销。例如，相互提供劳务的债务或者与人身不可分离的债务（如抚恤金、退休金等），依其性质不能抵销。法律规定不能抵销的债务主要有：禁止强制执行的债务；因故意侵权行为而产生的债务；约定应向第三人给付的债务；违约金债务；赔偿金债务等。

（三）抵销的效力

抵销可以使双方的债务消灭，因而抵销权为形成权。抵销权的行使由抵销人将其抵销的意思表示通知对方即可发生效力。《民法典》第五百六十八条第二款规定："当事人主张抵销的，应当通知对方。通知自到达对方时生效。抵销不得附条件或者附期限。"抵销的效力主要表现在以下三个方面：

（1）双方的债权债务于抵销数额内消灭。双方的债务数额相等的，双方的债权债务全部消灭；双方的债务数额不等的，数额少的一方的债务全部消灭，另一方的债务于与对方债务相等的数额内消灭，其余额部分仍然存在，债务人就此部分债务余额负清偿责任。

（2）因抵销而致双方债务的消灭为绝对消灭。除法律另有规定外，任何人不得主张撤回抵销。已抵销的债务再为清偿时，发生不当得利。

（3）抵销的意思表示溯及于抵销权发生时消灭债的效力。双方的债务适于抵销时，就是抵销权发生之时。在双方的债务清偿期不一致时，以主张抵销的一方当事人发生抵销权的时间为适于抵销的时间。

三、提存

提存，是指债务人在债务履行期届满时，将无法给付的标的物交提存机关，以消灭债务的行为。债务人履行债务需要债权人的协助，如果债权人不协助债务人的履行，对债务人的履行拒不接受，或者债务人无法向债权人履行，债务人就不能清偿债务。于此情形下，债务人将因债权人不受领而继续承担清偿责任，对债务人是不公平的。因此，法律设立了提存制度，目的是使债务人不因债权人的原因而受迟延履行之累。通过提存，债务人可以将其无法给付给债权人的标的物交给提存机关保存，以代替向债权人的给付，从而免除自己的清偿责任。债务人提存后，其债务即消灭，因而提存也是债的消灭原因。

（一）提存的要件

提存须具备以下条件：

（1）须有可以提存的合法原因。提存的前提是债务人无法向债权人清偿。债务人只有在无法向债权人给付时才可用提存的方法消灭债务。因此，凡存在因债权人一方的原因致使债务人无法清偿的事实，均为提存的合法原因。《民法典》第五百七十条规定："有下列情形之一，难以履行债务的，债务人可以将标的物提存：（一）债权人无正当理由拒绝受领；（二）债权人下落不明；（三）债权人死亡未确定继承人、遗产管理人，或者丧失民事行为能力未确定监护人；（四）法律规定的其他情形。标的物不适于提存或者提存费用过高的，债务人依法可以拍卖或者变卖标的物，提存所得的价款。"

（2）须经法定程序。提存应经以下程序：首先，由提存人提出申请。申请书中应载明提存的原因、提存的标的物、标的物的受领人（不知受领人的，应说明不知受领人的理由）。其次，经提存机关同意。提存机关受理提存申请后应予以审查，以决定是否同意提存。提存机关同意提存的，指定提存人将提存物交有关的保管人保管。最后，由提存机关制作提存证书并交给提存人。提存证书具有受领证书同等的法律效力。

（3）提存的主体与客体适当。提存的主体为提存人与提存机关。一般情形下，提存人即债务人，但提存人不以债务人为限。凡债务的清偿人均可为提存人。提存机关是法律规定的有权接受提存物并为保管的机关。有的国家设有专门的提存所；也有的国家并不专设提存所，而由法院或其他机关办理提存。依我国现行法律规定，拾得遗失物的，可向公安机关提存；定作人变卖留置物受偿后，可将余款向债权人所在地的银行办理提存；公证提存的，公证处为提存机关。法院也可为提存机关。提存的客体是提存人交付提存机关保管的物。提存标的物原则上是债务人应给付的标的物。提存物应为适于提存的物。标的物不适于提存或者提存费用过高的，债务人依法可以拍卖或者变卖标的物，提存所得的价款。

（二）提存的效力

由于提存涉及三方当事人，所以提存一经成立，即产生三方面的效力。

（1）在债务人与债权人之间的效力。提存后，债因提存当然消灭，债务人不再负清偿责任。提存物的所有权如同债务人给付后一样移转于债权人，标的物毁损、灭失的风险也一并移转于债权人，标的物的孳息归债权人所有，提存费用由债权人负担。但是，为使债权人及时得知提存的事实，除债权人下落不明的以外，提存人应当通知债权人或者债权人的继承人、监护人。

（2）在提存人与提存机关之间的效力。提存人与提存机关是提存行为的双方当事人。提存成立后，提存机关负有保管提存物的义务。提存人在发现提存错误或提存原因消灭时，得撤销提存行为，并取回提存物。但是在提存有效成立期间，提存人不得取回提存物。即使债权人放弃或丧失请求权，提存人也不能取回提存物。提存人也不负担提存物的保管费用。若提存人取回提存物，提存人应当负担提存物的保管费用。

（3）在提存机关与债权人之间的效力。提存成立后，提存机关与债权人形成一种权利义务关系。《民法典》第五百七十四条第一款规定："债权人可以随时领取提存物。但是，债权人对债务人负有到期债务的，在债权人未履行债务或者提供担保之前，提存部门根据债务人的要求应当拒绝其领取提存物。"依据此条规定，一般情况下，债权人不仅有领取提存物的权利，也有请求交付提存物的权利。债权人领取提存物的权利应于法律规定的期限内行使。债权人超过法律规定或者提存机关公告的领取时间而不领取提存物的，其权利即丧失。《民法典》第五百七十四条第二款规定："债权人领取提存物的权利，自提存之日起五年内不行使而消灭，提存物扣除提存费用后归国家所有。但是，债权人未履行对债务人的到期债务，或者债权人向提存部门书面表示放弃领取提存物权利的，债务人负担提存费用后有权取回提存物。"

四、免除

免除，是指债权人抛弃债权，而使债务人的债务消灭的单方民事法律行为。免除成立后，债务人不再负担被免除的债务，债权人的债权也就不再存在，债即消灭，因此免除也是债的消灭原因之一。

免除的效力是使债的法律关系终止。债务全部免除的，债即全部消灭；债务部分免除的，债即于免除的范围内消灭。主债务因免除而消灭的，从债务也随之消灭。

因债务免除实质上是对债权的抛弃，所以就法律禁止抛弃的债权而免除债务的，其免除行为无效，不发生债的消灭的法律效果。

五、混同

混同，是指债权与债务同归于一人，而使债的关系消灭的法律事实。

混同以债权与债务归于一人而成立，与人的意志无关，因而属于事件。发生混同的原因可以分为两种：一是概括承受，即债的关系的一方当事人概括承受他人的权利与义务。例如，债务人继承被继承人对其享有的债权或者债权人继承被继承人对其负担的债务，债权人与债务人合为一人。概括承受是发生混同的最主要原因。二是特定承受，是指因债权让与或债务承担而承受权利与义务。例如，债务人自债权人处受让债权，债权人承担债务人的债务，此时也发生混同。

《民法典》第五百七十六条规定："债权和债务同归于一人的，债权债务终止，但是损害第三人利益的除外。"因此，混同的效力是导致债的关系绝对消灭，并且主债消灭，从债也随之消灭。但在涉及第三人利益的情形下，虽发生混同，债也不消灭。例如，在债权出质时，债权不因混同而消灭；票据的债权人与债务人混同时，债也不当然消灭。

本章小结

本章重点研究债的概念、债的发生原因、债的保全。通过本章的学习和研究，学生可对我国的民法债权形成本质上、概括性的了解，也能初步理解债法在我国民法中的地位和债法的体系。

简答题

1. 债权的内容和特征是什么？
2. 简述混同的概念。
3. 简述债的消灭的概念。
4. 简述债权保全的概念和意义。
5. 简述债权的发生原因。

案例

甲与丈夫乙曾在丙经营的公司从事劳务工作。2020 年年初，甲、乙双方共同在丙家中对账，确认丙应向甲乙夫妇支付劳务费 29 000 元。2020 年 3 月 14 日，丙通过手机银行向甲转账 29 000 元。次日，丙以为支付未成功，再次向甲转账 29 000 元。事后，丙发现自己重复向甲支付了劳务款，于是打电话要求甲退还 29 000 元，但是甲以种种理由拒不退还。多次沟通无果后，丙无奈向法院提起诉讼，要求法院判令甲退还重复支付的 29 000 元。

（扫码查看案例解读）

法院是否应支持丙的诉求？理由是什么？

第十七章 合同概述

学习目标

掌握：合同的概念与特征，合同的分类。

熟悉：合同的解释。

了解：合同的内容。

第一节　合同的概念与特征

一、合同的概念

合同是当事人之间设立、变更、终止债权债务关系的协议。合同依法成立后，即在当事人之间产生债权债务关系，因此合同是债的发生原因。基于合同所产生的债即合同之债。广义的合同包括所有当事人之间达成的有关民事权利义务关系的协议，既包括财产关系方面的协议，也包括身份关系方面的协议。《民法典》第四百六十四条规定："合同是民事主体之间设立、变更、终止民事法律关系的协议。婚姻、收养、监护等有关身份关系的协议，适用有关该身份关系的法律规定；没有规定的，可以根据其性质参照适用本编规定。"《民法典》第一百一十九条规定："依法成立的合同，对当事人具有法律约束力。"据此，合同是平等主体的自然人、法人、非法人组织之间设立、变更、终止民事权利义务关系的协议。

二、合同的特征

合同是最常见的债的发生原因，合同之债在社会经济生活中占有重要的地位。根据《民法典》第四百六十四条的规定，合同具有以下特征：

（1）合同是一种双方民事法律行为。

合同是一种民事法律行为，是民事主体设立、变更、终止民事权利和民事义务的行为。合同以意思表示为要素，并按照意思表示的内容赋予其相应的法律后果。这种法律后果，既可以是特定财产的转移，也可以是确立一定的民事权利义务关系等。合同的这一特征使其区别于不当得利、无因管理等事实行为。同时，合同是一种双方民事法律行为，即当事人双方的意思表示一致才可以成立的法律行为。这一特征使合同区别于订立遗嘱、追认无权代理、免除债务等单方法律行为。

另外，由于合同是一种民事法律行为，所以民法中关于民事法律行为的一般规定，如民事法律行为的生效要件、无效和撤销等，均可适用于合同。此外，合同在本质上属于合法行为，只有在合同当事人所作出的意思表示符合法律要求的情况下，合同才具有法律约束力；如果合同当事人作出违法的意思表示，即使当事人达成合意，也不能产生法律拘束力。

（2）合同双方是平等的民事主体。

合同的主体包括自然人、法人和其他组织。无论双方当事人的经济条件、社会地位等有何区别，其在订立合同时均处于平等的法律地位。不平等主体之间所订立的合同，如行政合同，即使名为“合同”，也不是民法意义上的合同。合同是平等主体的自然人、法人和其他组织所实施的一种民事法律行为。民事法律行为作为一种最重要的法律事实，是民事主体实施的、能够引起民事权利和民事义务产生、变更或终止的合法行为。民事法律行为以意思表示为成立要件，没有意思表示，就没有民事法律行为。

（3）合同的成立需要当事人意思表示一致。

合同又称协议，任何合同都必须是订约当事人意思表示一致的产物。由于合同是合意的结果，各方当事人须作出意思表示，也就是说，当事人各自从追求自身利益出发而作出某种意思表示且意思表示是一致的，当事人就达成了一致的协议。同时，当事人必须在平等、自愿的基础上进行协商，形成合意。如果当事人各方不平等、非自愿，也就没有形成真正的合意。合同是由平等主体的自然人、法人或其他组织所订立的，因此订立合同的主体在法律地位上是平等的，任何一方都不得将自己的意志强加给另一方。合同是反映交易的法律形式，而任何交易都要通过交易当事人的合意才能完成，所以合同必须是当事人协商一致的产物或意思表示一致的协议。

（4）合同以设立、变更或终止民事权利义务关系为目的。

当事人签订合同的目的是在当事人之间建立一定的债权债务关系，并通过该债权债务关系的实现来改变原有的法律关系状态。民事主体也是通过各种各样的合同行为来实现商品的流转，产生新的社会价值，维系人们的正常生活。

第二节 合同的分类

合同的分类是根据一定的标准对合同所作的分类。对合同进行分类并确定不同的法律规则，既有助于指导当事人订立和履行合同，也有助于人民法院或仲裁机构在处理纠纷时正确适用法律。对合同的分类，既有学理上的，也有法律上的。但不管如何分类，目的都在于更好地把握各类合同的特征，正确适用法律。合同的分类是依据不同的标准进行的，因此，同一合同可能分属不同种类。

一、单务合同与双务合同

以双方当事人是否互负对待给付义务为标准，合同可以分为单务合同与双务合同。

单务合同，是指仅有一方当事人负给付义务的合同。该合同主要由一方负担义务，另一方并不负有对待给付义务。例如，自然人之间的借款合同，贷款人向借款人交付借款为合同生效要件，因此只有借款人承担还本付息的义务，贷款人无合同义务，属单务合同；在借用合同中，只有借用人负有按约定使用并按期归还借用物的义务，因此借用合同也属于单务合同。

双务合同，是指双方当事人互负对待给付义务的合同。在双务合同中，一方当事人之所以负担给付义务，原因在于其取得了对方当事人的对待给付，两个方向相反的债权债务互为对价关系。双方当事人，既是债权人，又是债务人。任何一方当事人都既享有债权，又承担债务。买卖合同、租赁合同、承揽合同等都属于双务合同。在双务合同中，双方当事人的权利义务是相互对应的，且是相互依赖的。也就是说，一方当事人享有的权利与其所承担的义务是不可分离的，要享有权利则必须要求对方履行义务；而要使对方当事人的权利得以实现，则自己必须要履行义务。

区分单务合同与双务合同的法律意义在于以下三个方面：

（1）履行抗辩权的适用规则不同。双务合同当事人可行使同时履行抗辩权、先履行抗辩权和不安抗辩权。而单务合同中，享有权利的一方当事人没有对待给付的义务，因此不存在行使同时履行抗辩权、先履行抗辩权和不安抗辩权的问题。

（2）合同风险承担规则不同。在双务合同中，由于合同双方的权利义务互相依存、互为条件，如因不可归责于合同当事人的原因（如发生不可抗力）使一方当事人不能履行合同义务，其合同义务应被免除，同时，其享有的合同权利也归于消灭；如果对方已经履行，则应将其所得返还。在单务合同中，发生不可抗力使一方当事人不能履行合同义务的，不会发生双务合同中的风险负担问题。

（3）因当事人的过错而致合同不能履行的法律后果不同。在双务合同中，因双方负有对待给付义务，一方不履行合同或不适当履行合同的，守约方有权要求违约方继续履行或者承担其他违约责任。若守约方要求解除合同，则其有权要求未履行给付义务的一方返还已取得的财产。而在单务合同中，因双方不存在对待给付义务，即使负有合同义务的一方已经履行了部分义务，对方违约时，守约方也无权要求其对待履行或返还财产。

二、本约与预约

根据当事人订立合同的目的是否为约定在将来一定期限内订立合同，合同可以分为本约与预约。

本约，是指法律规定的当事人在将来订立的合同。

预约，是指法律规定的当事人约定在将来一定期限内订立合同的合同。《民法典》第四百九十五条规定，当事人约定在将来一定期限内订立合同的认购书、订购书、预订书等，构成预约合同。

本约与预约在性质上是相互牵连又相互独立的合同。预约是为了在将来一定期限内订立本约而订立的合同，这就使预约与本约之间互相牵连。但预约本身也是当事人之间达成的一致合意且该合意具备相对独立性，因此，有必要将预约与本约分离开来，作为一种独立的合同类型。

三、有名合同与无名合同

根据法律上是否为某一合同确定一个特定的名称为标准进行分类，合同可以分为有名合同与无名合同。

有名合同，又称为典型合同，是指法律赋予一定名称并设有相应的规范的合同。《民法典》合同编中规定了 19 种有名合同。对于有名合同，法律通常设有一些规定，但这些规定大多为任意性规范，当事人可以通过约定改变相关的法律规定。此外，其他法律也规定了多种有名合同，例如《中华人民共和国保险法》中的保险合同、《中华人民共和国信托法》中的信托合同、《民法典》物权编中的抵押合同等。

无名合同，又称为非典型合同，是指法律没有明文规定的合同，即有名合同之外的所有合同。法律关于有名合同的规定并没有穷尽各种合同类型，还有许多法律没有加以规定的合同类型也是实践中经常发生的。根据合同自由原则，合同当事人可以自由决定合同的内容，可以自由订立无名合同。无名合同依其内容构成可以分为两类：第一类，纯粹的无名合同，又称为狭义的无名契约，即以法律完全无规定的事项为内容的合同，或者说，合同的内容不属于任何有名合同的事项。第二类，混合合同，即在一个有名合同中规定其他有名合同事项的合同。

有名合同可以直接适用《民法典》合同编的有关规定或者其他法律的相关规定，而无名合同应根据合同的目的及当事人的意思，参照适用与之类似的有名合同的规定。《民法典》第四百六十七条第一款规定："本法或者其他法律没有明文规定的合同，适用本编通则的规定，并可以参照适用本编或者其他法律最相类似合同的规定。"因此，如果《民法典》或者其他法律没有关于无名合同的相关规定，则适用《民法典》合同编通则的规定。如果无名合同的内容涉及有名合同的某些规则，则可以比照适用有名合同的类似规则，同时参照合同目的及当事人的意思等进行处理。法律对有名合同的规定，通常以任意性规范为主，强制性规范为辅。任意性规范的主要目的是弥补当事人约定的不足，而强制性规范则是为了维护当事人的利益和交易安全。

四、其他分类

（一）有偿合同与无偿合同

以当事人获得权益是否支付代价为标准，合同可以分为有偿合同与无偿合同。

有偿合同，是指一方当事人获得合同约定的权益时，需向对方当事人支付相应代价的合同。该代价为财产利益的给付，既可以给付金钱，也可以给付实物或者提供劳务等。买卖合同、租赁合同、承揽合同等为有偿合同。

无偿合同，是指一方当事人获得合同约定的权益时，无须向对方当事人支付相应代价的合同。

赠与合同、借用合同均为无偿合同。双务合同均为有偿合同，因为一方当事人承担的义务以对方当事人承担的义务为代价。但有偿合同并不一定是双务合同，单务合同也不一定是无偿合同。例如，自然人之间的借款合同为单务合同，借款人除负有返还借款的义务以外，通常还需向贷款人支付利息。

区分有偿合同与无偿合同的法律意义主要在于以下三个方面：

（1）合同关系的性质不同。在实践中，许多合同只能是有偿的，如果将其变为无偿合同，则合同关系在性质上可能会发生变化。例如，买卖合同是有偿的，如果将其变为无偿合同，则变成了赠与关系。当然，也有一些合同既可以是有偿合同，也可以是无偿合同。例如，公民之间的保管合同多为无偿合同，而法人之间的保管合同多为有偿合同。

（2）合同主体的要求不同。在有偿合同中，双方当事人通常都有给付相应代价的义务。因此，订立有偿合同的当事人原则上都应为完全民事行为能力人。限制民事行为能力人订立的重大有偿合同须经其法定代理人允许或追认才能生效。限制民事行为能力人和无民事行为能力人作为无偿合同中纯获利益的一方时，该合同无须经其法定代理人允许或追认即具有法律效力。订立有偿合同的当事人原则上应具有完全行为能力，限制行为能力人非经其法定代理人的同意，只能订立一些与其年龄、智力相适应的合同。但对于一些纯获利益的无偿合同，如接受赠与，即使未取得法定代理人的同意，限制行为能力人也可以订立该合同。

（3）合同义务的内容不同。由于合同是交易关系的反映，当事人之间的利益关系可能会影响合同义务的内容。例如，在无偿保管合同中，保管人所负担的注意义务程度较低，保管人因过失造成保管物毁损、灭失的，其虽然不能被免除全部责任，但应酌情减轻责任；而在有偿保管合同中，保管人则应当负担较高的注意义务，如果因其过失造成保管物毁损、灭失的，应负全部赔偿责任。《民法典》第八百九十七条规定："保管期内，因保管人保管不善造成保管物毁损、灭失的，保管人应当承担赔偿责任。但是，无偿保管人证明自己没有故意或者重大过失的，不承担赔偿责任。"

（二）诺成合同与实践合同

以合同的成立是否须交付标的物为标准，合同可以分为诺成合同与实践合同。

诺成合同，是指经各方当事人意思表示一致即可成立的合同。买卖合同、租赁合同等皆为诺成合同。依据合同自由原则，诺成合同为合同的典型形态，大多数合同属于诺成合同。

实践合同，又称为要物合同，是指合同的成立除需要当事人意思表示一致以外，还需要交付标的物。实践合同并非合同的典型形态，只有在法律有特别规定或当事人特别约定需要以交付标的物为合同成立要件时，该合同才属于实践合同。例如，《民法典》合同编第六百六十七条规定的自然人之间的借款合同，第八百八十八条规定的保管合同，均属于实践合同。

区分诺成合同与实践合同的法律意义主要在于以下两个方面：

（1）合同成立要件不同。诺成合同仅以当事人的合意为成立要件。而实践合同以合意并交付标的物为成立要件。订立实践合同时，若当事人仅达成合意而未交付标的物，则合同不成立。

（2）交付标的物的意义不同。在诺成合同中，交付标的物是履行合同的行为，未交付标的物属当事人的违约行为，违约方应承担违约责任。而在实践合同中，交付标的物是合同的成立要件，不交付标的物，则合同未成立，即不产生违约责任。

第三节　合同的内容

合同的当事人依程序订立合同，将经过协商达成的一致意见写入合同中，即成为合同条款，形成了实施法律行为的合同依据。合同条款规定了合同双方当事人的具体权利义务，代表了合同法律关系的具体内容。根据《民法典》第四百七十条的规定，合同的内容由当事人约定，一般包括：①当事人的姓名或者名称和住所；②合同标的；③合同标的数量；④合同标的质量；⑤合同价款或者报酬；⑥合同履行的期限、地点和方式；⑦违约责任；⑧合同争议解决的方法。

一、当事人的姓名或者名称和住所

合同当事人是合同权利义务的承受者。没有当事人，合同权利义务就失去了存在的意义，给付和受领给付也就无从谈起。因此，订立合同必须有当事人这一条款。当事人由其姓名或者名称和住所加以特定化、固定化，所以，具体合同条款的草拟必须写清当事人的姓名或者名称和住所。

二、合同标的

标的是合同权利义务指向的对象。合同中不约定标的，就会失去目标，失去意义，所以说标的是一切合同的主要条款。有关标的的条款必须清楚地写明标的名称，标的名称可以使标的特定化，能够界定合同权利义务的性质和内容。

三、合同标的数量与质量

数量与质量是确定合同标的的具体条件，是这一标的区别于同类另一标的的具体特征。标的数量要确切。首先，应选择双方都接受的计量单位；其次，要确定双方都认可的计量方法；最后，应在合同中约定合理的磅差或尾差。标的质量须约定得详细具体，如标的技术指标、质量要求、规格等都要明确。

四、合同价款或者报酬

价款或者报酬是有偿合同的条款。价款是取得标的物所支付的代价，报酬是获得服务所应支付的代价。价款，通常指标的物本身的价格，但因商业上的大宗买卖一般是异地交货，便产生了运输费、保险费、装卸费、保管费、报关费等一系列额外费用。这些费用由合同当事人哪一方支付，需在价款条款中写明。

五、合同履行的期限、地点及方式

履行期限直接关系到合同义务完成的时间，涉及当事人的期限利益，也是确定违约与否的因素之一，因而是一项重要条款。履行期限既可以规定为即时履行，也可以规定为定时履行，还可以规定为分期履行。如果是分期履行，就应当写明每期的准确时间。履行期限若能通过有关规则及方式推定出来，则合同即使没有写明履行期限，也不影响合同成立。

履行地点，既是确定验收地点的依据，也是确定运输费用由谁负担、风险由谁承受的依据，也是确定标的物所有权是否转移、何时转移的依据，又是确定诉讼管辖的依据之一，对于涉外合同纠纷而言，履行地点是确定法律适用的一项依据，十分重要。

履行方式，主要涉及是一次性交付还是分期分批交付，是交付实物还是交付标的物的所有权凭证，是铁路运输、水路运输还是空运等。履行方式，同样事关当事人的物质利益，合同应写明，但对于大多数合同来说，其不是主要条款。

履行的地点、方式若能通过有关规则及方式推定出来，则合同即使没有写明履行地点、方式，也不影响合同成立。

六、合同争议解决的方法

合同争议解决的方法，是指有关争议解决需要运用什么程序、适用何种法律、选择哪家检验或鉴定机构等。当事人双方在合同中约定的仲裁条款、选择诉讼法院的条款、选择检验或鉴定机构的条款，以及涉外合同中的法律适用条款、协商解决争议的条款等，均属解决争议的方法的条款。

第四节　合同的解释

一、合同解释的概念

合同解释，是指合同的当事人或者法官、仲裁员及其他有关人员遵循一定的原则，对合同的内容和含义所作的准确的说明。合同解释的目的主要在于：第一，对合同的效力作出正确的判断。第二，明确合同的具体内容。

二、合同解释的方法

合同解释的方法主要有以下六种：

第一，依诚实信用原则解释的方法，即依据诚实信用原则对有争议的合同条款作出解释的方法。

第二，依合同目的解释的方法，即依据合同订立的目的解释合同条款含义的方法。

第三，依交易习惯解释的方法，即按照以往交易习惯中关于同类问题的解释来判断合同内容的方法。

第四，系统解释的方法，即将合同作为一个整体，根据合同各个部分之间的关系来判断合同具体内容的方法。

第五，文义解释的方法，即按照合同用语的通常理解来解释合同条款的方法。

第六，公平解释的方法，即根据平等原则对合同内容进行对双方当事人都公平的解释的方法。一般来说，当双方当事人对某项条款的含义发生争议时，应当作出对该条款拟定方不利的解释，方可体现公平的原则。

三、合同解释的规则

根据《民法典》第四百六十六条规定，当事人对合同条款的理解有争议的，应当依据《民法典》第一百四十二条第一款的规定，确定争议条款的含义。合同文本采用两种以上文字订立并约定具有同等效力的，对各文本使用的词句推定具有相同含义。各文本使用的词句不一致的，应当根据合同的相关条款、性质、目的及诚实信用原则等予以解释。《民法典》第一百四十二条规定，有相对人的意思表示的解释，应当按照所使用的词句，结合相关条款、行为的性质和目的、习惯及诚实信用原则，确定意思表示的含义。无相对人的意思表示的解释，不能完全拘泥于所使用的词句，而应当结合相关条款、行为的性质和目的、习惯及诚实信用原则，确定行为人的真实意思。

合同解释有如下规则：

第一，文义解释原则。合同条款是由语言文字构成的，按照合同用语的通常理解来解释合同条款。

第二，系统解释原则。将合同作为一个整体，根据合同各个部分之间的关系来判断合同具体内容。

第三，目的解释原则。当事人订立合同都是为了达到一定目的，即依合同订立的目的解释合同条款含义。

第四，参照习惯或惯例原则。在合同的文字或条款的含义发生歧义时，依照以往交易习惯或者惯例中关于同类问题的解释来判断合同内容。

第五，诚实信用原则。诚实信用原则是基本原则之一，在解释合同条款时也应遵循诚实信用的原则。诚实信用原则要求实事求是地考虑各种因素，对有争议的合同条款作出解释。

本章小结

合同是平等主体的公民、法人和其他组织之间设立、变更、终止民事权利义务关系的协议。合同的分类是法律根据一定的标准对合同所作的分类。合同的内容由当事人决定。合同解释是指合同的当事人或者法官、仲裁员及其他有关人员遵循一定的原则，对合同的内容和含义所作的准确说明。

本章的重点在于对合同概念的理解和界定，对合同以不同的标准进行法律分类的掌握，熟悉合同解释的概念、方法和规则，了解合同的特征、内容。通过本章的学习和研究，学生可以对《民法典》中规定的合同的基本知识有较为全面的了解。

简答题

1. 简述合同的特征。
2. 简述合同的分类。
3. 简述合同解释的方法。
4. 简述合同的内容。

案例

（扫码查看案例解读）

甲、乙与丙及 A 公司签订了《借款担保合同》，合同约定：甲、乙借给丙 7 000 万元，借款用途为经营 A 公司开发的房地产项目，借款期限从 2009 年 12 月 15 日至 2010 年 9 月 30 日。A 公司以全部自有财产及在建项目为丙提供连带责任担保；甲、乙有权检查、监督款项的使用情况，丙及 A 公司应当向甲、乙提供有关报表和资料等；若其提供的报表和资料等不真实，甲、乙有权停止发放借款并立即收回已经发放的借款本金及利息，直至解除合同。合同签订后，甲、乙共向丙及 A 公司支付 4 000 万元，A 公司亦召开股东大会通过了对该笔债务的担保。然而，在合同履行过程中，丙未按照《借款担保合同》的约定向甲、乙提供有关报表和资料。甲、乙与丙几次交涉未果，遂提起诉讼，请求丙立即偿还借款本金及利息，A 公司对前述债务承担连带清偿责任。

丙是否应立即偿还借款本金及利息？A 公司是否应承担连带清偿责任？

第十八章 合同的订立

学习目标

掌握：合同订立的概念，要约的概念，承诺的概念，要约的撤回与撤销，承诺的撤回。

熟悉：要约的效力、承诺的效力、订立合同的特殊方式、缔约过失责任。

了解：要约的失效。

第一节 合同订立的概念

合同的订立，又称为缔约，是当事人为设立、变更、终止财产性权利义务关系而进行协商、达成协议的过程。合同订立的过程一般包括要约和承诺两个阶段。

合同的订立是民法上责任成立的前提。合同订立过程中的洽商阶段可以产生先合同义务及缔约过失责任。合同成立但归于无效或者被撤销时可能会产生缔约过失责任。合同成立并有效，当事人违约时可能会产生违约责任。合同成立但尚未生效，不产生履行义务，因而也不会产生违约责任。

第二节 要约

要约，又称为发盘、出盘、发价、出价或报价等，是订立合同必须经过的程序。

一、要约的概念

（一）要约

要约是一方当事人向对方发出的希望与对方订立合同的意思表示。要约是合同订立的必经阶段。发出要约的一方当事人是要约人，接受要约的一方则为受要约人。要约能够引发合同订立过程的开始，但是一个有效的要约必须具备法律规定的构成要件。

（二）要约与要约邀请的区别

要约邀请，是指一方当事人向对方作出的希望对方向自己发出要约的意思表示。其与要约的区别在于以下方面：

(1) 目的不同。要约的目的在于自己向对方提出订立合同的意思表示；要约邀请的目的则是要对方向自己发出订立合同的意思表示。

(2) 行为对象不同。要约必须向特定的人发出；要约邀请既可以向特定的人发出，也可以向不特定的人发出。

(3) 具体内容不同。要约应当包括未来要订立合同的主要条款；要约邀请则无此要求。

(4) 法律效力不同。要约一经发出即具有约束力，一旦受要约人作出承诺，则要约人有义务与之签订合同；要约邀请对于发出人而言不具有法律效力。

二、要约的效力

（一）要约的构成要件

根据法律规定，要约必须具备以下构成要件，方可发生法律效力：

(1) 要约必须由具有订约能力的特定人作出意思表示。订约能力是对要约人这一民事主体资格的基本限制，不具有订约能力的人不能从事缔约活动，其所发出的任何意思表示都不能构成要约。

(2) 要约必须具有订立合同的意图。从事要约行为的根本目的就在于订立一个新的合同，与对方当事人形成一种合同关系，要约到达受要约人之后，要约人即要受此要约的约束。如一方当事人向对方作出意思表示时并无订立合同的目的，则不构成要约。如果其目的在于让对方向自己发出要约，则是一种要约邀请。

（3）要约必须向特定的受要约人发出。要约是与他人订立合同的意思表示。作为相对法律关系，合同的双方主体都是特定的，如果一方主体未加以特定化，则合同就无法成立。但是，悬赏广告是一个例外，虽然其是向不特定的人作出的意思表示，但也构成一项要约，只要有人按照广告的要求完成了一定的行为，即构成承诺。

（4）要约的内容必须具体确定。要约的内容必须能够决定将要订立的合同的主要条款，如果是内容很不确定的意思表示，即使对方作出承诺也无法决定合同的具体内容，也就无法形成合同关系。所以，要约的内容必须具体确定，具备足以使合同成立的主要条款。

（二）要约的生效时间

有效的要约具有法律约束力，要约自到达受要约人时生效。

（1）以对话方式作出的意思表示，相对人知道其内容时生效。

（2）以非对话方式作出的意思表示，到达相对人时生效。

（3）采用数据电文形式订立合同，收件人指定特定系统接收数据电文的，该数据电文进入该特定系统的时间，视为到达时间；未指定特定系统的，该数据电文进入收件人的任何系统的首次时间，视为到达时间。

三、要约的撤回与撤销

（一）要约的撤回

要约的撤回，是指要约人在发出要约后，于要约生效前取消要约。要约撤回的法律后果是要约不发生效力。要约的撤回，须符合以下要求：

（1）撤回要约，只能在要约生效前发出。

（2）撤回要约，须以通知受要约人的方式作出。

（3）撤回要约的通知应当在要约到达受要约人之前或者与要约同时到达受要约人，否则不发生要约撤回的效力。

（二）要约的撤销

要约的撤销，是指在要约生效后，要约人以自己的意思表示使要约溯及既往地不发生效力。要约生效后，要约人撤销要约将会对受要约人产生影响。因此，撤销要约的通知应当在受要约人发出承诺通知之前到达受要约人。另外，根据《民法典》第四百七十六条规定，有下列情形之一的，要约不得撤销。

（1）要约人确定了承诺期限或者以其他形式明示要约不可撤销。

（2）受要约人有理由认为要约是不可撤销的，并已经为履行合同做了准备工作。

要约撤销的效力溯及至要约生效之时。要约一经撤销，即视为要约自始不生效。

（三）要约的撤回与撤销的区别

要约的撤回与撤销存在以下区别：

（1）要约的撤回须在要约未到达受要约人之前完成，即撤回的通知应当早于要约或者与要约同时到达受要约人；要约的撤销则是在要约到达受要约人之后，受要约人作出承诺之前的时间段完成。

（2）要约的撤回会使要约自始无效；要约的撤销则是使已生效的要约归于无效。

因此，法律对于要约的撤销具有严格的限定，如因撤销要约而给受要约人造成损害的，要约人应负赔偿责任；对于要约的撤回则无此限制。

四、要约的失效

要约失效，是指已经发生效力的要约因一定事由终止效力，对要约人和受要约人均不再有拘束力。有下列情形之一的，要约失效。

（1）要约被拒绝，即受要约人对要约人发出的要约不予承诺。受要约人通过要约人的要约取得承诺权，受要约人既可以承诺，也可以不承诺。受要约人拒绝要约，要约丧失拘束力。受要约人发出的拒绝通知，自拒绝要约的通知到达要约人时发生拒绝的效力。如受要约人发出拒绝通知后又想撤回，依意思自治原则，应允许其撤回；但撤回的通知应当先于或与拒绝要约的通知同时到达要约人，否则不能发生撤回拒绝的效力，要约仍然失效。

（2）要约依法被撤销。要约依法被撤销的，要约的效力被溯及既往地消灭，应当视为要约不生效。

（3）承诺期限届满。受要约人在承诺期限内作出的承诺，才具有承诺的效力。承诺期限届满后受要约人作出承诺的，不发生承诺的效力。承诺期限届满，受要约人未作出承诺的，实质上是受要约人以默示的方式拒绝要约，要约失效。

（4）受要约人对要约内容作出实质性变更。受要约人对要约的接受应当是完全同意要约的内容。如果受要约人对要约内容作出实质性变更，则此意思表示不能认定为承诺，应是对要约的拒绝，可视为其向要约人发出的反要约，即由原受要约人作为新的要约人，向原要约人，即新受要约人，发出的新要约。

第三节 承诺

一、承诺的概念

承诺，是指受要约人按照要约指定的方式，对要约内容表示同意的意思表示。《民法典》第四百七十九条规定：“承诺是受要约人同意要约的意思表示。”同意要约的受要约人，即承诺人。承诺意味着受要约人完全同意要约人提出的条件，否则该意思表示不能视为承诺，应视为反要约。

二、承诺的效力

承诺生效的时间，同样存在到达主义和发信主义两种立法例。同要约生效时间的确定方法一样，我国采取到达主义，即承诺的意思表示到达要约人可支配的范围时，承诺发生法律效力。承诺不需要通知的，根据交易习惯或者要约的要求作出承诺的行为时生效。采用数据电文形式订立合同的，承诺到达的时间适用有关要约的规定。

三、承诺的撤回

承诺的撤回，是指受要约人在发出承诺通知以后，在承诺正式生效之前撤回其承诺。《民法典》第四百八十五条规定：“承诺可以撤回。承诺的撤回适用本法第一百四十一条的规定。”因此，撤回的通知必须在承诺生效之前到达要约人，或者与承诺通知同时到达要约人，撤回才能生效。如果承诺通知已经生效，合同已经成立，此时，受要约人当然不能再撤回承诺。

第四节　订立合同的特殊方式

一、广告

（一）商业广告

根据《民法典》第四百七十三条的规定，商业广告是要约邀请，发出商业广告不能产生要约的效力。法律上之所以将商业广告作为要约邀请，主要是以下原因：

（1）商业广告旨在宣传和推销某种商品或服务，而其一般没有出售该商品或提供该服务的主要条款。发出商业广告的人通常只是希望他人向自己发出购买该商品或要求提供该服务的要约，所以商业广告只是要约邀请。

（2）商业广告发出后，不能因任何人接受广告的条件便使合同成立，否则要约邀请人将要承担许多其不可预见的违约责任。

（3）要约邀请人并非针对特定的人发出要约邀请，并不符合要约对象为特定主体的特点。

（二）悬赏广告

所谓悬赏广告，是指以广告的方式公开表示对于完成一定行为之人，给予报酬。[①] 对于悬赏广告的性质，存在要约说和单方允诺说两种观点。

根据《民法典》第四百九十九条的规定："悬赏人以公开方式声明对完成特定行为的人支付报酬的，完成该行为的人可以请求其支付。"由此可见，《民法典》将悬赏广告定性为要约。

二、拍卖

所谓拍卖，是指拍卖人在众多的报价中，选择报价最高者与其订立合同的一种特殊买卖方式。拍卖通常是拍卖人通过刊登或发出拍卖公告，在拍卖公告中对拍卖物进行宣传和介绍。对拍卖公告的性质认定，各国合同法一般认为其属于要约邀请。

① 魏振瀛．民法［M］．8版．北京：北京大学出版社，2021：436.

因为在拍卖广告的意思表示中并不包括合同成立的主要条件，特别是未包括价格条款。

三、招标、投标

招标是订立合同的一种特殊方式。以招标方式订立合同，要经过招标、投标等阶段。

所谓招标，是指订立合同的一方当事人采取招标公告的形式，向不特定人发出的、以吸引或邀请相对方发出要约为目的的意思表示。

所谓投标，是指投标人（出标人）按照招标人提出的要求，在规定的期间内向招标人发出的以订立合同为目的、包括合同全部条款的意思表示。

招标要发出公告。根据《民法典》第四百七十三条的规定，招标公告属于要约邀请，因为招标人实施招标行为是订约前的预备行为，其目的在于吸引更多的相对人向自己提出要约，从而使其能够从更多的投标人中寻取条件最佳者，并与其订立合同。而投标则是投标人根据招标人所公布的标准和条件向招标人发出以订立合同为目的的意思表示，在投标人完成投标行为后必须要有招标人的承诺，合同才能成立，所以投标在性质上为要约。而定标则意味着招标人对投标人的要约予以承诺。

四、强制缔约

所谓强制缔约，是指只要一方当事人提出缔结合同的请求，另一方当事人就依法负有法定的与之缔结合同的义务。强制缔约制度是对意思自治原则下当事人缔约自由的限制。当代合同法在保障自由价值的同时，注重伸张社会正义和公平，以实现当事人之间及当事人与社会利益之间的平衡。

强制缔约是对合同自由的限制，通过此种限制可以有效保护弱势群体的利益，实现合同的实质正义。《民法典》第四百九十四条第一款规定："国家根据抢险救灾、疫情防控或者其他需要下达国家订货任务、指令性任务的，有关民事主体之间应当依照有关法律、行政法规规定的权利和义务订立合同。"该条规定就是强制缔约制度。[1]

① 王利明. 民法［M］. 8版. 北京：中国人民大学出版社，2020：77.

第五节 缔约过失责任

缔约过失责任，是指在合同订立过程中，一方因违背其依据诚实信用原则和法律规定的义务而致另一方的信赖利益造成损失的，应当承担损害赔偿责任。

《民法典》第五百条、第五百零一条专门规定了缔约过失责任制度，这不仅完善了我国债法制度的体系，而且完善了交易的规则。在缔约阶段，当事人因社会接触而进入可以彼此影响的范围，依诚实信用原则，应尽交易上的必要注意，以维护他人的财产和人身利益，因此缔约阶段也应受到法律的调整。当事人应当遵循诚实信用原则，认真履行其所负有的义务，不得因无合同约束，滥用订约自由或实施其他致人损害的不正当行为。否则，不仅会严重妨碍合同的依法成立和生效，影响交易安全，也会影响人与人之间正常关系的建立。

根据《民法典》合同编的规定，缔约过失责任的成立须具备以下条件：

（1）缔约上的过失发生在合同订立过程中。缔约过失责任与违约责任的基本区别在于，此种责任发生在缔约过程中而不是发生在合同成立以后。只有在合同尚未成立，或者虽然成立但因不符合法定的生效要件而被确认为无效或被撤销时，缔约人才承担缔约过失责任。若合同已经成立，因一方当事人的过失而致他方损害，缔约人就不应适用缔约过失责任，则相应承担违约责任。所以，确定合同成立的时间，是衡量当事人是否应承担缔约过失责任的关键。

（2）一方违背其依诚实信用原则所应负的义务。诚实信用原则是合同法的一项基本原则，民事主体在从事民事活动时，应讲诚实、守信用，以善意的方式行使权利并履行义务。根据诚实信用原则的要求，合同在订立时或成立后，当事人负有一定的附随义务。依诚实信用原则而产生的忠实、协助、保密等义务，相对于给付义务而言，只是附随义务，但它们也是依法产生的，因而也是法定义务，随着双方当事人联系的密切而逐渐产生。当事人一方如不履行这种义务，不仅会给他方造成损害，而且会妨害社会经济秩序。

（3）造成他人信赖利益的损失。民事责任一般以损害事实的存在为构成要件。损害事实的发生也是缔约过失责任的构成要件之一。缔约过失行为直接破坏了缔约关系，因此所引起的损害是指他人因信赖合同的成立和有效，但由于合同不成立和无效所蒙受的不利益。此种不利益即信赖利益或消极利益的损失。其中，信赖利益的损失主要是指因他方的缔约过失行为而致信赖人的直接财产减少，如支付各种费用。

（4）他方所受损失与一方的过失行为存在因果关系。他方所受损失应当是由行为人的过错造成的，二者之间存在必然的联系，方可构成缔约过失责任。

我国《民法典》第五百条规定：“当事人在订立合同过程中有下列情形之一，造成对方损失的，应当承担赔偿责任：（一）假借订立合同，恶意进行磋商；（二）故意隐瞒与订立合同有关的重要事实或者提供虚假情况；（三）有其他违背诚信原则的行为。”当事人在缔约过程中存在上述行为时应当承担缔约过失责任。

本章小结

本章的重点为合同的订立及其具体程序，其中要约的概念、承诺的概念、要约的撤回与撤销、承诺的撤回为重点内容，需要着重理解；此外，包括订立合同的四种特殊方式和缔约过失责任以及订立合同与缔约过失责任的内在联系。通过本章的学习，学生可以更全面地认识、学习《民法典》合同编的具体法律制度。

简答题

1. 简述要约与要约邀请的区别。
2. 简述要约的撤回。
3. 简述承诺的效力。
4. 简述广告的性质。
5. 简述缔约过失责任的成立条件。

案例

（扫码查看案例解读）

2010 年 11 月 3 日，甲公司与乙公司签订了《××机器试验协议》，约定“试验期满评议后，如达到试验合格标准，乙公司按照相关程序优先考虑对该机器的购买事宜，甲公司对实验样机以最低价转让给乙公司”。随后，双方商议了设备买卖事宜，并最终达成了在试验设备达标后进一步磋商的合意。2012 年 3 月 15 日，乙公司出具了《××设备机器试用结果及设备采购的意见》。甲公司在《××设备试用结束及执行设备采购的申请报告》中表述“特申请贵集团对公司 xx 设备进行设备采购，以完善合作关系”。乙公司出具的《××设备机器试用结果及设备采购的意见》，落款为“生产技术部"，结论为"乙公司生产部认为……能满足我公司……同意集团公司……"，同时要求甲公司以最优惠的价格进行转让。甲公司认为该意见为要约，且认为其具备了合同成立的全部要件，并已经基于出卖的意思表示通过占有改定的方式履行了出卖设备的全部义务。乙公司在试验期结束后，对该实验样机一直占有、使用等直至如今的报废状态。因此，甲公司认为双方的买卖合同早已成立。

甲、乙双方是否构成合同关系?

第十九章 合同的履行

学习目标

掌握：合同履行的原则、合同履行中的抗辩权。

熟悉：合同履行的概念。

第一节 合同履行的概念与原则

一、合同履行的概念

合同的履行，是指合同义务人严格依照合同的约定或法律的规定，全面、适当地履行其合同义务，使合同权利人的利益得以实现的行为。合同签订并生效后，双方当事人应当根据合同的约定享有权利，承担义务。对于当事人而言，合同的履行才是缔约的真正目的。

二、合同履行的原则

合同履行除须遵循合同法确立的平等、公平、诚实信用等基本原则外，还要遵守适当履行原则、协作履行原则等特别履行原则。

（一）适当履行原则

适当履行原则，又称为正确履行原则或者全面履行原则，是指当事人按照合同规定的标的及其质量、数量，由适当的主体在适当的履行期限、履行地点，以适当的履行方式，全面完成合同义务的履行原则。《民法典》第五百零九条第一款规定："当事人应当按照约定全面履行自己的义务。"适当履行原则包含以下要求：

（1）全面履行。合同是双方当事人意思表示一致的产物，依法成立的合同在当事人之间已经产生法律效力，因此当事人必须严格按照合同内容全面履行合同规定的义务，部分履行合同义务则可能产生违约责任。

（2）适当履行。当事人应适当履行合同规定的全部义务，包括依合同约定或法定的质量、数量、履行方法、履行地点、履行期限等适当履行，也包括依合同约定的主体履行，即合同债务人应当向合同债权人履行义务。除法律另有规定或者当事人另有约定外，不得由第三人代为履行或者接受履行，否则也会产生违约责任。

（二）协作履行原则

协作履行原则，是指合同当事人应当本着协作、互助的精神履行合同义务，实现合同目的。合同履行不仅是债务人的义务，债权人也负有一定的义务。如果只有债务人为给付行为，而债权人不受领，合同目的将无法实现。因此，债务人实施给付行为也需要债权人的积极配合，只有双方当事人在合同履行过程中相互配合、相互协作，合同才会得到适当履行。协作履行原则是诚实信用原则在合同履行方面的具体体现。协作履行原则的具体内容包括：

（1）债务人履行合同债务，债权人应当适当受领给付。如果债权人无正当理由拒绝受领债务人的给付，则标的物的毁损、灭失等风险应当由债权人承担。

（2）债务人履行合同债务，需要债权人提供必要协助时，债权人应当按照债务人的要求创造必要的条件，为债务人履行合同提供方便。

（3）债务人因故不能履行或不能完全履行时，债权人应当积极采取措施，避免或减少损失，否则应当就扩大的损失自负其责。

（三）情势变更原则

情势变更原则，是指合同有效成立后，非因双方当事人的过错，合同赖以成立的环境或基础发生异常变化，使合同不能履行或者如果履行会显失公平，根据诚实信用原则，当事人可以请求变更或解除合同。适用情势变更原则应符合以下条件：①合同订立时作为合同基础的情况发生异常变化；②发生的异常变化不可归责于合同当事人；③当事人不能预见到这种异常变化。尽管《民法典》合同编中未明确规定情势变更原则，但鉴于司法实践已经承认并执行了这一原则，而且根据公平原则、诚实信用原则亦可说明采用这一原则的合理性，因而有必要研究、掌握其适用条件，既要避免非因当事人的过错导致当事人承担不合理损失，更要禁止当事人滥用这一原则逃避违约责任的行为。

第二节 合同履行中的抗辩权

合同履行中的抗辩权，是指双务合同的当事人在符合法定条件时，暂时拒绝履行其债务的权利，包括同时履行抗辩权、后履行抗辩权、不安抗辩权。这些抗辩权是合同效力的表现，在性质上属于延期的抗辩权，而不是消灭的抗辩权，其只能延缓或阻止对方请求权的发生，而不能变更或消灭对方的权利。正如本章前述，只有在双务合同中，当事人才享有抗辩权。因为在单务合同中，享有权利的一方当事人没有为对待给付的义务，所以不存在抗辩权的问题。合同履行中的抗辩权的理论基础是双务合同的牵连性，即双方当事人的给付与对待给付具有不可分离的关系，一方当事人的履行意味着对方权利的实现，而一方当事人不履行义务，对方的权利就无法实现。最典型的是买卖合同，买方有支付价金的义务和请求交付标的物的权利；卖方有交付标的物的义务和请求支付价金的权利。买方支付价金的义务因获得对方交付的标的物而生，卖方交付标的物的义务因获得对方支付的价金而生。赋予当事人在合同履行中的抗辩权，目的在于避免合同当事人履行义务后得不到相对人履行义务的风险，也促使相对人及时履行或提供履行担保，因此，抗辩权是债权保障的重要制度。

赋予当事人履行抗辩权，是合同法的公平原则和诚实信用原则在合同履行中的具体体现。如果一方当事人不履行合同义务或不能履行合同义务，却有权要求对方履行义务，显然有悖公平原则和诚实信用原则。履行抗辩权制度的确立，是为了避免“双方违约制度”不公平地适用于一些特殊情形。在合同的履行原则中，最首要的是适当履行原则，即当事人在合同成立、生效后，应当全面、适当履行合同义务，否则将产生违约责任。同时，《民法典》第五百九十二条还规定了双方违约制度，即当事人双方都违反合同的，应当各自承担相应的责任。因此，可以设想，如果没有履行抗辩权制度，即使合同一方当事人违约，对方当事人也必须履行自己的合同义务，否则将承担违约责任。而按照双方违约制度，当事人双方须分别对自己违约给对方造成的损害承担赔偿责任。假如违约在先一方当事人的损失大于对方当事人的损失，对方当事人将面临两难的选择：如果对方当事人不履行合同义务，按照双方违约制度，对方也须承担相应的违约责任。显然，在这种情况下，即使在确定责任后可以适用抵销制度，在后违约的当事人仍会不公平地负担未能抵销部分的赔偿责任；如果对方当事人履行合同义务，或许会因为违约一方当事人已无实际赔偿能力而使其赔偿责任只是“判决书上的责任”，对方当事人即使事前可以预料到这种结果，但为了避免自己承担违约责任，也很难作出不履行的选择。因此，法律上赋予合同当事人在有些情况下的履行抗辩权，实际上是在一定情况下的违约免责，以避免上述不公平的结果出现。

一、同时履行抗辩权

同时履行抗辩权，是指双务合同未约定债务履行先后顺序时，一方当事人在对方未为对待给付前，可以拒绝履行自己债务的权利；一方当事人在对方履行给付义务不符合约定时，也可以拒绝其相应的履行要求。《民法典》第五百二十五条规定了这一抗辩权。行使同时履行抗辩权，不以明示方式为限。如果对方未为给付，一方当事人即可以暂时拒绝履行自己的义务，即使一方当事人未明确表示行使同时履行抗辩权，未为给付的一方也不负违约责任。构成同时履行抗辩权，应符合以下要件：

（1）双方当事人须因同一双务合同而互负债务。主张同时履行抗辩权，必须双方当事人因为同一个双务合同而承担债务，即同时履行抗辩权基于合同当事人权利义务的牵连性，一方履行与他方对待履行互为条件、互相依存。如果双方当事人不是因为同一个合同而是基于两个或者多个合同相互承担债务，那么即使当事人事实上具有密切联系，也不能据此主张同时履行抗辩权。

（2）双方互负的债务没有先后履行顺序，且均已届清偿期。同时履行抗辩权制度的价值在于督促合同当事人及时履行自己的义务，从而使双方的债务同时履行，双方的债权同时实现。因此，只有在双方当事人互负的债务有效存在且没有先后履行顺序时，才可以行使同时履行抗辩权。如果双方当事人互负的债务有先后履行顺序，则可能产生后履行抗辩权或不安抗辩权。

（3）一方未履行债务或其履行不符合规定。一方当事人向对方请求履行债务时，须自己已经履行或已经提出履行，否则，对方可行使同时履行抗辩权，拒绝履行自己的债务。但是，一方当事人未履行的债务或者未提出履行的债务，与对方所负的债务无对价关系时，对方不得主张同时履行抗辩权。原告的履行不适当时，被告也可以行使同时履行抗辩权。但是，如果原告已部分履行，依其情形，被告若拒绝履行自己的债务则违背诚实信用原则，因此，被告不得主张同时履行抗辩权。例如，房屋买卖合同中的卖方已向买方交付房屋，但已交付的房屋中有一个无关紧要的设施不符合质量要求，买方则不得以此为由拒付全部购房款，否则将承担延期支付的违约责任。为此，《民法典》第五百二十五条规定："……一方在对方履行债务不符合约定时，有权拒绝其相应的履行请求。"

二、后履行抗辩权

后履行抗辩权，又称先履行抗辩权、顺序履行抗辩权，是指当事人互负对待给付义务，且有先后履行顺序，应先履行一方未履行的，后履行一方可以拒绝其履行要求；应先履行一方履行给付义务不符合约定的，后履行一方可以拒绝其相应的履行要求。因为此种权利是后履行一方所享有的抗辩权，所以称为后履行抗辩权。如果从后履行一方有权要求先履行一方在先履行的角度看，也可称之为先履行抗辩权。法律规定后履行抗辩权的目的在于维护诚实信用原则，保障履行顺序在后的债务人的正当顺序利益、期限利益。《民法典》第五百二十六条规定了这一抗辩权制度。

与同时履行抗辩权相同的是，后履行抗辩权也属于延期的抗辩权，不具有消灭对方请求权的效力，只能暂时阻止先履行一方请求权的行使，以保护后履行一方的顺序利益。如果先履行一方完全履行了合同义务，则后履行一方的抗辩权消灭，后履行一方应当尽快履行债务。后履行一方因行使后履行抗辩权致使合同履行迟延的，不承担迟延履行的责任。

构成后履行抗辩权应符合以下要件：

（1）双方当事人须基于同一双务合同而互负债务。与同时履行抗辩权一样，后履行抗辩权只能适用于同一双务合同。如果双方当事人基于两个或者多个合同相互承担债务，即使一方当事人未履行其中一个合同约定的在先的合同义务，对方也不能因此而拒绝履行另一个合同中在后的合同义务，即不能基于两个合同主张后履行抗辩权。

（2）双方互负的债务有先后履行顺序，且均已届清偿期。区别于同时履行抗辩权，后履行抗辩权只有在双方互负的债务有先后履行顺序的合同中适用。当事人的债务履行顺序，应当按照法律规定、当事人约定或交易习惯予以确定。与同时履行抗辩权相同，后履行抗辩权须在双方互负的债务均已届清偿期的情况下使用。如果先履行一方的履行期限未到，则其无履行的必要；如果先履行一方的履行期限已到，而后履行一方的履行期限未到，则后履行一方无须使用后履行抗辩权来对抗先履行一方。因此，只有在双方当事人的债务均已届清偿期的情况下，后履行抗辩权方可成立。

（3）先履行一方未履行或其履行不符合约定。合同履行存在先后顺序时，负有先履行义务的一方应当先履行，若先履行一方的债务已届清偿期而不履行，则属于违约，后履行一方有权拒绝先履行一方的履约要求。如果先履行一方的履行不符合约定，则后履行一方有权拒绝先履行一方的相应履行要求。

三、不安抗辩权

不安抗辩权，是指在双务合同中，应当先履行债务的当事人，有确切证据证明对方当事人已经或者可能丧失履行债务的能力，可以中止履行并在法定条件下解除合同的权利。不安抗辩权制度同样是平衡合同当事人各方利益的制度。双务合同中，在约定一方当事人应当先履行的情况下，如果有确切证据表明后履行一方难为对待给付，仍然要求先履行一方继续履行的，显然有悖公平。尽管在先履行一方履行债务而对方未为对待给付时，可以要求对方承担违约责任，但对方往往已经不具备承担赔偿责任的能力，那么先履行一方的利益仍然会受到损害。不安抗辩权给先履行一方提供了积极的避免风险的手段，使其免遭先履行后得不到对待给付的损失。

构成不安抗辩权应具备以下要件：

（1）双方当事人须基于同一双务合同而互负债务。尽管《民法典》合同编中有关不安抗辩权的规定并没有像同时履行抗辩权和后履行抗辩权的规定一样明确将"当事人互负债务"作为不安抗辩权适用的条件之一，但从不安抗辩权的内容来看，其必须适用于同一双务合同。与同时履行抗辩权和后履行抗辩权不同的是，行使不安抗辩权的原因并非合同一方当事人不履行债务，而是其有丧失或者可能丧失履行债务能力的情形。

（2）双方互负的债务有先后顺序，且先履行一方的债务已届履行期。合同债务有先后履行顺序的，先履行一方应当先为给付。但是，如果后履行一方难以作出对待履行，先履行一方履行义务后，则有可能使自己的利益受损。因此，为保护先履行一方的利益，法律赋予先履行一方在符合法律规定的条件下，享有拒绝履行到期债务的权利，以防止其利益受损。

（3）后履行一方有丧失或者可能丧失履行债务能力的情形。后履行一方的履行能力明显降低，有难为对待给付之虞的，先履行一方才可以行使不安抗辩权。《民法典》第五百二十七条第一款规定："应当先履行债务的当事人，有确切证据证明对方有下列情形之一的，可以中止履行：（一）经营状况严重恶化；（二）转移财产、抽逃资金，以逃避债务；（三）丧失商业信誉；（四）有丧失或者可能丧失履行债务能力的其他情形。”

本章小结

合同的履行，是指合同义务人严格依照合同的约定或法律的规定，全面、适当地履行其合同义务，使合同权利人的利益得以实现的行为。合同的履行需要遵守适当履行原则、协作履行原则和情势变更原则。如果符合法定条件，双务合同的当事人享有暂时拒绝履行其债务的权利，即享有合同履行中的抗辩权，包括同时履行抗辩权、后履行抗辩权、不安抗辩权。

本章的重点在于对合同履行概念的理解，以及掌握合同履行的原则及合同履行中的抗辩权。通过本章的学习和研究，学生可以对《民法典》中关于合同的履行相关规定有较为全面的了解。

简答题

1. 简述合同履行的概念。
2. 简述合同履行的原则。
3. 简述合同履行中的抗辩权。

案例

甲、乙与某旅行社签订了《××市出境旅游合同》，约定到巴西、阿根廷、智利、秘鲁旅游，旅游费用共计 165 600 元，包括北京—圣保罗—玛瑙斯—里约—卡塔尔—北京的全部交通费用。出行期间，该旅行社要求甲、乙自行购买从圣保罗至玛瑙斯的机票。甲、乙认为该行程是旅游合同中约定的旅游线路，旅行社应依据合同承担上述行程的交通费用。双方协商不成，故甲、乙起诉至法院，要求法院判决旅行支付二人自行支出的机票费用，共计 17 844. 82 元。

（扫码查看案例解读）

旅行社是否应当支付甲、乙自行购买机票的费用？

第二十章 合同的变更与解除

学习目标

掌握：合同变更的条件、合同解除的条件。

熟悉：合同变更的效力、合同解除的效力。

了解：合同变更的概念、合同解除的概念。

第一节 合同的变更

一、合同变更的概念

合同变更，有广义和狭义两种含义。广义的合同变更是指合同的内容和主体发生变化。所谓主体的变更，是指以新的主体取代原合同关系中的主体，即新的债权人、债务人代替原来的债权人、债务人，但合同的内容并没有发生变化。其中，债权人变更的，称为债权转让或债权移转；债务人变更的，称为债务移转。合同内容的变更乃是狭义的合同变更，其是指在合同成立以后，尚未履行或尚未完全履行以前，当事人就合同的内容达成修改和补充的协议。《民法典》第五百四十三条规定："当事人协商一致，可以变更合同。"该条规定实际上指的就是合同内容的变更。

二、合同变更的条件

合同变更应具备以下条件：

（1）原已存在合同关系。合同的变更是在原合同的基础上，通过双方当事人的协商，改变原合同关系的内容。因此，不存在合同关系，就不可能发生变更问题。如果合同已被确认无效，则不能变更合同。值得注意的是，如果合同具有重大误解和显失公平的因素，享有撤销权的一方可以请求撤销或变更合同。如果享有撤销权的一方只提出变更合同而未提出撤销合同，那么经双方同意变更合同以后，享有撤销权的一方不得再请求撤销合同，撤销权因合同的变更而消灭。

（2）原则上必须经双方当事人协商一致，且必须订立变更合同的合同。该合同必须经过要约和承诺两个阶段，符合民事法律行为的生效要件，任何一方不得采取欺诈、胁迫的方式欺骗或强制他方变更合同。《民法典》第五百四十四条规定："当事人对合同变更的内容约定不明确的，推定为未变更。"据此可见，如果当事人对合同变更的内容约定不明确，则推定当事人并没有达成变更合同的协议，合同视为未变更，当事人仍应按照原合同履行。法律作出此种规定是为了减少当事人可能因合同变更而产生的纠纷，维护合同关系的稳定性。

（3）必须发生合同内容的变化。合同变更通常表现为对合同条款的修改和补充，修改是指对原合同条款的改变，补充是指在原合同中增加新的条款。在补充的情况下，尽管原合同内容没有发生变化，但增加了新的合同条款，合同已经发生变更。无论合同的变更程度有多大，只要合同的非实质性内容发生了变化，就可以看作合同的变更。如果合同约定不明确或存在漏洞，一方依据法律规定对填补漏洞的方法及诚实信用原则等做出履行，因为没有改变原合同的内容，那么就不能视为合同的变更。

三、合同变更的效力

合同变更具有以下效力：

（1）合同变更后，如果当事人在合同变更前已经做出了履行，则合同的变更原则上不具有溯及力，即当事人所做出的履行仍然有效。合同的变更只能对未来产生效力，对于已经按原合同所做的履行无溯及力，任何一方当事人都不能因为合同的变更而单方面要求另一方返还已经做出的履行。

（2）合同变更后，当事人应当按照变更后的合同内容进行履行。按照合同自由原则，当事人对合同内容的变更也具有法律拘束力，合同变更属于当事人对其利益所做出的新的安排，任何一方违反变更后的合同内容都构成违约。合同没有发生变更的部分对当事人仍具有拘束力。

(3) 除当事人特别约定外，合同变更不影响违约责任的承担。对合同的变更应当区分两种不同情况，一种是依据法律规定的事由而请求法院或仲裁机构变更合同，此种情况原则上不影响当事人要求损害赔偿的权利；另一种是约定的变更，当事人应当在变更协议中对赔偿问题做出明确约定，如果未约定，应当视为当事人已经放弃了要求赔偿的权利。

(4) 当事人基于可撤销、可变更的原因选择变更合同的，不得再请求撤销合同。如果一方当事人依据法律关于可撤销、可变更的规定，请求法院或仲裁机构变更合同，法院或仲裁机构依法确认了合同的变更，在此之后，享有变更请求权的人不得再请求撤销合同。因为法律对可撤销、可变更的合同给予了一方当事人选择的权利，即一方当事人一旦要求撤销、变更合同并最终被确认，则该可撤销、可变更的合同继续有效，当事人不得再请求撤销合同。当然，如果当事人请求变更合同，被法院或仲裁机构驳回，则当事人可以继续请求撤销合同。如果当事人一开始就请求撤销合同，这就意味着当事人一开始就希望否定合同的效力，所以不能在请求撤销以后再要求变更合同。

第二节　合同的解除

一、合同解除的概念

合同解除，是指合同有效成立以后，当具备合同解除条件时，因当事人一方或双方的意思表示而使合同关系自始消灭或向将来消灭的一种行为。由于合同的解除将导致合同的终止，因而合同解除可以成为合同终止的一项原因。

二、合同解除的条件

合同解除应具备以下条件：

(1) 合同解除适用于有效成立的合同。一方面，合同解除只适用于合同之债，而其他终止原因不但适用于合同之债，且适用于其他种类之债。另一方面，合同解除的对象是有效成立的合同。依法成立的合同对当事人产生约束力，订约双方必须严格依据合同享有权利、承担义务。但在经济生活中，由于各方面的原因常常导致合同得不到正常履行，当事人必须通过解除合同来提前消灭合同关系。因此，能解除的合同必须是合法有效的合同。

（2）合同解除必须具备一定条件。合同在有效成立以后，任何一方当事人都不得随意解除合同，法律设立合同解除制度的重要目的就是保障合同解除的合法性，禁止当事人在没有任何法定或约定根据的情况下任意解除合同。合同解除的条件既可以是法定的，也可以是约定的。所谓法定解除条件，是指由法律规定的在何种情况下合同当事人享有解除合同的权利。所谓约定解除条件，是指当事人在合同中约定，如果出现了某种约定的情况，当事人一方或双方享有解除权。

（3）合同的解除必须有解除行为。无论是由双方当事人事先约定解除权，还是依法律规定的原因解除合同，都必须由享有法定解除权或约定解除权的一方当事人行使解除权，作出解除合同的意思表示，这种意思表示不需要征得对方当事人的同意。但当事人根据约定解除权和法定解除权主张解除合同的，必须通知对方，合同自通知到达对方时解除。如果享有解除权的一方当事人超过规定期限不行使权利，则该解除权消灭，事后不得再主张解除合同。

三、合同解除的效力

合同解除的效力，是使合同关系自始消灭或向将来消灭。合同解除的效力，首先是导致合同关系消灭。《民法典》第五百六十二条规定，当事人协商一致，可以解除合同。此条规定了当事人自行约定解除的情形。可见合同解除将使合同的权利义务消灭。关于合同解除的效力问题，应尊重当事人的意思表示。在当事人有约定的情况下，只要这种约定没有损害国家利益和社会公共利益，就应尊重当事人的这种约定；当事人若没有特别约定，那么合同解除的效力应依据《民法典》第五百六十六条的规定而具体确定。依据合同关系的性质是继续性合同还是非继续性合同，具体斟酌各种情况，确定解除是否发生溯及既往的效力。

本章小结

本章重点学习了合同变更与合同解除的概念、条件与效力。通过本章的学习和研究，可以对我国合同变更与合同解除有较为全面的了解。

简答题

1. 简述合同变更的条件。
2. 简述合同解除的条件。

案例

（扫码查看案例解读）

2019 年 8 月 2 日，甲经乙介绍，购买了丙名下的一辆小型汽车，双方约定价格为 217 200 元。甲在查验该车辆时，丙及介绍人乙承诺该车仅左边有过剐蹭，没有发生过其他严重事故。随后甲将车开走。但在驾驶时，甲发现该车辆有严重故障，存在重大安全隐患，根本无法正常使用。经查询，该车为全损车辆。事后，甲、丙双方多次调解未果，故甲向法院提起诉讼，请求法院判决：①依法解除甲、丙之间的车辆买卖合同；②丙依法返还甲购车款 217 200 元、鉴定费 38 000 元、保险费 8 000 元及利息；③丙承担本案的诉讼费用。法院审理后，依法委托 A 检测技术有限公司对涉案车辆进行鉴定，鉴定结论是涉案车辆的前部发生过碰撞事故，左右前纵梁及左前悬架因碰撞产生了变形和位移，车辆未经彻底修复，且存在安全气囊故障报警及跑偏现象，表明涉案车辆上路行驶存在安全隐患。

请问甲是否可以主张解除与丙的车辆买卖合同？

第二十一章 违约责任

学习目标

掌握：违约责任的归责原则。

熟悉：违约责任的概念。

了解：违约责任的承担方式。

第一节 违约责任的概念

违约责任，即违反合同的民事责任，又称合同责任，是指合同当事人不履行或不适当履行合同义务所应承担的民事责任。违约责任的法律特征主要有：第一，违约责任是当事人未履行或未适当履行合同义务的法律后果。合同一经订立生效，当事人负有全面履行合同的义务，只要当事人未能全面、适当地履行合同义务，就会产生违约责任。第二，违约责任的内容主要由双方当事人通过约定确定。当事人在订立合同时，往往会在合同中约定违约金、损害赔偿金或定金等违约责任形式。当出现违约的情况时，按照双方事先约定承担违约责任即可。第三，违约责任是相对性的民事责任，即只有合同当事人通过约定方可成为违约责任的承担者。违约责任的相对性与合同相对性有密切联系。违约责任就其本质而言，是特定主体之间的赔偿请求权关系。

第二节　违约责任的归责原则

所谓归责原则，就是将责任归属于某人的正当理由。① 以是否要求行为人具有主观过错来区分，可将违约责任的归责原则分为过错责任原则与严格责任原则。《民法典》第五百七十七条规定："当事人一方不履行合同义务或者履行合同义务不符合约定的，应当承担继续履行、采取补救措施或者赔偿损失等违约责任。"该条规定表明《民法典》将严格责任原则作为判断行为人是否应当承担违约责任的一般归责原则。同时，《民法典》也规定了应当适用过错责任原则的特殊情况。

一、过错责任原则

过错责任原则，是指在合同当事人不履行或不适当履行合同义务时，如果行为人在主观上具有过错，则应当承担违约责任，反之则不承担的归责原则。《民法典》在部分典型合同中规定判断行为人是否应当承担违约责任，应当适用过错责任原则。例如，《民法典》第六百六十条第二款规定的赠与人因故意或者重大过失致使应当交付的赠与财产毁损、灭失时所应承担的赔偿责任；第七百一十四条规定的承租人因保管不善造成租赁物毁损、灭失时所应承担的赔偿责任；第八百九十三条规定的寄存人未履行告知义务造成保管人受损失时所应承担的赔偿责任；等等。

二、严格责任原则

严格责任原则，是指在合同当事人不履行或不适当履行合同义务时，无论行为人在主观上是否存在过错，都应当承担违约责任的归责原则。《民法典》将严格责任原则作为一般归责原则的同时，为了不使违约方在任何情况下都要承担违约责任，避免风险分配的失衡，除规定在部分典型合同中适用过错责任原则外，还在部分合同中规定了免责事由。例如，《民法典》第八百二十三条第一款规定的承运人对运输过程中旅客的伤亡的免责事由，第八百三十二条规定的承运人对运输过程中货物的毁损、灭失的免责事由。

① 王利明．民法［M］．8版．北京：中国人民大学出版社，2020：184.

第三节 违约责任的承担方式

一、强制履行

强制履行，是指当事人一方要求未履行义务的另一方当事人继续履行合同，如果另一方当事人坚持不履行，可以强制履行。我国对于违约责任的承担方式，采取以继续履行为主、赔偿为辅的救济原则。对于履行迟延、不适当履行等都可以要求对方继续履行。

当事人要求强制履行的，必须符合一定的适用条件：首先，必须由债权人提出申请，法院不主动采取强制履行这一救济手段。债权人在合理期限内未请求对方实际履行的，不得请求强制履行。其次，强制履行必须有履行的可能性。例如，除金钱债务以外，以特定物为债务标的物的合同可能会发生履行不能。最后，强制履行必须符合合同的本质。有些债务的标的不适宜强制履行，如涉及专业性服务领域的合同，强制提供服务可能无法达到合同最初目的。

二、赔偿损失

因违约行为而致损害的，违约方应依据法律规定或合同约定承担损害赔偿责任。违约责任形式的损害赔偿，与缔约过失责任中的损害赔偿、合同无效后的损害赔偿、合同撤销后的损害赔偿的不同之处在于，其只能基于有效的合同提出请求，也就是说，合同关系的有效存在，是违约损害赔偿责任存在的前提。如果合同不存在或者被宣告无效或者被撤销，则不适用违约损害赔偿。违约损害赔偿与其他损害赔偿在范围上也是不同的。根据《民法典》的规定，对于违约损害赔偿的范围，包括实际利益的损失和预期利益的损失。实际利益的损失是指现实财产的损害，预期利益的损失是指缔约时可以预见到的履行利益。

三、支付违约金

违约金，是指法律规定或者合同当事人在合同中约定的，一方当事人不履行合同义务时应当向对方支付的一定数额的金钱。《民法典》第五百八十五条第一款规定：“当事人可以约定一方违约时应当根据违约情况向对方支付一定数额的违约金，也可以约定因违约产生的损失赔偿额的计算方法。”但违约金的数额应与不履行债务造成的损失大体相当，如果过高或过低，当事人可以请求法院或仲裁机构减少或增加。因履行迟延给付违约金后，不免除违约方的合同义务，违约方还应继续履行合同义务。

本章小结

违约责任，是指合同当事人不履行或不适当履行合同义务所应承担的民事责任。本章主要对违约责任的概念、归责原则和违约责任的承担方式进行了具体阐述。通过本章的学习和研究，学生可以对《民法典》中违约责任的规定有较为全面的了解。

简答题

简述违约责任的承担方式。

案例

甲公司因与乙公司之间存在买卖合同纠纷而向法院提起诉讼，法院判决乙公司向甲公司给付买卖货款及相应利息，乙公司上诉。在上诉期间，乙公司与甲公司又签订了一份协议书，协议约定：①乙公司承诺先向甲公司支付部分货款，剩余的本金、利息及诉讼费共计 270 万元于当年内支付完毕。如乙公司未按照协议约定支付款项，应向甲公司支付违约金 80 万元。②甲公司申请解除诉讼中对乙公司名下财产的保全措施。双方达成协议后，乙公司向二审法院申请撤回上诉并按照约定给付甲公司首期款项；甲公司按照协议约定向法院提出申请，解除了对乙公司财产的保全。后乙公司未按照协议约定支付剩余款项，甲公司申请执行一审判决书中所确定的债权，并再次将乙公司起诉至法院，要求其支付违约金 80 万元。

（扫码查看案例解读）

乙公司是否因构成违约而负有向甲公司支付违约金的责任？

第二十二章 具体类型的合同

学习目标

掌握：买卖合同、赠与合同的概念与特征，买卖合同中的权利与义务。

熟悉：借款合同、保证合同、租赁合同、承揽合同、委托合同、合伙合同的概念、特征，以及权利与义务。

了解：供用电、水、气、热力合同，融资租赁合同，保理合同，建设工程合同，运输合同，技术合同，保管合同，仓储合同，物业服务合同，行纪合同，中介合同的概念、特征，以及权利与义务。

第一节 买卖合同

一、买卖合同的概念与特征

（一）买卖合同的概念

《民法典》第五百九十五条规定，买卖合同，是出卖人转移标的物的所有权于买受人，买受人支付价款的合同。买卖合同的内容一般包括标的物的名称、数量、质量、价款、履行期限、履行地点和方式、包装方式、检验标准和方法、结算方式、合同使用的文字及其效力等条款。

（二）买卖合同的特征

买卖是市场交易的基本方式，买卖合同是民事法律关系中最为重要的传统合同，是商品交换最典型、最具代表性的法律形式。买卖合同的法律特征如下：

（1）买卖合同是转移标的物所有权的合同。买卖合同的出卖人不仅要将标的物交付给买受人，还需要将标的物的所有权转移给买受人，买受人通过支付相应价款获得该标的物的所有权。

（2）买卖合同是双务合同。出卖人和买受人双方都享有一定的权利，也都负有相应的义务。出卖人负有交付标的物并转移所有权于买受人的义务，买受人同时负有向出卖人支付价款的义务，且一方的权利正对应另一方的义务。

（3）买卖合同是有偿合同。买卖合同的任何一方从对方处取得利益，都需要向对方付出相应的对价，买受人取得标的物是以支付价款为对价的，出卖人取得价款是以转移标的物所有权为代价的。

（4）买卖合同多为诺成合同。一般来讲，买卖双方达成合意，买卖合同即成立，并不以标的物或约定价款的现实交付为成立要件。因此，除法律另有规定或当事人另有约定外，买卖合同自双方当事人意思表示一致时即成立。

（5）买卖合同为要式或不要式合同。从买卖合同的形式来看，买卖合同既可以是要式合同，也可以是不要式合同。一般情况下，买卖合同多为不要式合同。在法律、行政法规没有对合同形式作出特别要求时，买卖合同不需要采用书面形式。但是依照现行法律，房屋买卖合同、船舶买卖合同等应采用书面形式，属于要式合同。

二、买卖合同中的权利与义务

买卖合同为双务合同，双方互享权利、互负义务，一方的权利对应另一方的义务。下面主要介绍买卖双方的义务。

（一）出卖人的主要义务

1. 交付标的物的义务

出卖人负有交付标的物的义务，具体包括：第一，出卖人应当按照约定期限交付标的物；第二，出卖人应当在约定地点交付标的物；第三，出卖人交付标的物的方式必须符合法律规定和合同约定。

2. 转移标的物所有权的义务

出卖人负有转移标的物所有权的义务，这也是买卖合同中出卖人最基本、最典型的义务。通常来讲，交付是动产所有权转移的条件，不动产所有权转移需经依法登记才发生效力。

3. 权利瑕疵担保义务

出卖人负有担保其出卖的标的物不具有权利瑕疵的义务，具体包括：第一，出卖人对出卖的标的物应当享有合法处分权；第二，出卖人应当保证该权利上不存在任何权利负担，如质权、抵押权等；第三，出卖人应当担保该标的物不存在所有权争议；第四，出卖人还应保证标的物不属于侵犯知识产权的产品。

4. 质量瑕疵担保义务

出卖人负有担保其出卖的标的物符合法律规定和合同约定质量要求的义务，具体包括：第一，出卖人应当按照合同约定的质量要求交付标的物。第二，关于质量标准，当事人在合同没有约定或约定不明确时，可以协议补充；不能达成补充协议的，按照合同相关条款或交易习惯确定（《民法典》第五百一十条）。如果还不能确定质量标准，应当适用《民法典》第五百一十一条第一项的规定，即“质量要求不明确的，按照强制性国家标准履行；没有强制性国家标准的，按照推荐性国家标准履行；没有推荐性国家标准的，按照行业标准履行；没有国家标准、行业标准的，按照通常标准或者符合合同目的的特定标准履行”。

5. 按照约定的包装方式交付标的物的义务

出卖人应当按照约定的包装方式交付标的物，对包装方式没有约定或约定不明的，应当依据《民法典》第五百一十条予以确定，仍不能确定的，应当按照通用方式包装；没有通用方式的，应当采取足以保护标的物且有利于节约资源、保护生态环境的包装方式（《民法典》第六百一十九条）。

（二）买受人的主要义务

1. 支付价款的义务

支付价款是买受人的基本义务，或者说是主给付义务，买受人取得标的物的所有权，就必须支付相应的价款。买受人支付价款的义务主要包括以下几点：第一，应当按照约定的数额支付价款；第二，应当按照约定的支付方式支付价款；第三，应当按照约定的时间支付价款；第四，应当按照约定的地点支付价款。

2. 及时检验并通知的义务

《民法典》第六百二十条规定：“买受人收到标的物时应当在约定的检验期限内检验。没有约定检验期限的，应当及时检验。”《民法典》第六百二十一条第一款规定：“当事人约定检验期限的，买受人应当在检验期限内将标的物的数量或者质量不符合约定的情形通知出卖人。买受人怠于通知的，视为标的物的数量或者质量符合约定。”

3. 受领标的物的义务

受领标的物是指取得标的物的占有，出卖人提出交付标的物的请求后，如果买受人不及时受领，可能会增加出卖人的保管负担，既不利于出卖人履行义务，也不利于标的物的有效利用。

三、风险负担

所谓风险负担，是指在双务合同中因不可归责于双方当事人的事由而造成的损失，应当由谁承担的制度，其不应当包括违约责任的承担问题。① 风险负担中的风险，既包括标的物毁损、灭失的风险，也包括价金风险。

风险负担的特点在于：第一，风险负担发生在双务合同之中。第二，风险负担是因为标的物毁损、灭失而引起的。风险负担中的风险，主要是指标的物毁损、灭失等意外损失，但是也涉及价金及费用、报酬的损失。第三，风险负担是因不可归责于双方当事人的事由而产生的损失分配制度。风险是由偶然的、不可预测的事件所造成的，主要包括两种情况：一种是因不可抗力导致标的物毁损、灭失；另一种是意外事故。

依据《民法典》第六百零四条关于标的物风险负担的规定，标的物毁损、灭失的风险，在标的物交付之前由出卖人承担，在标的物交付之后由买受人承担，但是法律另有规定或者当事人另有约定的除外。

四、特殊类型的买卖合同

特殊类型的买卖合同，是相对于一般买卖合同而言的，其是在订立方式、履行方式、担保规则等方面法律有特别规定的买卖合同。这种特殊类型的买卖主要有：所有权保留、分期付款买卖、凭样品买卖、试用买卖、招标投标买卖、拍卖等。

所有权保留，是指在买卖合同中，买受人虽然在先占有、使用标的物，但在全部价款支付完以前，出卖人对标的物仍然保留所有权。② 所有权保留是一种附条件的行为，具有物尽其用、促进交易的功能。所有权保留的主要特点在于：第一，仅

① 王利明．合同法研究：第三卷［M］．2 版．北京：中国人民大学出版社，2015：87.

② 崔建远．合同法［M］．5 版．北京：法律出版社，2010：405-406.

适用于动产买卖；第二，属于交付转移所有权的例外；第三，是权利分化的结果；第四，是一种非典型担保，客观上发挥了担保债权实现的功能。《民法典》第六百四十一条规定："当事人可以在买卖合同中约定买受人未履行支付价款或者其他义务的，标的物的所有权属于出卖人。出卖人对标的物保留的所有权，未经登记，不得对抗善意第三人。"

分期付款买卖，是指双方当事人在合同中约定由出卖人先交付标的物，买受人分次支付合同总价款的一种特殊买卖。[①] 分期付款买卖是一种古老的交易方式，具有促进消费、融通资金及担保等功能。随着消费观念的改变和信用交易的发展，分期付款买卖的适用范围也日益扩大。分期付款买卖的主要特点在于：第一，它是一种特殊买卖，具有普通买卖所不具有的特殊性；第二，采用分期支付价金的方式；第三，可以适用于动产和不动产买卖；第四，通常与所有权保留相结合。

凭样品买卖，又称为货样买卖，是指双方当事人约定出卖人交付的标的物应当符合样品的买卖。样品也称为货样，是由当事人选定的用来决定货物型号、特征、品质、构成乃至功能等的样品。凭样品，是指出卖人应当向买受人交付与样品及其说明的质量相同的标的物。凭样品买卖的特殊性主要在于：第一，凭样品确定标的物的质量、属性等；第二，基于对样品的信赖而订约；第三，样品是确定出卖人是否按照约定履约的标准。《民法典》第六百三十五条规定："凭样品买卖的当事人应当封存样品，并可以对样品质量予以说明。出卖人交付的标的物应当与样品及其说明的质量相同。"

试用买卖，也称为实验买卖，是指合同成立时出卖人将标的物交给买受人试用，买受人在一定期限内使用后同意购买并支付价款的买卖。[②] 试用买卖作为一种特殊类型的买卖，其主要特点在于：第一，买受人可以试用标的物；第二，买受人试用同意后购买是合同的生效条件；第三，买受人享有是否决定购买的权利；第四，标的物所有权在交付试用时并未发生转移。《民法典》第六百三十八条规定："试用买卖的买受人在试用期内可以购买标的物，也可以拒绝购买。试用期限届满，买受人对是否购买标的物未作表示的，视为购买。试用买卖的买受人在试用期内已经支付部分价款或者对标的物实施出卖、出租、设立担保物权等行为的，视为同意购买。"

招标投标买卖，所谓招标，是指招标人以招标公告或邀请的方式，向不特定人或特定的多个人发出要约邀请的意思表示。所谓投标，是指投标人按照招标人的需

① 郑玉波．民法债编各论：上册［M］．台北：三民书局，1986：101.
② 崔建远．合同法［M］．4 版．北京：法律出版社，2007：392.

求，在规定时间内各自秘密制作投标文件，向招标人发出的以订立合同为目的的意思表示。招标投标买卖一般经过三个阶段，即招标、投标、中标。招标投标买卖的法律特征主要在于：第一，订约程序的特殊性；第二，适用范围具有明确限制，如涉及公共利益和国家财政资金的建设工程合同、政府采购合同等；第三，交易方式具有竞争性；第四，合同订立应采用书面形式；第五，法律适用具有特殊性。合同涉及招标投标买卖时，应当首先适用《中华人民共和国招标投标法》的相关规定，该法没有规定的，再适用《民法典》合同编的相关规定。

拍卖，是指以公开竞价的方式，将特定物品或财产权利转让给最高出价者的买卖。拍卖作为一种公卖形式，其法律特征主要表现在：第一，竞争性；第二，公开性；第三，多方主体参与；第四，法律适用的特殊性。《民法典》第六百四十五条规定："拍卖的当事人的权利和义务以及拍卖程序等，依照有关法律、行政法规的规定。"拍卖活动应当优先适用《中华人民共和国拍卖法》（以下简称《拍卖法》），该法没有规定的，再适用《民法典》合同编的相关规定。依据《拍卖法》，拍卖标的应当是委托人所有或者依法可以处分的物品或者财产权利（《拍卖法》第六条）。

第二节 供用电、水、气、热力合同

一、供用电、水、气、热力合同的概念与特征

（一）供用电、水、气、热力合同的概念

供用电、水、气、热力合同，是指当事人约定一方向另一方提供电、水、气、热力等资源以供使用，另一方支付相应价款的合同。其中，提供资源的一方为供应人，利用资源的一方为利用人。

《民法典》第六百四十八条规定，供用电合同是供电人向用电人供电，用电人支付电费的合同。《民法典》第六百四十九条至第六百五十五条分别规定了供用电合同的内容、履行地点、供电人的义务、用电人的义务等（《民法典》第六百四十九条至第六百五十五条）。依据《民法典》第六百五十六条的规定，供用水、供用气、供用热力合同，参照适用供用电合同的有关规定。

（二）供用电、水、气、热力合同的特征

供用电、水、气、热力合同属于特殊买卖合同，除具有一般合同的特点外，还具有以下特征：

（1）客体具有特殊性。该类合同提供的标的物是一种特殊的物，除了水是有体物，可以通过外观显现外，电、气、热力合同的客体均属于无体物，既无法被感知，也无法以通常方法进行固定或保存。

（2）内容具有公益性。供用电、水、气、热力合同涉及基本民生问题，关系到社会公共利益和千家万户人民的生活需要。该类合同的公益属性，决定了缔约主体的特殊性及对缔约自由的限制。一方面，供应方通常为专门的社会公共企业，并非纯粹以营利为目的；另一方面，供应方中止合同的行为需受特别限制（《民法典》第六百五十四条），供应方具有强制缔约的义务。

（3）形式具有格式性。由于该类合同具有公益性，供应方需要面向社会不特定的公众订立合同，涉及数量庞大，难以分别与单个利用人协商，为了提高效率，往往采用格式合同与用户缔约，但是，这种格式合同本身应受一定限制，应当符合《民法典》合同编关于格式条款的规定。

（4）属于继续性合同。该类合同并非一次性履行完毕的合同，资源供应和利用均具有持续性，收费也往往是分期进行的，因而合同的履行方式也处于一种持续状态。

二、供用电、水、气、热力合同中的权利与义务

在供用电、水、气、热力合同中，供应人的权利对应利用人的义务，反之亦然。认识该类合同中的权利与义务，可以着重从双方所负有的义务方面进行理解。

（一）供用电合同中的义务

1. 供电人的义务

（1）安全供电。依据《民法典》第六百五十一条的规定，供电人应当按照国家规定的供电质量标准和约定安全供电。供电人未按照国家规定的供电质量标准和约定安全供电，造成用电人损失的，应当承担赔偿责任。

（2）中断供电时应事先通知用电人。依据《民法典》第六百五十二条的规定，供电人因供电设施计划检修、临时检修、依法限电或者用电人违法用电等原因，需要中断供电时，应当按照国家有关规定事先通知用电人；未事先通知用电人中断供电，造成用电人损失的，应当承担赔偿责任。

（3）抢修义务。《民法典》第六百五十三条规定："因自然灾害等原因断电，供电人应当按照国家有关规定及时抢修；未及时抢修，造成用电人损失的，应当承担赔偿责任。"

（4）非依法定程序不得中止供电。依据《民法典》第六百五十四条的规定，在用电人逾期不支付电费的情况下，供电人应当先进行催告，经催告，用电人在合理期限内仍不支付电费和违约金的，供电人才可以按照国家规定的程序中止供电。

2. 用电人的义务

（1）支付电费。《民法典》第六百五十四条规定："用电人应当按照国家有关规定和当事人的约定及时支付电费。用电人逾期不支付电费的，应当按照约定支付违约金。"

（2）容忍依法断电。除意外事件可能引发断电外，为了保障安全供电，供电人因供电设施计划检修、临时检修、依法限电或者用电人违法用电等原因，需要中断供电的，不属于违约行为，用电人对此应当容忍。

（3）安全、节约、计划用电。《民法典》第六百五十五条规定："用电人应当按照国家有关规定和当事人的约定安全、节约和计划用电。用电人未按照国家有关规定和当事人的约定用电，造成供电人损失的，应当承担赔偿责任。"

（二）供用水、气、热力合同中的义务

依据《民法典》第六百五十六条的规定，供用水、气、热力合同，参照适用供用电合同的有关规定。因此，供用水、气、热力合同中涉及的权利义务也可以参照前述供电合同中规定的内容予以确定。

第三节 赠与合同

一、赠与合同的概念与特征

（一）赠与合同的概念

《民法典》第六百五十七条规定，赠与合同，是赠与人将自己的财产无偿给予受赠人，受赠人表示接受赠与的合同。其中，转移财产的一方为赠与人，接受财产的一方为受赠人。

（二）赠与合同的特征

赠与合同的特征主要有：

（1）赠与的标的物是财产。赠与的标的物既可以是动产或不动产等特定物，也可以是债权、股权、知识产权等财产权。

（2）赠与具有无偿性。赠与是无偿给予他人一定财产的行为，此处的“无偿”是指一方履行给付义务，并未从另一方处获得对价或经济利益。

（3）赠与合同具有单务性。赠与合同中，赠与人只是单方负担义务，并不享有与之对应的权利，而受赠人并不负担义务。但是，附义务的赠与合同，受赠人应当按照约定履行义务。

（4）赠与合同是双方法律行为。赠与需要双方当事人的参与，即赠与人表示赠与，受赠人接受赠与。

（5）赠与合同为诺成合同。只要双方当事人就赠与的具体事项意思表示一致，赠与合同即可成立，不需要采用书面形式。

二、赠与合同的成立

赠与合同是一种诺成性、不要式合同，因此赠与合同于双方当事人达成合意，即“一方表示赠与、一方表示接受”时成立，不需要其他额外条件或合同的实际履行。但是，这并不意味着赠与财产的变动不需要经过任何法律程序，特殊财产如不动产、商标权、股权等所有权的转移，依法需要办理登记或其他手续的，应当办理有关手续（《民法典》第六百五十九条）。

三、赠与合同的撤销

赠与合同一经成立，即对赠与人和受赠人产生拘束力。但是，赠与人享有撤销权，主要包括任意撤销权与法定撤销权。赠与人的撤销权主要具有以下特点：第一，撤销权是一种形成权；第二，撤销的效力类似于合同的解除，但一般不涉及违约责任；第三，赠与人行使撤销权后，应当产生恢复原状的法律效果。

（一）赠与人的任意撤销权及其限制

赠与是赠与人无偿将财产转移给受赠人的行为，受赠人未付出任何对价，因此法律允许赠与人因思想变化而改变赠与的意思，赋予赠与人反悔的权利。《民法典》

第六百五十八条第一款规定了赠与人的任意撤销权，即赠与人在赠与财产的权利转移之前，可以撤销赠与。

但是，为了保护受赠人的合理期待或更好地促进慈善捐赠、公益事业等的发展，当赠与合同采取了特定形式，如公证，或具有公益性质时，赠与人将不再享有合同履行前的任意撤销权。《民法典》第六百五十八条第二款规定，经过公证的赠与合同或者依法不得撤销的具有救灾、扶贫、助残等公益、道德义务性质的赠与合同，不适用前款规定。

（二）赠与人的法定撤销权

法定撤销权，是指在具备法定情形时，赠与人享有依法撤销赠与合同的权利。一般认为，赠与行为往往出于善良或慷慨之心，并不谋求回报，但至少不希望受赠人“以怨报德”。因此，如果受赠人实施严重的侵权行为，对赠与人或其近亲属造成人身伤害、财产损害或感情伤害的，就破坏了赠与行为的基础，赠与人可以撤销赠与。

《民法典》第六百六十三条规定了赠与人的法定撤销权及行使条件，以及赠与人行使撤销权的除斥期间。依据该条规定，受赠人有下列情形之一的，赠与人可以撤销赠与：第一，严重侵害赠与人或者赠与人近亲属的合法权益；第二，对赠与人有扶养义务而不履行；第三，不履行赠与合同约定的义务。同时，赠与人的撤销权，应在自知道或者应当知道撤销事由之日起一年内行使。

第四节　借款合同

一、借款合同的概念与特征

（一）借款合同的概念

《民法典》第六百六十七条规定，借款合同，是借款人向贷款人借款，到期返还借款并支付利息的合同。借款通常被称为债，借款合同也是最古老的合同形式之一。在借款合同中，交付金钱的一方为贷款人，接受金钱的一方为借款人。

（二）借款合同的特征

借款合同的特征主要有：

（1）主体是贷款人和借款人。借款合同通常对借款人并无特殊要求，可以是自然人、法人或非法人组织。但是贷款人具有一定特殊性，实践中大量的资金借款业务通常由特定的金融机构从事，贷款人可以是出借自有资金的自然人、法人或非法人组织，但实际上以金融机构为主。

（2）标的物为金钱。借款合同是以金钱为标的物的借贷合同，贷款人向借款人转移的是货币的所有权，借款人在合同到期后应当返还相同数额的金钱并支付利息。

（3）原则上具有双务性、有偿性。通常在借款合同中，贷款人具有出借资金的义务，借款人负有到期返还借款并支付利息的义务，双方之间的义务具有对待给付的关系，所以借款合同原则上具有双务性、有偿性。但是自然人之间的借款合同如果没有约定支付利息的，视为没有利息（《民法典》第六百八十条）。

（4）原则上具有要式性和诺成性。《民法典》第六百六十八条第一款规定："借款合同应当采用书面形式，但是自然人之间借款另有约定的除外。"原则上，借款合同的当事人只要就借款的主要内容达成一致，合同即可发生效力。但是自然人之间的借款合同，自贷款人提供借款时成立（《民法典》第六百七十九条）。

二、借款合同中的权利与义务

在借款合同中，双方的权利与义务相互对应，一方权利对应另一方的义务，可以从以下几个方面认识和理解。

（一）贷款人的主要权利与义务

1. 贷款人的主要权利

（1）对借款使用情况进行检查、监督。依据《民法典》第六百七十二条的规定，贷款人按照约定可以检查、监督借款的使用情况。

（2）按照约定收取利息。在金融机构借款合同中，贷款人有权按照法律规定或合同约定的利率向借款人收取利息。但是对于自然人之间的借款合同，当事人可以自由约定是否支付利息及具体利率，但是禁止高利放贷，借款的利率不得违反国家有关规定（《民法典》第六百八十条）。

2. 贷款人的主要义务

贷款人的主要义务是按照合同约定提供借款，这也是借款合同中贷款人的主给付义务。贷款人应当按照合同约定的日期、数额、币种、方式等向借款人提供借款，违约造成损失的，应当赔偿（《民法典》第六百七十一条）。依据《民法典》

第六百七十条的规定，贷款人应当足额提供借款，不得预先在本金中扣除利息，如有扣除，应当按照实际借款数额返还借款并计算利息。

（二）借款人的主要义务

借款人的主要义务有以下方面：

（1）告知义务。在订立借款合同时，借款人应当按照贷款人的要求提供与借款有关的业务活动和财务状况的真实情况（《民法典》第六百六十九条）。

（2）按照约定期限返还借款及利息的义务。依据《民法典》第六百七十五条的规定，借款人应当按照约定的期限返还借款。《民法典》第六百七十四条规定，借款人应当按照约定的期限支付利息。

（3）按照约定用途使用借款的义务。借款人应当按照约定的借款用途使用借款，《民法典》第六百七十三条规定："借款人未按照约定的借款用途使用借款的，贷款人可以停止发放借款、提前收回借款或者解除合同。"

（4）接受贷款人检查、监督的义务。依据《民法典》第六百七十二条的规定，借款人应当按照约定向贷款人定期提供有关财务会计报表或者其他资料。

第五节 保证合同

一、保证合同的概念与特征

（一）保证合同的概念

《民法典》第六百八十一条规定，保证合同，是为保障债权的实现，保证人和债权人约定，当债务人不履行到期债务或者发生当事人约定的情形时，保证人履行债务或者承担责任的合同。在保证合同中，约定在他方债务人不履行到期债务或发生当事人约定的情形时由其履行债务或者承担责任的一方为保证人，他方为债权人，他方之债务人不属于保证法律关系中的当事人，但属利害关系人，称为主债务人。

（二）保证合同的特征

保证合同的特征如下：

（1）保证合同具有从属性。《民法典》第六百八十二条第一款规定，保证合同是主债权债务合同的从合同。保证合同以担保主债务的履行为目的，是具有从属性的担保，保证债务为主债务的从债务，保证合同的从属性不因当事人的合意而消失。

（2）保证合同属于人的担保。担保可以分为人的担保和物的担保两种，人的担保是指民事主体以自身信誉、商誉、不特定财产承担债务履行或担保责任，债权人信任的对象是保证人。物的担保则需要落实到具体的担保物上，债权人信赖的是保证人所提供的特定担保物的经济价值。

（3）保证合同具有要式性。保证合同应当采取书面形式，既可以单独订立书面保证合同，也可以签订主债权债务合同中的保证条款。保证合同对于保证人而言具有较大的风险，采取书面形式可以防范保证人的不谨慎行为。

二、保证合同中的权利与义务

（一）债权人对于保证人的权利

债权人对于保证人享有保证债务履行请求权，但是应当在保证期间内主张权利。所谓保证期间，是确定保证人承担保证责任的期间，不发生中止、中断和延长。债权人与保证人可以约定保证期间，但是约定的保证期间早于主债务履行期限或者与主债务履行期限同时届满的，视为没有约定；没有约定或者约定不明确的，保证期间为主债务履行期限届满之日起 6 个月。债权人与债务人对主债务履行期限没有约定或者约定不明确的，保证期间自债权人请求债务人履行债务的宽限期届满之日起计算（《民法典》第六百九十二条）。

依据《民法典》第六百九十三条的规定，一般保证中，债权人须在保证期间内对债务人提起诉讼或者申请仲裁；连带保证中，债权人须在保证期间内主张保证人承担保证责任。否则，保证人不再承担保证责任。

（二）保证人对于债权人的权利

保证人对于债权人的权利如下：

（1）保证人基于合同的抗辩。在保证合同中，保证人对债权人并无请求权。在债权人向保证人主张请求权时，保证人可以依据保证合同约定或法律规定的事由，对抗债权人的请求，即保证人基于保证合同所产生的抗辩。

（2）一般保证人的先诉抗辩权。先诉抗辩权，是指一般保证的保证人在债权人向保证人请求承担保证责任时，保证人有权要求债权人先就主债务人的财产诉请强制执行。《民法典》第六百八十七条第二款规定："一般保证的保证人在主合同纠纷未经审判或者仲裁，并就债务人财产依法强制执行仍不能履行债务前，有权拒绝向债权人承担保证责任，但是有下列情形之一的除外：（一）债务人下落不明，且无财产可供执行；（二）人民法院已经受理债务人破产案件；（三）债权人有证据证明债务人的财产不足以履行全部债务或者丧失履行债务能力；（四）保证人书面表示放弃本款规定的权利。"

（3）保证人援引主债务人的抗辩。由于保证债务从属于主债务，因此主债务人对债权人所享有的任何抗辩，保证人均可以主张以对抗债权人的履行请求，但保证人是以自己的名义主张该抗辩的。《民法典》第七百零一条规定："保证人可以主张债务人对债权人的抗辩。债务人放弃抗辩的，保证人仍有权向债权人主张抗辩。"

（4）保证人一定范围内的拒绝履行权。《民法典》第七百零二条规定："债务人对债权人享有抵销权或者撤销权的，保证人可以在相应范围内拒绝承担保证责任。"保证人虽无权直接行使主债务人对债权人的抵销权或撤销权，但是为了保护保证人的利益，保证人在主债务人对债权人抵销权或撤销权的相应范围内，享有拒绝履行保证债务的权利。

第六节　租赁合同

一、租赁合同的概念与特征

（一）租赁合同的概念

《民法典》第七百零三条规定，租赁合同，是出租人将租赁物交付承租人使用、收益，承租人支付租金的合同。在租赁合同中，提供租赁物的一方为出租人，使用租赁物的一方为承租人，交付给承租人使用、收益的物为租赁物，承租人使用租赁物的代价为支付租金。

（二）租赁合同的特征

租赁合同的特征如下：

（1）租赁合同仅转移占有权和使用权。租赁合同的目的并不在于转移标的物的所有权，仅转移标的物的占有权和使用权，租赁物的所有权仍归出租人享有，承租人不享有处分租赁物的权利。

（2）租赁合同是有偿合同。在租赁合同中，承租人使用租赁物并非无偿，需要以交付租金为前提，租金是其占有、使用租赁物所支付的对价，租金的支付形式通常为金钱。

（3）租赁合同是诺成、双务合同。租赁合同在双方当事人意思表示一致时即可成立，无须实际交付租赁物，法律对一般的租赁合同也未作形式要件的要求，但是租赁期限6个月以上的，应当采用书面形式（《民法典》第七百零七条）。租赁合同的双方都享有权利并负担义务，出租人应当将租赁物交付给承租人，承租人应当按期支付租金。因此，租赁合同是双务合同。

（4）租赁合同具有期限性和继续性。租赁合同通常由出租人将财产交给承租人在一定期限内占有、使用及收益，并未转移所有权，因此租赁合同具有期限性，不能永久持续下去。租赁合同的租赁期限不得超过20年，超过20年的，超过部分无效。租赁期限届满，当事人可以续订租赁合同，但是，约定的租赁期限自续订之日起不得超过20年（《民法典》第七百零五条）。同时，租赁合同并不能一次履行完毕，承租人在租赁期限内可以持续使用租赁物，在租赁期限届满时还可以续订合同，因此租赁合同具有继续性。

二、租赁合同中的权利与义务

租赁合同是双务合同，出租人与承租人的权利义务关系是相互对应的。以下主要介绍双方义务：

（一）出租人的义务

出租人的义务如下：

（1）交付租赁物的义务。《民法典》第七百零八条规定："出租人应当按照约定将租赁物交付承租人，并在租赁期限内保持租赁物符合约定的用途。"

（2）租赁物的瑕疵担保义务。租赁物的瑕疵担保义务，包括交付时和租赁期限内租赁物符合约定用途。《民法典》第七百三十一条规定："租赁物危及承租人的安全或者健康的，即使承租人订立合同时明知该租赁物质量不合格，承租人仍然可以随时解除合同。"

（3）维修租赁物义务。《民法典》第七百一十二条规定："出租人应当履行租赁物的维修义务，但是当事人另有约定的除外。"

（二）承租人的义务

承租人的义务如下：

（1）支付租金的义务。《民法典》第七百二十一条规定："承租人应当按照约定的期限支付租金。对支付租金的期限没有约定或者约定不明确，依据本法第五百一十条的规定仍不能确定，租赁期限不满一年的，应当在租赁期限届满时支付；租赁期限一年以上的，应当在每届满一年时支付，剩余期限不满一年的，应当在租赁期限届满时支付。"

（2）按约定使用租赁物的义务。《民法典》第七百零九条规定："承租人应当按照约定的方法使用租赁物。对租赁物的使用方法没有约定或者约定不明确，依据本法第五百一十条的规定仍不能确定的，应当根据租赁物的性质使用。"

（3）不得随意转租的义务。《民法典》第七百一十六条规定："承租人经出租人同意，可以将租赁物转租给第三人。承租人转租的，承租人与出租人之间的租赁合同继续有效；第三人造成租赁物损失的，承租人应当赔偿损失。承租人未经出租人同意转租的，出租人可以解除合同。"

（4）妥善保管租赁物的义务。《民法典》第七百一十四条规定："承租人应当妥善保管租赁物，因保管不善造成租赁物毁损、灭失的，应当承担赔偿责任。"

（5）返还租赁物的义务。《民法典》第七百三十三条规定："租赁期限届满，承租人应当返还租赁物。返还的租赁物应当符合按照约定或者根据租赁物的性质使用后的状态。"

第七节　融资租赁合同

一、融资租赁合同的概念与特征

（一）融资租赁合同的概念

《民法典》第七百三十五条规定，融资租赁合同，是出租人根据承租人对出卖人、租赁物的选择，向出卖人购买租赁物，提供给承租人使用，承租人支付租金的合同。融资租赁起源于20世纪50年代的美国，作为一种新兴的交易形态，以融物的形式达到融资的目的，已经成为企业取得生产设备、获得信用支持的一大渠道。

（二）融资租赁合同的特征

融资租赁合同的特征如下：

（1）内容具有复合性。融资租赁合同将买卖合同和租赁合同相结合，在融资租赁交易关系中，包括三方当事人，即出卖人、出租人（买受人）、承租人。

（2）具有融资和融物双重目的性。出租人支付了标的物的全部价款，应承租人要求购买了标的物，这相当于出租人贷款给承租人购买其所需的租赁物，因此具有融资属性。同时，承租人从出租人处获得的并非现金，而是实物，并且承租人要向出租人支付租金，在支付租金后取得对租赁物的占有、使用、收益等权利，因此具有融物属性。

（3）出租人具有特殊性。在融资租赁合同中，出租人应当具有融资租赁业务资质。由于融资租赁交易具有融资性，在我国，只有经有关部门批准许可经营的公司，才有从事融资租赁交易、订立融资租赁合同的资格。法律对此类公司的设立条件、程序、经营等方面都有严格规定。

二、融资租赁合同中的权利与义务

（一）出租人的主要权利与义务

1. 出租人的主要权利

（1）收取租金的权利。在融资租赁合同中，出租人有权按照合同约定向承租人收取租金。

（2）解除合同的权利。《民法典》第七百五十三条规定：“承租人未经出租人同意，将租赁物转让、抵押、质押、投资入股或者以其他方式处分的，出租人可以解除融资租赁合同。”

2. 出租人的主要义务

（1）保证承租人对租赁物的占有和使用。《民法典》第七百四十八条第一款规定：“出租人应当保证承租人对租赁物的占有和使用。”出租人根据承租人对出卖人、租赁物的选择订立买卖合同，并应当保证和维持承租人对租赁物的平静占有。

（2）不得擅自变更买卖合同内容的义务。《民法典》第七百四十四条规定：“出租人根据承租人对出卖人、租赁物的选择订立的买卖合同，未经承租人同意，出租人不得变更与承租人有关的合同内容。”

（3）按照约定交付标的物。

（二）承租人的主要权利与义务

1. 承租人的主要权利

承租人的主要权利如下：

（1）获得租赁物的权利。融资租赁交易一般是由承租人的特定需要而引起的，承租人有权选择租赁物和出卖人，出租人向出卖人购买设备也是为了提供给承租人使用，为了交易的方便快捷，一般都是由出卖人直接向承租人交付租赁物。

（2）平静占有、使用租赁标的物的权利。在融资租赁期间，承租人享有对租赁物的占有权和使用权，不受包括出租人在内的任何人的干涉，这也是承租人进行融资租赁交易的目的所在。在出租人转让租赁物或在租赁物上设置抵押权时，承租人有权要求继续且不受影响地占有、使用标的物。

（3）承租人的索赔权。《民法典》第七百四十一条规定："出租人、出卖人、承租人可以约定，出卖人不履行买卖合同义务的，由承租人行使索赔的权利。承租人行使索赔权利的，出租人应当协助。"

2. 承租人的主要义务

承租人的主要义务如下：

（1）支付租金的义务。在融资租赁合同中，承租人应当按照合同约定向出租人支付租金，这是承租人的基本义务。承租人所支付的租金并非租赁物的对价，而是融资的对价。《民法典》第七百五十二条规定："承租人应当按照约定支付租金。承租人经催告后在合理期限内仍不支付租金的，出租人可以请求支付全部租金；也可以解除合同，收回租赁物。"

（2）妥善保管、使用和维修租赁物的义务。基于承租人自己使用、收益及保护出租人利益的需要，承租人应当妥善保管、使用租赁物。《民法典》第七百五十条规定："承租人应当妥善保管、使用租赁物。承租人应当履行占有租赁物期间的维修义务。"

（3）承担租赁物造成第三人损害的赔偿责任。在租赁物使用期间，承租人是租赁物的使用人和管理者，因租赁物的设置、使用、保管等给第三人造成人身损害或财产损失的，由承租人承担赔偿责任，出租人不承担责任。《民法典》第七百四十九条规定："承租人占有租赁物期间，租赁物造成第三人人身损害或者财产损失的，出租人不承担责任。"

第八节　保理合同

一、保理合同的概念与特征

（一）保理合同的概念

《民法典》第七百六十一条规定，保理合同，是应收账款债权人将现有的或者将有的应收账款转让给保理人，保理人提供资金融通、应收账款管理或者催收、应收账款债务人付款担保等服务的合同。在实践中，保理对于缓解、解决中小企业的资金融通问题发挥了重要作用。

（二）保理合同的特征

保理合同具有下列特征：

（1）保理合同的主体是应收账款债权人和保理人。在我国，保理人通常是商业银行或商业保理公司，保理行业存在市场准入的限制性规定。应收账款的债务人虽然负有还款义务，但是其并不是保理合同的当事人，保理合同仅约束应收账款债权人和保理人。

（2）保理合同的客体是应收账款。应收账款是债权人因提供一定的货物或服务而获得的要求债务人付款的权利，或其他依法享有的付款请求权，包括现有的及将有的金钱债权。

（3）保理服务以应收账款的转让为前提。在保理合同中，以应收账款的转让为前提，保理人向应收账款的债权人提供资金融通、应收账款管理或者催收、应收账款债务人付款担保等服务。

（4）保理合同具有要式性。保理合同通常比较复杂，应当采用书面形式明确当事人之间的权利义务关系，避免交易纠纷，提高交易效率。

二、保理合同中的权利与义务

保理合同中保理人和应收账款债权人所享有的权利与所承担的义务是相对应的。

（一）保理人的义务

保理人的主要义务是：提供资金融通、应收账款管理、应收账款催收、应收账款债务人付款担保等主要的保理服务。

（二）应收账款债权人的义务

应收账款债权人的义务如下：

（1）按照约定转让应收账款债权的义务。这是应收账款债权人的主要义务，如果违反该义务，保理合同的目的无法实现，将构成根本违约，保理人有权依法解除合同并请求应收账款债权人承担违约责任。

（2）权利瑕疵担保义务。应收账款债权人负有权利瑕疵担保义务。应收账款债权人应当向保理人转让真实合法、不存在虚构、不存在权利负担的应收账款。

（3）不减损应收账款债权价值的义务。保理合同成立后，债权人不得实施减损应收账款债权价值的行为，主要是指债权人和债务人不得协商变更或终止基础交易合同，从而减损或消灭应收账款的债权价值，对保理人产生不利影响。

第九节　承揽合同

一、承揽合同的概念与特征

（一）承揽合同的概念

《民法典》第七百七十条规定，承揽合同，是承揽人按照定作人的要求完成工作，交付工作成果，定作人支付报酬的合同。其中，完成工作并承担工作成果交付义务的一方为承揽人，接受工作成果并承担报酬给付义务的一方为定作人。承揽包括加工、定作、修理、复制、测试、检验等工作。

（二）承揽合同的特征

承揽合同的特征如下：

（1）承揽合同以完成并交付特定工作成果为目的。承揽人应当按照定作人的要求完成工作，并交付特定工作成果，这也是定作人与其签订承揽合同的目的。

（2）承揽合同具有一定的人身属性，承揽人原则上需要独立完成主要工作。承揽合同的订立，建立在定作人对承揽人条件、能力等信任的基础上，因此如果不存在特别约定，承揽人应当以自己的设备、技术和劳力完成主要工作。承揽人将其承揽的主要工作交由第三人完成的，必须经过定作人的同意，否则定作人有权解除合同且无须对承揽人的损失承担责任（《民法典》第七百七十二条）。

（3）承揽人独立完成工作，并承担承揽活动中对他人造成损害的赔偿责任。原则上，承揽人独立开展所承揽的工作，不受定作人控制、支配，因此承揽人须对完成工作过程中造成的他人损害及自身损害负责，无权要求定作人承担责任。

二、承揽合同中的权利与义务

（一）承揽人的权利与义务

1. 承揽人的权利

承揽人的权利包括以下方面：

（1）要求支付报酬的权利。承揽人有权按照合同约定的期限要求定作人支付报酬。

（2）留置权。《民法典》第七百八十三条规定："定作人未向承揽人支付报酬或者材料费等价款的，承揽人对完成的工作成果享有留置权或者有权拒绝交付，但是当事人另有约定的除外。"

2. 承揽人的义务

承揽人的义务包括以下方面：

（1）独立完成主要工作的义务。《民法典》第七百七十二条第一款规定："承揽人应当以自己的设备、技术和劳力，完成主要工作，但是当事人另有约定的除外。"

（2）对再承揽结果负责的义务。再承揽也称为次承揽，是指承揽人以定作人的名义将其承揽的工作交给第三人完成并支付报酬。承揽人应就第三人完成的工作成果向定作人负责，即承揽人需要对次承揽结果负责。

（3）提供材料的义务。《民法典》第七百七十四条规定："承揽人提供材料的，应当按照约定选用材料，并接受定作人检验。"

（4）通知义务。依据《民法典》第七百七十五条第一款，承揽人对定作人提供的材料应当及时检验，发现不符合约定时，应当及时通知定作人更换、补齐或者采取其他补救措施。《民法典》第七百七十六条规定："承揽人发现定作人提供的图纸或者技术要求不合理的，应当及时通知定作人。因定作人怠于答复等原因造成承揽人损失的，应当赔偿损失。"

（5）接受监督检查的义务。承揽人在工作期间，应当接受定作人必要的监督检验。但是，定作人也不得因监督检验妨碍承揽人的正常工作（《民法典》第七百七十九条）。

（6）完成并交付工作成果的义务。承揽人完成工作的，应当向定作人交付工作成果，并提交必要的技术资料和有关质量证明（《民法典》第七百八十条）。

（7）对所完成的工作成果承担瑕疵担保的义务。《民法典》第七百八十一条规定："承揽人交付的工作成果不符合质量要求的，定作人可以合理选择请求承揽人承担修理、重作、减少报酬、赔偿损失等违约责任。"

（8）妥善保管材料的义务。《民法典》第七百八十四条规定："承揽人应当妥善保管定作人提供的材料以及完成的工作成果，因保管不善造成毁损、灭失的，应当承担赔偿责任。"

（9）保密义务。《民法典》第七百八十五条规定："承揽人应当按照定作人的要求保守秘密，未经定作人许可，不得留存复制品或者技术资料。"

（二）定作人的权利与义务

1. 定作人的权利

定作人的权利包括以下内容：

（1）监督检查的权利。在承揽人工作期间，定作人有监督检查承揽人工作的权利，承揽人有接受监督检查的义务，但是定作人不得因监督检查妨碍承揽人的正常工作。

（2）解除合同的权利。《民法典》第七百八十七条规定："定作人在承揽人完成工作前可以随时解除合同，造成承揽人损失的，应当赔偿损失。"

2. 定作人的义务

定作人的义务包括以下内容：

（1）依照约定提供材料的义务。依据《民法典》第七百七十五条第一款，定作人提供材料的，应当按照约定提供材料。

（2）依法承担赔偿责任的义务。《民法典》第七百七十六条规定："承揽人发现定作人提供的图纸或者技术要求不合理的，应当及时通知定作人。因定作人怠于答复等原因造成承揽人损失的，应当赔偿损失。"《民法典》第七百七十七条规定：

“定作人中途变更承揽工作的要求，造成承揽人损失的，应当赔偿损失。”

（3）提供协作的义务。《民法典》第七百七十八条规定：“承揽工作需要定作人协助的，定作人有协助的义务。定作人不履行协助义务致使承揽工作不能完成的，承揽人可以催告定作人在合理期限内履行义务，并可以顺延履行期限；定作人逾期不履行的，承揽人可以解除合同。”

（4）支付报酬的义务。依据《民法典》第七百八十二条的规定，定作人应当按照合同约定的期限支付报酬。

（5）接受、验收承揽人工作成果的义务。依据《民法典》第七百八十条的规定，定作人应当验收承揽人交付的工作成果。

第十节　建设工程合同

一、建设工程合同的概念与特征

（一）建设工程合同的概念

《民法典》第七百八十八条规定，建设工程合同，是承包人进行工程建设，发包人支付价款的合同。建设工程合同包括三种，分别是工程勘察合同、工程设计合同、工程施工合同。承包人是从事建设工程的勘察、设计、施工等业务的单位；发包人是建设工程的建设单位，即投资建设的主体，一般是法人，但也有可能是自然人。

（二）建设工程合同的特征

建设工程合同在本质上属于承揽合同，是双务、有偿合同，除此之外还具有以下特征：

（1）主体具有特殊性。在建设工程合同中，法律对于发包人一般并无特殊要求，但是要求承包人具备特定的资质。这是因为建设工程通常具有资金投入量大、工程复杂、技术含量高、专业性强等特点，建设工程质量不仅涉及发包人的利益，还关系到社会上不特定第三人的人身财产安全，甚至关系到国计民生和社会稳定。因此，法律对于建设工程合同中承包人的资质具有明确要求。

（2）标的物具有特殊性。建设工程合同的标的物是建设工程，即通过实施一定的建设活动而建造的土木工程、建筑工程、线路管道和设备安装工程及装修工程等。建设工程最终的工作成果是附着于土地的地上物，但是并不能完全等同于不动产或建筑物及其附属设施。

（3）管理具有特殊性。由于建设工程质量往往关系国计民生，所以国家对建设工程合同的订立和履行都进行了较为严格的管理，具有法律强制性，体现出较多的国家干预。

（4）形式具有特殊性。建设工程合同一般具有标的额大、内容复杂、履行期长等特点，为了慎重且方便监督管理，应当采用书面形式。《民法典》第七百八十九条规定："建设工程合同应当采用书面形式。"《民法典》第七百九十二条规定："国家重大建设工程合同，应当按照国家规定的程序和国家批准的投资计划、可行性研究报告等文件订立。"

二、建设工程合同中的权利与义务

（一）发包人的权利与义务

1. 发包人的权利

发包人的权利包括以下内容：

（1）检查权。《民法典》第七百九十七条规定："发包人在不妨碍承包人正常作业的情况下，可以随时对作业进度、质量进行检查。"

（2）合同解除权。《民法典》第八百零六条第一款规定："承包人将建设工程转包、违法分包的，发包人可以解除合同。"

2. 发包人的义务

发包人的义务包括以下内容：

（1）按约定支付工程价款的义务。支付工程价款是发包人的主要义务，建设工程竣工且验收合格后，发包人应当按照约定支付工程价款。

（2）协助施工的义务。发包人应当按照合同约定及时提供原材料、设备、场地、资金、技术材料等，协助承包人顺利施工。

（3）及时检查隐蔽工程的义务。《民法典》第七百九十八条规定："隐蔽工程在隐蔽以前，承包人应当通知发包人检查。发包人没有及时检查的，承包人可以顺延工程日期，并有权请求赔偿停工、窝工等损失。"

（4）及时验收并接收竣工工程的义务。建设工程竣工后，发包人应当根据施工图纸及说明书、国家颁发的施工验收规范和质量检验标准及时进行验收。验收合格的，发包人应当按照约定支付价款，并接收该建设工程（《民法典》第七百九十九条第一款）。

（二）承包人的权利与义务

1. 承包人的权利

承包人的权利包括以下内容：

（1）收取工程价款的权利。建设工程竣工验收合格后，承包人有权要求发包人按照合同约定支付工程价款。

（2）建设工程价款优先权。建设工程竣工验收后，发包人未按照约定支付价款的，除根据建设工程的性质不宜折价、拍卖以外，承包人可以与发包人协议将该工程折价，也可以请求人民法院将该工程依法拍卖。建设工程的价款就该工程折价或者拍卖的价款优先受偿（《民法典》第八百零七条）。

2. 承包人的义务

承包人的义务包括以下内容：

（1）按期完成工程的义务。建设工程合同一般包括开工时间、竣工时间及建设工期条款，承包人应当按照约定完成工程。

（2）保证工程质量的义务。依据《民法典》第八百零一条的规定，因施工人原因致使建设工程质量不符合约定的，发包人有权请求施工人在合理期限内无偿修理或者返工、改建。经过修理或者返工、改建后，造成逾期交付的，施工人应当承担违约责任。

（3）提交竣工验收的义务。建设工程完成后，承包人应当及时将工程提交发包人进行竣工验收。

（4）接受检查监督的义务。依据《民法典》第七百九十七条的规定，发包人在不妨碍承包人正常作业的情况下，可以随时对作业进度、质量进行检查，承包人不得拒绝检查监督。

（5）通知检查隐蔽工程的义务。《民法典》第七百九十八条规定：“隐蔽工程在隐蔽以前，承包人应当通知发包人检查。发包人没有及时检查的，承包人可以顺延工程日期，并有权请求赔偿停工、窝工等损失。”

第十一节　运输合同

一、运输合同的概念与特征

（一）运输合同的概念

《民法典》第八百零九条规定，运输合同，是承运人将旅客或者货物从起运地点运输到约定地点，旅客、托运人或者收货人支付票款或者运输费用的合同。其中，以运输旅客或者货物为业并收取运费的合同当事人是承运人，寄送货物的是托运人，收取货物的是收货人。运输合同的适用范围广泛，承运对象、运输方式、运输工具种类繁多，主要包括旅客运输合同和货物运输合同两大类。

（二）运输合同的特征

运输合同具有以下特征：

（1）标的是运输行为。在运输合同中，旅客或货物是运输行为的对象，而运输行为是运输合同的标的。

（2）具有公益属性。运输合同中从事公共运输的承运人通常是专门的社会公共企业，并非纯粹以营利为目的的企业，其往往承担着强制缔约义务，不得拒绝旅客、托运人的合同运输要求，收费标准也受到一定限制。

（3）多为格式条款。运输合同的承运人需要面对不特定的旅客或托运人，其所签订的合同数量极为庞大，因此客票、货运单、提单等多以格式合同的形式体现，同时按照专门法律法规印制，运费也往往执行统一规定。

（4）具有诺成性、双务性、有偿性。运输合同是诺成合同，只要双方当事人就合同内容意思表示一致，合同即可成立，无须实际交付标的物。在运输合同中，承运人从事运输行为，托运人或旅客支付运费或票款，因此在性质上属于双务、有偿合同。

二、运输合同中的权利与义务

在运输合同中，承运人和托运人的权利与义务是相对应的，可以主要从义务方面进行认识和理解。

（一）承运人的义务

承运人的义务主要包括以下内容：

（1）安全、及时运送的义务。《民法典》第八百一十一条规定：“承运人应当在约定期限或者合理期限内将旅客、货物安全运输到约定地点。”

（2）公共运输承运人的强制缔约义务。《民法典》第八百一十条规定：“从事公共运输的承运人不得拒绝旅客、托运人通常、合理的运输要求。”

（3）按照约定或通常运输路线运送的义务。《民法典》第八百一十二条规定：“承运人应当按照约定的或者通常的运输路线将旅客、货物运输到约定地点。”

（4）客运合同中承运人的义务，包括：①告知重要事项的义务。客运合同的承运人应当严格履行安全运输义务，及时告知旅客安全运输应当注意的事项（《民法典》第八百一十九条）。②对旅客的救助义务。《民法典》第八百二十二条规定：“承运人在运输过程中，应当尽力救助患有急病、分娩、遇险的旅客。”

（5）通知的义务。货物运输到达后，承运人知道收货人的，应当及时通知收货人，收货人应当及时提货（《民法典》第八百三十条）。

（二）托运人的义务

托运人的义务主要包括以下内容：

（1）支付票款或运输费用的义务。依据《民法典》第八百一十三条的规定，旅客、托运人或者收货人应当支付票款或者运输费用。

（2）告知的义务。依据《民法典》第八百二十五条的规定，托运人办理货物运输，应当向承运人准确表明收货人的姓名、名称或者凭指示的收货人，货物的名称、性质、重量、数量，收货地点等有关货物运输的必要情况。

（3）提交文件的义务。《民法典》第八百二十六条规定：“货物运输需要办理审批、检验等手续的，托运人应当将办理完有关手续的文件提交承运人。”

（4）包装的义务。《民法典》第八百二十七条规定：“托运人应当按照约定的方式包装货物。对包装方式没有约定或者约定不明确的，适用本法第六百一十九条的规定。托运人违反前款规定的，承运人可以拒绝运输。”

（5）运送危险货物时的义务。托运人托运易燃、易爆、有毒、有腐蚀性、有放射性等危险物品的，应当按照国家有关危险物品运输的规定对危险物品妥善包装，做出危险物品标志和标签，并将有关危险物品的名称、性质和防范措施的书面材料提交承运人（《民法典》第八百二十八条第一款）。

第十二节 技术合同

一、技术合同的概念与特征

（一）技术合同的概念

《民法典》第八百四十三条规定，技术合同，是当事人就技术开发、转让、许可、咨询或者服务订立的确立相互之间权利和义务的合同。技术通常具有知识性、实用性且不断更新和发展，技术合同因技术的研发、转让、咨询等而订立，在推动社会发展进步方面具有不可替代的作用。

（二）技术合同的特征

技术合同的特征主要体现在以下方面：

（1）主体的特殊性。技术合同的主体一般多为科研机构或科研人员，具有一定的专业知识或技能。

（2）标的的特殊性。技术合同的标的是与专业技术相关的技术成果，这种技术成果应当具有一定的创新性和实用价值，否则很难被认定为技术成果。

（3）内容的多样性。技术合同的内容是围绕技术的研发和应用展开的，可以针对技术产生和运用过程中的每一个阶段，具有多样性。具体主要包括技术开发、技术转让、技术许可、技术咨询、技术服务。

（4）双务、有偿性。技术合同属于双务、有偿合同，一方为另一方提供技术服务，另一方按照约定支付报酬，二者之间构成对待给付义务。

二、技术合同中的权利与义务

技术合同的类型有：技术开发合同、技术转让合同、技术许可合同、技术咨询合同、技术服务合同。依据《民法典》第八百五十一条的规定，技术开发合同是当事人之间就新技术、新产品、新工艺、新品种或者新材料及其系统的研究开发所订立的合同，主要包括委托开发合同和合作开发合同。下面以委托开发合同为例，阐明合同双方当事人的权利与义务。

（一）委托人的义务

委托人的义务主要包括以下内容：

（1）按照约定支付研究开发经费和报酬的义务。《民法典》第八百五十二条规定："委托开发合同的委托人应当按照约定支付研究开发经费和报酬，提供技术资料，提出研究开发要求，完成协作事项，接受研究开发成果。"

（2）协作义务。依据《民法典》第八百五十二条的规定，委托人应当"提供技术资料，提出研究开发要求，完成协作事项"，未按照约定或拒绝提供的，应当承担违约责任。

（3）及时接受研究开发成果的义务。依据《民法典》第八百五十二条的规定，委托人应当"接受研究开发成果"。研究开发完成后，合同约定的技术成果已经形成，委托人负有及时接受的义务。

（二）受托人（研究开发人）的主要义务

受托人（研究开发人）的主要义务包括以下内容：

（1）按照约定制订和实施研究开发计划的义务。依据《民法典》第八百五十三条的规定，受托人应当按照约定制订和实施研究开发计划。

（2）合理使用研究开发经费的义务。依据《民法典》第八百五十三条的规定，受托人应当合理使用研究开发经费。

（3）按期完成工作并交付成果的义务。依据《民法典》第八百五十三条的规定，受托人应当按期完成研究开发工作，交付研究开发成果。

（4）提供协助的义务。依据《民法典》第八百五十三条的规定，受托人应当提供有关的技术资料和必要的技术指导，帮助委托人掌握研究开发成果。

第十三节　保管合同

一、保管合同的概念与特征

（一）保管合同的概念

《民法典》第八百八十八条第一款规定，保管合同，是保管人保管寄存人交付的保管物，并返还该物的合同。在保管合同中，交付保管物的一方为寄存人或者寄托人，保管保管物的一方为保管人或受寄人。

（二）保管合同的特征

保管合同主要具有以下特征：

（1）既可能是单务合同，也可能是双务合同。对有偿保管而言，寄存人将保管物交给保管人保管，保管人提供保管服务，寄存人具有向保管人支付保管费用的义务，因此该合同在性质上属于双务合同。在无偿保管合同中，寄存人与保管人之间并不构成对待给付义务，因此不属于双务合同，而属于单务合同。

（2）原则上具有无偿性。当事人没有特别约定时，保管合同原则上是无偿合同。《民法典》第八百八十九条规定："寄存人应当按照约定向保管人支付保管费。当事人对保管费没有约定或者约定不明确，依据本法第五百一十条的规定仍不能确定的，视为无偿保管。"

（3）原则上具有不要式性。法律并不要求当事人订立保管合同必须采用何种形式，因此保管合同既可以是口头的，也可以是书面的。

（4）标的物范围广泛。保管合同的标的物范围具有宽泛性，在一般保管合同中，标的物既包括不动产，也包括动产。

二、保管合同中的权利与义务

（一）保管合同中寄存人的权利与义务

1. 保管合同中寄存人的权利

保管合同中寄存人的权利包括以下内容：

（1）随时领取保管物的权利。寄存人可以依据自身需求随时领取保管物（《民法典》第八百九十九条第一款）。

（2）要求保管人返还保管物的权利。在保管合同期限届满或者在其他保管合同终止的情形下，保管人应当将保管物返还给寄存人。

2. 保管合同中寄存人的义务

保管合同中寄存人的义务包括以下内容：

（1）支付保管费的义务。依据《民法典》第八百八十九条的规定，寄存人应当按照约定向保管人支付保管费。《民法典》第九百零二条规定："有偿的保管合同，寄存人应当按照约定的期限向保管人支付保管费。当事人对支付期限没有约定或者约定不明确，依据本法第五百一十条的规定仍不能确定的，应当在领取保管物的同时支付。”

（2）承担必要费用的义务。必要费用是指保管人在保管过程中支付的必要花费，是为了实现物的保管目的而支出的费用。这些费用即使在无偿保管过程中也会产生，应当由寄存人承担。

（3）如实告知的义务。《民法典》第八百九十三条规定：“寄存人交付的保管物有瑕疵或者根据保管物的性质需要采取特殊保管措施的，寄存人应当将有关情况告知保管人。寄存人未告知，致使保管物受损失的，保管人不承担赔偿责任；保管人因此受损失的，除保管人知道或者应当知道且未采取补救措施外，寄存人应当承担赔偿责任。”

（4）贵重物品的声明义务。《民法典》第八百九十八条规定：“寄存人寄存货币、有价证券或者其他贵重物品的，应当向保管人声明，由保管人验收或者封存；寄存人未声明的，该物品毁损、灭失后，保管人可以按照一般物品予以赔偿。”

（二）保管合同中保管人的权利与义务

1. 保管合同中保管人的权利

保管合同中保管人的权利包括以下内容：

（1）随时请求寄存人领取保管物的权利。当事人对保管期限没有约定或者约定不明确的，保管人可以随时请求寄存人领取保管物。但是如果约定了保管期限，保管人无特别事由不得请求寄存人提前领取保管物（《民法典》第八百九十九条第二款）。

（2）请求寄存人支付保管费的权利。依据《民法典》第八百八十九条和第九百零二条的规定，有偿保管合同的寄存人应当按照约定的费用金额、保管期限向保管人支付保管费。

2. 保管合同中保管人的义务

保管合同中保管人的义务包括以下内容：

（1）妥善保管的义务。《民法典》第八百九十条规定：“保管合同自保管物交付时成立，但是当事人另有约定的除外。”《民法典》第八百九十四条规定：“保管人不得将保管物转交第三人保管，但是当事人另有约定的除外。”

（2）出具保管凭证的义务。《民法典》第八百九十一条规定：“寄存人向保管人交付保管物的，保管人应当出具保管凭证，但是另有交易习惯的除外。”

（3）不得擅自使用保管物的义务。《民法典》第八百九十五条规定：“保管人不得使用或者许可第三人使用保管物，但是当事人另有约定的除外。”

(4) 特定情形下返还保管物和通知寄存人的义务。《民法典》第八百九十六条规定:“第三人对保管物主张权利的,除依法对保管物采取保全或者执行措施外,保管人应当履行向寄存人返还保管物的义务。第三人对保管人提起诉讼或者对保管物申请扣押的,保管人应当及时通知寄存人。”

(5) 归还原物及孳息的义务。《民法典》第九百条规定:“保管期限届满或者寄存人提前领取保管物的,保管人应当将原物及其孳息归还寄存人。”

第十四节 仓储合同

一、仓储合同的概念与特征

(一) 仓储合同的概念

《民法典》第九百零四条规定,仓储合同,是保管人储存存货人交付的仓储物,存货人支付仓储费的合同。在仓储合同中,为他人保管仓储物的一方为保管人,将仓储物交由他人保管并负担支付仓储费义务的一方为存货人。

(二) 仓储合同的特征

仓储合同除了具有一般保管合同的特点外,还具有以下特征:

(1) 主体具有特殊性。仓储合同中的保管人,是专门从事仓储物保管营业的主体,应当具有相应的仓储营业资质。保管人储存易燃、易爆、有毒、有腐蚀性、有放射性等危险物品的,应当具备相应的保管条件(《民法典》第九百零六条第三款)。

(2) 标的物为动产。一般保管合同的标的物包括动产和不动产,但是就仓储合同而言,其标的物主要是动产,因为保管人主要是利用自己的仓库为寄存人保管物品,不动产不能成为仓储合同的标的物。

(3) 具有双务性、有偿性。在仓储合同中,保管人为存货人提供仓储物的储存和保管服务,就应当获得相应的对价,双方之间形成了对待给付关系。保管人身份的特殊性决定了其应当以追求营利为目的,除非当事人作出特别约定,仓储合同一般都是有偿合同。

（4）具有诺成性、不要式性。《民法典》第九百零五条规定：“仓储合同自保管人和存货人意思表示一致时成立。”由此可知，只要双方当事人就仓储合同的主要条款达成合意，仓储合同即成立，交付仓储物并非仓储合同的成立条件，而是合同履行的内容。《民法典》并没有对仓储合同的形式作出规定，因此当事人可以自由选择仓储合同的订立方式，既可以采用口头形式，也可以采用书面形式。

二、仓储合同中的权利与义务

（一）仓储合同中保管人的权利与义务

1. 仓储合同中保管人的权利

仓储合同中保管人的权利包括以下内容：

（1）随时请求提取仓储物的权利。当事人对储存期限没有约定或者约定不明确的，保管人可以随时请求存货人或者仓单持有人提取仓储物，但是应当给予必要的准备时间（《民法典》第九百一十四条）。

（2）要求存货人明确说明和提供资料的权利。依据《民法典》第九百零六条第一款的规定，存货人要求储存易燃、易爆、有毒、有腐蚀性、有放射性等危险物品或者易变质物品的，保管人有权要求其说明该物品的性质，并提供有关资料。

2. 仓储合同中保管人的义务

仓储合同中保管人的义务包括以下内容：

（1）妥善保管仓储物的义务。促成合同的保管人应当尽到善良管理人的义务，妥善保管仓储物。

（2）入库验收义务。依据《民法典》第九百零七条的规定，保管人应当按照约定对入库仓储物进行验收。

（3）出具仓单、入库单等凭证的义务。《民法典》第九百零八条规定：“存货人交付仓储物的，保管人应当出具仓单、入库单等凭证。”

（4）配合检查仓储物或提取样品的义务。《民法典》第九百一十一条规定：“保管人根据存货人或者仓单持有人的要求，应当同意其检查仓储物或者提取样品。”

（二）仓储合同中存货人的权利与义务

1. 仓储合同中存货人的权利

仓储合同中存货人的权利包括以下内容：

（1）随时提取仓储物的权利。依据《民法典》第九百一十四条的规定，当事人对储存期限没有约定或者约定不明确的，存货人或者仓单持有人可以随时提取仓储物。

（2）检查仓储物或提取样品的权利。依据《民法典》第九百一十一条的规定，根据存货人或者仓单持有人的要求，保管人应当同意其检查仓储物或者提取样品。

2. 仓储合同中存货人的义务

仓储合同中存货人的义务包括以下内容：

（1）支付仓储费用的义务。依据《民法典》第九百零四条对仓储合同的规定，存货人应当向保管人支付仓储费，这也是存货人的主要合同义务。

（2）说明和提供有关资料的义务。依据《民法典》第九百零六条的规定，储存易燃、易爆、有毒、有腐蚀性、有放射性等危险物品或者易变质物品的，存货人应当说明该物品的性质，并提供有关资料。

（3）储存期限届满时提取仓储物的义务。《民法典》第九百一十五条规定："储存期限届满，存货人或者仓单持有人应当凭仓单、入库单等提取仓储物。存货人或者仓单持有人逾期提取的，应当加收仓储费；提前提取的，不减收仓储费。"

第十五节　委托合同

一、委托合同的概念与特征

（一）委托合同的概念

《民法典》第九百一十九条规定，委托合同，是委托人和受托人约定，由受托人处理委托人事务的合同。在委托合同中，委托他人为其处理事务的一方为委托人，接受他人委托的一方当事人为受托人。

（二）委托合同的特征

委托合同的特征主要表现在以下方面：

（1）以处理事务为内容。依据《民法典》第九百一十九条的规定，委托人与受托人订立合同的目的是委托受托人为其处理事务。委托事务的范围十分广泛，既包括民事法律行为，也包括准法律行为与事实行为。

（2）委托人与受托人之间通常具有一定的人身信赖性。委托人之所以委托受托人为其处理事务，一般是基于对其能力、品行、资格等方面的信任；受托人愿意接受委托人的委托，通常也是基于双方之间的人身信赖关系。一般情况下，委托人应当亲自处理委托事务，经委托人同意的才可以转委托。

（3）具有诺成性、双务性、不要式性。委托合同在当事人意思表示一致时即可成立，无须当事人交付标的物或履行特殊程序。

二、委托合同中的权利与义务

（一）委托人的权利与义务

1. 委托人的权利

委托人的权利包括以下内容：

（1）介入权。受托人以自己的名义与第三人订立合同时，第三人不知道受托人与委托人之间的代理关系的，受托人因第三人的原因对委托人不履行义务，受托人应当向委托人披露第三人，委托人因此可以行使受托人对第三人的权利。但是，第三人与受托人订立合同时如果知道该委托人就不会订立合同的除外（《民法典》第九百二十六条第一款）。

（2）请求赔偿损失的权利。《民法典》第九百二十九条第一款规定："有偿的委托合同，因受托人的过错造成委托人损失的，委托人可以请求赔偿损失。无偿的委托合同，因受托人的故意或者重大过失造成委托人损失的，委托人可以请求赔偿损失。"

（3）任意解除权。依据《民法典》第九百三十三条的规定，委托人或者受托人可以随时解除委托合同。

2. 委托人的义务

委托人的义务包括以下内容：

（1）预付费用、偿还费用、支付利息的义务。《民法典》第九百二十一条规定："委托人应当预付处理委托事务的费用。受托人为处理委托事务垫付的必要费用，委托人应当偿还该费用并支付利息。"

（2）按照约定支付报酬的义务。依据《民法典》第九百二十八条第一款的规定，受托人已经按照合同约定完成委托事务的，委托人应当按照约定向其支付报酬。

（3）赔偿受托人损失的义务。《民法典》第九百三十条规定："受托人处理委托事务时，因不可归责于自己的事由受到损失的，可以向委托人请求赔偿损失。”

（4）不得擅自重复委托的义务。《民法典》第九百三十一条规定：“委托人经受托人同意，可以在受托人之外委托第三人处理委托事务。因此造成受托人损失的，受托人可以向委托人请求赔偿损失。”

（5）后合同义务。《民法典》第九百三十五条规定：“因委托人死亡或者被宣告破产、解散，致使委托合同终止将损害委托人利益的，在委托人的继承人、遗产管理人或者清算人承受委托事务之前，受托人应当继续处理委托事务。”

（二）受托人的权利与义务

1. 受托人的权利

受托人的权利包括以下内容：

（1）请求支付报酬的权利。《民法典》第九百二十八条第一款规定：“受托人完成委托事务的，委托人应当按照约定向其支付报酬。”

（2）请求赔偿的权利。《民法典》第九百三十条规定：“受托人处理委托事务时，因不可归责于自己的事由受到损失的，可以向委托人请求赔偿损失。”

（3）任意解除权。依据《民法典》第九百三十三条的规定，委托人或者受托人可以随时解除委托合同。

2. 受托人的义务

受托人的义务包括以下内容：

（1）按照约定处理委托事务的义务。受托人在处理委托事务时应当按照约定并尽到必要的注意义务。

（2）亲自处理委托事务的义务。《民法典》第九百二十三条规定：“受托人应当亲自处理委托事务。经委托人同意，受托人可以转委托。转委托经同意或者追认的，委托人可以就委托事务直接指示转委托的第三人，受托人仅就第三人的选任及其对第三人的指示承担责任。转委托未经同意或者追认的，受托人应当对转委托的第三人的行为承担责任；但是，在紧急情况下受托人为了维护委托人的利益需要转委托第三人的除外。”

（3）服从委托人指示的义务。《民法典》第九百二十二条规定：“受托人应当按照委托人的指示处理委托事务。需要变更委托人指示的，应当经委托人同意；因情况紧急，难以和委托人取得联系的，受托人应当妥善处理委托事务，但是事后应当将该情况及时报告委托人。”

（4）报告委托事务的义务。《民法典》第九百二十四条规定：“受托人应当按照委托人的要求，报告委托事务的处理情况。委托合同终止时，受托人应当报告委托事务的结果。”

第十六节 物业服务合同

一、物业服务合同的概念与特征

（一）物业服务合同的概念

《民法典》第九百三十七条规定，物业服务合同，是物业服务人在物业服务区域内，为业主提供建筑物及其附属设施的维修养护、环境卫生和相关秩序的管理维护等物业服务，业主支付物业费的合同。

（二）物业服务合同的特征

物业服务合同具有下列特征：

（1）主体是物业服务人和业主。物业管理活动具有技术性和专业性，因此物业服务人需要具备必要的服务能力；而业主指的是全体业主，具有集合性的特点。

（2）客体是提供物业服务。物业服务合同的客体是物业服务人在物业服务区内提供的物业管理与服务，并不是具体的标的物。

（3）内容具有复合性。概括来讲，物业服务合同内容的复合性表现在三个方面：一是维护物业服务区域内的基本秩序；二是经营管理物业服务区域内的业主共有部分；三是采取合理措施，保护业主的人身和财产安全。

（4）订立程序具有特殊性。由于业主的集合性特点，订立物业服务合同的程序具有一定的要求。选聘和解聘物业服务企业或者其他管理人应当由业主共同决定，具体应当由专有部分面积占比三分之二以上的业主且人数占比三分之二以上的业主参与表决，应当经参与表决专有部分面积过半数的业主且参与表决人数过半数的业主同意（《民法典》第二百七十八条）。

（5）具有双务性、有偿性、诺成性、要式性。在物业服务合同中，物业服务人和业主互相享有权利并互相负有义务，属于给付与对待给付关系。物业服务人为业主提供物业服务，应当获得报酬，业主有支付物业费的义务。物业服务合同在双方当事人意思表示一致时即可成立，并对双方当事人产生拘束力。《民法典》第九百三十八条第三款规定：“物业服务合同应当采用书面形式。”

二、物业服务合同中的权利与义务

（一）物业服务人的权利与义务

1. 物业服务人的权利

物业服务人的主要权利为报酬请求权。业主应当按照约定向物业服务人支付物业费。物业服务人已经按照约定和有关规定提供服务的，业主不得以未接受或者无须接受相关物业服务为由拒绝支付物业费（《民法典》第九百四十四条第一款）。

2. 物业服务人的主要义务

物业服务人的主要义务包括以下内容：

（1）妥善维修、养护、清洁、绿化、经营管理及维护基本秩序的义务。《民法典》第九百四十二条规定：“物业服务人应当按照约定和物业的使用性质，妥善维修、养护、清洁、绿化和经营管理物业服务区域内的业主共有部分，维护物业服务区域内的基本秩序，采取合理措施保护业主的人身、财产安全。对物业服务区域内违反有关治安、环保、消防等法律法规的行为，物业服务人应当及时采取合理措施制止、向有关行政主管部门报告并协助处理。”

（2）定期报告的义务。《民法典》第九百四十三条规定：“物业服务人应当定期将服务的事项、负责人员、质量要求、收费项目、收费标准、履行情况，以及维修资金使用情况、业主共有部分的经营与收益情况等以合理方式向业主公开并向业主大会、业主委员会报告。”

（3）合理收费的义务。物业服务合同是双务、有偿合同，物业服务人有权依据合同约定收取物业服务费用，但收取的费用应当符合国家法律、法规及规章的规定。

（4）合同终止后的义务。《民法典》第九百四十九条第一款规定：“物业服务合同终止的，原物业服务人应当在约定期限或者合理期限内退出物业服务区域，将物业服务用房、相关设施、物业服务所必需的相关资料等交还给业主委员会、决定自行管理的业主或者其指定的人，配合新物业服务人做好交接工作，并如实告知物业的使用和管理状况。”

（二）业主的权利与义务

1. 业主的权利

业主的权利主要包括以下内容：

（1）解聘物业服务人的权利。依据《民法典》第九百四十六条第一款的规定，业主依照法定程序共同决定解聘物业服务人的，可以解除物业服务合同。

（2）业主的知情权。业主对物业服务人的服务事项、负责人员、质量要求、收费项目、收费标准、履行情况，以及维修资金使用情况、业主共有部分的经营与收益情况等拥有知情权（《民法典》第九百四十三条）。

2. 业主的义务

业主的义务主要包括以下内容：

（1）依据约定交纳物业费的义务。按照合同约定的时间、方式向物业服务人交纳物业费，是业主的主要合同义务。

（2）事先告知的义务。《民法典》第九百四十五条规定："业主装饰装修房屋的，应当事先告知物业服务人，遵守物业服务人提示的合理注意事项，并配合其进行必要的现场检查。业主转让、出租物业专有部分、设立居住权或者依法改变共有部分用途的，应当及时将相关情况告知物业服务人。"

（3）接受物业服务人管理的义务。物业服务人依法执行政府应急处置措施和其他管理措施时，业主应当予以配合。

第十七节　行纪合同

一、行纪合同的概念与特征

（一）行纪合同的概念

《民法典》第九百五十一条规定，行纪合同，是行纪人以自己的名义为委托人从事贸易活动，委托人支付报酬的合同。其中，以自己的名义为他方从事贸易活动的人为行纪人，支付报酬的人为委托人。

（二）行纪合同的特征

行纪合同源于委托合同，但是又具有自身的独特属性，因而独立于委托合同。行纪合同具有以下特征：

（1）行纪人必须具备相应资格。行纪因具有专业性和独立性的特点，为了规范行纪人的行为和行纪业务的发展，保障委托人的合法权益，行纪人需要履行特定的商业登记或审批程序，取得特定资格才能开展相关业务。

（2）行纪人从事的是贸易行为。依据《民法典》第九百五十一条的规定，行纪人从事的业务范围仅限于贸易活动，包括动产买卖、不动产买卖、证券交易、期货交易等。

（3）行纪人以自己的名义从事行纪活动。行纪与代理不同，行纪人必须以自己的名义对外从事贸易活动。同一事务，如果受托人以委托人的名义做出，构成代理；如果以自身名义做出，可能构成行纪。

（4）行纪合同具有双务性、有偿性、诺成性、不要式性。行纪合同中，行纪人以自己的名义为委托人从事贸易活动，委托人应当支付报酬，因此行纪合同具有双务性和有偿性。行纪合同的成立，只需要委托人和行纪人就有关事项达成一致即可，因此具有诺成性。行纪合同无须采取特别方式，既可以是口头形式，也可以是书面形式，因而具有不要式性。

二、行纪合同中的权利与义务

（一）行纪人的权利与义务

1. 行纪人的权利

行纪人的权利包括以下内容：

（1）合理处分委托物的权利。《民法典》第九百五十四条规定："委托物交付给行纪人时有瑕疵或者容易腐烂、变质的，经委托人同意，行纪人可以处分该物；不能与委托人及时取得联系的，行纪人可以合理处分。"

（2）介入权。《民法典》第九百五十六条第一款规定："行纪人卖出或者买入具有市场定价的商品，除委托人有相反的意思表示外，行纪人自己可以作为买受人或者出卖人。"

（3）报酬请求权及留置权。《民法典》第九百五十九条规定："行纪人完成或者部分完成委托事务的，委托人应当向其支付相应的报酬。委托人逾期不支付报酬的，行纪人对委托物享有留置权，但是当事人另有约定的除外。”

（4）依法提存委托物的权利。《民法典》第九百五十七条规定：“行纪人按照约定买入委托物，委托人应当及时受领。经行纪人催告，委托人无正当理由拒绝受领的，行纪人依法可以提存委托物。委托物不能卖出或者委托人撤回出卖，经行纪人催告，委托人不取回或者不处分该物的，行纪人依法可以提存委托物。”

2. 行纪人的义务

行纪人的义务包括以下内容：

（1）以自己的名义从事贸易活动的义务。行纪人以自己的名义为委托人的利益从事贸易活动①，这就表明行纪人在行纪业务中必须具备相应的资格，从而在接受委托后能够以自己的名义对外从事交易。

（2）负担费用的义务。《民法典》第九百五十二条规定：“行纪人处理委托事务支出的费用，由行纪人负担，但是当事人另有约定的除外。”这样的规定有利于督促行纪人在贸易活动中节约资源、降低成本。

（3）妥善保管委托物的义务。《民法典》第九百五十三条规定：“行纪人占有委托物的，应当妥善保管委托物。”

（4）按照约定价格买卖的义务。《民法典》第九百五十五条规定：“行纪人低于委托人指定的价格卖出或者高于委托人指定的价格买入的，应当经委托人同意；未经委托人同意，行纪人补偿其差额的，该买卖对委托人发生效力。行纪人高于委托人指定的价格卖出或者低于委托人指定的价格买入的，可以按照约定增加报酬；没有约定或者约定不明确，依据本法第五百一十条的规定仍不能确定的，该利益属于委托人。委托人对价格有特别指示的，行纪人不得违背该指示卖出或者买入。”

（二）委托人的权利与义务

1. 委托人的权利

委托人的权利包括以下内容：

在行纪合同中，委托人有对卖出或买入价格进行指示的权利。如果委托人对价格有特别指示，行纪人不得违背该指示卖出或者买入（《民法典》第九百五十五条第三款）。

2. 委托人的义务

委托人的义务包括以下内容：

（1）支付报酬的义务。依据《民法典》第九百五十九条的规定，行纪人完成或

---

① 参见《民法典》第九百五十一条对行纪合同的定义。

者部分完成委托事务的，委托人应当向其支付相应的报酬。

（2）及时受领、取回或处分委托物的义务。委托物由行纪人占有期间，行纪人对委托物有保管义务，但是这种保管义务是暂时的。当行纪人按照约定买入委托物，委托人有及时受领的义务。委托物不能卖出或委托人撤回出卖时，委托人有取回或处分委托物的义务（《民法典》第九百五十七条）。

第十八节 中介合同

一、中介合同的概念与特征

《民法典》第九百六十一条规定，中介合同，是中介人向委托人报告订立合同的机会或者提供订立合同的媒介服务，委托人支付报酬的合同。中介人的作用在于“牵线搭桥”，为交易双方提供信息，促进双方接触、磋商、缔约。

中介合同具有以下特征：

（1）主体具有特殊性。中介合同中，中介人往往需要具有一定的资格和条件，如房地产、金融、保险等领域，均要求中介人具有一定的资质、能力、知识，并经过审批或登记。

（2）内容主要是提供交易机会与交易媒介。中介活动主要包括两类：一类是为他人提供订约机会，即为潜在的交易当事人提供与他人订立合同的机会；另一类是提供订约的媒介服务，即居间人在双方当事人之间进行斡旋、协助谈判、促进交易。

（3）以促成委托人与第三人交易为目的。中介人的工作目的在于更好地促进委托人与第三人订立合同。

（4）具有有偿性、双务性、诺成性、不要式性。中介合同中，中介人在为委托人报告订立合同的机会或提供订立合同的媒介服务时往往以获取报酬为目的，委托人对此支付报酬，因此中介合同具有有偿性和双务性。中介合同只需要委托人和中介人意思表示一致即可成立，可以通过口头、书面等形式订立，因此具有诺成性和不要式性。

二、中介合同中的权利与义务

（一）中介人的权利与义务

1. 中介人的权利

中介人的权利包括以下内容：

（1）报酬请求权。《民法典》第九百六十三条第一款规定："中介人促成合同成立的，委托人应当按照约定支付报酬。对中介人的报酬没有约定或者约定不明确，依据本法第五百一十条的规定仍不能确定的，根据中介人的劳务合理确定。因中介人提供订立合同的媒介服务而促成合同成立的，由该合同的当事人平均负担中介人的报酬。"《民法典》第九百六十五条规定："委托人在接受中介人的服务后，利用中介人提供的交易机会或者媒介服务，绕开中介人直接订立合同的，应当向中介人支付报酬。"

（2）请求支付必要费用的权利。《民法典》第九百六十四条规定："中介人未促成合同成立的，不得请求支付报酬；但是，可以按照约定请求委托人支付从事中介活动支出的必要费用。"

2. 中介人的义务

中介人的义务包括以下内容：

（1）提供订立合同的机会或订立合同的媒介服务的义务。依据《民法典》第九百六十一条对中介合同定义的规定，中介人的主要义务即向委托人提供服务，服务的内容包括两个方面：一是报告订立合同的机会，二是提供订立合同的媒介服务。

（2）如实报告的义务。《民法典》第九百六十二条规定："中介人应当就有关订立合同的事项向委托人如实报告。中介人故意隐瞒与订立合同有关的重要事实或者提供虚假情况，损害委托人利益的，不得请求支付报酬并应当承担赔偿责任。"

（3）忠实义务。中介合同是以信任为基础而订立的合同，中介人应当依据诚实信用原则对自己的中介活动负有忠实义务，应当积极维护委托人利益，不得影响合同订立。

（4）保密义务。中介人对于报告订约机会、合同内容、合同主体个人信息、收费事项等相关信息及资料，均负有保密的义务。

（二）委托人的权利与义务

中介合同中，委托人的权利与中介人的义务相对应。下面主要介绍委托人的义务：

（1）合同成立后支付报酬的义务。依据《民法典》第九百六十三条第一款的规定，中介人促成合同成立的，委托人应当按照约定支付报酬。

（2）支付必要中介费用的义务。依据《民法典》第九百六十四条的规定，中介人未促成合同成立的，委托人不必支付报酬，但是应当支付中介人从事中介活动支出的必要费用。

（3）不得“跳单”的义务。依据《民法典》第九百六十五条的规定，委托人在接受中介人的服务后，利用中介人提供的交易机会或者媒介服务，绕开中介人直接订立合同的，应当向中介人支付报酬。

第十九节　合伙合同

一、合伙合同的概念与特征

（一）合伙合同的概念

《民法典》第九百六十七条规定，合伙合同，是两个以上合伙人为了共同的事业目的，订立的共享利益、共担风险的协议。“合伙”包括两层含义：一是指确定合伙人之间权利义务关系的协议，即合伙合同；二是指合伙人基于合伙合同而形成一个组织体，即合伙组织关系，可对外与第三人发生各种法律关系。

（二）合伙合同的特征

合伙合同的特征如下：

（1）订立方式具有特殊性。合伙人订立合伙合同的目的在于共同经营合伙事业，这也是每个合伙人共同追求的目标。合伙人之间的关系主要是合作关系，并非对立、竞争关系。

（2）内容具有特殊性。合伙合同是合伙人为了共同的事业目的而订立，为了实现这一目的，各合伙人之间需要相互合作，并按照合伙合同要求共同出资、共同经营、共享利益、共担风险。

（3）具有继续性、不要式性。合伙合同基于共同的事业目的而订立，这种共同目的既可能是临时性的，也可能是持续性的，无论时间持续长短，合伙人履行义务的行为都不可能是一次性的，需要持续履行，因此合伙合同具有继续性。《民法典》并未要求合伙合同的成立必须采用书面形式，因此合伙合同具有不要式性。

二、合伙合同中的权利与义务

（一）合伙人的权利

合伙人的权利包括以下内容：

（1）追偿权。《民法典》第九百七十三条规定：“合伙人对合伙债务承担连带责任。清偿合伙债务超过自己应当承担份额的合伙人，有权向其他合伙人追偿。”

（2）共有财产权。《民法典》第九百六十九条规定：“合伙人的出资、因合伙事务依法取得的收益和其他财产，属于合伙财产。合伙合同终止前，合伙人不得请求分割合伙财产。”

（二）合伙人的义务

合伙人的义务包括以下内容：

（1）合伙人的出资义务。《民法典》第九百六十八条规定：“合伙人应当按照约定的出资方式、数额和缴付期限，履行出资义务。”

（2）不得擅自向第三人转让合伙份额的义务。《民法典》第九百七十四条规定：“除合伙合同另有约定外，合伙人向合伙人以外的人转让其全部或者部分财产份额的，须经其他合伙人一致同意。”

（3）依照法律规定和合同约定执行合伙事务的义务。《民法典》第九百七十条规定：“合伙人就合伙事务作出决定的，除合伙合同另有约定外，应当经全体合伙人一致同意。合伙事务由全体合伙人共同执行。按照合伙合同的约定或者全体合伙人的决定，可以委托一个或者数个合伙人执行合伙事务；其他合伙人不再执行合伙事务，但是有权监督执行情况。合伙人分别执行合伙事务的，执行事务合伙人可以对其他合伙人执行的事务提出异议；提出异议后，其他合伙人应当暂停该项事务的执行。”

（4）依照法律规定和合同约定分配损益的义务。《民法典》第九百七十二条规定："合伙的利润分配和亏损分担，按照合伙合同的约定办理；合伙合同没有约定或者约定不明确的，由合伙人协商决定；协商不成的，由合伙人按照实缴出资比例分配、分担；无法确定出资比例的，由合伙人平均分配、分担。"

（5）对合伙债务承担连带责任的义务。依据《民法典》第九百七十三条的规定，合伙人对合伙债务承担连带责任，但是，合伙人清偿合伙债务超过自己应当承担的份额的，有权向其他合伙人追偿。

本章小结

本章主要学习了《民法典》第三编第二分编"典型合同"规定的19种具体类型的合同，包括买卖合同，供用电、水、气、热力合同，赠与合同，借款合同，保证合同，租赁合同，融资租赁合同，保理合同，承揽合同，建设工程合同，运输合同，技术合同，保管合同，仓储合同，委托合同，物业服务合同，行纪合同，中介合同，合伙合同。

在典型合同中，买卖合同是最重要、最传统的典型合同。买卖合同可以从不同的角度进行分类，其中按照买卖有无特殊的方式，可以分为一般买卖和特种买卖。特殊类型的买卖主要有：所有权保留、分期付款买卖、凭样品买卖、试用买卖、招标投标买卖、拍卖等。《民法典》第五百九十六条规定了买卖合同的内容，一般包括标的物的名称、数量、质量、价款、履行期限、履行地点和方式、包装方式、检验标准和方法、结算方式、合同使用的文字及其效力等条款。

简答题

1. 简述买卖合同的概念与特征。
2. 简述买卖合同中的权利与义务。
3. 简述赠与合同的概念与特征。
4. 简述借款合同的概念与特征。
5. 简述保证合同的概念与特征。
6. 简述租赁合同的概念与特征。
7. 简述保理合同的概念与特征。
8. 简述承揽合同的概念与特征。
9. 简述委托合同的概念与特征。
10. 简述合伙合同的概念与特征。

案例

甲、乙系母女关系，二人共有××市××路××室房屋。甲与乙签订赠与合同，约定乙将该处房屋中依法属于乙所有的二分之一产权赠与甲，赠与条件为乙在该房屋中居住到寿终。该市公证处就双方约定的上述内容进行了公证，并针对赠与合同出具了公证书。乙育有五名子女，其去世后，其他四位子女与甲因房屋继承问题产生纠纷。甲诉至法院，请求判令××市××路××室房屋乙所享有的二分之一产权归其所有。

（扫码查看案例解读）

请问甲的诉求能否得到法院的支持？

第四编

人格权

第二十三章 人格权概述

学习目标

掌握：人格权的概念与特征，人格权请求权与侵权请求权的区别。

熟悉：一般人格权、死者人格利益保护。

了解：具体人格权、侵害人格权的民事责任。

第一节 人格权的概念与特征

一、人格权的概念

人格权（personality right）的概念始于近代，形成于19世纪末期，其产生与发展经历了一个长期的历史过程。讨论人格权的概念，应当从“人格”的概念入手。从词源学的角度来看，“人格”最早出现在希腊语中，表示“移近”“置换”，引申为“面具”。“人格”首先是一个本体概念，是对“人”这一存在的精神性指示；其次是一个价值观念，体现着人类对其自身即“人之为人”的肯定和追寻。可见，“人格”是一个兼具哲学、社会、政治、心理、伦理诸种性质的概念[①]。在汉语中，“人格”一词具有不同的含义，分别是：第一，人按照法律、道德或其他社会准则应享有的权利或资格；第二，人的性格、气质、能力等；第三，人的道德品质、

① 姚辉．人格权法论［M］．北京：中国人民大学出版社，2011：1-2.

人品等。[①]

法律上“人格”的概念最早出现于罗马法。在罗马法上，人作为法律上的权利义务主体，有一个发展的过程。罗马法中关于人的概念有三种，分别是：第一，霍谟（Homo），指生物学意义上的人，不一定是权利义务主体；第二，卡布特（Caput），指权利义务主体，表示法律上的人格；第三，泊尔梭那（Persona），指权利义务主体的各种不同的身份。[②] 马克思指出：“人格脱离了人，当然只是一个抽象，但人也只有在自己的类存在中，只有作为人们，才是人格的现实的观念。”[③] 具体来说，“人格”一词在法律上包含两种含义：第一种含义是指一种抽象与平等的法律地位，是权利取得的资格，或者说，“人格”就是作为民事主体必备条件的民事权利能力；第二种含义是从人格权的客体角度来理解的，是一种应受法律保护的利益。[④]

人格权，是指民事主体平等享有，以人格利益为客体，为了维护主体独立人格，实现人身自由和人格尊严所必须具备的固有性权利。《民法典》第九百九十条第一款规定：“人格权是民事主体享有的生命权、身体权、健康权、姓名权、名称权、肖像权、名誉权、荣誉权、隐私权等权利。”该条规定从外延上对人格权的范围作出了定义，体现了具体人格权的内容。人格权是民事主体进入社会，发挥其创造性而改造世界的基础。民事主体没有人格权，就无法实现人类生存、发展的目标。[⑤] 因此，人格权是民事权利中最为重要的一项权利。人格权制度的勃兴，体现了从以财产法为中心到人法地位提升的转变，彰显了“以人为本”的核心思想，体现了民法的人文精神和人文关怀，是现代民法最为重要的发展趋势之一。从世界范围来看，各国都普遍强化了对人格权的保护，我国也不例外。

人格权法不是独立的法律部门，而是与民法总则、物权法、合同法、婚姻家庭法、继承法、侵权责任法一起共同构成民法的基本内容。《民法典》第四编规定了人格权编，该编是我国现行民法的人格权法。《民法典》第九百八十九条中，“本编调整因人格权的享有和保护产生的民事关系”是对人格权编调整范围的规定。人格权具有法定性和开放性，随着社会经济的发展和人们权利意识的提高，法定人格权的类型与内涵也会不断丰富。

---

① 黄河清．近现代汉语词源［M］．上海：上海辞书出版社，2020：1247.

② 周枏．罗马法原论［M］．上册．北京：商务印书馆，2014：115.

③ 马克思，恩格斯．马克思恩格斯全集：第3卷［M］．北京：人民出版社，2002：36.

④ 王利明，程啸．中国民法典释评：人格权编［M］．北京：中国人民大学出版社，2020：6.

⑤ 杨立新．人身权法论［M］．北京：人民法院出版社，2002：66.

二、人格权的特征

《民法典》第九百九十条规定：“人格权是民事主体享有的生命权、身体权、健康权、姓名权、名称权、肖像权、名誉权、荣誉权、隐私权等权利。除前款规定的人格权外，自然人享有基于人身自由、人格尊严产生的其他人格权益。”第九百九十二条规定：“人格权不得放弃、转让或者继承。”依照上述规定，结合人格权的内涵与外延，人格权具有以下特征：

（1）人格权是民事主体的固有权利。

人格权是民事主体的固有权利，与民事主体共存始终，具体表现在，自然人从出生起即享有人格权，法人、非法人组织自成立时起即享有法律直接赋予的人格权。人格权是客观存在的，不因后天行为而取得，不以个人意志为转移，其权利范围和保护方式皆由法律规定，是一种法定权利。

（2）人格权的主体包括自然人、法人和非法人组织。

我国人格权的主体包括自然人、法人、非法人组织三类主体。《民法典》第一百零九条规定：“自然人的人身自由、人格尊严受法律保护。”该条款是对一般人格权的规定，自然人的人格权受到法律的平等保护。胎儿的人格权益也受法律保护，前提是娩出时为活体。《民法典》第一百一十条规定：“自然人享有生命权、身体权、健康权、姓名权、肖像权、名誉权、荣誉权、隐私权、婚姻自主权等权利。法人、非法人组织享有名称权、名誉权和荣誉权。”该条款是对具体人格权的规定，也确认了法人、非法人组织的具体人格权。依据上述规定，自然人享有一般人格权和具体人格权，法人、非法人组织不享有一般人格权，仅享有名称权、名誉权、荣誉权三项具体人格权。

（3）人格权的客体是人格利益。

人格权的客体是人格利益，这种人格利益指的是人格权民事法律关系中的权利、义务共同指向的对象。人格利益分为一般人格利益和具体人格利益。一般人格利益主要是指自然人的人身自由和人格尊严，只能由自然人享有；具体人格利益包括法人、非法人组织的权益。人格利益可以表现为物质性人格利益和精神性人格利益。

（4）人格权的内容包括积极权能和消极权能。

对于人格权的内容，可以从两个方面进行理解：人格权的积极权能和人格权的消极权能。所谓积极权能，指的是法律赋予民事主体对其所享有的人格利益进行自主决定和利用的权能。所谓消极权能，指的是民事主体所享有的禁止他人对自己的人格权进行非法侵害的权能。人格权属于对世权，可以对抗不特定的义务人，禁止任何个人和组织的非法干预或侵害。

（5）人格权具有专属性。

所谓人格权的专属性，是指人格权由民事主体专属享有，并与之相伴始终，不可分离。人格权的专属性，是人格权与物权、债权等其他民事权利的重要区别。《民法典》第九百九十二条规定："人格权不得放弃、转让或者继承。"该条规定是对人格权专属性的确认。依据该项规定，人格权具有不可抛弃性、不可转让性、不可继承性。这具体体现在以下几个方面：

第一，人格权不得放弃。人格权作为权利人的专属权利，始终由权利主体享有并禁止随意抛弃。人格权与权利人的主体资格密切联系，只要主体资格存在，权利人即享有相应的人格权；同时，权利人一旦死亡，人格权也随之消灭。任何人的人格权都不能被非法剥夺，亦不允许随意放弃，否则人格会受到缺损，同时也会违反公序良俗。

第二，人格权不得转让。人格权与权利主体不可分离，通常情形下，人格权只能由权利主体本人享有，除法律有特别规定外，不得转让。《民法典》第一千零一十六条第一款规定："自然人决定、变更姓名，或者法人、非法人组织决定、变更、转让名称的，应当依法向有关机关办理登记手续，但是法律另有规定的除外。"该款规定属于法律对名称权的特别规定，根据特别法优于一般法的原理，法人、非法人组织可以对其名称进行转让。此外，《民法典》第九百九十三条规定："民事主体可以将自己的姓名、名称、肖像等许可他人使用，但是依照法律规定或者根据其性质不得许可的除外。"该条规定表明人格权虽然原则上不得转让，但权利人可以许可他人对其部分人格利益进行使用。

第三，人格权不得继承。人格权是一种与生俱来的具有专属性的民事权利，通常与民事主体相伴始终。自然人的人格权始于出生，终于死亡。自然人的生命权、身体权、健康权、姓名权等人格权因其出生而享有，一旦死亡，其主体资格即行消灭，人格权也随之消灭。人格权的非财产属性，使之无法成为继承的对象。法人、非法人组织不存在继承权。

（6）人格权具有绝对性。

人格权作为一种对世权，这体现了人格权的绝对性。对世权意味着权利主体可以对抗任何不特定人的非法干预或侵害，也就是说，权利人以外的其他任何人均负有不得侵害他人人格权的义务，这是一种不作为义务。人格权的这种绝对性与债权的相对性存在明显区别，其权利主体特定，而义务主体不特定。

第二节 人格权的分类

一、具体人格权

所谓具体人格权，是指由法律所规定或列举的由自然人或法人及非法人组织所享有的各项人格权。《民法典》明确规定的具体人格权包括生命权、身体权、健康权、姓名权、肖像权、名称权、名誉权、荣誉权、隐私权、婚姻自主权等多种类型。《民法典》第一百一十条规定："自然人享有生命权、身体权、健康权、姓名权、肖像权、名誉权、荣誉权、隐私权、婚姻自主权等权利。法人、非法人组织享有名称权、名誉权和荣誉权。"《民法典》第九百九十条第一款规定："人格权是民事主体享有的生命权、身体权、健康权、姓名权、名称权、肖像权、名誉权、荣誉权、隐私权等权利。"此外，个人信息也属于人格权益，同样受到法律保护。

二、一般人格权

相对于具体人格权而言，一般人格权，是自然人基于人格独立、人身自由、人格尊严所享有的一般人格权益。一般人格权是对各种人格权益的高度概括，具有权利集合性的特点，具有较强的包容性，可以将未受到具体人格权确认和保护的其他人格权益纳入其中，对具体人格权形成补充。当某种人格权益受到侵害时，我们应当先从具体人格权中寻找法律适用依据，如果没有具体人格权的相关规定，那么权利主体可以通过主张一般人格权受到侵害而获得救济。

《民法典》第一百零九条规定："自然人的人身自由、人格尊严受法律保护。"《民法典》第九百九十条第二款规定："除前款规定的人格权外，自然人享有基于人身自由、人格尊严产生的其他人格权益。"当然，适用一般人格权应当受到一定条件的限制，否则可能会导致人格权保护范围的无限制扩张。

第三节 人格权的保护

一、侵害人格权的民事责任

《民法典》第九百九十五条规定："人格权受到侵害的，受害人有权依照本法和其他法律的规定请求行为人承担民事责任。受害人的停止侵害、排除妨碍、消除危险、消除影响、恢复名誉、赔礼道歉请求权，不适用诉讼时效的规定。"该条款是对人格权受法律保护及人格权请求权不适用诉讼时效的规定。依据上述规定，在人格权受到侵害的情形下，受害人可以依据本条结合其他法律规范来寻求全面救济。

（一）受害人有权请求行为人承担民事责任

（1）受害人有权依照《民法典》的规定请求行为人承担民事责任。《民法典》单设人格权编，目的在于对人格权请求权予以确认，并强化对人格权的法律保护。《民法典》其余各编也涉及对人格权的保护，具体体现在：第一，总则编。总则编之"第五章　民事权利"中规定了一般人格权（第一百零九条）、具体人格权（第一百一十条）、个人信息受保护（第一百一十一条）。第二，物权编。第二分编之"第六章　业主的建筑物区分所有权"中，有关于业主有权请求停止侵害、承担民事责任的规定（第二百八十六条、第二百八十七条）；"第七章　相邻关系"中，规定了权利人有权基于相邻关系提出排除妨碍的请求。第三，合同编。第一分编之"第三章　合同的效力"中，有关于合同中"造成对方人身损害"免责条款无效的规定（第五百零六条）。第四，婚姻家庭编。其中"第一章　一般规定"中关于婚姻自主权的规定，体现在婚姻自由（第一千零四十一条），禁止包办、买卖婚姻（第一千零四十二条），这种自主权在本质上属于一种自由权，是自然人的固有权利。第五，侵权责任编。此外，人格权编第九百九十五条规定的引致条款，在人格权编和侵权责任编之间建立起连接，人格权受到侵害可以直接适用侵权责任编的相关规定，受害人有权请求行为人承担侵权责任。

（2）受害人有权依照其他法律规范请求行为人承担民事责任。《中华人民共和国宪法》（以下简称《宪法》）第三十七条规定："中华人民共和国公民的人身自由不受侵犯。任何公民，非经人民检察院批准或者决定或者人民法院决定，并由公安机关执行，不受逮捕。禁止非法拘禁和以其他方法非法剥夺或者限制公民的人身自由，禁止非法搜查公民的身体。”《宪法》第三十八条规定：“中华人民共和国公民的人格尊严不受侵犯。禁止用任何方法对公民进行侮辱、诽谤和诬告陷害。”上述规定体现了《宪法》对公民人格权的保护。[①] 此外，《中华人民共和国妇女权益保障法》《中华人民共和国未成年人保护法》《中华人民共和国老年人权益保障法》《中华人民共和国残疾人保障法》等多部法律，也分别对特定主体的人格权保护作出了相关规定，为受害人的权利提供了全面保护。

（二）受害人的人格权请求权不受诉讼时效的限制

人格权是一种绝对权，人格权请求权作为一种绝对权请求权，是对人格权本身的权利救济，这种请求权不应当受到诉讼时效的限制。《民法典》第一百九十六条规定：“下列请求权不适用诉讼时效的规定：（一）请求停止侵害、排除妨碍、消除危险；（二）不动产物权和登记的动产物权的权利人请求返还财产；（三）请求支付抚养费、赡养费或者扶养费；（四）依法不适用诉讼时效的其他请求权。”该条第一项规定的“停止侵害、排除妨碍、消除危险”的请求权包括人格权请求权。同时，基于人格权的固有性和绝对性，人格权请求权的主要作用在于恢复受害人对其人格权的圆满支配状态。人格权请求权注重对权利损害的事前预防，只要权利人的人格权受到损害或有可能受到损害，其人格权就应当受到保护。权利人可以随时提出请求，恢复其权利的圆满状态，该请求权不应受到诉讼时效的限制。例如，权利人的生命权、健康权受到侵害，只要侵害行为或行为的不利影响仍在持续，权利人就有权行使人格权请求权。

（三）民事责任承担与行为方式和影响范围相适应

《民法典》第一千条规定：“行为人因侵害人格权承担消除影响、恢复名誉、赔礼道歉等民事责任的，应当与行为的具体方式和造成的影响范围相当。行为人拒不承担前款规定的民事责任的，人民法院可以采取在报刊、网络等媒体上发布公告或者公布生效裁判文书等方式执行，产生的费用由行为人负担。”依据该条规定，行为人依法承担的民事责任应当与其行为方式和影响范围相适应。行为人侵害他人人格权，除承担侵权损害赔偿责任以外，可能还需要承担消除影响、恢复名誉、赔礼道歉等民事责任。因此，在确定上述责任的承担时，还需要考虑以下两个方面的因

---

① 《宪法》中的相关规定不能直接适用于民事案件的裁判，但是《宪法》规范可以作为裁判说理的依据。

素：一是责任承担应当与行为方式相适应。例如，通过互联网侵犯他人名誉权的，不能仅凭口头或传统媒体的方式承担消除影响、恢复名誉、赔礼道歉的责任；二是责任承担应当限于其所造成的不良影响范围。例如，行为人诽谤他人侵犯他人名誉权，在当地造成不良影响的，不能要求其在全国范围内消除影响、恢复名誉，扩大责任承担会造成新的人格权侵害后果。

二、人格权请求权与侵权损害赔偿请求权的区别

对人格权的救济，可以通过人格权请求权与侵权损害赔偿请求权两种方式进行，权利人可以选择适用。但是二者对人格权的保护存在明显差异，主要区别在于以下几个方面：

（1）是否以过错为构成要件。一般情况下，侵权损害赔偿责任的构成需要行为人主观上存在过错，权利人行使侵权损害赔偿请求权的前提是因行为人的过错行为而受损。但是，无论行为人主观上是否具有过错，只要其行为影响到权利人的人格权，权利人即有权行使人格权请求权。

（2）是否具有预防功能。侵权损害赔偿请求权的目的是填补损害，对已经造成的后果进行事后救济。而人格权请求权更侧重于对损害的事先预防，在行为人妨害他人人格权尚不构成侵权时，权利人即可通过行使人格权请求权，起到“防患于未然”的作用。

（3）是否造成实际损害。侵权损害赔偿请求权主要以填补受害人的实际损害为目的，因而受害人需要证明其所遭受的实际损害。人格权请求权的事前预防功能，决定了其行使并不要求损害结果的实际发生。

（4）是否适用诉讼时效制度。侵权损害赔偿请求权作为债的产生方式之一，应当适用诉讼时效制度，权利人应当在法律规定的时效期间内主张权利。人格权请求权是对人格权本身的权利救济，这种绝对权请求权不受诉讼时效的限制。

三、死者人格利益保护

死者人格利益，是指自然人死亡后其姓名、肖像、名誉、荣誉、隐私等利益。自然人的人格权虽然因其死亡而消灭，但是死者的人格利益并非一并消灭，对死者人格利益予以保护是对自然人人格权的延伸性保护，体现了法律对人格尊严的全面保护。

《民法典》第九百九十四条规定：“死者的姓名、肖像、名誉、荣誉、隐私、遗

体等受到侵害的，其配偶、子女、父母有权依法请求行为人承担民事责任；死者没有配偶、子女且父母已经死亡的，其他近亲属有权依法请求行为人承担民事责任。”该条规定了死者人格利益的保护范围及权利行使的主体。对死者人格利益的保护，通过死者近亲属行使权利的方式来实现。当死者人格利益受到侵害时，由其配偶、子女、父母依法请求行为人承担民事责任；没有上述近亲属的，由其他近亲属（兄弟姐妹、祖父母、外祖父母、孙子女、外孙子女）行使保护权利。

对死者人格利益予以保护的意义在于：首先，有利于维护社会正常秩序。尊重死者是社会伦理道德的体现，是“人格尊严、人伦正义、人文关怀”[1] 核心法理思想的要求，如果死者的人格利益得不到保护，可能会引发严重的道德风险，导致人们的世界观、人生观、道德观、价值观颠倒与扭曲。尤其是涉及名人、领袖、英雄的肖像、名誉等，这部分利益已经成为民族情感或国家利益的一部分，贬损这部分利益会对社会公共利益造成严重损害，不利于社会秩序的稳定。其次，有利于安慰死者亲属。死者的人格利益与生者的人格尊严、个人情感、名誉、隐私等密不可分，对死者的诽谤、侮辱、蔑视等，在某种程度上也可以看作对生者的不尊重。侵害死者的人格利益可能会伴随对生者人格利益的侵害，即便不涉及生者的名誉、荣誉、隐私等，也往往会侵害近亲属的个人情感，造成精神损害。

本章小结

本章对一般人格权和具体人格权的内容进行了阐释，介绍了侵害人格权的民事责任及对死者人格利益的法律保护。人格权是民事主体享有的生命权、身体权、健康权、姓名权、名称权、肖像权、名誉权、荣誉权、隐私权等权利。自然人享有基于人身自由、人格尊严产生的其他人格权益。人格权不得放弃、转让或者继承。人格权受到侵害的，受害人有权依照《民法典》和其他法律的规定请求行为人承担民事责任。受害人的停止侵害、排除妨碍、消除危险、消除影响、恢复名誉、赔礼道歉请求权，不适用诉讼时效的规定。死者的人格利益受法律保护。

① 龙翼飞. 编纂民法典婚姻家庭编的法理思考与立法建议［J］. 法制与社会发展，2020，26（2）：39-53.

简答题

1. 简述人格权的概念与特征。
2. 简述人格权的分类。
3. 简述人格权请求权与侵权请求权的区别。
4. 简述死者人格利益保护的内容。

案例

（扫码查看案例解读）

2021 年 6 月 8 日，甲女与乙男通过网络相识。乙在其征婚要求中标注想寻觅“能尽快结婚的 1.62 米以上、86~93 斤、白白胖胖、思想正常的未婚姑娘”。乙与甲通过网络联系时，称自己于 1989 年出生，未婚，硕士学历，是北京某医院住院医师，购有婚房，父母定居在北京市某区，在某市拥有公司。2021 年 6 月 26 日，甲、乙双方第一次见面并发生性关系，之后二人多次发生性关系。2021 年 8 月，甲发现乙已婚并有两个孩子，其所告知的年龄、学历、工作单位、家庭住址均不属实；随后甲发现自己怀孕。2021 年 10 月 26 日，某医院病历载明甲中期妊娠孕 16 周。2021 年 10 月 29 日，甲做了引产手术。之后甲将乙诉至法院，要求其承担侵权责任并赔偿精神损失抚慰金。

请问甲的诉求是否可以得到法院的支持？

第二十四章 生命权、身体权和健康权

学习目标

掌握：生命权、身体权、健康权的概念。

熟悉：生命权、身体权、健康权的内容。

了解：生命权、身体权、健康权的特征。

第一节 生命权

一、生命权的概念和特征

（一）生命权的概念

《世界人权宣言》第三条规定："人人有权享有生命、自由和人身安全。"《公民权利和政治权利国际公约》第六条第一款规定："人人有固有的生命权。这个权利应受法律保护。不得任意剥夺任何人的生命。"

生命权，是以自然人生命安全利益和生命尊严为内容的人格权。[①]《民法典》第一千零二条规定："自然人享有生命权。自然人的生命安全和生命尊严受法律保护。任何组织或者个人不得侵害他人的生命权。"生命是至高法益，没有生命，权利就

① 王利明，程啸．中国民法典释评：人格权编［M］．北京：中国人民大学出版社，2020：23.

不可能存在。生命权是自然人最重要的人格权，是其他人格权利及各项权益的前提和基础，是自然人维系生命延续、从事民事活动的基本要求和前提。生命权属于物质性人格权，在人格权体系中居于基础性地位。

（二）生命权的特征

生命权是自然人主体资格的载体，体现了人的生命尊严和基本价值，是自然人的最高人格利益，是一般民事权利的前提和基础。如果自然人不享有生命权，则不可能享有其他任何权益。

生命权具有下列特征：

（1）生命权具有至高无上性。生命利益是自然人的最高人格利益，在各种人格利益中居于基础性地位。没有生命权，其他一切权利无从谈起。生命权的至高无上性体现在，生命权是最高的法益，当生命权与其他权利发生冲突时，法律应当优先保护生命权，其他权利都应当位居其次。

（2）生命权具有固有性。根据《公民权利和政治权利国际公约》第六条第一款的规定，每个人都享有固有的生命权，并受法律保护，任何人的生命权都不得被剥夺。生命权的固有性体现在，生命权作为自然人与生俱来的一种权利，伴随自然人的出生而产生。生命权是一种物质性人格权，与权利人的主体资格密切联系，不可分割。

（3）生命权具有专属性。生命权的专属性体现在，生命只能由特定权利人享有，不可转让，不可继承。生命权不能由权利人以外的其他任何人享有，也不能成为被许可使用的对象。

（4）生命权具有绝对性。生命权的绝对性体现在，生命权作为一项绝对权，任何人和社会组织都负有不得侵犯和妨害生命权的义务。作为自然人的基本人权，生命权不受非法限制和剥夺。

（5）生命权具有平等性。人人生而平等，生命权的平等性体现在两个方面：一方面是任何自然人，包括本国公民、外国人、无国籍人，都平等地享有生命权，受到法律的平等保护。另一方面是生命权受到法律的同等保护。“生命权的对象是生命，每个社会主体平等地享有生命的价值，其主体地位得到宪法保护。”① 生命权是平等的，不能牺牲某一个人的生命去换取或维持另一个人的生命。残障人士的生命也不应当受到歧视和伤害，相反，全社会应当给予他们更多的关心和爱护。

---

① 韩大元．生命权的宪法逻辑［M］．南京：译林出版社，2012：16.

二、生命权的内容

依据《民法典》第一千零二条的规定，生命权的内容主要包括权利人的生命安全和生命尊严受法律保护，任何组织或者个人不得侵害他人的生命权。

（一）生命安全受法律保护

生命安全受法律保护，主要是指权利人的生命安全利益受法律保护，不受任何人的侵害。生命安全受法律保护，属于一种防御性权利，当权利人的生命安全面临威胁时，权利人可以依法请求停止侵害、消除危险。生命安全受法律保护的权利可以从以下两个方面理解：

（1）积极防卫权。当个人的生命安全面临正在发生或即将发生的侵害时，权利人有权依法采取相应的保护措施，排除侵害，维护自己的生命安全，如正当防卫、紧急避险等。但是，正当防卫和紧急避险不应超过必要的限度，否则应当承担适当的民事责任。《民法典》第一百八十一条规定："因正当防卫造成损害的，不承担民事责任。正当防卫超过必要的限度，造成不应有的损害的，正当防卫人应当承担适当的民事责任。"《民法典》第一百八十二条第三款规定："紧急避险采取措施不当或者超过必要的限度，造成不应有的损害的，紧急避险人应当承担适当的民事责任。"

（2）消极维护权。消极维护权主要体现在对生命安全的维护和对外来侵害的防御。自然人在社会生活中，享有基本的人身安全，生命安全受法律的充分保障。生命维护权或者可以称为"生命拒害权"，即自然人维护自己生命不受他人侵害的权利。通常来讲，只有在生命受到侵害或威胁时，权利人才有行使此项权利的必要。

（二）生命尊严受法律保护

生命尊严，包括两个层次的含义：一是维护生命存续的质量；二是维护生命结束的质量。[①] 由此，可以将生命尊严概括为"优生"和"优死"两个方面，生命尊严既包括个人生存的尊严，也包括有尊严地死亡。依据《民法典》第一千零二条的规定，自然人的生命尊严"受法律保护"，该条旨在强调对生命尊严的维持和保护，并非对生命尊严加以处分。生命尊严是人格尊严的具体体现，维护生命尊严是维护自然人人格尊严的重要内容。生命对每个人来说都是宝贵的、无价的，生命的

① 王利明．人格权法［M］．3版．北京：中国人民大学出版社，2021：161.

每一个阶段，从成为胚胎起到自然人出生、成年、死亡，都应当受到法律的保护。

生命利益关系到公序良俗与社会公共利益，自然人虽然享有生命利益，但是对生命权的行使必须符合法律的规定，个人无权随意处分自己的生命。在涉及安乐死的问题上，我国法律并未予以明确规定，体现了对生命权行使的限制。“但是，现代人格权法理论则主张有限制的生命利益支配权，认为生命尽管对于个人来说具有最高的人格价值，但是，当个人认识到个人的生命利益与社会公共利益相比，后者具有更高的价值的时候，权利主体若自愿放弃自己的生命利益，乃是对于自己生命利益的处分。”①

第二节　身体权

一、身体权的概念和特征

（一）身体权的概念

身体权是公民维护其身体完全并支配其肢体、器官和其他组织的人格权。②《民法典》第一千零三条规定：“自然人享有身体权。自然人的身体完整和行动自由受法律保护。任何组织或者个人不得侵害他人的身体权。”身体是生命的物质载体，没有身体，生命就无法存在。身体权是一种物质性人格权，其客体是人的身体利益，包括身体完整和身体安全利益，是自然人最重要的法益。身体权在人格权体系中居于基础性地位。

（二）身体权的特征

与其他人格权相区分，身体权具有以下几个方面的特征：

（1）主体的特定性。身体权的权利主体只能是自然人，法人、非法人组织不享有身体权。自然人的生命和健康均以身体为依托，有赖于身体的存在，一旦身体的完整性和人身自由受到侵害，生命和健康也必然受到威胁。

（2）绝对性。依据《民法典》第一千零三条的规定，任何组织或者个人不得侵

① 姚辉．人格权法论［M］．北京：中国人民大学出版社，2011：152.

② 杨立新．人身权法论［M］．3 版．北京：人民法院出版社，2006：436.

害他人的身体权。身体权的绝对性体现在，身体权的主体是特定的权利人，义务主体是除权利人以外的所有人，权利人可以排除一切义务人的侵害。

（3）固有性。身体权的固有性体现在，身体权是权利人所固有的、与生俱来的一种权利。身体权与自然人的主体资格密切联系，在自然人生存期间始终伴随权利人。身体权丧失，生命就不复存在，自然人的主体资格也随之丧失。同时，身体权不可转让、不可抛弃、不可继承。

（4）自主决定的有限性。身体权是一种有限的自主决定权，权利人有权在法律和社会公德允许的范围内自主决定捐献其人体细胞、组织、器官和遗体。《民法典》第一千零六条第一款规定："完全民事行为能力人有权依法自主决定无偿捐献其人体细胞、人体组织、人体器官、遗体。任何组织或者个人不得强迫、欺骗、利诱其捐献。"依据该条规定，这种捐献应当是无偿的，如果权利人通过合同出售自己的身体器官，则应当予以禁止。《民法典》第一千零七条第一款规定："禁止以任何形式买卖人体细胞、人体组织、人体器官、遗体。"

二、身体权的内容

依据《民法典》第一千零三条的规定，身体权的内容主要包括两个方面，即权利人身体完整和行动自由受法律保护的权利。此外，身体权还应当包括一定的自主决定与支配的权利。

（一）身体完整权

身体完整，是指自然人依法维护其身体组织的完整性和身体安全，不受他人侵害。任何人不得采取任何方式侵害他人的身体。身体完整权，是指权利人在其身体完整和身体安全受到侵害的情况下，有权采取一定措施排除他人侵害的权利。身体完整权可以从两个方面理解：一方面，权利人在身体受到或即将受到不法侵害时，有权采取防卫措施。当然，这种防卫措施必须在适当范围内，如正当防卫、紧急避险等。身体权的完整与安全的维护，通常是针对正在发生或即将发生的不法侵害所采取的防护措施，正常情况下不需要权利人做出某种积极行为来维护自己的身体权。另一方面，身体完整权包括消极的权利保护请求权。当行为人实施的某种行为侵害了权利人的身体权时，权利人有权主张停止侵害、排除妨碍、消除危险。如果行为人侵害他人身体权造成损害，权利人有权要求行为人承担侵权损害赔偿责任。

（二）行动自由受法律保护的权利

行动自由，是指个人的身体活动自由，不受他人的非法限制。行动自由是人身自由的组成部分，自然人在法律规定的范围内自主支配自己的行动自由。行动自由的客体是权利人自主支配自己的活动，而不是支配自己的身体。对行动自由的侵害主要表现为非法拘禁他人人身，非法限制他人行动，等等。侵害行动自由的主要后果是影响他人的身体活动自由，还可能会对他人的身体造成一定损害。

（三）依法自主决定与支配权

身体权是一种绝对权，权利人对自己的身体享有一定的支配权，在符合法律要求和社会公序良俗的前提下，有权对自己身体的某一部分或器官、组织进行处分。这种自主决定和支配的权利主要体现在，权利人有权依法决定无偿捐献个人器官。《民法典》第一千零六条第一款中规定的捐献，必须是自然人自愿、无偿捐献自己的器官、血液、骨髓、角膜等身体组成部分，或者是生前决定死后捐献遗体的行为。器官捐献有助于救死扶伤，有助于医学技术的发展，是社会主义互助精神的体现。

第三节 健康权

一、健康权的概念和特征

（一）健康权的概念

健康权，是指自然人享有的身体生理机能持续运行和功能正常发挥，维持人体生命活动和良好心理状态的人格权。《民法典》第一千零四条规定：“自然人享有健康权。自然人的身心健康受法律保护。任何组织或者个人不得侵害他人的健康权。”健康权是一种物质性人格权，包括身体健康和心理健康，身体健康是心理健康的物质基础，心理健康是身体健康的精神支撑，二者密切联系，相互影响。任何人不得以伤害他人肉体或精神及不作为的方式侵害自然人的健康权。健康权属于物质性人格权，在人格权体系中居于基础性地位。

（二）健康权的特征

健康权具有以下特征：

（1）主体限于自然人。健康权只能由自然人享有，法人、非法人组织不享有健康权。自然人因出生而享有健康权，胎儿的健康利益也受到法律保护。自然人死亡后不再享有健康权。

（2）客体是健康利益。健康权的客体是健康利益，这是一种身体和心理处于良好状态的权利。《世界卫生组织宪章》导言指出，健康是身体、精神与社会适应的全部完好状态，不仅是免除疾病或残弱。健康权的保护范围包括身体健康和心理健康，造成他人精神分裂、痴呆、狂想障碍、恐惧、焦虑、抑郁等侵害心理健康的行为，也构成侵害健康权。①

（3）健康权具有绝对性。健康权的绝对性体现在，健康权的主体是权利人，义务人是除权利人以外的一切自然人，权利人可以排除一切义务人的侵害。

（4）健康权具有固有性和平等性。健康权的固有性体现在，健康权和生命权、身体权一样，是自然人与生俱来的权利，与自然人的主体资格联系密切，健康权受到损害会使人的主体资格受到影响。健康权的平等性体现在，每个人都平等地享有健康权，自然人的健康权受到法律的平等保护。《世界卫生组织宪章》导言指出，享受可能获得的最高健康标准是每个人的基本权利之一，不因种族、宗教政治信仰、经济及社会条件而有所区别。

二、健康权的内容

（一）健康享有权

健康包括两方面内容：一方面指人的身体各器官无疾病，身体形态及各系统发育良好、功能正常，有较好的身体活动能力和劳动能力；另一方面指人的心理健康，心理处于正常或良好状态，体现在性格完好、智力正常、认知正确、情感适当、意志合理、行为恰当、态度积极、适应良好等方面。权利人享有保持自己身心健康的权利，只要不违反法律和社会公德，可以采用各种手段维护自己的健康。

（二）健康维护权

健康维护权，是指权利人有权采取各种合法手段维护自己身心健康，并排除他

---

① 黄薇．中华人民共和国民法典人格权编解读［M］．北京：中国法制出版社，2020：69.

人侵害的权利。生理健康与心理健康二者之间密切联系，往往难以截然分开。生理上的疾病和缺陷会使个人产生不良情绪，可能会导致心理状态的扭曲；反之，如果一个人的心理健康遭受损害，往往也会转化为生理健康损害。实践中，大量的生理健康问题都源于心理健康问题。因此，健康权的客体应当同时包括生理健康和心理健康。

（三）依法自主决定权

健康权作为一种绝对权，意味着权利人在法律规定的范围内享有一定的自主决定权。例如，权利人可以基于自愿从事具有高风险的工作或竞技活动，权利人可以牺牲自己的健康进行医学人体试验，等等。健康权一般不具有处分权，因为健康与权利主体密不可分，损害健康可能会危及人的生命。因此，权利人对自身健康的自主决定权应当受到法律的严格限制，原则上权利人不得随意处分自己的健康利益，不能随意转让、抛弃健康权。

本章小结

本章主要介绍生命权、身体权、健康权的概念、特征与内容。自然人享有生命权，法律保护人的生命安全和生命尊严，任何组织或者个人不得侵害他人的生命权。自然人享有身体权，法律保护人的身体完整和行动自由，任何组织或者个人不得侵害他人的身体权。自然人享有健康权，人的身心健康受法律保护，任何组织或者个人不得侵害他人的健康权。健康权的客体包括生理健康和心理健康两个方面。

简答题

1. 简述生命权的概念和特征。
2. 简述生命权的内容。
3. 简述身体权的概念和特征。
4. 简述身体权的内容。
5. 简述健康权的概念和特征。
6. 简述健康权的内容。

案例

2022年8月8日13时许，在H市×道口，章某与于某因琐事发生争吵，于某殴打了章某；之后章某在H市中医院住院治疗2天。H市××局对于某处以行政拘留5日的处罚。后经公安机关调解，双方未能就赔偿事宜达成一致协议，章某将于某诉至法院。

（扫码查看案例解读）

于某是否应当赔偿章某的损失？

第二十五章 姓名权和名称权

学习目标

掌握：姓名权、名称权的概念。

熟悉：姓名权、名称权的内容。

了解：姓名权、名称权的特征。

第一节　姓名权

一、姓名权的概念和特征

（一）姓名权的概念

姓名是自然人区别于他人的特定符号和标识。[①] 姓名权，是自然人决定其姓名、使用其姓名、变更其姓名，并要求他人尊重自己姓名的一种权利。[②]《民法典》第一千零一十二条规定："自然人享有姓名权，有权依法决定、使用、变更或者许可他人使用自己的姓名，但是不得违背公序良俗。"自然人的姓名由姓氏和名字组成，是自然人在社会中区别于他人的标识和符号，是进行生产生活和社会交往的身份需要。姓名的基本功能在于区分社会成员，防止人与人之间的身份混淆。姓名权属于标表性人格权。

---

① 黄薇．中华人民共和国民法典人格权编解读［M］．北京：中国法制出版社，2020：134.

② 王利明，程啸．中国民法典释评：人格权编［M］．北京：中国人民大学出版社，2020：24.

（二）姓名权的特征

（1）主体是自然人。姓名权的主体仅限于自然人，法人、非法人组织享有名称权，而并非姓名权的主体。如果自然人将自己的姓名作为法人名称进行使用，则姓名转化为名称，受到名称权的保护。自然人生前享有姓名权，死亡后虽不再享有姓名权，但死者的姓名利益也应当受到法律保护。

（2）客体是姓名利益。姓名权的客体是姓名利益，主要是指自然人的本名，本名需要登记，身份证上记载的应当是本名。但是，自然人的笔名、网名、艺名等虽然在性质上并非个人姓名，在发生纠纷后，可以参照适用姓名权的规则对权利人予以保护。《民法典》第一千零一十七条规定："具有一定社会知名度，被他人使用足以造成公众混淆的笔名、艺名、网名、译名、字号、姓名和名称的简称等，参照适用姓名权和名称权保护的有关规定。"

（3）姓名权属于标表性人格权。姓名权是一种标表性人格权，既可以单独标明个人的人格特征，也可以与肖像权等权利相结合以实现标表的功能。姓名权的这种标表性权利性质，决定了姓名权的内容包括决定、使用、变更姓名的权利。权利人既可以决定和使用自己的姓名，也可以许可他人使用自己的姓名，但变更姓名需要遵守严格的法律程序。

（4）姓名权包括精神利益和财产利益。姓名权具有较强的人身属性，但姓名权不仅包括精神利益，还包括财产利益。姓名作为个人人格个性的表达，体现了权利人的精神利益。尤其是名人的姓名，往往与一定的名望、声誉相联系，对商业推广和宣传具有一定的促进作用。在实践中，姓名许可使用越来越多，姓名权中的经济价值也日益凸显。

二、姓名权的内容

依据《民法典》第一千零一十二条的规定，姓名权的内容应当包括姓名的决定权、使用权、变更权。

（一）姓名决定权

姓名决定权，是指自然人决定自己姓名的权利，为自己命名是自然人享有的一项基本权利。自然人不仅有权决定自己的姓名，还有权决定自己的笔名、艺名、化名、别名等。自然人取得自己的正式姓名，应当依法办理相关登记手续。《民法典》第一千零一十六条规定："自然人决定、变更姓名，或者法人、非法人组织决定、变更、转让名称的，应当依法向有关机关办理登记手续，但是法律另有规定的除外。”无民事行为能力人，应当由其监护人为其命名；限制民事行为能力人，决定自己的姓名应当征得监护人的同意；完全民事行为能力人，有权决定自己的姓名，但是应当符合法律规定。《民法典》第一千零一十五条规定：“自然人应当随父姓或者母姓，但是有下列情形之一的，可以在父姓和母姓之外选取姓氏：（一）选取其他直系长辈血亲的姓氏；（二）因由法定扶养人以外的人扶养而选取扶养人姓氏；（三）有不违背公序良俗的其他正当理由。少数民族自然人的姓氏可以遵从本民族的文化传统和风俗习惯。”

（二）姓名使用权

姓名使用权，是指自然人使用自己姓名表明身份，从事各项社会活动，满足自己物质和精神需要的权利。自然人的姓名是表现其个人特征，与社会其他成员相区别的符号，必须以文字形式表现出来。自然人使用自己的姓名，是姓名权的基本内容，是为自己取得权利和设定义务的基础。在特定情况下，自然人必须使用自己的正式姓名，如签署正式的书面文件等。若自然人的姓名具有商业利用价值，还可以进行许可使用。《民法典》第九百九十三条规定：“民事主体可以将自己的姓名、名称、肖像等许可他人使用，但是依照法律规定或者根据其性质不得许可的除外。”依据该条规定，自然人可以许可他人使用自己的姓名。例如，允许他人以自己的姓名作为企业名称，以个人姓名为企业进行广告宣传等。

需要指出的是，禁止重名不是姓名权保护的利益。姓名权不是独占特定姓名符号的权利，不得排除在后自然人以相同符号作为自己姓名的权利。在因姓名相同发生纠纷的案件中，应当禁止的不是取名或改名行为本身，而是利用同名同姓故意制造混淆的行为。①

（三）姓名变更权

姓名变更权，是指自然人依照法律规定改变自己姓名的权利。自然人在姓名确定之后，可能会出于各种原因要求更改自己的姓名。无论是出于何种原因更改姓名，只要符合法律规定，其变更请求都应当被允许。但是，自然人变更姓名必须按照有关规定办理，需要在户籍登记机关办理更名手续。此外，自然人姓名的更改需要符合法律规定和公序良俗，姓名变更应当符合命名的一般规则，同时不得损害他人的在先权利。

---

① 陈甦，谢鸿飞．民法典评注：人格权编［M］．北京：中国法制出版社，2020：192.

第二节　名称权

一、名称权的概念和特征

（一）名称权的概念

名称，是法人、非法人组织区别于其他民事主体的特定符号和标识。[①] 名称权，是法人、非法人组织享有的用以确定和代表自身，区别于其他组织的符号与标识的一项权利。《民法典》第一千零一十三条规定：“法人、非法人组织享有名称权，有权依法决定、使用、变更、转让或者许可他人使用自己的名称。”名称是法人、非法人组织的对外表征，体现了行业类型、组织形式等相关信息。名称权属于标表性人格权。《中华人民共和国公司法》（以下简称《公司法》）、《中华人民共和国合伙企业法》、《中华人民共和国商标法》、《中华人民共和国反不正当竞争法》（以下简称《反不正当竞争法》）等多部法律都对名称权作出了保护性规定。

（二）名称权的特征

名称权的特征如下：

（1）主体是法人、非法人组织。依据《民法典》第一千零一十三条的规定，名称权是法人、非法人组织对其名称依法享有的使用、变更、转让或许可他人使用的权利，主体是法人和非法人组织，自然人享有姓名权而无法享有名称权。《民法典》第一百一十条第二款规定：“法人、非法人组织享有名称权、名誉权和荣誉权。”无论是法人还是非法人组织，都应当具有自己的名称，并对其名称享有名称权，这是其区别于其他法人、非法人组织的重要标志。

（2）客体是名称利益。名称是法人、非法人组织表明自己主体资格的字号，是区别于其他主体的外在标志。保护法人、非法人组织的名称权，主要是为了保护其与其他法人、非法人组织相区分而产生的人格利益。

（3）名称权具有标表性。名称是某一法人或非法人组织彰显自己主体身份的外在标志，也是区别于其他法人或非法人组织的重要特征。与自然人的姓名权一

① 黄薇．中华人民共和国民法典人格权编解读［M］．北京：中国法制出版社，2020：134.

样，名称权也属于标表性人格权。对某些特殊形态的企业来说，法律要求其在名称中表明其所采取的组织形态。例如，《公司法》第八条规定：“依照本法设立的有限责任公司，必须在公司名称中标明有限责任公司或者有限公司字样。依照本法设立的股份有限公司，必须在公司名称中标明股份有限公司或者股份公司字样。”

（4）名称权的取得、变更、转让必须符合法定程序。自然人的人格权大多随主体出生而产生，不需要通过一定的程序即可取得。但是名称权作为法人、非法人组织的人格标志，其取得具有特殊性。法人、非法人组织的名称，需要进行审批或核准，不能擅自命名，法律对名称的选定、使用等均作出了明确规定。名称的取得原则上应当经过有关机关的核准登记，只有经过登记后名称权才能产生。

（5）名称权具有人格属性和财产属性。姓名权虽然兼具精神利益和经济价值，但主要还是一种精神性人格权。与之相比，名称权具有较为突出的财产属性，名称权可以依法转让，其经济价值可以用货币进行评估。名称权是一种商事人格权，人身专属性较弱，在名称权受到侵害的情形下，损害的是法人、非法人组织的财产利益而非精神利益。

二、名称权的内容

依据《民法典》第一千零一十三条的规定，名称权的内容主要包括决定权、使用权、变更权、转让权和许可使用权。

（一）名称决定权

所谓名称决定权，是指法人、非法人组织决定自己名称的权利。与自然人享有的姓名权不同，法人、非法人组织的名称是在其设立之时就需要确定的，确切来讲，应当是由设立人决定的，并非由法人、非法人组织决定。在法人、非法人组织依法成立后，则需要履行一定的内部决策程序来确定自己的名称。法人、非法人组织的名称应当符合法律规定并与其性质相适应。《企业名称登记管理规定》第六条规定：“企业名称由行政区划名称、字号、行业或者经营特点、组织形式组成。跨省、自治区、直辖市经营的企业，其名称可以不含行政区划名称；跨行业综合经营的企业，其名称可以不含行业或者经营特点。”《企业名称登记管理规定》第十一条规定：“企业名称不得有下列情形：（一）损害国家尊严或者利益；（二）损害社会公共利益或者妨碍社会公共秩序；（三）使用或者变相使用政党、党政军机关、群团组织名称及其简称、特定称谓和部队番号；（四）使用外国国家（地区）、国际组织名称及其通用简称、特定称谓；（五）含有淫秽、色情、赌博、迷信、恐怖、暴力的内容；（六）含有民族、种族、宗教、性别歧视的内容；（七）违背公序良俗或者可能有其他不良影响；（八）可能使公众受骗或者产生误解；（九）法律、行政法规以及国家规定禁止的其他情形。”企业违反上述规定擅自使用名称的，有关机关有权予以撤销，并追究其法律责任。

（二）名称使用权

所谓名称使用权，是指名称权人对其名称在一定范围内享有独占使用的权利。名称权人有权自己使用名称，也有权许可他人使用自己的名称。例如，企业法人对自己的名称享有专有使用权，有权以企业名称注册登记、开立银行账户、申请商标登记等；同时，也可以依法许可他人使用自己的名称，如通过设立分支机构或加盟连锁店等方式许可他人使用。企业名称被许可他人使用的，应当依法予以公示。《企业名称登记管理规定》第十九条规定：“企业名称转让或者授权他人使用的，相关企业应当依法通过国家企业信用信息公示系统向社会公示。”

（三）名称变更权

所谓名称变更权，是指法人、非法人组织有权变更其名称的权利。与名称决定权类似，名称变更权同样受到名称选择和确定的法定限制，变更名称应当符合法定审核登记程序。《民法典》第一千零一十六条第一款规定：“自然人决定、变更姓名，或者法人、非法人组织决定、变更、转让名称的，应当依法向有关机关办理登记手续，但是法律另有规定的除外。”法律有必要对法人、非法人组织的名称变更登记作出必要限制，因为如果名称变更频繁，可能会导致主体混乱，影响民事主体的认知和判断，不利于社会活动的正常开展和市场交易安全的维护。

（四）名称转让权

所谓名称权的转让，是指名称权人将自己的名称全部让与某一受让人，该受让人成为该名称权的主体。依据《民法典》第一千零一十六条的规定，法人、非法人组织有权转让自己的名称。在转让名称时，应当由双方签订书面转让协议，并依法办理相关批准和登记手续。转让协议生效后，受让人应当按照约定和登记的内容依法使用受让名称，超出约定的，构成对名称权的侵害。依据《企业名称登记管理规定》第十九条的规定，企业名称转让给他人使用的，应当依法予以公示。

（五）名称许可使用权

所谓名称许可使用权，是指名称权人与他人达成协议，允许他人使用该名称的权利。名称许可使用的典型形态就是特许经营。依据《商业特许经营管理条例》第三条的规定，商业特许经营，是指拥有注册商标、企业标志、专利、专有技术等经营资源的企业，以合同形式将其拥有的经营资源许可其他经营者使用，被特许人按照合同约定在统一的经营模式下开展经营，并向特许人支付特许经营费用的经营活动。名称权人既可以有偿许可他人使用自己的名称，也可以无偿许可他人使用。在许可使用的情形下，许可人本身并不丧失其名称权，自己仍然可以继续使用该名称，被许可人则在合同约定的时间和地域范围内予以使用，许可人和被许可人均可因此获得相应利益。在没有特别约定的情况下，权利人还可以允许多家主体使用该名称，这是名称许可使用权与名称转让权最大的区别。①

本章小结

本章主要介绍了姓名权和名称权的概念、特征和内容。姓名是自然人区别于他人的特定符号和标识。自然人享有姓名权，有权依法决定、使用、变更或者许可他人使用自己的姓名，但是不得违背公序良俗。名称是法人、非法人组织区别于其他民事主体的特定符号和标识。法人、非法人组织享有名称权，有权依法决定、使用、变更、转让或者许可他人使用自己的名称。任何组织或个人不得以干涉、盗用、假冒等方式侵害他人的姓名权或名称权。

简答题

1. 简述姓名权的概念和特征。
2. 简述姓名权的内容。
3. 简述名称权的概念和特征。
4. 简述名称权的内容。

① 黄薇. 中华人民共和国民法典人格权编解读［M］. 北京：中国法制出版社，2020：118.

案例

马某与王某系远方亲属关系。2016 年 8 月，王某在 J 省 S 市 M 县注册成立某科技股份有限公司时缺少一名董事，因着急办理营业执照，王某在马某不知情的情况下，使用手机里留存的马某的身份证件照片，将马某注册为公司的董事。2022 年 5 月，马某单位发现此事后对其进行了质询，马某才知道此事，遂于 2022 年 7 月前往 J 省 S 市 M 县市场监督管理局将其董事身份予以撤销，马某因此花去交通费和住宿费若干。马某将王某告上法庭，要求赔偿其经济损失及精神损失。

（扫码查看案例解读）

请问马某的诉求可以得到法院的支持吗?

第二十六章 肖像权

学习目标

掌握：肖像权的概念。
熟悉：肖像权的内容。
了解：肖像权的特征。

第一节 肖像权的概念和特征

一、肖像权的概念

肖像权，是指自然人享有的以自己的外部形象所体现的人格利益为内容的民事权利。其中人格利益既包括精神利益，也包括财产利益。《民法典》第一千零一十八条第一款规定：“自然人享有肖像权，有权依法制作、使用、公开或者许可他人使用自己的肖像。”该条第二款规定：“肖像是通过影像、雕塑、绘画等方式在一定载体上所反映的特定自然人可以被识别的外部形象。”从该条规定中可以看出，肖像权与姓名权和名称权一样，都属于标表性人格权。

二、肖像权的特征

肖像权的客体是自然人的肖像，法律上的肖像是自然人的一种具体人格利益。

肖像权的特征包括以下几个方面：

（1）肖像权的主体是特定的自然人。肖像是自然人自身形象的人格标识，反映了自然人的外貌属性。肖像权只能由自然人享有，法人、非法人组织不享有肖像权，法人的外部标志等不能被认定为肖像。

（2）肖像权的客体是肖像利益。肖像权是自然人的具体人格权，其客体是肖像利益。肖像权人享有依法制作、使用、公开或者许可他人使用自己肖像的权利，随着肖像利用方式的多样化，肖像权的客体呈现出扩张趋势。

（3）肖像权是一种标表性人格权。肖像是人的外部特征，通常具有唯一性，直接体现出个人区别于他人的基本特征，因此，肖像权是一种标表性人格权。同时，肖像权体现出的人格利益，主要是一种精神利益。

（4）肖像权具有人身专属性。肖像作为人的形象的再现，是个人与生俱来的人格利益。肖像权是自然人专有的民事权利，其专有性体现在，自然人的外在形象为个人所专有，任何人未经允许不得再现他人的形象。肖像是自然人的特定标志；肖像权是一种标识性权利，只能为自然人所享有，既不能被抛弃，也不能被转让，更不能被继承。但是，肖像权具有可处分性，肖像权人可以许可他人使用自己的肖像。

（5）肖像权包含一定的财产利益。在市场经济条件下，自然人的肖像可以转化为财产利益，这种财产利益是由肖像权的精神利益所转化、派生的利益。肖像权人可以对自己的肖像进行商业利用。例如，商业广告中明星的形象代言就属于对肖像的商业利用。

第二节　肖像权的内容

肖像权是一种具体人格权，其内容即肖像权所包含的各项权能。依据《民法典》第一千零一十八条第一款的规定，肖像权人有权依法制作、使用、公开或者许可他人使用自己的肖像。

肖像权主要包括肖像制作权、肖像使用权、肖像公开权和肖像许可使用权。

（一）肖像制作权

肖像制作权，是指自然人可以根据需要，通过各种形式由自己或他人制作自己肖像的权利。只有经过制作的过程，人的形象才能转化为肖像，脱离人体进行传播或使用。能否再现自己的形象及如何再现，是肖像权人所享有的权利。任何人未经肖像权人同意均不得非法制作他人肖像。

（二）肖像使用权

肖像使用权体现在两个方面：一方面，肖像权人有权对自己的肖像进行自我支配和利用，以取得自己精神上和财产上的满足，任何人不得干涉。另一方面，肖像权人有权禁止他人非法使用自己的肖像。任何人未经允许使用他人肖像，均构成对他人肖像权的侵害。

（三）肖像公开权

肖像公开权，是指肖像权人有权决定是否公开，以及以何种方式公开自己肖像的权利。任何人擅自公开他人肖像的，构成对他人肖像权的侵害，还可能侵害他人的名誉权、隐私权等。《民法典》第一千零一十九条规定：“任何组织或者个人不得以丑化、污损，或者利用信息技术手段伪造等方式侵害他人的肖像权。未经肖像权人同意，不得制作、使用、公开肖像权人的肖像，但是法律另有规定的除外。未经肖像权人同意，肖像作品权利人不得以发表、复制、发行、出租、展览等方式使用或者公开肖像权人的肖像。”

（四）肖像许可使用权

肖像许可使用权，是指肖像权人可以依照自己的意志，许可他人使用自己的肖像，从而获取一定的经济利益。肖像许可使用权体现了一定的财产利益，该部分利益可以与肖像权人相分离。许可肖像使用的内容、范围和期限由使用权人和肖像权人协商决定。肖像权的许可使用体现了肖像的利用价值，同时，肖像权人使用他人肖像，应当符合法律法规及公序良俗。

本章小结

本章主要介绍了肖像权的概念、特征和内容，以及许可使用肖像的规则。肖像是通过影像、雕塑、绘画等方式在一定载体上所反映的特定自然人可以被识别的外部形象。自然人享有肖像权，有权依法制作、使用、公开或者许可他人使用自己的肖像。任何组织或者个人不得以丑化、污损或者利用信息技术手段伪造等方式侵害他人的肖像权。未经肖像权人同意，不得制作、使用、公开肖像权人的肖像，但是法律另有规定的除外。未经肖像权人同意，肖像作品权利人不得以发表、复制、发行、出租、展览等方式使用或者公开肖像权人的肖像。

简答题

1. 简述肖像权的概念与特征。
2. 简述肖像权的内容。

案例

迪某系一位知名度较高的演员，其肖像具有一定的商业价值。网购平台某店铺内名为“牛乳味爆浆奶芙沙琪玛网红休闲食品微甜袋装办公室下午茶点心早餐”的商品主页、商品详情页、商品包装上均使用了迪某的肖像，并印有“影视明星：迪某”的字样。2022年，迪某将该店铺的经营主体H商贸有限公司诉至法院，要求其公开赔礼道歉并赔偿损失。

（扫码查看案例解读）

请问迪某的诉求能否得到法院支持？

第二十七章 名誉权和荣誉权

学习目标

掌握：名誉权、荣誉权的概念和特征。

熟悉：名誉权、荣誉权的内容。

了解：侵害名誉权、荣誉权的法律责任。

第一节　名誉权

一、名誉权的概念和特征

（一）名誉权的概念

名誉权，是指自然人、法人和非法人组织对其自身属性和自身价值所获得的社会评价，享有保持和维护的权利。《民法典》第一千零二十四条第一款规定：“民事主体享有名誉权。任何组织或者个人不得以侮辱、诽谤等方式侵害他人的名誉权。”该条第二款规定：“名誉是对民事主体的品德、声望、才能、信用等的社会评价。”名誉权具有社会性和客观性，这是因为其源于民事主体在社会生活中的行为表现，是公众对特定民事主体的评价而不是自我认识。名誉权属于精神性人格权。

（二）名誉权的特征

一般而言，名誉是公众对民事主体的品德、声望、才能、信用等进行的客观、综合的社会评价。社会对民事主体的综合评价，是公众对其长期行为表现进行评价积累而成，个人的主观意见不足以代表这种综合认知，而且公众的评价也不以被评价者的意志为转移，具有客观性。① 因此，名誉具有下列特点：

（1）社会性。名誉是一种社会公众的广泛评价，是民事主体在社会活动中所获得的公众对其品德、声望、才能、信用等的外部评价，并非民事主体内在的自我认知和评价。

（2）积极性。名誉是一种良好的社会评价，是一种积极的、良好的名声和美誉，负面的社会评价不属于名誉，良好的名誉有利于民事主体之间的社会交往和社会活动。

（3）客观性。名誉的客观性由其社会性所决定，名誉并非一种主观概念，而是社会公众对特定民事主体长期外在表现的客观评价。这种客观评价是民事主体通过自身努力获得的一种社会性广泛评价，并非一个或几个人的看法或认识，而且其直接关系到民事主体在社会活动中的声望和地位。

（4）综合性。依据《民法典》第一千零二十四条第二款的规定，名誉具有综合性，是公众对特定民事主体的品德、声望、才能、信用等多个方面的社会评价，并非对特定民事主体某一方面的单独评价。

（5）特定性。名誉是对某个特定的自然人、法人和非法人组织的评价，不是对一般主体的评价，具有主体的特定性。也正是因为名誉是对特定主体的评价，在名誉权受到侵害时，特定民事主体才能够依法请求行为人承担侵权责任。

结合名誉的概念和特点，名誉权具有下列特征：

（1）名誉权的主体是自然人、法人和非法人组织。名誉权的主体不仅包括自然人，也包括法人、非法人组织。但是法人、非法人组织的名誉权与自然人的名誉权存在一定区别，主要表现在两个方面：一方面是名誉的内容不同。自然人的名誉主要涉及对个人品德、才能、信用、作风等方面的社会评价；而法人、非法人组织的名誉主要涉及其在商业活动中信誉、经营、业绩等方面的社会评价。另一方面是名誉权受到侵害的方式不同。对自然人名誉权的侵害主要是采取侮辱、诽谤等方式；而对法人、非法人组织名誉权的侵害通常采用捏造、散布虚假事实，损害竞争对手

---

① 中国审判理论研究会民事审判理论专业委员会．民法典人格权编条文理解与司法适用［M］．北京：法律出版社，2020：218.

商业信誉的方式，或者在大众媒体上发布针对法人、非法人组织的不实内容导致其名誉受损。

（2）名誉权的客体是名誉利益。名誉权的客体，即名誉权所保护的对象是通过名誉所体现出来的人格利益。名誉权的客体并非名誉，而是名誉所体现的带有社会评价性质的人格利益。

（3）名誉权的内容具有综合性。名誉是一种综合性的社会评价，涉及的内容包括多个方面。名誉权在内容上也具有综合性：一方面，名誉权的主体包括自然人、法人和非法人组织；另一方面，名誉权的内涵不仅包括财产利益，还包括精神利益。

（4）名誉权具有专属性。名誉权是特定民事主体所享有的，与其人身不可分离的权利。名誉权既不能转让，也不能被主体随意抛弃，或者被他人剥夺。名誉权的专属性还表现在名誉权随着自然人的出生或法人、非法人组织的成立而产生，随着自然人的死亡或法人、非法人组织的终止而消灭。

二、名誉权的内容

（一）名誉享有权

名誉享有权，是指权利人享有并自主决定自己名誉利益的权利。名誉是权利人通过自身努力获得的一种良好的、客观的社会评价。名誉利益应当归属于权利人。权利人虽然不能改变和支配这种社会评价，但是可以依法享有和自主决定名誉利益。

（二）名誉保有权

名誉保有权，是指权利人有权保有自己名誉利益不受他人非法干涉和侵害的权利。名誉具有客观性，权利人无法通过主观力量改变其名誉，只能对已经获得的名誉予以保有，保持名誉不降低、不丧失，或进一步改进和提高自己的名誉，等等。权利人对自己的名誉享有保持、支配的权利，任何人不得侵害、降低权利人的名誉。自然人、法人和非法人组织可以利用自己的良好名誉进行广泛的社交活动，如进行信用担保或借款等，以获得更好的社会效益和经济效益。

（三）名誉维护权

名誉维护权，是指权利人有权维护社会对自己的良好评价，维护自己名誉不受侵害的权利。当行为人通过各种方式降低权利人的社会评价时，权利人有权积极维护其名誉。例如，行为人通过诽谤或发布不实言论等方式侵害权利人名誉权的，权利人有权请求其停止侵害、赔礼道歉并赔偿损失。

三、侵害名誉权的法律责任

实践中，侵害名誉权的行为主要表现为侮辱、诽谤等。在判断某一行为是否侵害了名誉权时，需要注意以下几点：一是权利人的社会评价是否降低；二是行为人发布的信息或所作的陈述是否真实客观；三是行为人的侵害行为是否为权利人以外的人所知悉；四是行为人的行为是否具有过错。[①] 在名誉权受到侵害的情形下，权利人可以依据《民法典》的相关规定请求行为人承担财产损害赔偿责任和精神损害赔偿责任。

（一）财产损害赔偿责任

侵害自然人的名誉权，一般情况下不会造成权利人的重大财产损害，但是不排除权利人因名誉受损而丧失工作机会等，并因此丧失获得财产利益的可能性，因此权利人可能因名誉权受侵害而遭受财产损失。侵害法人、非法人组织的名誉权，因其不存在精神受到损害的问题，因此主要涉及法人、非法人组织的财产损失。当民事主体因名誉权遭受侵害而受到财产损失时，其可以请求行为人承担财产损害赔偿责任。

（二）精神损害赔偿责任

精神损害赔偿责任主要适用于侵害自然人名誉权的情形，因法人、非法人组织不存在精神受损的情况，因此侵害法人、非法人组织的名誉权，并不适用精神损害赔偿。《民法典》第一千一百八十三条第一款规定：“侵害自然人人身权益造成严重精神损害的，被侵权人有权请求精神损害赔偿。”依据该款规定，只有在造成权利人严重精神损害的情形下，才能适用精神损害赔偿责任。

《民法典》第一千零二十八条规定：“民事主体有证据证明报刊、网络等媒体报道的内容失实，侵害其名誉权的，有权请求该媒体及时采取更正或者删除等必要措施。”依据该条规定，只有在媒体报道内容失实而侵害民事主体名誉权时，权利人才可以请求媒体承担相应责任。之所以这样规定，是为了保障合法的新闻报道和舆论监督。权利人可以请求采取的必要措施主要有更正、删除和其他必要措施。

---

① 黄薇．中华人民共和国民法典人格权编解读［M］．北京：中国法制出版社，2020：163.

第二节 荣誉权

一、荣誉权的概念和特征

（一）荣誉权的概念

荣誉是特定人从特定组织获得的专门性和定性化的积极评价。荣誉不同于名誉的特征有：第一，评价来源的组织性；第二，评价内容的积极性；第三，评价的专门性和定型性；第四，评价的可撤销性、可剥夺性。[①]

荣誉权，是指民事主体对自己获得的荣誉及其利益所享有的保持、支配与维护的民事权利。荣誉权的取得有赖于民事主体实施一定的行为，做出一定的成绩，因此，荣誉权不是民事主体所固有的、始终为其所享有的人格权，而是一种身份权。[②]《民法典》第一千零三十一条第一款规定："民事主体享有荣誉权。任何组织或者个人不得非法剥夺他人的荣誉称号，不得诋毁、贬损他人的荣誉。"荣誉是指特定民事主体在社会生产、社会活动中有突出表现或者突出贡献，政府、单位、团体等组织所给予的积极、肯定性的正式评价。[③] 荣誉利益包括物质性利益和精神性利益，权利人对荣誉利益中的物质性利益享有支配权。

（二）荣誉权的特征

荣誉权的特征如下：

（1）荣誉权的主体是自然人、法人和非法人组织。依据《民法典》第一千零三十一条的规定，荣誉权的主体是民事主体，即自然人、法人和非法人组织都享有荣誉权。民事主体有突出表现或对社会有突出贡献的，有关机关可以授予其特定的荣誉。

（2）荣誉权的客体是荣誉及其利益。荣誉是一种积极、肯定的正式评价，这种评价及其所包含的利益是荣誉权的客体。例如，权利人在某项体育运动比赛中获得

---

① 张俊浩．民法学原理［M］．修订版．北京：中国政法大学出版社，1997：145-146.

② 王利明．人格权法研究［M］．3 版．北京：中国人民大学出版社，2018：479-480.

③ 杨立新，李怡雯．中国民法典新规则要点［M］．2 版：修订本．北京：法律出版社，2021：514.

冠军，冠军的称号本身就是一种荣誉，因冠军而获得的奖章、奖金等属于荣誉利益。

（3）荣誉权以民事主体获得相关荣誉为前提。荣誉是国家和社会组织赋予民事主体的一种特定美誉，民事主体必须已经取得荣誉才能享有特定的荣誉权。荣誉的获得以民事主体实施突出表现或突出贡献的行为为前提，不是所有的民事主体都能够获得荣誉，荣誉权并非一种与生俱来的权利，不具有固有性。

二、荣誉权的内容

（一）荣誉保持权

荣誉保持权，是指民事主体对其所获得的荣誉保持归己享有、不受侵害的权利。荣誉保持权的客体是荣誉本身而不是荣誉利益。荣誉本身，主要包括各种荣誉称号、奖励、表彰等，如劳动模范、记功、通报表扬、通令嘉奖、见义勇为称号等。荣誉保持权的内容体现在两个方面：一方面是保持所获得的荣誉归己享有。荣誉权一经获得，即为民事主体终生享有，未经法定程序不得撤销或非法剥夺，也不得转让、继承。另一方面是荣誉具有不可侵性。荣誉权之外的任何人都不得侵害特定民事主体的荣誉权，违反法定义务实施侵权行为的人，应当承担法律责任。

（二）精神利益支配权

荣誉权的精神利益，主要是指荣誉权人因获得荣誉而享有的受到尊敬、敬仰、崇拜等待遇，以及自我满足等感受，包括主观和客观两方面的精神利益。精神利益支配权，是指荣誉权人对其所获得荣誉中的精神利益具有自主支配的权利，其可以利用自己的荣誉进行社会活动。荣誉中的精神利益是荣誉的组成部分，荣誉权人享有对这种利益的占有、控制、利用等权利，但是不能处分。例如，荣誉权人不得将荣誉转让给他人享有或使用。

（三）物质利益获得与支配权

荣誉本身带有物质利益，物质利益获得权是荣誉权人享有的对荣誉所附随的物质利益的法定取得权利。荣誉权的物质利益，包括奖金、奖品、奖牌、奖章、奖杯等包含经济价值和使用价值的财物，以及其他具有财产价值的荣誉待遇等。荣誉权的物质利益与精神利益不同，荣誉权的精神利益与荣誉相伴而生，取得荣誉就取得荣誉的精神利益，但是并非所有的荣誉都伴随有物质利益。

物质利益获得权，是指荣誉权人在获得荣誉时，有权依照颁奖的章程或相关授予规定取得物质利益的权利。依照颁奖章程或相关授予规定，荣誉权人获得荣誉即应获得某种物质利益的，其有权获得相应的物质利益。故意扣发、不发或少发荣誉物质利益的，构成对荣誉权人荣誉权的侵害。

物质利益支配权，是指荣誉权人对其已经获得的荣誉利益享有自主支配的权利。这种支配权包括完整支配权和有限支配权两种形式。完整支配权的性质实质上是所有权，即物质利益完全归荣誉权人所有，荣誉权人享有占有、使用、收益、处分各项权能，依法完全由自己自主支配的权利。有限支配权，指的是荣誉权人不具有所有权，只享有受一定时间限制的占有权，在一定时间内享有占有权和适当的利用权，例如，各种比赛的流动奖杯、流动红旗等。

三、侵害荣誉权的法律责任

《民法典》第一千零三十一条规定："民事主体享有荣誉权。任何组织或者个人不得非法剥夺他人的荣誉称号，不得诋毁、贬损他人的荣誉。获得的荣誉称号应当记载而没有记载的，民事主体可以请求记载；获得的荣誉称号记载错误的，民事主体可以请求更正。"

依据该条规定，侵害荣誉权的行为主要有下列几种：

（1）应当记载而没有记载民事主体所获得的荣誉称号。所谓"记载"，既包括在相关档案中记录民事主体取得荣誉的情况，又包括应当公开荣誉而未被公开的情形。荣誉称号是国家、政府或社会组织对特定民事主体在某方面做出成绩或贡献的肯定性评价，应当在相关档案中予以记载。对民事主体所获得的荣誉，应当予以公布，如果相关行为人故意不公布，就相当于变相剥夺了荣誉权人的荣誉权，应当承担相应的法律责任。

（2）错误记载民事主体所获得的荣誉称号。错误记载既包括荣誉称号本身的记载错误，如荣誉的内容、等级、时间等记载错误；又包括获得荣誉称号的民事主体称谓记载错误，如民事主体的姓名、名称等记载错误。民事主体的荣誉称号发生记载错误的，荣誉权人可以要求相关主体予以更正。

（3）非法侵害他人荣誉。非法侵害他人荣誉，包括非法阻止他人取得荣誉或非法侵害他人已经取得的荣誉。荣誉权不仅包括民事主体对其荣誉称号所享有的权利，而且包括民事主体取得荣誉称号的权利，行为人非法阻止他人取得荣誉，构成对他人荣誉权的侵害。行为人对民事主体已经取得的荣誉称号进行诽谤等非法侵害，影响他人荣誉权，或导致他人荣誉权被剥夺，也构成对他人荣誉权的侵害。

依据《民法典》第一千零三十一条第二款的规定，作为一项具体人格权，荣誉权的请求权主要包括两方面内容：一是补充权。对于应当记载而未予记载的荣誉，荣誉权人有权请求补充记载。二是更正权。对于记载内容错误的，荣誉权人有权请求更正。当然，如果行为人损害民事主体荣誉权的行为构成侵权，荣誉权人也可以依法请求行为人承担侵权损害赔偿责任。

本章小结

本章主要介绍名誉权和荣誉权的概念、特征及内容。名誉是对民事主体的品德、声望、才能、信用等的社会评价。民事主体享有名誉权，任何组织或者个人不得以侮辱、诽谤等方式侵害他人的名誉权。荣誉是特定人从特定组织获得的专门性和定性化的积极评价。民事主体享有荣誉权，任何组织或者个人不得非法剥夺他人的荣誉称号，不得诋毁、贬损他人的荣誉。

简答题

1. 简述名誉权的概念和特征。
2. 简述名誉权的内容。
3. 简述荣誉权的概念和特征。
4. 简述荣誉权的内容。

案例

李某系 J 生物科技有限公司的高级管理人员，竺某系 N 食品商行的经营者，J 生物科技有限公司与 N 食品商行的经营范围均涉及食品行业。在微信“精准营养行业交流 1 群”中，竺某以“J 生物科技有限公司李某”的名义发表言论。具体情况如下：

（扫码查看案例解读）

（1）2022 年 6 月 30 日 15：55，群成员“郑十亿”与“Funxiping”请求添加“J 生物科技有限公司李某”为好友，却被回复“不加一般品牌，抱歉”。

（2）2022 年 6 月 30 日 16：10，两名群成员请求添加“J 生物科技有限公司李某”为好友被拒；另外一名群成员说“他们去年还来我们公司参观了”，竺某回复“我们只和强者做朋友”“产值初级目标 100 亿元”。后多名群成员表示“我觉得我都不配和人家在一个群”。

（3）2022 年 6 月 30 日 16：16，一名群成员对“J 生物科技有限公司李某”

说："所有公司都是从小到大发展起来的，做生意不能把话说太满。"竺某回复："恕我直言，在座的都很一般。"另一名群成员说："说实话，要不是某短视频平台，我都不知道J生物科技有限公司是个啥。"竺某回复："什么东西?"

（4）2022年6月30日16：21，一名群成员对"J生物科技有限公司李某"说："您这样傲慢，我估计做成一单生意都很难，我也是J城人，都觉得（您）为J城丢人。先不说做生意，先说做人。"当天16：27，竺某回复："你个垃圾。"有群成员表示"这人怕不是他们竞争对手派去的卧底吧"，另有两名群成员回复此人应该是公司老板。

后J生物科技有限公司的李某知晓此事，将竺某诉至法院，请求判令竺某公开道歉、消除影响，并赔偿经济损失。

请问法院能否支持李某的诉讼请求?

第二十八章 隐私权与个人信息保护

学习目标

掌握：隐私权的概念、个人信息的概念。

熟悉：隐私权与个人信息保护的内容。

了解：隐私权的特征与个人信息的特征。

第一节 隐私权

一、隐私权概述

（一）隐私的概念

自然人享有隐私权。隐私权的概念建立在隐私的基础之上，《民法典》第一千零三十二条第二款规定："隐私是自然人的私人生活安宁和不愿为他人知晓的私密空间、私密活动、私密信息。"这一规定不仅揭示了隐私的概念，而且明确了隐私的具体内涵。

（1）私人生活安宁。私人生活安宁是隐私权的重要内容，是自然人享有的排除他人打扰和妨碍个人生活安定与宁静的权利。维护私人生活安宁，就是维护个人自由和精神生活的自治，保障个人的生活幸福，主要包括的内容有：个人日常生活安宁、住宅安宁、通信安宁等。①

（2）不愿为他人知晓的私密空间。私密空间是指个人支配的空间场所，不仅包括个人居所等物理意义上的空间，还包括个人物品、私人日记、信件、电子邮件等。其中，个人居所等物理空间不仅是重要的私密空间，而且是物权的客体和保护范畴。

（3）不愿为他人知晓的私密活动。在生产生活及社会交往中，人们会从事一些私人活动，尽管这些活动并不违反法律和道德，但是权利人并不愿其行为被他人所知晓，此类活动即私密活动。例如，私人谈话交流、个人通信秘密、个人出行及住宿信息等。行为人未经许可擅自收集他人上述私密活动信息的，构成对他人私密活动隐私的侵害。

（4）不愿为他人知晓的私密信息。私密信息的范围非常广泛，除依照法律规定必须公开的信息以外，凡是个人不愿意公开为他人所知的信息都属于私密信息。私密信息主要包括：个人生理信息、身体隐私、健康隐私、经历隐私、家庭隐私、财产隐私等，以及未经本人同意不应被公开或传播的其他个人私密信息。

（二）隐私权的概念和特征

《民法典》第一千零三十二条第一款规定："自然人享有隐私权。任何组织或者个人不得以刺探、侵扰、泄露、公开等方式侵害他人的隐私权。"结合《民法典》第一千零三十二条第二款关于隐私的规定，隐私权是指自然人对其私人生活安宁和不愿为他人知晓的私密空间、私密活动、私密信息所享有的权利。隐私权的特征体现在以下几个方面：

（1）隐私权属于绝对权。隐私权的义务主体为除权利人以外的所有人，任何人都不得侵害权利人的隐私权。《民法典》第一千零三十二条第一款为他人设定了不得侵害隐私权的义务，确认了隐私权的不可侵害性。任何人违反法定义务，侵犯他人隐私权，都应当承担法律责任。

（2）隐私权的主体是自然人。依据《民法典》第一千零三十二条第一款的规定，隐私权的主体是自然人，法人、非法人组织不享有隐私权。法人的商业秘密等不对外公布的信息，因其具有财产属性，应当属于财产权，不属于人格权。"法人的'隐私'应当列入商业秘密的范畴进行保护，不应当列入隐私权的范畴。"② 因此，隐私权的主体仅限于自然人，不包括法人、非法人组织。

（3）隐私权的客体是隐私利益。随着社会的发展，隐私的内涵不断丰富，隐私

---

① 王利明．人格权法［M］.3版．北京：中国人民大学出版社，2021：340.

② 王众，刘丽娟．隐私权若干法律问题初探［J］．云南大学学报（法学版），2004（4）：25-27.

权的保护范围也在不断扩张。隐私利益具有私人性、非公开性，是一种体现人格尊严的人格利益，应当受到人格权法的保护。自然人的私人事务形形色色，私人利益种类繁多，并非所有的私人事务都需要由法律调整和保护，如私人之间的交往、会客习惯等，但属于生活安宁和私密空间、私密活动、私密信息的，均应受到法律保护。

（4）隐私权具有自主决定性。隐私权的自主决定性，是指权利人能够自主选择私人生活方式，自主决定和处理私人事务的权利。这种对个人隐私利益的自主决定权，既可以是消极地保护自己的权利不受他人侵害的权利，也可以是放弃自己的隐私利益，在法律和道德范围内对个人隐私进行积极利用的权利。权利人有权决定个人隐私是否公开，以及在何种范围内公开，任何人未经允许不得披露他人隐私。

二、隐私权的内容

隐私权的内容主要包括权利人对自己隐私的享有、维护、利用、公开等权利。

（一）隐私享有权

隐私享有权，是指权利人有权保护自己的个人隐私不受他人非法披露与公开的权利，任何个人和组织均不得非法披露他人隐私。个人的私密信息只要不违反国家公共利益和社会安全，权利人就享有充分的自主决定权。这种享有，既包括对生活安宁状态的享有，也包括对私密空间、私密活动、私密信息的隐匿，隐匿的信息既可以是对自己有利的信息，也可以是对自己不利的信息。

（二）隐私维护权

隐私维护权，主要是指权利人维护自己的隐私不受侵害的权利，通常在隐私权受到外来侵害时发挥作用。在权利受到侵害时，权利人的隐私维护权体现在两个方面：一方面是权利人有权直接请求侵权人停止侵害、排除妨害等，要求其不得非法收集、公布个人隐私；另一方面是权利人有权请求司法机关对个人隐私权予以保护。

（三）隐私利用权

隐私利用权，主要是指权利人有权利用自己的隐私或允许他人利用其隐私，满足精神或物质需要的权利，例如，撰写个人回忆录，允许他人利用其形体进行绘画或摄影创作，等等。随着社会的发展，人格权的商业化利用日益广泛，隐私权的商业价值愈加凸显，权利人可以通过许可他人使用自己隐私的方式，来获取合理的报酬，但是这种隐私的许可使用权在法律上受到一定限制，并非所有的隐私都可以随意利用。

（四）隐私公开权

隐私公开权，是指权利人有权在法律和道德允许的范围内公开自己的隐私。公开的范围由权利人自主决定，既可以是向特定人公开，也可以是向社会公开；公开的方式既可以是由自己公开，也可以是允许他人公开。部分隐私的公开具有相对性，限制在一定的范围之内。例如，患者向医院披露自己的健康状况，并不意味着医院可以向社会公开患者的健康资料。除了依据《中华人民共和国传染病防治法》等相关法律规定的，为了防治传染病必须向社会公开的以外，医疗机构不得将患者的健康信息任意公开。

《民法典》第一千零三十三条规定："除法律另有规定或者权利人明确同意外，任何组织或者个人不得实施下列行为：（一）以电话、短信、即时通讯工具、电子邮件、传单等方式侵扰他人的私人生活安宁；（二）进入、拍摄、窥视他人的住宅、宾馆房间等私密空间；（三）拍摄、窥视、窃听、公开他人的私密活动；（四）拍摄、窥视他人身体的私密部位；（五）处理他人的私密信息；（六）以其他方式侵害他人的隐私权。"该条规定旨在说明侵犯隐私权的典型形态，与《民法典》第一千零三十二条中隐私权的内涵范围相对应，体现了隐私权客体的多重内容。《民法典》第一千零三十二条和第一千零三十三条将隐私权内容的正面列举和侵害隐私权行为的反面列举相结合，形成了对隐私权的全面保护。

第二节　个人信息保护

一、个人信息的概念和特征

（一）个人信息的概念

个人信息是指能够直接或间接识别特定自然人的身份和行动轨迹的相关信息。《民法典》第一千零三十四条第二款规定："个人信息是以电子或者其他方式记录的能够单独或者与其他信息结合识别特定自然人的各种信息，包括自然人的姓名、出生日期、身份证件号码、生物识别信息、住址、电话号码、电子邮箱、健康信息、行踪信息等。”

（二）个人信息的特征

《民法典》第一千零三十四条对个人信息的概念作出了明确界定，依据该款规定，个人信息具有以下两个重要特征：

（1）个人信息的主体为自然人。个人信息是自然人的各种信息，其主体仅限于自然人，不包括法人和非法人组织。法人和非法人组织也存在各种相关信息，如政府信息、企业信息、技术信息、财务信息、人员信息等。这些信息中，有些属于依法应当予以公开和披露的内容。例如，《中华人民共和国政府信息公开条例》第五条规定：“行政机关公开政府信息，应当坚持以公开为常态、不公开为例外，遵循公正、公平、合法、便民的原则。”有些属于国家秘密或商业秘密，分别受到《中华人民共和国保守国家秘密法》《公司法》《反不正当竞争法》等法律的保护，不纳入个人信息保护的范围。

（2）个人信息具有可识别性。所谓可识别性，是指通过个人信息能够直接或者间接识别本人的身份和行动轨迹的特性。[①] 个人信息的核心特征就在于其可识别性，通过单独信息或与其他信息相结合就能够识别特定主体。个人信息的范围十分广泛，既包括个人的直接信息，也包括可识别的间接信息，只要通过相关信息足以识别该自然人的主体身份，就属于个人信息的范畴。直接信息，是指可单独识别特定主体的信息，例如，公民的身份证件号码、指纹等。间接信息，是指仅凭该信息尚无法识别出特定主体，通过与其他信息相结合后即能够识别特定主体的信息。例如，单纯通过网页浏览痕迹信息很难识别出特定主体，但是借助先进手段，将个人网页浏览痕迹信息与 IP 地址[②]相结合，即可准确识别出特定主体。

二、个人信息保护的内容

依据《民法典》第一千零三十四条第二款确定的个人信息概念，结合个人信息的特征，总结出个人信息保护的概念，即自然人的姓名、出生日期、身份证件号码、生物识别信息、住址、电话号码、电子邮箱、健康信息、行踪信息等各种信息受法律保护。《民法典》第一千零三十四条第三款规定：“个人信息中的私密信息，适用

① 张新宝．信息技术的发展与隐私权保护［J］．法制与社会发展，1996（5）：16-25.

② IP 地址（Internet Protocol Address）是指互联网协议地址，又译为网际协议地址。

有关隐私权的规定；没有规定的，适用有关个人信息保护的规定。”这表明，个人信息中的私密信息，同时具有个人信息属性和隐私信息属性，在保护时适用有关隐私权的规定。

对自然人个人信息的保护，主要包括下列内容：

（1）姓名、出生日期、身份证件号码。姓名、出生日期、身份证件号码等信息，都属于个人的基本信息，与个人身份联系密切，姓名是自然人姓名权的客体，是个人的标志。出生日期是自然人出生的具体时间，通过出生日期可以确定个人的年龄。身份证件号码则是表明个人身份的证件编码，具有唯一性，如居民身份证、个人护照、驾驶执照等，只要是能够表明个人身份的相关证件号码，就属于身份证件号码。

（2）生物识别信息。生物识别信息，是指自然人脸部特征、指纹、虹膜、声音、基因、步态、笔迹等可以识别自然人生理特征与行为特征的信息。① 个人的生物识别信息具有唯一性，并且很难予以更改，能够直接识别出个人的特征，具有极强的个人属性，是个人重要的人格利益。同时，生物识别信息常常涉及社会公共利益。例如，大规模的个人基因信息一旦被泄露，可能会导致对整个地区的健康威胁等。

（3）住址、电话号码。住址是自然人长期居住的地址，属于个人的重要信息，是隐私权的客体。任何人不得非法收集、披露他人的住址信息。电话号码包括个人的手机号码、家庭电话号码、办公电话号码等，关系到个人的私人生活安宁，还关系到个人人身和财产安全，任何人未经许可不得擅自收集、利用、披露他人的电话号码。

（4）电子邮箱。在互联网时代，电子邮箱和地址类似，属于隐私权的客体，是个人信息的重要组成部分，不应被排除在隐私权的保护范围之外。电子邮箱是网络用户进行交流的电子信息空间，既可以收发邮件，还能够对收发的邮件进行存储。同时，电子邮箱也是人们获取信息的重要渠道，与个人身份之间存在密切关联。随着网络信息技术的不断发展，电子邮箱具备了对特定主体身份的可识别性，因此应当将其纳入个人信息的保护范畴。

（5）健康信息。自然人的健康信息，涉及个人的身心健康、疾病、诊疗等多方面敏感信息，属于个人的核心隐私，关系到个人的人身安全。自然人的健康信息一旦被泄露，不仅会侵犯其个人隐私权，还可能会对其家族、亲属等产生不良影响。医疗机构及医务人员应当对患者的健康信息负有更加高度的注意义务。《民法典》

---

① 王利明．人格权法［M］．3版．北京：中国人民大学出版社，2021：371.

第一千二百二十六条规定："医疗机构及其医务人员应当对患者的隐私和个人信息保密。泄露患者的隐私和个人信息，或者未经患者同意公开其病历资料的，应当承担侵权责任。"

（6）行踪信息。行踪信息，主要是指人在物理实体空间进行活动时所留下的轨迹信息，如个人运动轨迹信息、住宿记录、客票信息等。[①] 电子信息技术的发展，各种类型的手机 App、应用软件等比较容易收集到个人的行踪信息，这些信息一旦被泄露，可能会影响个人的人身与财产安全。个人的行踪信息是个人的重要信息，涉及个人隐私或其他不愿为他人所知晓的信息，关系到个人的人身及财产安全，任何人不得非法收集、买卖或使用个人的行踪信息。

《民法典》第一百一十一条规定："自然人的个人信息受法律保护。任何组织或者个人需要获取他人个人信息的，应当依法取得并确保信息安全，不得非法收集、使用、加工、传输他人个人信息，不得非法买卖、提供或者公开他人个人信息。"个人信息的类型繁多，内涵丰富，很难进行全面列举。信息社会瞬息万变，未来还会产生各种新的个人信息，也同样应当受到法律的保护。

对个人信息的处理，也应当符合法律规定。个人信息的处理，包括个人信息的收集、存储、使用、加工、传输、提供、公开等。《民法典》第一千零三十五条第一款规定："处理个人信息的，应当遵循合法、正当、必要原则，不得过度处理，并符合下列条件：（一）征得该自然人或者其监护人同意，但是法律、行政法规另有规定的除外；（二）公开处理信息的规则；（三）明示处理信息的目的、方式和范围；（四）不违反法律、行政法规的规定和双方的约定。"

2021 年 11 月 1 日起施行的《中华人民共和国个人信息保护法》，是一部有关个人信息保护的专门立法，为保护个人信息权益，规范个人信息处理活动，促进个人信息合理利用提供了法律依据。该法第二条明确规定："自然人的个人信息受法律保护，任何组织、个人不得侵害自然人的个人信息权益。"行为人严重侵害个人信息，构成侵犯公民个人信息罪的，还将被追究刑事法律责任。

《中华人民共和国刑法》（以下简称《刑法》）第二百五十三条之一规定："违反国家有关规定，向他人出售或者提供公民个人信息，情节严重的，处三年以下有期徒刑或者拘役，并处或者单处罚金；情节特别严重的，处三年以上七年以下有期徒刑，并处罚金。违反国家有关规定，将在履行职责或者提供服务过程中获得的公民个人信息，出售或者提供给他人的，依照前款的规定从重处罚。窃取或者以其他方法非法获取公民个人信息的，依照第一款的规定处罚。单位犯前三款罪的，对单

① 王利明．人格权法［M］．3 版．北京：中国人民大学出版社，2021：371.

位判处罚金，并对其直接负责的主管人员和其他直接责任人员，依照各该款的规定处罚。”

本章小结

本章主要介绍隐私权与个人信息保护的概念、特征及内容。隐私是自然人的私人生活安宁和不愿为他人知晓的私密空间、私密活动、私密信息。自然人享有隐私权，任何组织或者个人不得以刺探、侵扰、泄露、公开等方式侵害他人的隐私权。个人信息是以电子或者其他方式记录的能够单独或者与其他信息结合识别特定自然人的各种信息，包括自然人的姓名、出生日期、身份证件号码、生物识别信息、住址、电话号码、电子邮箱、健康信息、行踪信息等。自然人的个人信息受法律保护。任何组织或者个人需要获取他人个人信息的，应当依法取得并确保信息安全，不得非法收集、使用、加工、传输他人个人信息，不得非法买卖、提供或者公开他人个人信息。

简答题

1. 简述隐私权的概念和特征。
2. 简述隐私权的内容。
3. 简述个人信息的概念和特征。
4. 简述个人信息保护的内容。

案例

（扫码查看案例解读）

2021 年 12 月 9 日，甲在其工作场所收到乙邮寄的快递包裹，包裹内是一件寿衣。快递面单上所载的收件人为“王某某”，收件电话为甲的电话，收件地址为甲的工作地点，寄件人署名为“贝贝”，寄件地址为“×省×市×县×区”。后甲与乙取得联系，乙称其为平台商家，甲要求乙提供下单人的信息，乙未予提供。甲认为乙的行为已严重违反了公序良俗，严重侵害了其私人生活安宁和人格权，故将乙诉至法院。

法院能否支持甲的诉讼请求？

第五编

婚姻家庭

第二十九章 婚姻家庭法律概述

学习目标

掌握：婚姻家庭法的基本原则，亲属、近亲属和家庭成员。

熟悉：婚姻家庭法的禁止性与倡导性规定。

了解：婚姻家庭法的概念与调整对象。

第一节 婚姻家庭法的概念与调整对象

婚姻家庭制度是一定社会制度下的婚姻家庭形态，由当时的经济基础所决定，并随着经济基础的变化而变化。在原始社会，它由有关婚姻家庭的道德、习惯而构成；在阶级社会，它则表现为一定的法律形式，并由道德、习惯等加以补充。随着生产力的逐渐提高，原始公有制的生产关系逐步由低级阶段向高级阶段发展，男女的两性关系和血缘关系也随之发生变化。从最初的毫无限制的两性关系中，逐渐演变出各种婚姻家庭的类型。总的来说，人类的婚姻家庭制度经历了以下三个阶段，即群婚制、对偶婚制、一夫一妻制。群婚制是指一群男子和一群女子互为夫妻的婚姻制度，其是和蒙昧时期相适应的；对偶婚制是指一男一女在或长或短的时期内相对稳定地同居生活，但双方仍有与其他异性发生性关系的自由的婚姻制度，其是和野蛮时期相适应的；一夫一妻制也叫个体婚制，是指一个人只能有一个配偶，即一男一女结为夫妻的婚姻制度，其是和文明时期相适应的。恩格斯指出："一夫一妻制是不以自然条件为基础，而以经济条件为基础，即以私有制对原始的自然长成的公有制的胜利为基础的第一个家庭形式。”①

一、婚姻家庭法的概念与特征

（一）婚姻家庭法的概念

婚姻家庭法是调整婚姻及一定范围的亲属关系发生、变更和终止而产生的社会关系的法律规范的总称。婚姻家庭法是法律规范，是民法的组成部分。它反映了国家和人民群众对婚姻家庭问题的基本要求。

婚姻家庭法的法律规范可以分为授权性规范和义务性规范。

授权性规范是指规定人们有权为一定行为或不为一定行为的规范，这些法律规范是确定主体的权利的。婚姻家庭法中所规定的权利有三种：第一种是可放弃的权利，如财产所有权、继承权；第二种是不可放弃的权利，如父母对子女的保护权和教育权；第三种是可选择的权利，如子女既可以随父姓也可以随母姓，夫妻可以约定婚姻关系存续期间所得的财产归各自所有、共同所有或部分各自所有、部分共同所有，等等。

义务性规范是指直接规定人们某种义务或责任的规范，可以分为命令性规范和禁止性规范。命令性规范是指规定人们必须为或应当为一定行为的规范，是一种积极义务性规范，它是婚姻家庭法的主要规范形式，如对结婚法定条件的规定。禁止性规范是指法律规定人们不得做什么或禁止做什么的规范，如禁止包办、买卖婚姻和其他干涉婚姻自由的行为，禁止重婚，禁止有配偶者与他人同居，禁止家庭暴力，等等。

（二）婚姻家庭法的特征

婚姻家庭法因其独立的调整对象，与其他民事法律相比较，具有以下特征。

（1）伦理性。

婚姻家庭法调整的是婚姻家庭关系，即婚姻和亲属关系，具有强烈的社会伦理属性，伦理道德和法律规范的一致性在婚姻家庭法中表现得尤为明显。婚姻关系是男女两性关系，家庭关系是亲属关系，这些关系受政治、道德、文化、风俗、习惯等因素的影响。从历史上看，我国古代婚姻家庭法律规范是以儒家的伦理思想为基

① 中共中央马克思恩格斯列宁斯大林著作编译局．马克思恩格斯选集：第四卷［M］．北京：人民出版社，1972：60-61.

础，以“礼”为婚姻家庭法律规范的形式渊源，实行宗法等级制度及“六礼”“七出”等制度，这种礼，具有法的性质，是调整当时社会关系的行为规范。我国现代婚姻家庭法是广大人民群众意志的集中体现，与社会主义精神文明和社会主义道德相一致，规定的当事人之间的权利和义务，是以我国社会中的伦理道德为基础的。例如，父母有抚养教育子女的义务，子女有赡养扶助父母的义务，这些规定既是法定义务，又是道德要求。因此，伦理性就成为婚姻家庭法的显著特点。

（2）习俗性。

婚姻家庭法调整的是婚姻家庭关系，社会环境、风俗习惯、道德、生活方式等对人们的婚姻家庭关系有很大影响。风俗习惯是人们在长期生活中形成并世代延续的行为规则，带有民族性、地域性特点。风俗习惯是一种不可忽视的力量，它对婚姻家庭的影响是无形的，也是巨大的，如婚礼仪式、婚约等。广大人民群众在长期生活中总结的、健康有益的习惯要加以发扬，落后的、不健康的习惯要予以破除。婚姻家庭关系的伦理性、鲜明的地域性和延续的习俗性决定了婚姻家庭法具有强烈的民族、地域习俗性特点。

（3）强制性。

婚姻家庭法是关系到社会公共秩序和社会善良风俗，并涉及每一个公民的法律，和其他法律一样，都具有强制性。婚姻家庭法中的大部分规范是强制性的。例如，一夫一妻、禁止重婚等必须依照法律的规定；当事人之间的权利和义务必须履行，如有违反，则要依法受到制裁。这些强制性的规范是由法律预先指明并严格规定的，当事人不得违反或自行改变。

二、婚姻家庭法的调整对象

《民法典》第一千零四十条规定：“本编调整因婚姻家庭产生的民事关系。”婚姻家庭关系是一种人与人之间的特殊人际关系，人类固有的性本能和社会人口再生产的要求具有先决性的作用，同时，人的生活不能与世隔绝，社会生活中的人必然受到各种社会关系的影响。婚姻家庭法调整的对象就是婚姻关系和家庭关系。

（一）婚姻关系

在我国，婚姻是男女两性以共同生活为目的的结合，这种结合经过法律调整便形成了一种特定的社会关系，可称为婚姻关系或夫妻关系。《诗·郑风》曰：“婚姻之道，谓嫁娶之礼。”《白虎通》解释说：“婚姻者何谓，昏时行礼，故曰婚，妇人因夫而成，故曰姻。”《礼记·经解》说：“男曰婚，女曰姻。”婚姻关系因结婚而成立，因一方死亡或离婚而终止，它是一种特殊的身份关系，具有显著的社会属性。

婚姻是男女两性的结合，这是婚姻成立的前提条件。根据社会主义核心价值观，婚姻关系之所以不同于其他社会关系，就在于它具有“异性结合”这一自然属性。婚姻是以感情为基础，以共同生活为目的的男女两性的结合，不允许任何人干涉。基于婚姻是男女两性结合的本质认识，在我国，同性结合并不能构成法律意义上的婚姻。婚姻是为共同生活的男女两性的结合，必须为当时社会所确认，并受到法律保护。

（二）家庭关系

家庭是由一定范围的亲属构成的生活单位。家庭，作为社会的一个细胞，它是以婚姻、血缘为纽带而构成的一个生活单位，包括经济生活、道德生活及政治、宗教等生活。在不同的社会条件下，生活的内容也会发生变化。家庭是由一定的亲属构成的生活单位。家庭是一个生活单位，但不是任何人构成的生活单位都可以成为家庭。家庭是亲属构成的生活单位，而且是由一定范围内亲属构成的生活单位。所谓一定范围内亲属，是指在法律上有权利义务关系的亲属，如夫妻、父母子女及兄弟姐妹等。除了这几种近亲属外，人们还有伯、叔、姑、舅、姨及他们的子女等亲属，这些亲属都有各自的父母、配偶和子女，他们和自己最亲近的亲属又组成另一个家庭。

家庭关系是指以婚姻、血缘、法律拟制为基础的，夫妻、父母子女和其他家庭成员之间的权利义务关系。家庭关系基于结婚、出生、法律拟制等原因而发生，因离婚、家庭成员死亡、拟制血亲关系解除等原因而消灭。

《民法典》所调整的婚姻家庭关系从性质来看，既包括人身关系，也包括财产关系。其中人身关系占主导地位，财产关系以人身关系为前提。婚姻家庭关系中的人身关系本身是无直接财产内容的社会关系，是具有特定身份的亲属之间发生的身份及权利义务关系；婚姻家庭关系中的财产关系是以人身关系存在为条件，体现为一定经济内容的社会关系。从内容来看，婚姻家庭关系包括夫妻关系、父母子女关系、其他家庭成员之间的关系，其中夫妻关系和父母子女关系是主体。

我国婚姻家庭法调整对象的婚姻家庭关系是以两性结合为前提，以血缘联系为纽带的社会关系，它既具有社会性又具有自然性的特点。

婚姻家庭关系的社会性，是指婚姻家庭关系作为一种社会关系，它的存在和发展决定于社会的生产关系，并受社会上层建筑各个因素的影响和制约。在封建社会，实行男尊女卑，家长统治，因此婚姻关系只能是“父母之命，媒妁之言”，婚姻当事人缺乏自主决定婚姻的自由；在家庭关系中，强调父权，推崇“万物之情，莫大于父子；父子之道，莫隆于孝悌”。在资本主义社会，虽然提出天赋人权、婚姻自由，但实行私有制下的商品经济，人与人之间的关系很难脱离金钱的影响。我国社会主义公有制和社会主义核心价值观决定了婚姻自由、男女平等、一夫一妻的新型婚姻家庭关系。婚姻家庭关系的社会性，还表现在它受政治、法律、道德、宗教、文化、风俗习惯等上层建筑的影响。政治是经济的集中表现，政治制度决定婚姻家庭制度，婚姻家庭制度又为政治制度服务。恩格斯说：“结婚是一种政治的行为，是一种借新的联姻来扩大自己势力的机会；起决定作用的是家世的利益，而决不是个人的意愿。”[①] 道德，是一种调整人们之间相互关系的行为规范，它是评价人们行为是非、善恶、美丑的标准。道德是多样的，是通过社会舆论力量而发挥作用的。道德对婚姻家庭的作用，比法律要大得多。因此，《民法典》规定了婚姻家庭倡导性规范，这是社会主义道德在法律上的体现。

婚姻家庭关系的特殊性突出表现在它的自然性上。例如，婚姻家庭法中关于法定婚龄的规定，就反映了生理学对婚姻当事人的基本要求；直系血亲和三代以内旁系血亲不得结婚的规定，也是依据生理学的要求而作出的法律规制。自然性是婚姻家庭关系形成的必要前提，而社会性则是决定婚姻家庭关系性质的基本条件。

第二节 婚姻家庭法的基本原则

一、婚姻家庭受国家保护原则

《民法典》第一千零四十一条第一款规定：“婚姻家庭受国家保护。”婚姻家庭关系是人类最基本的、最普遍的社会关系，任何人都是婚姻家庭关系的主体，直接关系到社会的秩序稳定。无论从历史的角度还是世界各国法律规范，都将婚姻家庭关系纳入法律的调整范围，对婚姻家庭关系给予保护。我国是社会主义国家，人民当家作主，从根本大法《宪法》到《民法典》均明确了婚姻家庭受国家保护。《宪法》第四十九条明确规定：“婚姻、家庭、母亲和儿童受国家的保护……父母有抚养教育未成年子女的义务，成年子女有赡养扶助父母的义务。禁止破坏婚姻自由，禁止虐待老人、妇女和儿童。”这些规定充分体现了中国传统文化和社会主义

① 中共中央马克思恩格斯列宁斯大林著作编译局．马克思恩格斯选集：第四卷［M］．北京：人民出版社，1972：74.

的本质要求，符合人民群众的根本利益。

二、婚姻自由原则

婚姻自由既是《宪法》赋予公民的一项基本权利，又是《民法典》规定的一项重要原则。

婚姻自由不是从来就有的，它是社会发展到一定阶段的产物。在整个古代，即奴隶社会、封建社会时期，实行的是包办强迫婚姻。婚姻自由是新兴资产阶级在反封建斗争过程中提出来的。资产阶级提出民主、自由、平等的口号，婚姻自由也被宣布为“天赋人权”。资产阶级取得政权后，把婚姻自由用法律的形式固定下来，这在历史上无疑是个进步。从资产阶级革命到现在的数百年间，婚姻自由已成为多数国家普遍承认的一项法律原则。

婚姻自由是由法律所规定并受法律所保护的一种权利，是指婚姻当事人按照法律规定，有权根据自己的意愿自主决定婚姻关系的成立、变更与解除的自由，任何人不得强制或干涉。禁止包办、买卖婚姻和其他干涉婚姻自由的行为。行使婚姻自由权，必须在法律规定的范围内进行，自觉接受法律和道德的约束，禁止重婚，禁止有配偶者与他人同居。可见，婚姻自由的权利，既不允许任何人侵犯，也不允许当事人滥用。

婚姻自由包括结婚自由和离婚自由两个方面。结婚自由，是指婚姻当事人有依法缔结婚姻关系或不缔结婚姻关系的自由，任何人无权干涉。同时，当事人也有自主决定再婚和不结婚的自由。离婚自由，是指夫妻双方有依法解除婚姻关系的自由。既然婚姻的成立和维系都以感情为基础，那么当夫妻双方感情确已破裂，夫妻关系无法继续维持时，解除婚姻关系无论对双方还是对社会都是幸事。离婚既可以是夫妻双方达成一致的协议，也可以由一方提出。离婚是一项重要的民事法律行为，法律既要保障离婚自由，也要反对轻率离婚。结婚自由是当事人是否成立婚姻关系的自由，是实现婚姻自由的先决条件；离婚自由是解除婚姻关系的自由，是婚姻自由的必要补充。

三、一夫一妻原则

我国法律规定了一夫一妻原则。一夫一妻制，是指一男一女结为夫妻的婚姻制度。恩格斯说：“既然性爱按其本性来说就是排他的……那么，以性爱为基础的婚姻，按其本性来说就是个体婚姻。”[①] 我国社会主义制度下的婚姻关系是男女两性以感情为基础的结合，爱情的专一性和排他性，必然要求一夫一妻的结合。实行一夫一妻制是社会主义婚姻关系的必然要求，符合婚姻的本质，符合社会主义道德观念。社会主义的物质文明和精神文明建设，为实现真正的一夫一妻制提供了物质条件和精神条件。随着社会的发展，妇女的解放和地位的提高，妇女在政治、经济、文化、社会等各方面取得了同男子平等的权利，这是实现一夫一妻制的可靠基础。

四、男女平等原则

男女平等是《民法典》确立的我国婚姻家庭法的又一项重要原则。男女平等，是指男女两性在婚姻家庭关系中，在各方面享有平等的权利，承担平等的义务。《宪法》明确规定：“中华人民共和国妇女在政治的、经济的、文化的、社会的和家庭的生活等各方面享有同男子平等的权利。”这是对男女平等原则的高度概括。婚姻家庭关系中的男女平等，既是《宪法》规定的具体化，也是当代我国社会主义婚姻家庭法律制度的显著标志之一。

男女平等原则的内容主要包括：第一，男女在法律地位上一律平等，享有平等的政治、经济、教育、文化、劳动等权利。第二，男女在婚姻关系方面权利义务平等，有各自独立的人格和平等的财产权。在婚姻关系的缔结和解除上，不因性别而受到歧视。夫妻在家庭中地位平等，各自享有独立的姓名权、人身自由权、遗产继承权，对夫妻共同财产享有平等的所有权，夫妻双方抚养和教育子女的权利义务平等，计划生育的义务平等，互相扶养的义务平等。第三，男女在家庭关系方面权利义务平等。父母抚养教育子女的权利义务平等，接受子女赡养扶助的权利平等；子女接受父母抚养教育的权利平等，赡养扶助父母的义务平等；男女的继承权平等；兄弟姐妹之间扶养的义务平等。

五、保护弱势群体合法权益原则

《民法典》明确规定了保护妇女、未成年人、老年人、残疾人的合法权益。这是婚姻家庭法的又一原则，反映了我国社会主义的价值观和道德观。

---

① 中共中央马克思恩格斯列宁斯大林著作编译局．马克思恩格斯选集：第二十一卷［M］．北京：人民出版社，1972：95.

（一）保护妇女的合法权益

保护妇女的合法权益是对男女平等原则的必要补充。长期以来，男尊女卑的落后观念等社会因素影响了男女两性在社会生活中的平等地位；女性与男性在生理上的差异，客观上也造成了妇女在社会现实中与男子尚未实现真正的平等，需要法律给予特殊的保护，以实现真正意义上的平等。我国社会主义制度必然以社会主义的价值观为导向来保护广大妇女的合法权益。《民法典》婚姻家庭编中始终贯穿着对妇女特殊保护的精神。尤其是在关于离婚的一章中，法条规定女方在怀孕期间、分娩后一年内或者终止妊娠后六个月内，男方不得提出离婚；但是，女方提出离婚或者人民法院认为确有必要受理男方离婚请求的除外。离婚时，夫妻的共同财产由双方协议处理；协议不成的，由人民法院根据财产的具体情况，按照照顾子女、女方和无过错方权益的原则判决。保护妇女合法权益原则和男女平等原则的精神是一致的，两者并不冲突，男女平等原则是基础，保护妇女合法权益原则是补充，也是实现男女平等原则的有效保证。

（二）保护未成年人的合法权益

未成年人是祖国的未来，保护未成年人的合法权益是振兴国家和民族的需要，是培养和造就社会主义革命和建设事业的接班人的需要，也是人类繁衍发展的需要。我国法律规定未成年人是指未满十八周岁的人，他们在生理上和智力上还不成熟，不能正确判断自己的行为所带来的法律后果，因此需要给予他们特殊的保护。《宪法》明确规定："国家培养青年、少年、儿童在品德、智力、体质等方面全面发展。""婚姻、家庭、母亲和儿童受国家的保护。"《民法典》对未成年人的保护也作了具体规定，父母对未成年子女负有抚养、教育和保护的义务。未成年人的监护人履行监护职责，在作出与被监护人利益有关的决定时，应当根据被监护人的年龄和智力状况，尊重被监护人的真实意愿。离婚后，父母对于子女仍有抚养、教育和保护的义务。离婚后，不满两周岁的子女，以由母亲直接抚养为原则；已满两周岁的子女，父母双方对抚养问题协议不成的，由人民法院根据双方的具体情况，按照最有利于未成年子女的原则判决；子女已满八周岁的，应当尊重其真实意愿。非婚生子女享有与婚生子女同等的权利，任何组织或者个人不得加以危害和歧视。不直接抚养非婚生子女的生父或者生母，应当负担未成年子女的抚养费。在特定情况下，有负担能力的祖父母、外祖父母或兄、姊有义务抚养未成年或没有独立生活能力的孙子女、外孙子女或弟、妹。另外，对未成年人合法权益的保护还有遗产继承权和财产保护权。同时，不同情况下子女的地位一律平等。例如，《民法典》规定婚生子女、非婚生子女、养子女和继子女的法律地位一律平等，任何人不得危害、歧视和虐待。《刑法》第二百三十六条之一第一款规定：“对已满十四周岁不满十六周岁的未成年女性负有监护、收养、看护、教育、医疗等特殊职责的人员，与该未成年女性发生性关系的，处三年以下有期徒刑；情节恶劣的，处三年以上十年以下有期徒刑。”

保护儿童合法权益是世界各国保护人权的共识，我国于 1991 年 12 月批准加入的《儿童权利公约》第三条规定：“关于儿童的一切行动，不论是由公私社会福利机构、法院、行政当局或立法机构执行，均应以儿童的最大利益为一种首要考虑。”“缔约国承担确保儿童享有其幸福所必需的保护和照料，考虑到其父母、法定监护人、或任何对其负有法律责任的个人的权利和义务，并为此采取一切适当的立法和行政措施。”①

（三）保护老年人的合法权益

尊重和爱护老年人是中华民族的优良传统和美德，国家倡导社会主义核心价值观，提倡爱社会主义的公德。老年人为国家、民族和家庭贡献了毕生的精力，当他们年老体衰、丧失劳动能力的时候，有权获得来自社会和家庭的尊敬和照顾。《宪法》第四十五条第一款规定：“中华人民共和国公民在年老、疾病或者丧失劳动能力的情况下，有从国家和社会获得物质帮助的权利。国家发展为公民享受这些权利所需要的社会保险、社会救济和医疗卫生事业。”当前，我国已进入老龄化社会，保护老年人既是对我们历史的尊重，也是社会稳定的需要，更是我国社会主义核心价值观的内在要求。法律规定禁止虐待老年人、妇女和儿童；成年子女不履行赡养义务的，缺乏劳动能力或者生活困难的父母有要求成年子女给付赡养费的权利。这不仅是法律上的责任，也是道德上的要求。

（四）保护残疾人的合法权益

《民法典》将对残疾人合法权益的保护作为婚姻家庭法律制度的原则确定了下来，这是对《宪法》规定的具体体现。残疾人是指在心理、生理、人体结构上，某种组织、功能丧失或者不正常，全部或者部分丧失以正常方式从事某种活动能力的人。残疾人包括视力残疾、听力残疾、言语残疾、肢体残疾、智力残疾、精神残疾、多重残疾和其他残疾的人。残疾人的公民权利和人格尊严受法律保护。残疾人在政治、经济、文化、社会和家庭生活等方面享有同其他公民平等的权利。《民法典》

---

① 王洪．婚姻家庭法［M］．北京：法律出版社，2003：30-31.

确立了成年人的监护制度，该法第二十八条规定无民事行为能力或者限制民事行为能力的成年人，由下列有监护能力的人按顺序担任监护人：配偶；父母、子女；其他近亲属；其他愿意担任监护人的个人或者组织，但是须经被监护人住所地的居民委员会、村民委员会或者民政部门同意。对于无民事行为能力和限制民事行为能力的残疾人，由他的监护人来行使对其权利的保护。《民法典》婚姻家庭编，明确规定家庭成员对不能独立生活者或者缺乏劳动能力者负有抚养、扶养、赡养责任，残疾人成为重要受益者。放宽收养残疾未成年人的条件限制，将使更多残疾未成年人享受到家庭的温暖。同时《中华人民共和国残疾人保障法》规定，全社会应当发扬人道主义精神，理解、尊重、关心、帮助残疾人，支持残疾人事业；禁止基于残疾的歧视；禁止侮辱、侵害残疾人；禁止通过大众传播媒介或者其他方式贬低损害残疾人人格。国家采取辅助方法和扶持措施，对残疾人给予特别扶助，减轻或者消除残疾影响和外界障碍，保障残疾人权利的实现。《刑法》第二百六十条规定，对未成年人、老年人、患病的人、残疾人等负有监护、看护职责的人虐待被监护、看护的人，情节恶劣的，处三年以下有期徒刑或者拘役。《刑法》第二百六十二条规定，以暴力、胁迫手段组织残疾人或者不满十四周岁的未成年人乞讨的，处三年以下有期徒刑或者拘役，并处罚金；情节严重的，处三年以上七年以下有期徒刑，并处罚金。

第三节　婚姻家庭法的禁止性与倡导性规定

一、婚姻家庭法的禁止性规定

《民法典》第一千零四十二条规定：“禁止包办、买卖婚姻和其他干涉婚姻自由的行为。禁止借婚姻索取财物。禁止重婚。禁止有配偶者与他人同居。禁止家庭暴力。禁止家庭成员间的虐待和遗弃。”

（一）禁止包办、买卖婚姻和其他干涉婚姻自由的行为

包办婚姻，是指任何第三者违背婚姻自由原则，在违背婚姻当事人意愿的情况下，包办强迫他人的婚姻。我国历史上实行封建家长制，婚姻须听从父母之命，受传统陋习的影响，今天仍有极少数家长以各种理由包办儿女婚事。买卖婚姻，是指

婚姻当事人父母或其他第三人以索取大量财物为目的，包办强迫他人的婚姻。包办婚姻和买卖婚姻的区别在于是否以索取大量财物为目的。包办婚姻不一定是买卖婚姻，而买卖婚姻肯定是包办婚姻。其他干涉婚姻自由的行为，是指包办婚姻、买卖婚姻以外的违背婚姻当事人意愿的行为，如离异的父母再婚时受到子女的反对或干涉。

包办、买卖婚姻和其他干涉婚姻自由的行为都侵害了婚姻当事人婚姻自由的权利，不利于社会的安定和团结。在处理时，既要保护受害人的合法权益，也要对行为违法者给予处理，构成犯罪的，还要依法追究刑事责任。《刑法》第二百五十七条第一款和第二款规定："以暴力干涉他人婚姻自由的，处二年以下有期徒刑或者拘役。犯前款罪，致使被害人死亡的，处二年以上七年以下有期徒刑。"

（二）禁止借婚姻索取财物

借婚姻索取财物，是指除买卖婚姻以外的其他借婚姻索取财物的行为。这种婚姻基本上是自主自愿的，但女方以索取财物为结婚的先决条件，有时女方的父母也从中索取一部分财物，不满足就不结婚。这种行为源自落后婚姻习俗的影响，实际上是对婚姻自由的滥用，是违反法律规定和道德要求的。借婚姻索取财物比买卖婚姻普遍，其危害性很大，它腐蚀人们思想，败坏社会风气，给当事人的家庭和婚后生活带来了困难。《民法典》明令禁止借婚姻索取财物的行为。对于借婚姻索取财物的行为人，一般予以批评教育；对借婚姻索取财物所发生的财产纠纷，一般应责令索取财物的一方予以返还。但是，应当注意借婚姻索取财物与婚前赠与的区分。

（三）禁止重婚

重婚，是指有配偶者又与他人结婚的行为，即已有了一个合法的婚姻关系，后又与他人缔结第二个婚姻关系。重婚是对一夫一妻制的严重破坏，应当受到法律制裁。重婚的形式既可以是法律上的重婚，即前婚未解除，又与他人办理了结婚登记手续；也可以是事实上的重婚，即前婚未解除，又与他人公开以夫妻名义共同生活，但未办理结婚登记手续。只要双方事实上公开以夫妻名义共同生活，虽然未办理结婚登记手续，仍然构成重婚。重婚是结婚的禁止条件，是婚姻无效的原因。前婚尚未终止又申请结婚的，不予办理结婚登记。在现实生活中，发生较多的是事实上的重婚，也就是不履行结婚登记手续，而以夫妻名义共同生活，甚至生育子女。根据《民法典》规定，重婚不具有婚姻的法律效力，在婚姻无效制度中，重婚是婚姻无效的首要原因；在离婚时，无过错方有权要求离婚损害赔偿。对于重婚导致婚姻无效的财产处理，不得侵害合法婚姻当事人的财产权益。重婚行为同时触犯《刑法》的，构成重婚罪。《刑法》第二百五十八条规定：“有配偶而重婚的，或者明知他人有配偶而与之结婚的，处二年以下有期徒刑或者拘役。”有配偶或明知对方有配偶但故意与之结婚的，应承担重婚罪的刑事责任。《刑法》第二百五十九条第一款规定：“明知是现役军人的配偶而与之同居或者结婚的，处三年以下有期徒刑或者拘役。”这规定了对破坏军婚者加重处罚。

（四）禁止有配偶者与他人同居

禁止有配偶者与他人同居，是指有配偶者与婚外异性，不以夫妻名义，持续、稳定地共同居住。这一禁止性规定是为保障一夫一妻原则的有效实施而制定的，是针对我国目前随着经济发展婚外性关系日益增加的有配偶者与他人同居现象，影响了婚姻家庭的稳定，败坏了社会风气。有配偶者与他人同居和事实重婚重要的不同在于前者不以夫妻名义同居，周围的人也不认为他们是夫妻关系。但两者都是对合法婚姻关系的严重侵害，破坏了一夫一妻原则和社会家庭秩序的稳定，违背了社会主义的道德观和核心价值。

（五）禁止家庭暴力，禁止家庭成员间的虐待和遗弃

《中华人民共和国反家庭暴力法》第二条规定：“本法所称家庭暴力，是指家庭成员之间以殴打、捆绑、残害、限制人身自由以及经常性谩骂、恐吓等方式实施的身体、精神等侵害行为。”发生在家庭成员之间的暴力行为，其范围比虐待要广，包括对配偶、子女、父母等家庭成员的身体、精神、性方面的暴力。在现实生活中，受害者多为妇女、儿童和老年人，而一些执法者往往认为这是家务琐事，对此不够重视，不予处理或处理不力。近年来，家庭暴力导致离婚、人身伤害的案件日益增多，甚至发生了诸如毁容、残肢、杀人等恶性案件。家庭暴力不仅损害了正常的男女平等关系和公民在婚姻家庭中的合法权益，而且对未成年子女的身心健康极为不利。在暴力环境中成长的子女容易性格孤僻冷漠，易产生逆反心理。随着人们权利意识的提高，社会反对家庭暴力意识的觉醒，人们反对家庭暴力的呼声越来越高。禁止家庭暴力有利于维护家庭暴力受害者的人身权利，有利于社会生活的进步。各项禁止家庭暴力的法律规范也为采取多种措施防止此种违法行为提供了法律依据。通过立法措施消除家庭暴力，也是履行我国承诺的国际义务。1995 年联合国第四次世界妇女大会通过的《中国妇女发展纲要（1995—2000 年）》等国际公约对家庭暴力深表重视，敦促各国以一切适当手段尽快采取措施消除家庭暴力。

虐待，是指以作为或不作为的形式，多次、经常地对家庭成员歧视、折磨、摧残、限制人身自由等，使其在精神上、肉体上遭受损害的违法行为，持续、经常性

家庭暴力构成虐待。遗弃，是指家庭成员中负有赡养、抚养、扶养义务的一方，对需赡养、抚养或扶养的另一方，不履行义务的违法行为，如成年子女不赡养无劳动能力或生活困难的父母等。对遗弃、虐待家庭成员者应进行严肃的批评教育，责令其改正错误，并予以适当的处分；对拒不履行赡养义务的人，可依法强制其履行义务；因一方虐待、遗弃他方要求离婚的，无过错方可以要求损害赔偿。对遗弃、虐待家庭成员情节严重，构成犯罪的，依法追究其刑事责任。《刑法》第二百六十条第一款和第二款规定："虐待家庭成员，情节恶劣的，处二年以下有期徒刑、拘役或者管制。犯前款罪，致使被害人重伤、死亡的，处二年以上七年以下有期徒刑。"《刑法》第二百六十一条规定："对于年老、年幼、患病或者其他没有独立生活能力的人，负有扶养义务而拒绝扶养，情节恶劣的，处五年以下有期徒刑、拘役或者管制。"

二、婚姻家庭法的倡导性规定

《民法典》第一千零四十三条规定："家庭应当树立优良家风，弘扬家庭美德，重视家庭文明建设。夫妻应当互相忠实，互相尊重，互相关爱；家庭成员应当敬老爱幼，互相帮助，维护平等、和睦、文明的婚姻家庭关系。"这一规定是对婚姻家庭法基本原则的补充，它既不是基本原则和权利义务规范，也不是禁止性规范，而是基于社会主义核心价值观和社会主义道德规范，以法律的形式提出的倡导性、宣示性法律规范，宣示了我国社会主义婚姻家庭法的价值取向。

家庭是社会最基本的生活单位，家庭应当树立优良家风，弘扬家庭美德，重视家庭文明建设。中华民族历来重视家风建设，注重家风传承。家教家风是一个家庭最宝贵的财富，是留给子孙后代最好的遗产。要推动全社会注重家庭家教家风建设，激励子孙后代增强家国情怀，努力成长为对国家、对社会有用之才；推动全社会以社会主义核心价值观为引领，自觉把爱家和爱国统一起来，把实现家庭梦融入民族梦之中，形成新时代家庭文明新风尚。要重视家庭建设，注重家庭、注重家教、注重家风。

夫妻应当互相忠实，互相尊重，是要求夫妻在共同生活中，不仅要遵循一夫一妻原则，还要尊重各自的人格和尊严，诚实信用。不得侮辱、欺骗或歧视对方，不能实施家庭暴力。夫妻是家庭的核心，良好的夫妻关系有利于文明家风建设和家庭的稳定。

家庭成员应当敬老爱幼，互相帮助，维护平等、和睦、文明的婚姻家庭关系是我国的优良传统文化，我国自古以来就倡导"老有所终，幼有所养"，这些理念形成了我国尊老爱幼的良好家庭道德传统。不孝敬父母、不善待子女，就会被世人所唾骂，情节严重违反法律者还会受到法律的制裁。因此，尊老爱幼、互相帮助不仅是每个公民必须遵守的道德准则，也是每个公民应尽的社会责任和法律义务。

第四节 亲属、近亲属和家庭成员

一、亲属

亲属，是指具有婚姻、血缘或拟制血亲关系的自然人，是一种最普遍的社会关系。而法律意义上的亲属是指具有婚姻、血缘或拟制血亲关系，同时具有法律上的权利义务关系的自然人。《民法典》规定，亲属包括配偶、血亲和姻亲。可见，亲属关系的产生事实有三种：结婚、出生、法律拟制行为。亲属制度是人类社会发展的产物，源于原始社会基于种族繁衍的需要，形成了约定俗成的称谓及禁忌。直到私有财产的出现，私有制和一夫一妻制亲属制度才逐步完善，是社会制度的重要组成部分。《礼记·大传》文："亲者，属也。"汉代刘熙在《释名·释亲属》中说："亲，衬也，言相隐衬也。属，续也，恩相连续也。"恩格斯指出："父亲、子女、兄弟、姐妹等称谓，并不是简单的荣誉称号，而是一种富有完全确定的异常郑重的、相互义务的称呼。这种义务的总和便构成这些民族的社会制度的实质部分。"①

亲属和婚姻家庭之间有密切的联系。婚姻是一切亲属关系产生的基础，家庭是由一定范围的亲属组成的。亲属关系在婚姻家庭中起着重要的作用，是确定法律上家庭成员权利义务关系的重要依据。

亲属具有以下特征：

第一，亲属是以婚姻和血缘联系为纽带的具有自然条件的社会关系，不同于一般的社会关系。婚姻是亲属产生的基础。男女因婚姻而形成夫妻关系，也称配偶关系，由此对配偶的父母、兄弟姐妹等产生姻亲关系；因生育血缘繁衍而自然形成宗族、家庭成员等亲属关系。

第二，在法律上拟制血亲是产生亲属的又一原因。拟制血亲是指本来没有血亲关系的人，通过某一法律行为或法律事实而创设具有血亲间的权利与义务关系。例如，通过收养这一法律行为，将他人的子女作为自己的子女，产生父母子女亲属关

① 马克思，恩格斯．马克思恩格斯全集：第二十一卷［M］．中共中央马克思恩格斯列宁斯大林著作编译局，译．北京：人民出版社，1965：40.

系；通过再婚，继父母与继子女之间形成抚养法律事实，产生父母子女法律关系；历史上通过过继行为产生父母子女法律关系。上述通过法律行为或法律事实确认的血亲关系，为拟制血亲，在权利义务上与血缘上的父母子女关系相一致。

第三，亲属是具有固定身份和称谓的社会关系。身份是指人在社会关系中的地位；称谓是指基于身份关系而产生的名称，即身份的标志。例如，对生育自己的称“父母”，对自己所生育的称“子女”；男人的配偶称“妻”，女人的配偶称“夫”。由于亲属关系多为自然血亲形成，而血亲关系一般不得变更，所以其具有永久性；婚姻关系和拟制血亲的存在类似血亲关系，与其他社会关系相比，具有稳定性，其变更较少。因此，基于婚姻、血缘或法律拟制而产生的亲属间的身份和称谓，随这类关系的永久存在或长期存在而具有永久性或长期性，相对固定。

第四，亲属体现为权利义务关系，具有相应的法律效力。亲属之间不仅具有固定的身份和称谓，而且具有法律上的权利义务关系。当然，并不是所有的亲属关系都具有法律上的权利义务关系，根据法律规定，父母子女、夫妻及兄弟姐妹等亲属之间具有权利义务关系，法律规定范围以外的亲属之间没有权利义务关系。这种法定的权利义务关系是亲属这一社会关系所特有的。

现代各国大多根据亲属产生的原因，将亲属分为配偶、血亲和姻亲三种，我国法律亦然。

（1）配偶，即夫妻，是男女双方因结婚而产生的亲属关系。在婚姻关系存续期间，夫妻互为配偶。配偶是血亲的源泉，姻亲的基础。

（2）血亲，是指具有血缘关系的亲属。血亲有以下分类：其一，根据血缘的来源不同，分为自然血亲和法律拟制血亲。自然血亲，是指因出生而形成的、源于同一祖先的有血缘关系的亲属，如父母子女、兄弟姐妹等。法律拟制血亲，是指本来没有血缘关系但由法律确认其具有与自然血亲同等权利义务的亲属。例如，养父母与养子女之间，继父母和受其抚养教育的继子女之间的权利义务，适用《民法典》对父母子女关系的规定。其二，根据血亲的辈分不同，分为长辈亲、晚辈亲和同辈亲。长辈亲又称尊亲属，是指辈分高于自己的亲属，包括父母及父母同辈以上的亲属。例如，父母、祖父母、外祖父母为自己的直系长辈血亲；伯、叔、姑、舅、姨及祖父母、外祖父母的兄弟姐妹等为自己的旁系长辈血亲。晚辈亲又称卑亲属，是指辈分低于自己的亲属，包括子女及子女同辈以下的亲属。例如，子女、孙子女、外孙子女为自己的晚辈直系血亲；侄子女、外甥、外甥女等为自己的晚辈旁系血亲。同辈亲又称平辈亲，是指辈分与自己相同的亲属，如同胞兄弟姐妹、堂兄弟姐妹和表兄弟姐妹等。其三，根据亲属关系的远近，可以分为近亲属和其他亲属。这种分类一般都是由法律确定的，以确定一定范围内亲属间的权利义务关系。

血亲按亲系即以血缘和婚姻联系为基础的亲属系统，分为直系血亲与旁系血亲。直系血亲，是指具有直接血缘联系的，生育自己和自己所生育的上下各代的亲属。也就是己身所从出和从己身所出，如父母、祖（外祖）父母与子女、孙（外）子女等。旁系血亲，是指具有间接血缘联系的亲属，即除直系血亲以外的与自己同出一源的亲属。例如，与自己同源于父母的平辈兄弟姐妹；与自己同源于祖父母的伯、叔、姑及堂兄妹和姑表兄妹；与自己同源于外祖父母的舅、姨及表兄妹等。这些血亲都属于旁系血亲的范围。

(3) 姻亲，是指以婚姻关系为纽带而产生的亲属。男女结婚以后婚姻关系确立，配偶一方与另一方的亲属之间产生姻亲关系。例如，配偶一方与对方的父母或与对方的兄弟姐妹之间为姻亲。姻亲分为以下三种：第一，血亲的配偶，指自己直系、旁系血亲的配偶。例如，儿子的妻子、女儿的丈夫是自己直系血亲的配偶；兄弟的妻子或姐妹的丈夫是自己旁系血亲的配偶。第二，配偶的血亲，指自己配偶的血亲。既包括配偶的直系血亲，如丈夫的父母（公婆）、妻子的父母（岳父母）；还包括配偶的旁系血亲，如配偶的兄弟姐妹。第三，配偶的血亲的配偶，指自己配偶的血亲的丈夫或妻子，如丈夫的兄弟的妻子、妻子的姐妹的丈夫等。

姻亲按亲系分为直系姻亲与旁系姻亲。直系姻亲是指配偶的直系血亲。例如，儿媳与公婆是直系姻亲，因为其夫与公婆是直系血亲；女婿与岳父、岳母是直系姻亲，因为其妻与岳父、岳母是直系血亲。旁系姻亲是指配偶的旁系血亲。例如，自己与兄弟之妻、姐妹之夫是旁系姻亲，因为自己与兄弟姐妹是旁系血亲。从丈夫方面来说，自己与妻之兄弟姐妹是旁系姻亲，因为妻与其兄弟姐妹是旁系血亲；从妻子方面来说，自己与夫之兄弟姐妹也是旁系姻亲，因为夫与其兄弟姐妹是旁系血亲。

二、近亲属

亲属关系以婚姻和血缘为连接中心，上下各代连绵不断，如果不划分出界限，亲属范围将极其广泛。亲属关系不仅有配偶、血亲、姻亲之分，还有亲疏远近之分。衡量亲属关系远近主要是采用亲等来计算的。亲等是计算亲属关系亲疏远近的单位，即每经一代为一亲等。亲属等级数越多，亲属关系越远。因此，各国根据本国的民族风俗和传统习惯，以及社会道德要求和法律上的规范，对亲属关系的亲疏远近规定了具体道德计算方法。

世界上有两种亲等计算法：一种是为世界多数国家所采用的罗马法亲等计算法；另一种是为部分国家所采用的寺院法亲等计算法。罗马法亲等计算法是古罗马帝国使用的计算亲属关系远近的单位，是目前国际上通用的亲等计算方法。其直系血亲计算法是从自己往上数，每经一代为一亲等；从自己往下数，每经一代也是一亲等。旁系血亲计算法是从自己往上数至双方共同的直系血亲即同源人，每经一代为一亲等；再往下数至要计算的人，也是每经一代为一亲等，所有数字相加即得出亲等数。寺院法亲等计算法是中世纪教会计算亲属关系远近的单位，目前为少数国家所采用。其直系血亲计算法与罗马法亲等计算法相同，旁系血亲计算法是从自己和所要计算的人，分别往上数至血缘同源人，两边的亲等数相等时，就采用一边的亲等数；如果亲等数不等时，则采用多者一方的亲等数。

我国古代采用丧服制计算法，丧服是为哀悼死去的亲属而穿的服装，用本色的粗布或麻布做成。我国古代采用丧服的不同等级差别即“五服”来区分亲属关系的亲疏远近。根据样式和制作材料质量的精粗，丧服分为五等：斩衰、齐衰、大功、小功、缌麻。

《民法典》规定的婚姻家庭制度受传统习惯的影响，采用世代计算法来表示血亲关系。直系血亲的计算是从自己起算为一代，向上、向下数至父母、子女为二代；至祖父母、外祖父母、孙子女、外孙子女为三代；至曾祖父母、曾外祖父母、曾孙子女为四代；依次类推。旁系血亲的计算是找到自己与所要计算的旁系血亲的血缘同源人，然后分别从自己和所要计算的对方往上数至血缘同源人，如果两边代数相同，取同数；如果两边代数不同，则取多者一方的数字。例如，自己与兄弟姐妹为两代以内旁系血亲，血缘同源人是父母；与堂兄弟姐妹为三代以内旁系血亲，血缘同源人是祖父母；与伯、叔、姑也是三代以内旁系血亲，血缘同源人也是祖父母，虽然伯、叔、姑到祖父母是二代，但自己到祖父母是三代。《民法典》规定三代以内旁系血亲禁止结婚，就是禁止己身与上述旁系血亲结婚。

同时，《民法典》又以近亲属和其他亲属为亲疏远近的标准进行了划分。作为最基本的社会关系，亲属关系的稳定关系到整个社会的稳定，对亲属关系进行规范和调整有利于稳定社会的正常秩序。亲属关系从感情、道德、文化、经济等方面满足人们的物质生活和精神生活的需要。确定负有权利义务关系的亲属范围，既是对传统习俗的继承，也是社会主义核心价值观的体现。由于亲属概念的广泛性，法律对于亲属关系的调整规定了特定的范围。《民法典》第一千零四十五条第二款规定：“配偶、父母、子女、兄弟姐妹、祖父母、外祖父母、孙子女、外孙子女为近亲属。”由此可见，近亲属即法律明确规定赋予某些亲属间具有法律上权利义务关系的亲属，其他为远亲。法律对近亲属间的权利义务关系作了明确规定，如相互间的抚养、赡养、扶助、继承等，但对不具有法律上的权利义务关系而进行帮扶或承担相应义务的亲属间的行为也不禁止并予以认可。

三、家庭成员

《民法典》规定：“配偶、父母、子女和其他共同生活的近亲属为家庭成员。”“登记结婚后，按照男女双方约定，女方可以成为男方家庭的成员，男方可以成为女方家庭的成员。”家庭成员的概念进一步缩小了近亲属的范围，更强调生活单位的属性，即共同生活。同时，共同生活决定了家庭成员间的感情、文化、经济上的联系比其他近亲属更为紧密。在这个共同生活单位内，每个人都是以自己的整个人格与其他个人全面共融，受该生活单位相互关系的约束，也被该生活单位其他成员容忍和尊重。目前，随着生产和生活方式的演变，共同生活的亲属范围日益缩小，以核心家庭即夫妻、父母、子女共同生活为主要形式，甚至以夫妻、子女为主要成员。《民法典》倡导家庭应当树立优良家风，弘扬家庭美德，重视家庭文明建设。夫妻应当互相忠实，互相尊重，互相关爱；家庭成员应当敬老爱幼，互相帮助，维护平等、和睦、文明的婚姻家庭关系。

这里需要注意的是，在法律上家庭成员与家庭关系的主体是不同的。《民法典》规定的家庭关系的主体不仅包括家庭成员，也包括虽然没有共同生活但享有法律上的权利和承担法律上的义务的亲属。这类亲属主要是自然形成或依法设定并具有法定权利义务的近亲属。而家庭成员则不仅要具有法定的权利义务关系，还必须是共同生活的近亲属。

本章小结

本章重点研究了婚姻家庭法的基本原则以及家属、近亲属和家庭成员之间的相关概念。婚姻家庭法基本原则包括婚姻家庭受国家保护原则、婚姻自由原则、一夫一妻原则、男女平等原则、保护弱势群体合法权益原则共五项基本原则。亲属是指具有婚姻、血缘或拟制血亲关系的自然人，是一种最普遍的社会关系。而法律意义上的亲属则是指具有婚姻、血缘或拟制血亲关系，同时具有法律上的权利义务关系的自然人。近亲属即法律明确规定赋予某些亲属间具有法律上权利义务关系的亲属，其他为远亲。家庭成员的概念进一步缩小了近亲属的范围，更强调生活单位的属性，即共同生活。通过本章的学习和研究，学生可以对婚姻家庭法的禁止性与倡导性规定有本质、概括的了解。

简答题

1. 简述婚姻家庭法的基本原则。
2. 简述亲属、近亲属和家庭成员的概念。
3. 简述婚姻家庭法的禁止性规定。
4. 简述婚姻家庭法的倡导性规定。

案例

（扫码查看案例解读）

唐某（女）与曾某（男）于 2000 年结婚，婚后育有一女。2012 年唐某突发疾病，经治疗出院后，因残疾导致无法独立生活，需长期陪护。2013 年，中国残疾人联合会为唐某签发残疾人证，显示唐某为肢体二级残疾。2019 年 3 月，唐某与曾某前往当地民政局办理离婚登记手续。离婚协议约定：“一、双方自愿离婚。二、女儿由男方抚养，并承担一切费用。三、现有住房归男方所有。四、无债权债务。双方确认对方是完全民事行为能力人……”办理完离婚登记手续后，唐某跟随曾某生活，直至 2019 年 6 月，唐某父母将其接走。2019 年 8 月，唐某将曾某诉至法院请求撤销离婚协议书中第三项内容，将房产判归其所有，并请求对其他夫妻共同财产进行分割。

请问法院能否支持唐某的诉求？

第三十章 结婚

学习目标

掌握：结婚的要件。

熟悉：无效婚姻与可撤销婚姻的情形。

了解：无效婚姻与可撤销婚姻的概念，无效婚姻与可撤销婚姻的法律后果。

第一节 结婚的要件

在我国，结婚是指男女双方依照法律规定，以共同生活为目的确立夫妻关系的民事法律行为。《民法典》不承认婚约的效力，对婚约不予保护。

结婚的要件，是指国家从当事人和子女后代及社会利益的需要出发，对公民结婚所作的必要限制。依据《民法典》的规定，结婚的要件分为实质要件与形式要件。实质要件是指结婚当事人自身必须符合的前提条件；形式要件是指结婚当事人必须符合的法律规定的婚姻成立的方式和程序。

一、结婚的积极要件

结婚的积极要件，又称结婚必备条件，是指当事人结婚时必须具备的法定条件。根据《民法典》的规定，结婚必备条件有两个：男女双方完全自愿；男女双方均达到法定婚龄。这两个条件必须同时具备，缺一不可。

（一）男女双方完全自愿

《民法典》第一千零四十六条规定："结婚应当男女双方完全自愿，禁止任何一方对另一方加以强迫，禁止任何组织或者个人加以干涉。"这是婚姻自由原则在结婚制度中的具体体现，是结婚的首要条件。这一规定的核心在于，在符合其他条件的情况下，是否结婚，与谁结婚，由当事人本人自主决定。这一规定也是反对包办婚姻、买卖婚姻和其他干涉婚姻自由行为的法律依据，凡违背当事人意愿的婚姻均不符合结婚的必备条件，是可撤销的婚姻。

男女双方完全自愿，是指结婚当事人双方成立婚姻关系的意思表示自愿、真实、一致。基于婚姻自由人格独立和意思自治原则，世界各国法律都将男女双方的合意作为结婚的必备要件。意思表示自愿、真实是指这完全是当事人本人自主的意思表示，其意思表示完全出于自愿，且结婚双方的意思表示必须一致。这就排斥了一方对另一方的强制及其他人对当事人的强制，在遭受胁迫时所作的意思表示是可撤销的行为。法律要求结婚当事人是完全自愿、真实的意思表示，必须是无条件的，是当事人自己的完整的自由意志，任何一方对另一方加以强迫，任何组织或者个人加以干涉，都构成当事人意思表示的瑕疵。同时，当事人必须具有结婚的行为能力和无婚姻障碍，凡是未达法定婚龄的人、无行为能力，以及有其他婚姻障碍的人所作的同意结婚的意思表示，均属无效。当事人的意思表示必须真实，因受当事人一方或其他人胁迫、诈欺所作的虚假的意思表示，因受重大误解所作的错误的意思表示，均不产生法律效力。禁止任何一方对另一方加以强迫，禁止任何组织或者个人加以干涉。应当注意第三者的善意帮助和非法干涉的界限，法律规定结婚必须男女双方完全自愿，并不是不允许父母等亲属和其他第三方的关心和帮助。凡不违背当事人意志，不影响当事人婚姻自主权提出的建议和意见就是善意帮助，只有影响到结婚当事人真实意思表达的行为才是干涉他人婚姻的行为。

结婚必须由男女双方完全自愿，这是由婚姻的本质决定的。婚姻是男女双方的结合，将对当事人产生一系列法律后果，影响其一生的幸福，任何干涉婚姻自由的行为都可能造成悲剧。

（二）男女双方均达到法定婚龄

法定婚龄，也称适婚年龄，是指法律规定的结婚最低年龄。结婚必须达到法定婚龄是世界各国婚姻立法的通例。我国《民法典》第一千零四十七条规定："结婚年龄，男不得早于二十二周岁，女不得早于二十周岁。"法定婚龄是法律规定的最低结婚年龄，只有达到这一年龄结婚的，法律才予以认可。法定婚龄既不是最佳结婚年龄，也不是必须结婚年龄。法定婚龄具有强制性，结婚当事人必须遵守。当事人违背法定婚龄的规定，不到结婚年龄结婚的行为是违法行为，其婚姻为无效婚姻。

世界各国的婚姻立法确定法定婚龄的规定都取决于两大因素：一个是自然因素，另一个是社会因素。

自然因素是指人的生理和心理的发育规律及地理、气候条件等因素。在不同的国家和民族中，受地理、气候的影响，人的生理和心理的发育期和成熟期并不完全一致。一般而言，热带地区人的生理和心理的发育期和成熟期较早，结婚的年龄相对偏低；寒带地区人的生理和心理的发育期和成熟期较晚，结婚的年龄相对偏高。因此，在确定法定婚龄时，不能忽视自然因素，必须考虑人的生理及心理特点。只有身体发育健全，即在生理上对性的要求和生育能力能适应夫妻生活、生育子女的要求，并且心理成熟，具有一定心理承受能力的男女才能承担起婚后的权利义务。一个人的心理承受能力不仅受生理发展的影响，也受社会环境和个人社会经历的影响。如果法定婚龄低于人的生理和心理的发育期和成熟期的要求，则不利于人口素质的提高和当事人的身心健康。而人为地提高婚龄，限制结婚，有悖于人的生理需要，也会影响社会的稳定，极易引起不利的社会后果。现代各国法律一般规定的法定结婚年龄为16~18周岁，这主要是以自然因素确定的。

社会因素是指一个国家的政治、经济、文化、人口状况、道德、宗教和民族的风俗习惯等因素。这是确定结婚年龄的重要依据。婚姻虽然具有自然属性，但社会属性是其本质属性。作为社会关系的特定形式，在考虑男女两性结合条件时，必须根据社会整体利益的需要来确定。

二、结婚的消极要件

结婚的消极要件，又称结婚的禁止条件，是指当事人结婚时依法必须排除的条件。禁止一定范围内的血亲通婚，是世界各国婚姻立法的通例。《民法典》第一千零四十八条规定："直系血亲或者三代以内的旁系血亲禁止结婚。"

直系血亲是具有直接血缘联系的最亲近的亲属。禁止所有直系血亲结婚，没有世代数的限制。三代以内的旁系血亲是指同出于祖父母、外祖父母的三代以内的亲属。其包括：第一，兄弟姐妹。指全血缘的兄弟姐妹和同父异母或同母异父的半血缘兄弟姐妹，他们是同源于父母的两代以内旁系血亲，但不包括无血缘联系的异父异母兄弟姐妹。第二，伯、叔与侄女，姑与侄子，舅与外甥女、姨与外甥。他们是同源于祖父母或外祖父母的不同辈分的三代以内旁系血亲。第三，堂兄弟姐妹和表兄弟姐妹。他们是同源于祖父母或外祖父母的平辈的三代以内旁系血亲。

禁止一定范围内的血亲通婚，源于原始社会的婚姻禁忌。从婚姻家庭制度的发展来看，从群婚到对偶婚再到个体婚，表明人类在漫长的进化过程中，在自然规律的作用下，逐步排除了直系血亲间的两性关系，以及横向的旁系血亲间平辈兄弟姐妹的婚姻关系。进入个体婚后，人们开始有意识地通过道德规范、习俗和法律限制一定范围内的近亲属结婚。我国古代就有“同宗不婚”“同姓不婚”之说，同宗者无论是否出“五服”都不得结婚。《唐律疏议·户婚》中说：“诸同姓为婚者，各徒二年。缌麻以上，以奸论。”即对违者处以刑罚，重者以亲属相奸论处。许多国家的法律还禁止一定范围的姻亲结婚。现代各国法律禁止一定范围的血亲结婚，主要原因是：第一，基于优生学、遗传学的考量。人类经过漫长的历史岁月，在生活实践中逐步认识到，血缘关系较近的男女结婚，极易将当事人生理上和精神上的疾病或缺陷遗传给后代，不利于国家、民族的健康发展和人类的繁衍。现代医学科学技术的发展更是证明了这一事实。第二，人类伦理道德的要求。近亲结婚有碍风化，有悖于人们在历史发展中长期形成的婚姻伦理道德，容易造成亲属身份上的紊乱。各国禁止结婚的血亲，范围不同，往往与其伦理道德特别是风俗习惯有关。

许多国家都明文规定法律拟制的直系血亲禁止结婚。我国《民法典》对于法律拟制血亲是否在禁止结婚的范围内没有作出明确规定。从立法本意来看，我国法律规定拟制直系血亲适用亲生父母子女关系，因此法律对直系血亲的结婚禁止条件也应适用法律拟制直系血亲。

三、结婚的形式要件

结婚的形式要件，是指婚姻成立的法定手续，又称结婚程序，是婚姻取得社会承认的重要方式，具有公示性。当事人在符合结婚积极要件的前提下，只有履行法定的结婚程序，其婚姻关系才被国家和社会承认，发生法律效力。

现代各国为了维护社会公共秩序和保障当事人的利益，确保婚姻关系的公示性和稳定性，一般都采用形式婚主义，即法律规定一定的形式，结婚当事人履行了法定形式，婚姻就有效成立。由于各国的民族传统、风俗习惯和宗教信仰不同，婚姻成立的形式要件也不同，主要有仪式制、登记制、登记与仪式结合制三种类型。

（1）仪式制，是指以举行结婚仪式为婚姻成立的形式要件。结婚仪式包括宗教仪式、世俗仪式、法律仪式。①宗教仪式，即根据宗教教义的要求，在神职人员的主持下举行的结婚仪式；②世俗仪式，即按照民间习俗、民族和地域的文化传统，在主婚人和证婚人的主持下举行的结婚仪式，如我国台湾地区仍适用世俗仪式作为结婚法定程序；③法律仪式，即按照法律的规定，在政府官员的主持与参与下举行的结婚仪式。有些国家和地区采用宗教仪式与法律仪式双轨制，由当事人选择，均有法律效力。

（2）登记制，是指依照法律规定办理结婚登记是婚姻成立的唯一形式要件。其要求结婚当事人须向婚姻登记机关提出结婚申请，接受婚姻登记机关的审查。履行婚姻登记手续，婚姻关系即告成立。登记制体现了国家与政府对结婚行为的监督与管理。

（3）登记与仪式结合制，是指既要求婚姻当事人依照法定条件和程序办理结婚登记手续，又要求当事人举行法定的结婚仪式。两个程序完成后，婚姻方成立。

我国采取登记制。《民法典》第一千零四十九条规定："要求结婚的男女双方应当亲自到婚姻登记机关申请结婚登记。符合本法规定的，予以登记，发给结婚证。完成结婚登记，即确立婚姻关系。未办理结婚登记的，应当补办登记。"结婚登记，是指结婚的男女双方必须按照我国法律的规定亲自履行结婚登记程序。结婚登记制度是我国婚姻制度的重要组成部分，体现了国家对公民结婚行为的指导和监督。只有履行了结婚登记程序，取得结婚证，婚姻关系才产生法律效力，受到国家承认和法律保护。当事人无论是否共同生活、是否举行结婚仪式，只要完成结婚登记，即确立婚姻关系。结婚登记制度有利于维护法律的严肃性，保障婚姻自由，防止包办婚姻、买卖婚姻和其他干涉婚姻自由的行为；防止近亲结婚；防止早婚和其他违法行为，保证婚姻关系的健康发展；有利于提高当事人的法治观念，实现社会主义道德教育，保护当事人的合法权益。

我国结婚登记的程序分为申请、审查、登记与发证三个环节。《婚姻登记条例》规定："内地居民办理婚姻登记的机关是县级人民政府民政部门或者乡（镇）人民政府，省、自治区、直辖市人民政府可以按照便民原则确定农村居民办理婚姻登记的具体机关。中国公民同外国人，内地居民同香港特别行政区居民、澳门特别行政区居民、台湾地区居民、华侨办理婚姻登记的机关是省、自治区、直辖市人民政府民政部门或者省、自治区、直辖市人民政府民政部门确定的机关。"由于结婚登记是建立当事人身份关系的行为，因此要求结婚的男女双方必须亲自到婚姻登记机关办理结婚登记。申请结婚登记的当事人，应当向婚姻登记机关提出结婚申请，出具下列证件和证明材料：户口本，身份证，本人无配偶及与对方当事人没有直系血亲和三代以内旁系血亲关系的声明。婚姻登记机关应当依法对当事人的结婚申请进行审核查实。婚姻登记机关一方面要审查结婚登记当事人双方是否符合法定的结婚条件；另一方面要对结婚登记当事人出具的证件和证明材料进行审查并询问相关情况。婚姻登记机关对当事人的结婚申请进行审查后，符合结婚条件的，应当当场予以登记，并发给结婚证。当事人从取得结婚证起，确立夫妻关系。婚姻登记机关对当事人不符合结婚条件不予登记的，应当向当事人说明不予登记的理由。

第二节 无效婚姻与可撤销婚姻

无效婚姻与可撤销婚姻均是指欠缺结婚成立要件的婚姻，不具有法律上婚姻的效力。确认婚姻无效或可撤销，是从法律上否定欠缺法定有效要件和程序的婚姻具有法律效力，是婚姻家庭法律制度的重要组成部分。一些国家将违反公益要件的婚姻视为无效婚姻，将违反私益要件的婚姻视为可撤销婚姻。我国只将违反当事人意愿的婚姻视为可撤销婚姻，其余均为无效婚姻。设立无效婚姻与可撤销婚姻制度是保障婚姻家庭法律规范的严肃性、权威性，保障婚姻按结婚条件和结婚程序合法成立，预防和减少婚姻纠纷，制裁违法婚姻的重要举措。

一、无效婚姻

无效婚姻是欠缺婚姻成立要件的婚姻，因而不具有婚姻的法律效力。世界各国大多将无效婚姻制度作为婚姻成立制度中的一部分加以明确规定。

关于无效婚姻的事由，《民法典》第一千零五十一条规定：“有下列情形之一的，婚姻无效：（一）重婚；（二）有禁止结婚的亲属关系；（三）未到法定婚龄。”这一规定与世界其他国家的规定基本一致，婚姻无效的事由都是与婚姻的法定要件相适应的。

重婚是婚姻无效的首要原因，它严重违反了一夫一妻原则。大多数国家都将违反一夫一妻原则作为无效婚姻的原因，受到法律的处罚，因而重婚当然无效。有禁止结婚的亲属关系，违反了禁止直系血亲和三代以内旁系血亲结婚的规定，不利于优生优育，其婚姻也不产生法律效力。未达到法定婚龄也是婚姻无效的重要原因。《民法典》对不达法定婚龄的早婚，采取了严格禁止的态度，凡男女双方或一方不达法定婚龄结婚的，其婚姻无效。但法律同时规定，如发现或宣告时当事人已达法定婚龄，不应再宣告婚姻无效。符合《民法典》规定的结婚实质要件，而仅仅是违反结婚形式要件没有履行结婚程序的事实婚姻，《民法典》并没有将此情形列为婚姻的无效情形。所谓事实婚姻，是指没有配偶的男女双方，以建立婚姻关系为目的，未履行结婚登记程序即以夫妻名义共同生活，社会上一般也认为其为夫妻关系的结合。《最高人民法院关于适用〈中华人民共和国民法典〉婚姻家庭编的解释

（一）》第七条规定："未依据民法典第一千零四十九条规定办理结婚登记而以夫妻名义共同生活的男女，提起诉讼要求离婚的，应当区别对待：（一）1994 年 2 月 1 日民政部《婚姻登记管理条例》公布实施以前，男女双方已经符合结婚实质要件的，按事实婚姻处理。（二）1994 年 2 月 1 日民政部《婚姻登记管理条例》公布实施以后，男女双方符合结婚实质要件的，人民法院应当告知其补办结婚登记。未补办结婚登记的，依据本解释第三条规定处理。"从上述规定可以看出，我国采取区别对待的态度，即 1994 年 2 月 1 日以前的，认定为事实婚姻，按婚姻关系处理；1994 年 2 月 1 日以后的，应补办结婚登记，婚姻关系成立，按有效婚姻予以保护；未补办结婚登记的，按同居关系处理。

我国的无效婚姻为宣告无效制度，当事人或利害关系人必须到人民法院提起要求宣告婚姻无效的申请，经法院裁决并宣告无效后，开始发生无效的效力。

对于婚姻无效的请求权人，依据《最高人民法院关于适用〈中华人民共和国民法典〉婚姻家庭编的解释（一）》第九条的规定，向人民法院就已办理结婚登记的婚姻请求确认婚姻无效的主体，包括婚姻当事人及利害关系人。利害关系人因不同的无效情形而有所不同：①以重婚为由的，为当事人的近亲属及基层组织；②以未到法定婚龄为由的，为未到法定婚龄者的近亲属；③以有禁止结婚的亲属关系为由的，为当事人的近亲属。这一规定表明，对于婚姻无效的请求权人，除婚姻当事人以外，对利害关系人针对不同的无效情形作了有条件的限定，以避免他人过多干涉婚姻当事人的私人利益。夫妻一方或者双方死亡后，生存一方或者利害关系人依据《民法典》的规定请求确认婚姻无效的，人民法院应当受理。利害关系人依据《民法典》的规定，请求人民法院确认婚姻无效的，利害关系人为原告，婚姻关系当事人双方为被告。夫妻一方死亡的，生存一方为被告。

关于宣告婚姻无效的程序，在我国确认婚姻无效的机关是人民法院，当事人需依诉讼程序到人民法院请求确认婚姻无效。当事人向人民法院请求确认婚姻无效的，应当以无效婚姻情形存在为前提，法定的无效婚姻情形在提起诉讼时已经消失的，如年龄已达法定婚龄的，人民法院不予支持。这说明无效婚姻情形是相对的，即使结婚时不符合结婚的必备要件，但以此请求确认婚姻无效时已具备结婚的必要条件，法定的无效婚姻情形已经消失，不得宣告婚姻无效，无效婚姻便视为有效。人民法院受理请求确认婚姻无效案件后，原告申请撤诉的，不予准许。对婚姻效力的审理不适用调解，人民法院应当依法作出判决。我国法律有关婚姻成立要件的规定是强制性规范，而不是任意性规范，判断婚姻的效力，不是当事人可以自由处分的权利。婚姻成立是否具有法律效力，只能由人民法院依据客观事实依法确定。当事人以《民法典》规定的三种无效婚姻以外的情形请求确认婚姻无效的，人民法院应当判决驳回当事人的诉讼请求。人民法院就同一婚姻关系分别受理了离婚和请求确认婚姻无效的，对于离婚案件的审理，应当待请求确认婚姻无效案件作出判决后再进行。人民法院受理离婚案件后，经审理确属无效婚姻的，应当将婚姻无效情形告知当事人，并依法作出确认婚姻无效的判决。涉及财产分割和子女抚养的，可以依法进行调解。调解达成协议的，另行制作调解书；未达成调解协议的，应当一并作出判决。

二、可撤销婚姻

可撤销婚姻，又称相对无效的婚姻，在我国是指男女双方或一方缺乏结婚的合意，因受胁迫或欺骗而结合的婚姻。某一婚姻符合法定可撤销条件时，婚姻关系是否撤销，取决于有撤销请求权的一方当事人，婚姻关系在其未行使撤销权时具有法律效力，如果当事人依法行使撤销请求权，其婚姻自撤销之日起自始无效。

对于撤销婚姻的情形，根据我国法律的规定，无效婚姻的情形一般属于公益要件，可撤销婚姻的情形多属于私益要件。依据《民法典》规定，可撤销婚姻的情形主要有两种：一种是胁迫；另一种是隐瞒疾病。胁迫是指行为人以给另一方当事人或者其近亲属的生命、身体、健康、名誉、财产等方面造成损害为要挟，迫使另一方当事人违背真实意愿与之结婚。婚姻自由原则是《民法典》婚姻家庭法律规范的基本原则，是公民的基本人身权利。结婚自由要求当事人的意思表示真实、自愿，禁止任何一方对另一方加以强迫，禁止任何组织或者个人加以干涉。《民法典》之所以没有将这种情形规定为婚姻无效的情形，主要是充分尊重受胁迫一方当事人的意愿。双方必须意思表示真实一致，如果一方以胁迫的方式威胁、逼迫对方与其结婚，使对方在恐惧中被迫作出同意结婚的意思表示，这种同意不是当事人真实的意思表示。现实生活中，有的当事人虽然结婚时受到胁迫，但婚后已生育子女或夫妻关系比较融洽，生活条件得到改善，自愿接受了婚姻结果，国家从意思自治保护当事人利益出发也不加以干涉。《民法典》第一千零五十二条第一款规定：“因胁迫结婚的，受胁迫的一方可以向人民法院请求撤销婚姻。”隐瞒疾病的可撤销婚姻是指一方患有重大疾病，应当在结婚登记前如实告知另一方，不如实告知的，另一方可以向人民法院请求撤销婚姻。根据婚姻自由原则，以及当事人个人权利意思自治的考量，《民法典》在婚姻无效情形中取消了这一规定。但关于隐瞒疾病则可撤销婚姻的规定，体现了夫妻应相互忠实的精神，也是为了保证结婚当事人的意思表示真实、自愿，保障法律的严肃性和权威性。给未能在结婚时了解真实情况下作出意思表示的婚姻当事人以选择权，以保证婚姻自由的真正实现。

对于可撤销婚姻的请求人和程序，依据《民法典》的规定，因胁迫结婚的，受胁迫的一方可以向人民法院请求撤销婚姻，而且因受胁迫而请求撤销婚姻的，只能是受胁迫一方的婚姻关系当事人本人。隐瞒疾病的可撤销婚姻，被隐瞒一方可以向人民法院请求撤销婚姻。因为撤销婚姻是涉及当事人主观意愿的行为，所以只能由当事人自己作出，其他人无法代当事人本人作出判断，也无权要求撤销该婚姻。为了保障婚姻关系的稳定，避免可撤销的婚姻长期处于不稳定状态，使家庭和社会秩序的稳定存在隐患，《民法典》明确规定了可撤销婚姻请求权行使的除斥期间。因受胁迫结婚请求撤销婚姻的，应当自胁迫行为终止之日起一年内提出；被非法限制人身自由的当事人请求撤销婚姻的，应当自恢复人身自由之日起一年内提出，即请求权行使期间自恢复人身自由之日起开始计算。受胁迫或者被非法限制人身自由的当事人请求撤销婚姻的，不适用《民法典》第一百五十二条第二款的规定。《民法典》第一千零五十二条规定的“一年”，不适用诉讼时效中止、中断或者延长的规定。隐瞒疾病的可撤销婚姻，被隐瞒一方请求撤销婚姻的，应当自知道或者应当知道撤销事由之日起一年内提出。可撤销婚姻超过了法定期间的，当事人不能再以可撤销事由提出撤销婚姻的请求，而应按离婚程序处理。人民法院根据当事人的请求，依法确认婚姻无效或者撤销婚姻的，应当收缴双方的结婚证书并将生效的判决书寄送当地婚姻登记管理机关。

当事人以结婚登记程序存在瑕疵为由提起民事诉讼，主张撤销结婚登记的，人民法院应告知其可以依法申请行政复议或者提起行政诉讼。

三、无效婚姻与可撤销婚姻的法律后果

我国对无效婚姻与可撤销婚姻均采用了溯及既往的法律后果。《民法典》第一千零五十四条规定：“无效的或者被撤销的婚姻自始没有法律约束力，当事人不具有夫妻的权利和义务。同居期间所得的财产，由当事人协议处理；协议不成的，由人民法院根据照顾无过错方的原则判决。对重婚导致的无效婚姻的财产处理，不得侵害合法婚姻当事人的财产权益。当事人所生的子女，适用本法关于父母子女的规定。婚姻无效或者被撤销的，无过错方有权请求损害赔偿。”根据这一规定，无效婚姻和可撤销婚姻的法律效力相同，自始无效。法律规定的“自始没有法律约束力”，是指无效婚姻或者可撤销婚姻在依法被确认无效或者被撤销时，才确定该婚姻自始不受法律保护。也就是说，现存婚姻一旦被宣告无效或被撤销，从婚姻成立之日起即不产生法律效力。这一宣告行为必须以法院的判决为依据，只有法院依法判决确认婚姻无效或被撤销时，该婚姻才自始不受法律保护。对当事人而言，婚姻

的无效与被撤销将会产生以下法律后果。

（一）婚姻无效或被撤销后的权利义务关系

婚姻被确认无效或被撤销后，当事人之间因婚姻关系是非法的，不具有婚姻成立而发生的夫妻间的权利义务关系，即双方之间不适用夫妻姓名权和人身自由权等人身关系和法定的相互扶养、相互继承等夫妻财产关系的规定。当事人同居期间所得的财产，除有证据证明为当事人一方所有的以外，按共同共有处理。除非当事人对同居期间的财产订立了分别所有的协议，或有证据证明为一方所有外，双方在同居期间的工资、生产经营的收益、知识产权收益，以及因继承、赠与等其他所获得的合法收入，都归共同所有。对于同居期间双方为共同生活、生产而形成的债务，应按共同债务处理。对于同居期间的财产，由当事人协议处理；协议不成的，由人民法院根据照顾无过错方的原则判决。对重婚导致的无效婚姻的财产处理，不得侵害合法婚姻当事人的财产权益。人民法院审理重婚导致的无效婚姻案件时，涉及财产处理的，应当准许合法婚姻当事人作为有独立请求权的第三人参加诉讼。法律规定婚姻无效或者被撤销的，无过错一方有权请求损害赔偿。

（二）婚姻无效或被撤销后的子女抚养问题

在无效婚姻期间受胎而出生的子女，因其父母没有合法的婚姻关系，应为非婚生子女。当事人所生的子女，适用《民法典》关于父母子女的规定。非婚生子女享有与婚生子女同等的法律地位，任何人不得危害或歧视。因此，对于在无效婚姻或可撤销婚姻期间出生的子女，父母子女间的权利义务，不受婚姻无效或被撤销的影响。婚姻被宣告无效或被撤销之后，有关子女的归属及抚养费的负担等问题均应适用婚姻家庭法有关父母子女的规定处理。

本章小结

本章重点介绍了结婚的要件。结婚必须具备的积极要件为男女双方完全自愿、男女双方均达到法定婚龄；结婚的消极要件为直系血亲或者三代以内的旁系血亲禁止结婚；结婚的形式要件为进行结婚登记。无效婚姻是欠缺婚姻成立要件的婚姻，因而不具有婚姻的法律效力。可撤销婚姻，在我国是指男女双方或一方缺乏结婚的合意，因受胁迫或欺骗而结合的婚姻。无效婚姻和可撤销婚姻的法律效力相同，均自始无效。通过本章的学习和研究，学生可以对无效婚姻与可撤销婚姻的概念、情形以及法律后果有一个本质、概括的了解。

简答题

1. 简述结婚的要件。
2. 简述无效婚姻和可撤销婚姻的情形。
3. 简述无效婚姻和可撤销婚姻的基本概念。
4. 简述无效婚姻和可撤销婚姻的法律后果。

案例

（扫码查看案例解读）

2010 年 3 月 3 日，李某与吴某在湖北省 A 市民政局登记结婚。2015 年 9 月 7 日，蒋某与李某在湖北省 B 市民政局登记结婚。2015 年 9 月 1 日，李某与吴某登记离婚。2018 年 8 月 13 日，湖北省某中级人民法院作出刑事附带民事判决，判决李某犯重婚罪，免予刑事处罚；解除蒋某与李某的非法婚姻关系。2018 年 12 月，蒋某起诉至 A 市某区法院，提出了六项诉讼请求，其中针对其遭受的损害赔偿的请求主要有：①请求判令被告赔偿原告购车损失费 53 200 元；②请求判令被告赔偿原告精神损失费 15 万元。对于上述两项诉讼请求，李某辩称：①原告的购车损失费应由其自己承担。2015 年原告因做服装生意亏本，欠银行贷款 70 多万元，在未与被告协商的情况下购买了车辆，要求被告去开出租车以缓解贷款压力，因被告当时在学校任代课教师无法满足其要求，原告无奈又将车辆出售，因此所造成的损失与被告无关，应由原告自行承担。②被告没有给原告造成精神损失，不应对其赔偿。在与原告交往时，被告就曾明确告知原告，被告与他人存在婚姻关系，原告是因看中了涉诉房屋，想购买房屋，所以才主动与被告登记结婚的。当事人答辩词称，原告不可能不对被告调查清楚就与其交往并登记结婚。针对购车损失费事实，A 市某区人民法院经审理查明：蒋某于 2015 年 10 月购买越野汽车一辆，价款为 155 800 元。2016 年 3 月，蒋某将该车辆以 132 600 元的价格转让给他人。

请问法院能否支持蒋某的诉求？

第三十一章 家庭关系

学习目标

掌握：夫妻财产关系，夫妻个人债务与共同债务。

熟悉：夫妻人身关系、父母子女关系。

了解：其他近亲属关系。

家庭关系是指以婚姻、血缘、法律拟制为基础的，夫妻、父母子女和其他家庭成员之间的权利义务关系。家庭关系包括三个方面：①夫妻关系。这是家庭关系的基础。②父母子女关系，包括婚生子女、非婚生子女、人工生殖子女和生父母的关系，养子女和养父母的关系，继子女和形成抚育关系的继父或继母之间的关系。这是家庭关系的重要组成部分。③其他家庭成员之间的关系，包括祖父母和孙子女之间的关系，外祖父母和外孙子女之间的关系，以及兄姐和弟妹之间的关系。

第一节 夫妻关系

夫妻关系是指男女双方以共同生活为目的，依法结婚建立婚姻关系所产生的夫妻之间的权利义务关系。婚姻成立之后，便产生一定的法律效力，主要包括夫妻人身关系和夫妻财产关系，指夫妻人身方面的权利义务关系和夫妻财产方面的权利义务关系。

婚姻的效力是婚姻成立所导致的法律后果。因婚姻而产生的夫妻间的权利义务关系，随婚姻关系的成立而发生，并随婚姻关系的消灭而终止，合法性是夫妻关系的前提。夫妻关系分为夫妻人身关系和夫妻财产关系。夫妻人身关系是指夫妻双方在家庭中的地位、人格及身份的权利义务关系，包括人格关系和身份关系，如姓名权、人身自由权等。夫妻财产关系是指夫妻在财产所有权、扶养及遗产继承等方面的权利义务关系，如夫妻财产制、夫妻相互扶养关系、继承关系等。夫妻人身关系是夫妻财产关系的前提，夫妻财产关系是夫妻人身关系所引起的法律后果，二者共同构成了夫妻关系的完整内容。

夫妻关系与男女两性在社会中的地位相适应，其发展变化取决于社会生产力发展水平、社会的文明程度和一定的社会制度。不同社会夫妻关系的法律地位和内容，随着社会的变迁而发展变化。历史上夫妻关系的立法主义，经历了夫妻一体主义和夫妻别体主义的发展阶段。夫妻一体主义以夫权统治为基本特征，指男女因结婚而合为一体，夫妻的人格互相吸收。夫妻别体主义又称夫妻分立主义，指夫妻人格独立，有法律规定的权利义务关系，有独立的财产权，在法律地位上平等。目前，世界各国的社会经济文化发展不平衡，受到各自国内宗教、民族传统文化习惯的影响，法律对夫妻双方权利义务的规定差别较大。我国从 1950 年《婚姻法》和 1954 年《宪法》开始，就明确提出了男女平等原则，彻底废除了男尊女卑的夫权制度，赋予男女在家庭和社会上平等的法律地位。《民法典》第一千零五十五条规定："夫妻在婚姻家庭中地位平等。"夫妻应当互相忠实，互相尊重。自然人因婚姻家庭关系等产生的人身权利受法律保护。

一、夫妻人身关系

根据《民法典》的规定，夫妻人身关系主要包括以下几个方面：

（一）夫妻姓名权

姓名，即人的姓氏和名字。姓是指自然人体现其血缘和家族的文字符号；名是人类为区分个体，给每个人特定的名称符号，是通过语言文字信息区别人群个体差异的标志。姓名是在语言产生以后才出现的。各个民族对确定人的姓名都有很多习惯，这些习惯受到历史、社会、民族等很多文化因素的制约，一个人的姓名通常都有一定的含义。姓名是人格权的重要组成部分，是公民一项重要的人身权利。有没有使用自己姓名的权利，是一个人有无独立人格的标志。《民法典》第一千零五十六条规定："夫妻双方都有各自使用自己姓名的权利。"这一规定体现了男女平等原则，同时赋予当事人选择权，允许双方就姓名问题意思自治，选择夫姓或妻姓均属合法。

（二）夫妻人身自由权

夫妻人身自由权，主要是指夫妻双方都有参加生产、工作、学习和社会活动的自由。《民法典》第一千零五十七条规定：“夫妻双方都有参加生产、工作、学习和社会活动的自由，一方不得对另一方加以限制或者干涉。”这是夫妻家庭地位平等的体现，是夫妻人身关系的重要内容，有利于促进夫妻关系平等和家庭成员的和睦。同时，夫妻人身自由权的行使必须遵守国家法律规定和社会主义道德要求，不允许滥用权利损害对方和家庭的利益。夫妻双方在行使权利时，必须履行法律规定的义务。

（三）夫妻有抚养、教育和保护子女的平等的权利义务

《民法典》第一千零五十八条规定：“夫妻双方平等享有对未成年子女抚养、教育和保护的权利，共同承担对未成年子女抚养、教育和保护的义务。”抚养，是指父母从物质上、经济上对子女的供养和生活中对子女的照料。教育，是指父母在思想品德、文化、知识与技能、行为规范等方面对子女的传承和培养。所谓保护，是指父母应依法保护未成年子女的人身安全和合法权益，防范和排除来自外部自然界或社会上他人对未成年子女人身或财产权益的非法侵害，履行监护人职责。父母是未成年人的法定监护人，对于子女的抚养、教育和保护是夫妻双方共同的、平等的权利和义务。夫或妻一方不能以经济收入、文化背景、家族传统习惯等任何理由排斥另一方对未成年子女的抚养、教育和保护的权利，一方也不能以任何理由拒不履行对未成年子女的抚养、教育和保护的义务。当然，在客观上夫妻收入、文化程度等可能存在差异，合理的家庭分工是符合和谐家庭关系要求的，平等不是绝对平均。

（四）夫妻相互扶养的权利义务

扶养，是指特定亲属及夫妻之间根据法律的明确规定而存在的经济上相互供养、生活上相互扶助照顾的权利义务关系。在我国，父母对子女的扶养称为抚养；子女对父母的扶养称为赡养；夫妻和平辈之间适用扶养。因此，《民法典》根据不同亲属之间的扶养情况，将扶养分别规定为“抚养”“赡养”和“扶养”，总称用“扶养”一词。《民法典》第一千零五十九条规定：“夫妻有相互扶养的义务。需要扶养的一方，在另一方不履行扶养义务时，有要求其给付扶养费的权利。”法律的这一规定是对夫妻关系中的“弱者”所发生的经济供养和生活扶助。夫妻相互扶养的权利义务以经济上的相互供养、生活上相互扶助照顾为内容，婚姻关系是夫妻以共同生活为目的的结合，相互扶养是共同生活的内在要求，是婚姻存在的两性关系以外

的基础。我国古代就有夫妻“相敬如宾”“同命相连”之说，这是我国的传统礼教。夫妻相互扶养作为法定义务，从婚姻合法成立时产生，至婚姻关系解除时终止，具有法律的强制性。当一方没有或丧失经济来源，以及没有独立生活能力或生病等原因需要扶养，另一方不履行扶养义务时，需要扶养的一方有权通过协商或诉讼等途径要求不履行扶养义务的一方承担扶养义务。

夫妻之间的扶养具有以下特征：第一，扶养关系是基于夫妻人身关系产生的。男女因结婚形成夫妻关系，其身份关系是夫妻扶养义务产生的前提。第二，夫妻之间扶养的权利义务是相互的，双方既是权利人，也是义务人。第三，夫妻扶养义务具有强制性。夫妻一方出现生活困难或无独立生活能力时，另一方不履行扶养义务的，法律赋予权利人要求另一方支付扶养费的请求权。

（五）日常家事代理权

日常家事代理权，是指夫妻一方为了日常家庭事务而与第三人为一定民事法律行为或不为一定民事法律行为时所具有的法定代理权。《民法典》第一千零六十条规定：“夫妻一方因家庭日常生活需要而实施的民事法律行为，对夫妻双方发生效力，但是夫妻一方与相对人另有约定的除外。夫妻之间对一方可以实施的民事法律行为范围的限制，不得对抗善意相对人。”根据这一规定，夫妻日常家事代理权属于特殊的法定代理。一般自然人的法定代理主要是为保护无民事行为能力人或限制民事行为能力人的合法权益，而依法设定代理人，也称为监护人，行使法定代理权。夫妻之间的日常家事代理权显然不是因为民事行为能力的限制，而是基于夫妻身份关系产生的权利。夫妻在婚后的共同生活中，许多日常生活的家庭事务，往往是一方出面处理，不可能也无必要由双方亲自出面共同处理。夫妻共同处理日常生活事务既浪费双方时间，也会带来不必要的麻烦。为便利交易秩序，夫妻对日常家事有相互代理权就成为必要。在生活实践中，由于夫妻特定的身份关系及共同生活的事实，在对外交往中，尤其是日常家事的处理上，相对人充分相信夫妻一方的行为是夫妻双方共同的意思表示，否定这一认知会导致社会交易秩序的紊乱。从表见代理的角度看，《民法典》规定相对人有理由相信行为人有代理权的，代理行为有效。世界多数国家的法律都规定了夫妻日常家事相互代理的权利。我国《民法典》首次从法律上明确规定了夫妻日常家事代理权，夫妻一方因家庭日常生活需要而实施的民事法律行为，对夫妻双方发生效力，但是夫妻一方与相对人另有约定的除外。所谓夫妻一方与相对人另有约定的除外，是指夫妻一方明示为个人事项所从事的民事法律行为，而且相对人也明确知道并作出约定，则对夫妻的另一方不发生法律效力。同时，法律规定夫妻之间对一方可以实施的民事法律行为范围的限制，不得对抗善意相对人。虽然法律规定了夫妻日常家事代理权，根据当事人个人权利意思自治原则，夫妻之间可以对代理权的行使范围进行协商，对一方可以实施的民事法律行为范围进行限制。但这是夫妻双方之间的约定，相对人并不知晓，如果在从事某一民事法律行为时夫妻一方并未明示，就会给相对人造成误解，那么夫妻双方之间的约定也就不能对抗善意相对人。相对人在明知夫妻之间的约定而为的民事法律行为，其不能作为善意相对人，夫妻双方之间的约定对其有效。

（六）夫妻相互继承权

夫妻相互继承权，是指夫妻双方根据法律规定，享有在一方死亡时承受死者遗留的个人合法财产的权利。它是夫妻关系中一项重要的财产权利。《民法典》第一千零六十一条规定："夫妻有相互继承遗产的权利。"夫妻具有相互继承权是由夫妻人身关系所决定的，只有合法的夫妻身份关系才有相互的继承权。夫妻登记结婚后尚未同居，一方死亡的，其配偶继承权应依法承认。对未经结婚登记即以夫妻名义同居生活的男女双方，如未补办结婚登记，则不享有夫妻相互继承权，应按同居关系处理。如果在继承开始前双方已经离婚或婚姻关系被宣告无效或被撤销，生存一方的继承权就不存在。夫妻相互继承权是指基于夫妻身份关系的法定继承，夫妻依法互为第一顺序继承人，享有平等的继承权。任何人不得侵犯和限制夫妻相互继承的权利。同时，夫妻之间作为第一顺序的法定继承人，在遗嘱继承时也可以根据遗嘱作为遗嘱继承人。对于遗产的范围，夫妻相互继承的是个人合法的财产，夫妻一方死亡后，夫妻共同财产没有分割的，不能列为遗产，应先分割夫妻共同财产，确定死者个人所有的合法财产后，将其个人合法财产作为遗产进行继承。避免将夫妻共同财产作为遗产进行分割，这样会侵犯生存一方的合法权益。财产继承的目的是保护公民个人财产所有权，实现家庭经济职能，实现社会的进步与稳定。夫妻一方死亡后，生存一方对继承的财产享有所有权，其有权根据自己的意愿占有、使用和处分继承的财产，任何人不得干涉。

二、夫妻财产关系

夫妻财产关系，是夫妻关系存续期间涉及经济生活内容的权利义务关系。它以夫妻人身关系的存在为前提，从属于夫妻人身关系，是实现家庭经济职能的外在表现。随着社会经济的发展，家庭财产种类的增多，夫妻财产关系变得复杂多样，需要通过法律予以完善。夫妻财产关系随着婚姻关系的成立而产生，并随着夫妻关系的消亡而消灭。

夫妻财产制，又称婚姻财产制，是有关夫妻财产关系的法律制度，指夫妻婚前财产和婚后所得财产的归属、使用、管理、收益和处分，以及夫妻债务清偿、婚姻关系终止时的财产清算与分割等方面的法律制度。一个国家的夫妻财产制度，是随着社会经济发展和社会制度的演变而发展变化的，同时受到文化传统、风俗习惯等因素的影响。

按发生的依据，夫妻财产制可分为法定财产制和约定财产制。法定财产制是指依法律规定直接适用的夫妻财产制，即夫妻未就婚前财产和婚后所得财产进行约定或财产约定无效，根据法律规定直接适用的夫妻财产制。由于随着社会经济的不断发展，不同夫妻的财产和家庭生活存在很大的差异，法定财产制很难适应社会的复杂性和夫妻财产关系的多样性，允许当事人意思自治的契约自由便成为社会发展的必然选择。所谓约定财产制，是指夫妻双方依法自愿选择以契约形式约定财产关系的夫妻财产制。在法律效力上，约定财产制的效力要优于法定财产制，只有在无约定或约定无效时，才适用法定财产制。

在不同历史时期，各国实行的夫妻财产制类型多种多样。目前各国立法中，夫妻财产制主要实行共同财产制、分别财产制和剩余共同制。

共同财产制是指除特有财产以外，夫妻双方的全部或一部分财产归双方共同所有，夫妻享有平等地占有、使用、收益和处分的权利。共同财产制又分为完全共同财产制和婚后所得共同财产制。共同财产制确认了夫妻在婚姻关系存续期间所得的财产是夫妻在共同生活中多方面分工合作、齐心付出所获得的经济成果，虽然分工和贡献方式不同，但价值同等，应平等共有分享。共同财产制有利于家庭和社会稳定。

分别财产制是指夫妻双方婚前财产和婚后所得财产归各自所有，并享有独立地占有、使用、收益和处分的权利。适用分别财产制，并不排斥夫妻双方约定拥有部分共同财产或对某些财产的管理进行约定。分别财产制体现了平等、自由的理念，尊重夫妻个人意愿，体现了夫妻双方独立的人格和经济地位。

剩余共同制是指夫妻的婚前财产和婚姻关系存续期间所得财产归各自所有并管理；在婚姻关系终止时，双方平等分享夫妻任何一方在婚姻关系存续期间所得的财产。剩余共同制具有分别财产制和共同财产制的特性，在夫妻关系存续期间适用分别财产制，保障夫妻各方的财产独立，维护交易安全与第三方利益。同时考虑婚后所得财产是夫妻双方在共同生活中分工合作获得的成果，在婚姻关系终止时引入共同财产制，以保障夫妻双方的平等权利。

（一）夫妻共有财产制

我国现行的法定夫妻财产制是夫妻共同财产制。《民法典》第一千零六十二条规定："夫妻在婚姻关系存续期间所得的下列财产，为夫妻的共同财产，归夫妻共同所有：（一）工资、奖金、劳务报酬；（二）生产、经营、投资的收益；（三）知识产权的收益；（四）继承或者受赠的财产，但是本法第一千零六十三条第三项规定的除外；（五）其他应当归共同所有的财产。夫妻对共同财产，有平等的处理权。"《民法典》第一千零六十三条第三项规定的除外条款是遗嘱或者赠与合同中确定只归一方的财产。根据《民法典》的规定，我国的法定夫妻财产制是婚后所得共同财产制，在夫妻双方未对财产作出约定或约定不合法、不明确的情况下，适用法定夫妻财产制。夫妻共同财产是指夫妻双方在婚姻关系存续期间所得的财产，该概念包含以下三点意思：第一，婚姻关系存续期间，是从男女双方履行结婚登记之日起，到婚姻关系解除之日止。婚后分居或离婚诉讼期间视为婚姻关系存续期间。第二，所得财产，是指已经取得财产权利和实际占有的财产，包括已经取得财产权利，但尚未实际占有的财产。第三，共同财产的所得包括夫妻双方或一方所得。

根据我国法律及司法解释的规定，以下为夫妻共同财产：第一，工资、奖金、劳务报酬，是指夫妻双方通过从事固定工作及做出突出贡献获取的工资、奖金，也包括从事临时性工作或兼职工作获取的一次性及不定期的劳务报酬。第二，从事生产、经营、投资的收益，是指夫妻双方在婚姻关系存续期间，从事个体生产、企业生产经营、承包、租赁、金融证券投资等经营活动所得的收益。生产、经营、投资行为不论是以夫妻双方名义还是一方名义，所得收益均为夫妻共同财产。《最高人民法院关于适用〈中华人民共和国民法典〉婚姻家庭编的解释（一）》第二十六条规定："夫妻一方个人财产在婚后产生的收益，除孳息和自然增值外，应认定为夫妻共同财产。"该司法解释第二十七条规定："由一方婚前承租、婚后用共同财产购买的房屋，登记在一方名下的，应当认定为夫妻共同财产。"第三，知识产权的收益，是指夫妻一方或双方在婚姻关系存续期间，因著作权、商标权、专利权及其他智力成果等知识产权，实际取得或者已经明确可以取得的财产性收益。这里需要注意的是，知识产权具有显著的人身属性，夫妻一方取得的智力成果，其知识产权的所有权归取得智力成果的一方，并不能为双方共有，只有因知识产权取得的财产收益为夫妻共同财产。第四，因继承或受赠所得的财产。不论继承人或受赠人是夫妻一方或双方，其继承和受赠所得的财产均属于夫妻共同财产。但遗嘱人在遗嘱中或赠与人在赠与合同中明确只归夫妻一方的财产，则属于该继承人或受赠人个人所有。第五，其他应当归共同所有的财产。本项为概括性规定，《最高人民法院关于适用

〈中华人民共和国民法典〉婚姻家庭编的解释（一）》第二十五条规定："婚姻关系存续期间，下列财产属于民法典第一千零六十二条规定的'其他应当归共同所有的财产'：（一）一方以个人财产投资取得的收益；（二）男女双方实际取得或者应当取得的住房补贴、住房公积金；（三）男女双方实际取得或者应当取得的基本养老金、破产安置补偿费。"

夫妻对共同财产有平等的处理权，是指夫妻在对共同财产行使使用权、处分权时，应平等协商，因日常生活需要而处理夫妻共同财产的，任何一方均有权决定；非因日常生活需要对共同财产作重要处理决定时，夫妻应平等协商，取得一致意见。第三人有理由相信一方的行为系夫妻双方共同意思表示的，另一方不得以不同意或不知道为由对抗善意第三人。《最高人民法院关于适用〈中华人民共和国民法典〉婚姻家庭编的解释（一）》第二十八条规定："一方未经另一方同意出售夫妻共同所有的房屋，第三人善意购买、支付合理对价并已办理不动产登记，另一方主张追回该房屋的，人民法院不予支持。夫妻一方擅自处分共同所有的房屋造成另一方损失，离婚时另一方请求赔偿损失的，人民法院应予支持。"《民法典》肯定了夫妻在日常生活所需范围内对夫妻共同财产所享有的家事代理权，在重要事项上，夫妻对于共同财产的处分应协商一致，但对善意第三人适用表见代理，即第三人有理由相信夫妻一方的代理行为是代表夫妻双方的，夫妻另一方不得以不知晓或不同意为由对抗善意第三人。这样规定有利于保护善意第三人的合法权益，维护社会交易安全。在婚姻关系存续期间，夫妻一方存在法定情形的，另一方可以要求分割夫妻共同财产。《民法典》第一千零六十六条规定："婚姻关系存续期间，有下列情形之一的，夫妻一方可以向人民法院请求分割共同财产：（一）一方有隐藏、转移、变卖、毁损、挥霍夫妻共同财产或者伪造夫妻共同债务等严重损害夫妻共同财产利益的行为；（二）一方负有法定扶养义务的人患重大疾病需要医治，另一方不同意支付相关医疗费用。"

（二）夫妻个人财产制

夫妻个人财产，是指夫妻婚前的个人财产、婚后特有财产和夫妻约定的财产。《民法典》第一千零六十三条规定："下列财产为夫妻一方的个人财产：（一）一方的婚前财产；（二）一方因受到人身损害获得的赔偿或者补偿；（三）遗嘱或者赠与合同中确定只归一方的财产；（四）一方专用的生活用品；（五）其他应当归一方的财产。"夫妻婚前的个人财产是指夫妻在结婚之前所得的个人合法财产，依法归个人所有。夫妻婚后特有财产是相对于夫妻共同财产而言的，指夫妻结婚后在实行共同财产制时，依照法律规定或夫妻约定，夫妻各自保留的一定范围的个人所有的财产。这些财产不属于夫妻共同财产的范围，属于夫妻个人所有。夫妻婚后特有财产主要是夫妻一方的个人生活用品和各自从事工作必需的书籍工具等专用财产，以及与个人身份直接关联的婚后所得，如因受到人身损害获得的赔偿或者补偿，遗嘱或者赠与合同中确定只归一方的财产等。当事人结婚前，父母为双方购置房屋出资的，该出资应当认定为对自己子女个人的赠与，但父母明确表示赠与双方的除外。当事人结婚后，父母为双方购置房屋出资的，依照约定处理；没有约定或者约定不明确的，按照该财产为继承或受赠财产即夫妻共同财产的原则处理。军人的伤亡保险金、伤残补助金、医药生活补助费属于个人财产。《民法典》规定为夫妻一方的个人财产，不因婚姻关系的延续而转化为夫妻共同财产，但当事人另有约定的除外。

（三）夫妻约定财产制

夫妻约定财产制，是指夫妻依法对其婚前所有财产、婚后所得财产的占有、使用、收益、处分进行协商处理的法律制度。夫妻根据法律的规定，协商决定其婚前财产或婚后所得财产的所有权归属，是法律赋予夫妻双方享有的对其财产所作自愿处置的权利。1980 年，我国婚姻家庭法首次增设了这一制度，以适应我国社会和家庭出现的多种经济形式的需要。《民法典》第一千零六十五条规定：“男女双方可以约定婚姻关系存续期间所得的财产以及婚前财产归各自所有、共同所有或者部分各自所有、部分共同所有。约定应当采用书面形式。没有约定或者约定不明确的，适用本法第一千零六十二条、第一千零六十三条的规定。夫妻对婚姻关系存续期间所得的财产以及婚前财产的约定，对双方具有法律约束力。”

夫妻约定财产制应具备以下条件：

第一，夫妻双方当事人必须真实自愿。夫妻双方约定财产所有权的归属将变更法定财产制的效力，因此夫妻双方应具有民事行为能力，且意思表示真实自愿，达成一致同意采取约定财产归属的协议。首先，夫妻双方必须具有民事行为能力。一方无民事行为能力或限制民事行为能力，则不能约定。其次，夫妻双方必须自愿。只有自愿才能作出真实的意思表示，以欺诈、胁迫手段或乘人之危在对方违背真实意愿的情况下作出的约定无效。

第二，约定的内容必须合法。约定的内容必须符合法律和社会公德，即一方面能够维护夫妻双方的财产权利，另一方面不能损害国家、集体和他人的利益。否则，约定无效。

第三，约定的财产是婚姻关系存续期间所得的财产，也可以包括夫妻婚前财产。夫妻既可以仅就婚姻关系存续期间的财产归属作出约定，也可以就婚前财产及婚姻关系存续期间的财产归属作出约定。对财产制度的选择，既可以约定共同财产制，也可以约定分别财产制，还可以约定部分共同、部分分别的混合财产制形式。

第四，约定的时间既可以是婚前也可以是婚后，约定订立之后可以变更废止。婚前订立的于结婚时或约定的其他时间发生效力，婚后订立的约定于约定当时或约定的其他时间发生效力。约定生效后，因夫妻一方和双方的情况发生变化，既可以撤销原约定，适用法定财产制，也可以对约定的内容进行部分或全部变更。

第五，约定应以书面形式作出，可以公证。双方都承认的口头约定，应该承认其效力。

根据法律的规定，约定财产制和法定财产制可以同时并用，但夫妻约定财产制的效力高于法定财产制，有约定的从约定，无约定或约定无效的从法定。约定一经生效，夫妻双方应遵守约定的内容，享有权利和承担义务。婚姻终止分割财产时，有约定的，按约定处理；约定不符合法定条件部分无效的，有效的部分适用约定；全部无效的，适用法定财产制。婚前或者婚姻关系存续期间，当事人约定将一方所有的房产赠与另一方或者共有，赠与方在赠与房产变更登记之前撤销赠与，另一方请求判令继续履行的，人民法院可以按照《民法典》第六百五十八条的规定处理，即赠与人在赠与财产的权利转移之前可以撤销赠与，但经过公证的赠与合同不得撤销赠与。

为维护交易安全和第三人的利益，《民法典》第一千零六十五条第三款规定："夫妻对婚姻关系存续期间所得的财产约定归各自所有，夫或者妻一方对外所负的债务，相对人知道该约定的，以夫或者妻一方的个人财产清偿。"为第三人所明知的约定，才对第三人具有法律效力。由于夫妻约定是发生在具有身份关系的特定主体之间的法律行为，这一约定行为具有私密性，一般不容易为外人所知晓。因此，为保护善意第三人的交易安全，夫妻约定财产不得对抗善意第三人。夫妻约定财产制改变夫妻共同财产制的，在与第三人进行财产交易时，夫妻有告知第三人其夫妻财产制状况的义务。"第三人知道该约定的"属于夫妻一方的主张，根据"谁主张，谁举证"的基本原则，由夫妻一方对此负举证责任。如果夫妻想以约定对抗第三人，必须举证证明第三人清楚、明白地知道夫妻之间的财产约定及这一约定所带来的相应后果。

三、夫妻个人债务与共同债务

夫妻个人债务，是指夫妻一方在婚前所负债务，以及一方在双方婚后所负的与共同生活无关的债务。个人债务一般包括婚前所负债务；夫妻双方约定由个人负担的债务，但以逃避债务为目的的除外；以个人名义超出家庭日常生活需要所负的债务；一方未经对方同意，擅自资助与其没有扶养义务的亲朋所负的债务；一方未经对方同意，独自筹资从事经营活动，其收入确未用于共同生活所负的债务；以及其他应由个人承担的债务。夫妻个人债务应以个人财产清偿，夫妻另一方不负连带清偿责任，其自愿帮助清偿的，法律也不禁止。夫妻对婚姻关系存续期间所得的财产约定归各自所有，夫或者妻一方对外所负的债务，相对人知道该约定的，以夫或者妻一方的个人财产清偿。《民法典》第一千零六十五条第三款所称“相对人知道该约定的”，夫妻一方对此负有举证责任。债权人就一方婚前所负个人债务向债务人的配偶主张权利的，人民法院不予支持。但债权人能够证明所负债务用于婚后家庭日常生活的除外。夫妻一方与第三人串通，虚构债务，第三人主张该债务为夫妻共同债务的，人民法院不予支持。夫妻一方在从事赌博、吸毒等违法犯罪活动中所负债务，第三人主张该债务为夫妻共同债务的，人民法院不予支持。

夫妻共同债务，是指夫妻因共同生活所负的债务，包括承担抚养和赡养义务所负的债务。《民法典》第一千零六十四条规定，夫妻双方共同签名或者夫妻一方事后追认等共同意思表示所负的债务，以及夫妻一方在婚姻关系存续期间以个人名义为家庭日常生活需要所负的债务，属于夫妻共同债务。夫妻一方在婚姻关系存续期间以个人名义超出家庭日常生活需要所负的债务，不属于夫妻共同债务；但是，债权人能够证明该债务用于夫妻共同生活、共同生产经营或者基于夫妻双方共同意思表示的除外。对夫妻共同债务，以夫妻共同财产偿还，夫妻共同财产不足以清偿的，用夫妻个人财产清偿，承担无限责任。《民法典》第一千零八十九条规定：“离婚时，夫妻共同债务应当共同偿还。共同财产不足清偿或者财产归各自所有的，由双方协议清偿；协议不成的，由人民法院判决。”夫或者妻一方死亡的，生存一方应当对婚姻关系存续期间的夫妻共同债务承担清偿责任。

当事人的离婚协议或者人民法院生效判决、裁定、调解书已经对夫妻财产分割问题作出处理的，债权人仍有权就夫妻共同债务向男女双方主张权利。一方就夫妻共同债务承担清偿责任后，主张由另一方按照离婚协议或者人民法院的法律文书承担相应债务的，人民法院应予支持。

第二节　父母子女关系和其他近亲属关系

一、父母子女关系

父母子女关系，也称亲子关系，在法律上是指父母和子女之间的权利、义务关系。父母子女关系是家庭关系的重要组成部分。

父母子女关系分为两类：一类是自然血亲的父母子女关系，也是最近的直系血亲，包括婚生子女和非婚生子女。自然血亲以血缘为纽带，因父母子女一方死亡或子女被依法律程序送养，父母子女关系才终止。《民法典》规定，非婚生子女享有与婚生子女同等的权利，任何组织或者个人不得加以危害和歧视。另一类是法律拟制的父母子女关系，是指养父母和养子女、继子女和继父母之间的父母子女关系。《民法典》第一千一百一十一条规定："自收养关系成立之日起，养父母与养子女间的权利义务关系，适用本法关于父母子女关系的规定……"《民法典》第一千零七十二条规定："继父母与继子女间，不得虐待或者歧视。继父或者继母和受其抚养教育的继子女间的权利义务关系，适用本法关于父母子女关系的规定。"需要明确的是，继父母与继子女之间适用父母子女间的权利义务关系，仅限于两者共同生活且继子女受到继父或者继母的抚养教育。如果形成继父母子女关系时，继子女已经成年独立生活，具有完全民事行为能力，未受继父或者继母的抚养教育，则不适用《民法典》关于父母子女关系的规定。但继父母或继子女主动尽了父母子女关系之义务，法律并不禁止。与自然血亲不同，法律拟制血亲的养父母与养子女、继父母与继子女的父母子女关系，可以因主体一方死亡、收养的解除或继父母与生父母之间婚姻关系的解除及相互抚养关系的变化等法律事实的出现而终止。随着社会科学技术的发展，现代人工生殖技术的应用带来了许多全新的伦理观念和法律问题。《最高人民法院关于适用〈中华人民共和国民法典〉婚姻家庭编的解释（一）》第四十条规定："婚姻关系存续期间，夫妻双方一致同意进行人工授精，所生子女应视为婚生子女，父母子女间的权利义务关系适用民法典的有关规定。"该条规定强调了"夫妻双方一致同意"这一前提。但是，对于因夫妻一方的行为或因医院的责任使用了夫妻之外第三方的精子或卵子所生育的子女，其法律地位及其与父母的关系等，法律及司法解释并无明文规定。

《民法典》第一千零七十三条规定："对亲子关系有异议且有正当理由的，父或者母可以向人民法院提起诉讼，请求确认或者否认亲子关系。对亲子关系有异议且有正当理由的，成年子女可以向人民法院提起诉讼，请求确认亲子关系。"父或者母向人民法院起诉请求否认亲子关系，并已提供必要证据予以证明的，另一方没有相反证据又拒绝做亲子鉴定的，人民法院可以认定否认亲子关系一方的主张成立。父或者母及成年子女起诉请求确认亲子关系，并已提供必要证据予以证明的，另一方没有相反证据又拒绝做亲子鉴定的，人民法院可以认定确认亲子关系一方的主张成立。

父母子女的法律地位是随着社会政治经济的发展不断变化的，近代各国立法都把重点放在父母的权利而不是义务上；现代各国立法发生了变化，开始把重点放在保护儿童权利上，并与父母权利义务区分开。我国立法确立了保护未成年子女合法权益、父母子女间法律地位平等、相互扶养与相互继承的亲子关系。1991 年我国颁布的《中华人民共和国未成年人保护法》（以下简称《未成年人保护法》）、同年加入的《儿童权利公约》，以及婚姻家庭立法等也开始向儿童最大利益原则发展。

（一）父母对子女的抚养义务

《民法典》第二十六条第一款规定："父母对未成年子女负有抚养、教育和保护的义务。"《民法典》第一千零六十七条第一款规定："父母不履行抚养义务的，未成年子女或者不能独立生活的成年子女，有要求父母给付抚养费的权利。"尚在校接受高中及其以下学历教育，或者丧失、部分丧失劳动能力等非因主观原因而无法维持正常生活的成年子女，可以认定为"不能独立生活的成年子女"。这一规定表明，父母抚养子女是其应尽的义务，这也是子女应享有的权利。

抚养，是指父母从物质上、经济上对子女的供养和生活中对子女的照料，使子女健康成长。父母给付子女"抚养费"的范围，包括子女生活费、教育费、医疗费等费用。父母对未成年子女的抚养是无条件的，自子女出生时起，到子女能够独立生活时止。在一般情况下，父母对子女的抚养义务至 18 周岁止，对成年子女的抚养则是有条件的，即"不能独立生活"。对于有独立生活能力的成年子女，父母自愿给予经济帮助的，法律并不干预。

父母不履行抚养义务时，未成年子女或不能独立生活的成年子女，有要求父母付给抚养费的权利。其追索抚养费的要求可以经有关部门调解，或直接向人民法院提起追索抚养费的诉讼。人民法院应根据子女的需要和父母的抚养能力，通过调解或判决形式，确定抚养费的数额、给付期限和方法。对拒不履行抚养义务、恶意遗弃未成年子女，情节恶劣，构成犯罪的父母，应依法追究其遗弃罪的刑事责任。继父母与继子女间，不得虐待或者歧视。《未成年人保护法》规定，父母应当依法履行对未成年人的监护职能和抚养义务，不得虐待、遗弃未成年人，不得歧视女性未成年人或有残疾的未成年人。孤儿或者生父母无力抚养的子女，可以由生父母的亲属、朋友抚养；抚养人与被抚养人的关系不适用收养关系。配偶一方死亡，另一方送养未成年子女的，死亡一方的父母有优先抚养的权利。

（二）父母教育、保护未成年子女的权利义务

《民法典》第一千零六十八条规定："父母有教育、保护未成年子女的权利和义务。未成年子女造成他人损害的，父母应当依法承担民事责任。"

教育，是指父母在德、智、体、美、劳等方面对子女的关怀和培养，对其言行举止给予必要约束。父母是子女的第一任老师，应当从思想品德上关心子女，要教育子女爱祖国、爱人民、爱科学、爱劳动、爱护公共财物、遵纪守法、遵守社会公德，并言传身教将子女培养成有理想、有道德、有文化、有纪律的全面发展的社会主义接班人。父母要让子女依法接受义务教育，为子女提供必要的教育经费，这是父母双方的共同责任。根据《中华人民共和国预防未成年人犯罪法》的规定，未成年人的父母对未成年人的法制教育负有直接责任，父母不得迫使其离家出走，或放弃监护职责。所谓保护，是指父母须保护未成年人的人身安全及合法权益，防止和排除来自外部的自然侵害或社会对未成年子女人身或财产权益的非法侵害。父母是未成年子女的法定监护人，《民法典》明确规定了未成年人的监护人应履行监护职责，在作出与被监护人利益有关的决定时，应当根据被监护人的年龄和智力状况，尊重被监护人的真实意愿。当未成年子女的合法权益遭受他人侵害时，父母有权以法定代理人的身份提起诉讼，请求排除侵害、赔偿损失。法律的这一规定兼有亲权和监护的双重含义。亲权是现代各国父母子女关系中最重要的内容，是以父母对未成年子女人身与财产上的监督和保护为内容的权利义务的总称。它是父母基于身份关系产生的民事权利，也是法定义务。父母作为法定监护人，还要为未成年子女承担民事责任，未成年子女造成他人损害的，父母应当依法承担民事责任。当未成年子女致人损害时，无论是给他人造成了经济损失还是精神损害，父母均应承担民事责任。《民法典》第一千一百八十八条规定："无民事行为能力人、限制民事行为能力人造成他人损害的，由监护人承担侵权责任。监护人尽到监护职责的，可以减轻其侵权责任。有财产的无民事行为能力人、限制民事行为能力人造成他人损害的，从本人财产中支付赔偿费用；不足部分，由监护人赔偿。"

（三）成年子女对父母负有赡养、扶助和保护的义务

《民法典》第二十六条第二款规定："成年子女对父母负有赡养、扶助和保护的义务。"成年子女有赡养父母的义务，这也是父母应享有的权利。权利和义务总是相互的，一方的义务就是对方的权利。而《民法典》的规定强调了父母与子女在抚养和赡养上的义务属性，作为责任予以强化。

赡养，是指子女在物质上、经济上为父母提供必要的生活费用和条件。当父母年老体衰时，子女应尽赡养父母的义务。养老育幼是我国的传统美德，它是建立在亲子关系平等的基础上的。赡养的义务主体，一般是指成年子女。子女对于年迈体衰、丧失劳动能力、生活确有困难的父母，应自觉履行赡养义务，使父母无期限地安度晚年。成年子女不履行赡养义务的，缺乏劳动能力或者生活困难的父母，有要求成年子女给付赡养费的权利。父母可以直接向子女索要赡养费，也可以直接向人民法院提起要求支付赡养费的诉讼。人民法院根据父母的实际需要和子女的经济负担能力，通过调解或判决形式，确定赡养费的数额、给付期限和方法。

扶助，是指子女对父母在精神上和生活上的关心、帮助和照料。成年子女往往已独立生活，父母在年老时不仅需要物质、经济上的帮助，由于子女已独立生活，年老体弱的父母在退休后精神上更容易孤独寂寞，生活上也会面临许多不便，也需要成年子女在精神上、生活上给予关心、帮助和照料。

所谓保护，是指成年子女须保护父母的人身安全及合法权益，防止和排除来自外部的自然侵害或社会对年老父母人身或财产权益的非法侵害。尤其是年迈多病的老年人，民事行为能力下降甚至出现限制民事行为能力的情形，在社会活动和社会交往中保护父母的人身安全及合法权益，防止外来的侵害，使父母健康幸福地生活，这也是中华民族的传统美德和社会主义核心价值观在法律上的集中体现。

（四）子女应尊重父母的婚姻权利

婚姻自由原则是《民法典》婚姻家庭编的基本原则之一，任何人都有权依据法律规定自主决定自己的婚姻，不受任何人的非法干涉或强迫。但是，随着社会经济的发展，现实生活中，基于财产等多种因素，子女干涉父母离婚或再婚的现象比较突出，损害了父母的婚姻自由。《民法典》第一千零六十九条规定，子女应当尊重父母的婚姻权利，不得干涉父母离婚、再婚及婚后的生活。子女对父母的赡养义务，不因父母的婚姻关系变化而终止。

（五）父母子女相互继承权

《民法典》第一千零七十条规定，父母和子女有相互继承遗产的权利。这一权利是基于双方的特定身份而产生的。依照我国《继承法》，父母和子女互为第一顺序的法定继承人。父母或子女死亡时，父母、子女均为独立的继承主体，有继承遗产的权利。子女，包括婚生子女、非婚生子女、养子女和有抚养关系的继子女，分别对自己的生父母、养父母和继父或继母的遗产享有继承权。父母，包括生父母、养父母和有抚养教育关系的继父母。在遗产继承方面，生父母、养父母和有抚养教育关系的继父母，均享有对其亲生子女、养子女和有抚养教育关系的继子女的遗产的继承权。形成抚养教育关系的继子女和继父母之间，为法律拟制直系血亲。继子女继承了继父或继母遗产的，不影响其继承生父母的遗产，即其享有双重继承权。但是，继子女如果已依法被继父或继母收养，则不能继承不与其共同生活的生父母的遗产。与此相对应，继父母继承了继子女遗产的，不影响其继承生子女的遗产。依据法律规定，养子女对养父母的遗产享有继承权。养子女和生父母之间父母子女关系的权利义务，因收养的成立而消除。

二、其他近亲属关系

《民法典》从中国传统民族习惯和尊老爱幼的社会主义道德基准出发，将近亲属也确认为法律所调整的范围。当发生某种客观法律事实时，祖父母与孙子女之间、兄弟姐妹之间产生附条件的抚养、赡养权利义务。

（一）祖孙之间的抚养、赡养义务

祖父母与孙子女、外祖父母与外孙子女之间是近亲属关系的直系血亲。一般情况下，父母与子女之间产生抚养、赡养的权利义务，祖孙之间不发生权利义务关系。但在特定条件下，祖孙之间也可以产生抚养、赡养的权利义务。《民法典》第一千零七十四条规定：“有负担能力的祖父母、外祖父母，对于父母已经死亡或者父母无力抚养的未成年孙子女、外孙子女，有抚养的义务。有负担能力的孙子女、外孙子女，对于子女已经死亡或者子女无力赡养的祖父母、外祖父母，有赡养的义务。”

根据法律规定，祖父母、外祖父母抚养孙子女、外孙子女需符合以下条件：抚养人有负担能力；被抚养人的父母已经死亡或确无能力抚养；被抚养人必须为未成年人。只有具备这三个条件时，才产生祖孙之间的抚养义务。如果祖父母和外祖父母均有负担能力，他们为同一顺序的抚养义务承担人。孙子女、外孙子女赡养祖父母、外祖父母须具备的条件是：赡养人为有负担能力的成年人；被赡养人的子女已经死亡或子女确无能力赡养。祖孙之间的抚养、赡养义务是第二位的，是对父母子女间抚养、赡养义务的补充。符合法定条件的抚养人、赡养人必须自觉履行抚养、赡养义务，这对于保障老有所养、幼有所育具有积极的意义。

（二）兄弟姐妹间的扶养义务

兄弟姐妹之间，是血缘最密切的同辈旁系血亲。一般情况下，兄弟姐妹由他们的父母抚养，他们相互之间不发生权利义务关系。但在特定条件下，兄、姐与弟、妹之间产生附条件的扶养义务。

《民法典》第一千零七十五条规定："有负担能力的兄、姐，对于父母已经死亡或者父母无力抚养的未成年弟、妹，有扶养的义务。由兄、姐扶养长大的有负担能力的弟、妹，对于缺乏劳动能力又缺乏生活来源的兄、姐，有扶养的义务。"兄、姐扶养弟、妹须具有以下条件：作为扶养人的兄、姐有负担能力；被扶养人的父母已经死亡或父母无力抚养；作为被扶养人的弟、妹必须是未成年人。如果该未成年人的兄、姐、祖父母、外祖父母均有负担能力，应当由谁承担抚养或扶养义务呢？《民法典》对此未作明文规定，司法实践中要根据实际情况确定。弟、妹扶养兄、姐须具备的条件是：扶养人是由兄、姐扶养长大的有负担能力的弟、妹；作为被扶养人的兄、姐必须是缺乏劳动能力又缺乏生活来源的人。兄弟姐妹间的扶养义务是父母对子女抚养义务的补充。符合法律规定的扶养人，必须自觉履行扶养义务。

本章小结

本章重点介绍了夫妻财产关系，夫妻个人债务与共同债务的概念及关系。夫妻财产关系，是夫妻关系存续期间涉及经济生活内容的权利义务关系，主要分为夫妻共有财产制、夫妻个人财产制及夫妻约定财产制。夫妻个人债务，是指夫妻一方在婚前所负债务，以及一方在双方婚后所负的与共同生活无关的债务。夫妻共同债务，是指夫妻因共同生活所负的债务，包括承担抚养和赡养义务所负的债务。通过本章的学习和研究，学生可以对夫妻人身关系、父母子女关系以及其他近亲属关系有一个本质、概括的了解。

简答题

1. 简述夫妻财产关系的概念及分类。

2. 简述夫妻个人债务与共同债务的基本概念。

3. 简述夫妻人身关系的基本概念及内容。

4. 简述父母子女关系的基本概念及内容。

案例

陈某与邓某系夫妻关系，陈某经彭某介绍认识了周某。2017年7月18日，陈某以投资经营某大酒店为由向周某借款20万元（周某实际转账19.4万元），约定2017年8月14日前归还。陈某收到19.4万元后向周某出具了面额为20万元的借条一份，并在现场签上了“陈某”的名字，加盖了某大酒店的公章。周某要求陈某之妻邓某签字，遂将该借条交与介绍人彭某，彭某将该借条交与了陈某，由陈某带回家给邓某签字。后陈某将签有“邓某”名字的借条交付给周某。借款到期后，陈某没有按时归还借款，陈某、周某遂于2019年4月18日对借款本息进行结算，并由陈某收回原来的借条后重新出具了一份借条，该借条仅有陈某的签名，没有邓某的签名。另外，周某并不认识邓某，在将涉案借款出借给陈某后，亦未向邓某催讨。因陈某一直未偿还借款，周某遂将陈某和邓某诉至法院，要求陈某和邓某共同偿还借款。诉讼中，陈某陈述涉案借款用于偿还欠账，并未提交证据证实涉案借款的用途。邓某对周某提交的第一份借条复印件载明的“邓某”签名有异议，陈述并非本人签署；陈某承认“邓某”的名字系其自行签署，并非邓某本人签名。

（扫码查看案例解读）

请问法院能否支持周某的诉讼请求？

第三十二章 离婚

学习目标

掌握：诉讼离婚的条件与程序。

熟悉：离婚的法律后果。

了解：协议离婚的条件与程序。

第一节 协议离婚

离婚，又称婚姻关系的解除，是指婚姻当事人在生存期间依法解除婚姻关系的民事法律行为。离婚具有以下基本特征：第一，离婚的主体必须是夫妻双方本人。离婚是解除身份关系的法律行为，应当体现当事人本人的真实意志，离婚的意思表示必须由本人表达。离婚的请求只能由本人提出，当事人一般必须到场。第二，离婚必须以双方当事人存在婚姻关系为前提。离婚是解除婚姻关系的行为，婚姻关系存在是前提条件，没有婚姻关系，就不存在解除。对于未履行结婚登记即以夫妻名义共同生活的当事人，必须依法补办结婚登记之后，才能办理离婚程序。第三，离婚必须符合法定的条件，依照法定程序确认。离婚必须由当事人本人提出申请，通过诉讼程序或行政登记程序，法律确认和准许后才发生法律效力。离婚具有法定的要式性，当事人之间未经法定程序达成的任何解除婚姻关系的协议均无法律效力，即使当事人别居生活，也不影响婚姻的效力。第四，离婚的法律后果不仅限于夫妻之间的人身关系和财产关系，还包括父母子女关系等多个方面。离婚不仅导致夫妻人身关系的解除，还将产生夫妻共同财产的分割、共同债务的清偿、离婚损害赔偿，以及对子女的抚养教育、监护、探望等一系列法律后果。

《民法典》对夫妻双方自愿离婚和一方要求离婚均作了明确的规定，设立了协议离婚和诉讼离婚的程序。

协议离婚，也称为登记离婚或非讼离婚，是指夫妻双方达成解除婚姻关系及对子女、财产等相关问题的协议，通过法定行政程序解除婚姻关系。凡男女双方自愿离婚并达成离婚协议的，须亲自到婚姻登记机关进行离婚登记，经婚姻登记机关确认批准，发给离婚证，婚姻关系即合法有效地解除。《民法典》第一千零七十六条规定："夫妻双方自愿离婚的，应当签订书面离婚协议，并亲自到婚姻登记机关申请离婚登记。离婚协议应当载明双方自愿离婚的意思表示和对子女抚养、财产以及债务处理等事项协商一致的意见。"

协议离婚在我国离婚制度中占有重要的一席，具有重要意义。协议离婚有利于当事人正确行使婚姻自由的权利，凡符合自愿离婚法定条件者，均可通过法定程序解除婚姻关系。这样不仅能够减少诉讼纠纷，而且有利于社会的安定团结。由于协议离婚的前提是夫妻双方自愿，因而争议少，不伤害对方，且协议由双方自愿达成，离婚后遗留问题较少，有利于执行。

一、协议离婚的条件

依据法律规定，协议离婚应当进行离婚登记。婚姻登记机关在审查当事人提出的协议离婚申请时，须具备以下条件：

（1）协议离婚的主体必须是具有合法婚姻关系的夫妻双方。无效婚姻的男女双方，非合法配偶的同居者，以及事实婚姻的当事人，均不能成为协议离婚的主体。

（2）协议离婚的双方当事人必须出于自愿。夫妻双方对离婚的意思表示必须是自愿、真实的，一方欺骗或胁迫他方所达成的协议，不予办理离婚登记。

（3）协议离婚的双方当事人须具有民事行为能力。协议离婚的基础是当事人之间自愿达成的离婚协议，无民事行为能力人或限制民事行为能力人依法不具有表达真实意愿的行为能力，不能通过协议离婚来解除婚姻关系。

（4）协议离婚的双方当事人对子女抚养和财产等问题已经达成协议。协议内容包括夫妻双方自愿离婚的意思表示和对子女抚养教育、不直接抚养子女的父母一方如何行使探望权、夫妻共同财产的分割、共同债务的清偿，以及对生活困难一方的经济帮助、家务劳动补偿、离婚损害赔偿等事项协商一致的意见。其协议应当符合男女平等，保护妇女和子女合法权益的原则，不违背法律的有关规定。

二、协议离婚的程序

在我国，办理登记离婚的机关是县级人民政府民政部门。办理离婚登记的程序分为：申请、离婚冷静期、审查、离婚登记。

1. 申请

凡男女双方自愿离婚的，双方应当亲自到一方当事人常住户口所在地的婚姻登记机关申请离婚登记。申请时，男女双方应当持本人的户口证明、居民身份证，本人的结婚证，双方当事人共同签署的离婚协议书。离婚协议书应当载明双方当事人自愿离婚的意思表示及对子女抚养、财产及债务处理等事项协商一致的意见。

2. 离婚冷静期

离婚冷静期，又称离婚熟虑期，是指在离婚自由原则下，婚姻双方当事人申请自愿离婚，在婚姻登记机关收到该申请之日起一定期间内，任何一方都可撤回离婚申请、终结离婚登记程序的冷静思考期间。《民法典》第一千零七十七条规定："自婚姻登记机关收到离婚登记申请之日起三十日内，任何一方不愿意离婚的，可以向婚姻登记机关撤回离婚登记申请。前款规定期限届满后三十日内，双方应当亲自到婚姻登记机关申请发给离婚证；未申请的，视为撤回离婚登记申请。"

离婚冷静期符合婚姻家庭制度的价值取向和基本原则，完善了我国的离婚制度。保障离婚自由、反对轻率离婚是婚姻家庭法始终坚持的原则，也是我国离婚制度的重要特征。《民法典》中规定离婚冷静期能够完善离婚制度，防止轻率离婚，满足维护婚姻家庭关系稳定的需要。离婚冷静期在一定程度上能够缓解双方当事人因冲动、赌气等原因产生的矛盾，避免子女与其他家庭成员因此受到伤害，通过婚姻关系的稳定来维护家庭关系的和谐。离婚冷静期还有助于减少人们把离婚当作逃避夫妻矛盾的优选项的现象，改善夫妻对婚姻关系的不谨慎态度，激发人们对婚姻家庭的责任心，使社会形成良好的婚姻家庭观，维护婚姻秩序。

3. 审查

婚姻登记机关对当事人的离婚申请，必须进行严格审查。首先，应查明当事人提供的各项离婚证件与当事人是否符合；其次，查明当事人的申请是否符合离婚登记的法定条件，申请人应向离婚登记机关如实提供信息，不得弄虚作假。申请离婚的当事人一方有下列情形之一的，婚姻登记机关不予受理：一方要求离婚的；双方同意离婚，但是对子女抚养、离婚救济、财产及债务处理等事项未达成协议的；一方或双方为限制民事行为能力人或者无民事行为能力人的；未办理过结婚登记的；

结婚登记不是在中国内地办理的。

4. 离婚登记

《民法典》第一千零七十八条规定："婚姻登记机关查明双方确实是自愿离婚，并已经对子女抚养、财产以及债务处理等事项协商一致的，予以登记，发给离婚证。"当事人自取得离婚证起，解除婚姻关系。离婚证和人民法院的离婚判决书、离婚调解书具有同等法律效力。

离婚后，离婚的当事人一方不按照离婚协议履行应尽义务的，另一方可以向人民法院提起民事诉讼。对不符合离婚登记法定条件的，婚姻登记机关不予登记，并应当向当事人讲清理由。

第二节　诉讼离婚

诉讼离婚，是指夫妻一方当事人基于法定离婚理由，向人民法院提起诉讼，人民法院依法通过调解或判决解除当事人婚姻关系的离婚制度。凡一方要求离婚，或双方对子女抚养、财产分割及离婚救济、赔偿等有争议的离婚诉求，均须经过人民法院诉讼解决。《民法典》第一千零七十九条第一款和第二款规定："夫妻一方要求离婚的，可以由有关组织进行调解或者直接向人民法院提起离婚诉讼。人民法院审理离婚案件，应当进行调解；如果感情确已破裂，调解无效的，应当准予离婚。"

一、诉讼离婚的条件

夫妻感情确已破裂是诉讼离婚的法定条件。如果夫妻感情没有破裂或没有完全破裂，即使调解无效，也不应准予离婚。我国对诉讼离婚的条件在立法技术上以概括性规定与例示性规定相结合。夫妻感情确已破裂是判决准予离婚的法定概括性条件，《民法典》第一千零七十九条第三款列举的五种情形则是认定感情破裂的具体列举规定。列举规定是概括性规定的例示说明或典型表现，而概括性规定又是对列举规定的补充和扩展。婚姻的本质是爱情，爱情是两性结合的基础，有无爱情是婚姻关系存废的前提。恩格斯指出："只有以爱情为基础的婚姻才是合乎道德的，那么也只有继续保持爱情的婚姻才合乎道德。”[①] 离婚纠纷的产生，无不与夫妻的感情状况有关。如果夫妻感情确已破裂，婚姻已经“死亡”，那么就应当依法予以解除；如果夫妻感情尚未破裂，婚姻关系仍可以继续存在下去，那么就应当依法予以维持。准予离婚或不准离婚，只能以夫妻的感情状况为客观依据。“立法者对于婚姻所能规定的，只是这样一些条件：在什么条件下婚姻是允许离异的，也就是说，在什么条件下婚姻按其实质来说是已经离异了。法院判决的离婚只能是婚姻内部崩溃的记录。”[②] 夫妻感情破裂正是婚姻内部崩溃的标志，因此，我国婚姻家庭法把夫妻感情是否确已破裂作为准离或不准离的法定界限，这是由婚姻的本质所决定的，符合马克思主义关于离婚问题的观点。

所谓感情确已破裂，是指夫妻感情已不复存在，夫妻双方无和好的可能。感情破裂的标志是夫妻的共同生活已不复存在的客观事实和不能期待夫妻双方恢复共同生活的主观意愿。

《民法典》第一千零七十九条第三款对诉讼离婚的法定条件除了概括性规定感情确已破裂外，还做了例示性规定：“有下列情形之一，调解无效的，应当准予离婚：（一）重婚或者与他人同居；（二）实施家庭暴力或者虐待、遗弃家庭成员；（三）有赌博、吸毒等恶习屡教不改；（四）因感情不和分居满二年；（五）其他导致夫妻感情破裂的情形。”根据法律规定，对这五项具体情形进行具体分析：

（1）重婚或与他人同居。

重婚是严重违反一夫一妻原则的行为，也是对夫妻感情的严重破坏。重婚既包括有配偶与他人结婚的，也包括有配偶而与他人以夫妻名义同居的事实婚姻。有配偶者与他人同居的，是指有配偶者与婚外他人，不以夫妻名义，持续稳定地共同居住。这种关系是对夫妻关系的严重破坏，一方坚决要求离婚，经调解无效的，应当视为夫妻感情确已破裂，应当准予离婚。

（2）实施家庭暴力或虐待、遗弃家庭成员。

一方对另一方或其他家庭成员实施家庭暴力，或以其他行为实施遗弃、虐待行为的，造成夫妻感情破裂，另一方坚决要求离婚的，经调解无效，应当视为夫妻感情确已破裂，可依法准予离婚。

（3）有赌博、吸毒等恶习屡教不改。

需要注意的是，赌博、吸毒等行为不应是一般性的行为，须已成为恶习并屡教

---

① 中共中央马克思恩格斯列宁斯大林著作编译局．马克思恩格斯选集：第四卷［M］．北京：人民出版社，1972：78-79.

② 马克思，恩格斯．马克思恩格斯全集：第一卷［M］．中共中央马克思恩格斯列宁斯大林著作编译局，译．北京：人民出版社，1972：185.

不改。因一方有赌博、吸毒等恶习且屡教不改，致使夫妻难以共同生活的，另一方坚决要求离婚的，经调解无效，视为夫妻感情确已破裂，可依法准予离婚。

（4）因感情不和分居满二年。

夫妻因感情不和长期分居，没有共同生活，互不履行夫妻义务，夫妻关系实际上已经名存实亡，这是夫妻感情破裂的标志之一。如一方坚决要求离婚，经调解无效，应当准予离婚。

（5）其他导致夫妻感情破裂的情形。

本条款属于弹性条款，除上述四种情况以外，其他原因导致夫妻感情确已破裂的均可适用本条款。例如，一方患有严重的精神疾病，久治不愈的；一方被判处长期徒刑，或其违法犯罪行为严重伤害夫妻感情的；夫妻双方性格不合，难以共同生活的；夫妻双方性生活不协调的；等等。

根据《民法典》规定，一方被宣告失踪，另一方提起离婚诉讼的，应当准予离婚。经人民法院判决不准离婚后，双方又分居满一年，一方再次提起离婚诉讼的，应当准予离婚。人民法院审理离婚案件，符合“应准予离婚”情形的，不应当因当事人有过错而判决不准离婚。离婚的唯一法定标准是夫妻感情是否确已破裂，无论是过错方提出离婚，还是无过错方提出离婚，都不因为当事人有过错就剥夺法律赋予其享有的离婚自由的权利。

二、诉讼离婚的程序

按照法律规定，离婚的诉讼程序分为两部分：一部分是诉讼前有关部门的非诉调解，即诉讼外的调解；另一部分是离婚诉讼的程序。

（一）诉讼外的调解

法律规定，夫妻一方要求离婚的，可以由有关组织进行调解或者直接向人民法院提起离婚诉讼。诉讼外的调解程序，是指男女一方要求离婚的，可以先经有关部门进行调解的程序。所谓有关部门，包括当事人所在单位、群众团体、基层调解组织和行政主管部门等。调解时，既可以由一个部门进行调解，也可以由夫妻双方所在的几个部门联合进行调解。调解必须遵循自愿、合法的原则，不得强迫调解。

诉讼外的调解不具有法律强制性，不是离婚的必要程序。当事人既可以选择先经过诉讼外的调解程序，也可以选择不经过诉讼外的调解程序而直接向人民法院提起离婚诉讼。在法律上规定诉讼外的调解具有重要的意义和作用：第一，诉讼外的调解有利于及时解决当事人之间的婚姻家庭纠纷，减少诉讼，防止矛盾激化。第二，诉讼外的调解有利于改善夫妻关系。通过调解可以消除对立情绪，不伤和气的调解容易为当事人所接受。第三，诉讼外的调解有利于发挥社会主义制度的优势和各级组织、群众团体的积极作用。当事人所在的有关组织，接近群众，了解情况，在弄清纠纷的原因和事实真相后进行调解和说服教育，对于纠纷解决具有有利条件。第四，诉讼外的调解符合我国国情和民族传统习惯，“和”在中国传统文化中占有重要地位。诉讼外的调解在法律上不具有强制性效力。经过调解，双方既有可能和好，也有可能达成调解协议，或调解无效进入法定离婚程序。

（二）离婚诉讼的程序

离婚诉讼的程序，是指人民法院对当事人的离婚请求进行审理的法定程序。根据《民法典》规定，离婚诉讼的程序包括起诉、调解、判决和上诉三个阶段。

1. 起诉

起诉，是指婚姻当事人在协商离婚时发生争议，一方向人民法院提起诉讼，请求人民法院通过审判予以司法保护的行为。起诉是人民法院对离婚案件行使审判权的前提。起诉离婚的提起，必须是合法婚姻关系的一方当事人，其他任何第三人均不得以起诉当事人的身份提出起诉。无民事行为能力人的配偶有实施严重损害被监护人身心健康的行为，其他有监护资格的人可以要求撤销其监护资格，并请求法院依法指定新的监护人；变更后的监护人代理无民事行为能力人提起离婚诉讼的，人民法院应予受理。起诉需要说明离婚的理由与事实、子女的抚养、财产的分割和债务的清偿等内容。《民法典》第一千零八十二条规定：“女方在怀孕期间、分娩后一年内或者终止妊娠后六个月内，男方不得提出离婚；但是，女方提出离婚或者人民法院认为确有必要受理男方离婚请求的除外。”该条规定是对男方离婚诉权的限制，也是法律对妇女、儿童利益的特殊保护。

2. 调解

法院调解，是指人民法院处理离婚案件的必经程序。在诉讼活动中适用调解，有利于对婚姻当事人进行法治宣传教育和思想疏导，缓解双方矛盾，并使案件及时、妥善地得到处理；调解所达成的协议，当事人一般能够自觉执行。这不仅减少了缠讼，也减少了人民法院的执行工作。

人民法院在调解时必须坚持自愿、合法的原则。自愿，即在调解过程中尊重当事人的选择。人民法院应当坚持在查清事实、分清是非的基础上进行调解，调解时必须掌握当事人真实的意思，进行深入、细致的思想疏导工作，分清双方的是非责任，以促使当事人互谅互让，促成双方和好或达成调解协议。

法院调解后，双方当事人达成和好合意，原告撤诉的，人民法院将调解笔录存卷，诉讼程序结束。双方当事人达成离婚协议的，人民法院按协议约定的内容制作调解书，调解书包括解除婚姻关系、子女抚养、财产分割、债务清偿、离婚补偿、赔偿等内容，调解书送达后发生法律效力，婚姻关系依法解除。调解无效，当事人达不成调解协议的，人民法院进入审理判决阶段。

3. 判决和上诉

法院判决，是指人民法院在调解无效的基础上，对离婚诉讼请求和有争议的诉讼标的进行强制性裁定。人民法院的离婚判决，包括裁定准离和不准离两种情况。夫妻感情确已破裂，准予离婚，婚姻关系解除；夫妻感情未破裂或未完全破裂，不准离婚。《民法典》第一千零八十一条规定："现役军人的配偶要求离婚，应当征得军人同意，但是军人一方有重大过错的除外。""军人一方有重大过错"可以依据《民法典》第一千零七十九条第三款前三项的规定，以及军人有其他重大过错导致夫妻感情破裂的情形予以判断。该条规定是法律从社会利益和军队稳定角度出发对军婚的特殊保护。当事人对一审法院判决不服的，可以在一审判决后 15 日内向上一级人民法院提起上诉，第二审人民法院作出的判决，为终审判决。判决一经生效，即发生法律效力，当事人必须执行。对于判决不准离婚或调解和好的离婚案件，没有新情况、新理由，原告在 6 个月内又起诉的，人民法院不予受理。一方下落不明，另一方只要求离婚而不申请宣告死亡的，不适用宣告失踪人死亡的特别程序。外出一方已连续两年以上与家庭断绝通信联系，经多方查找，确无下落，另一方坚决要求离婚的，可以公告送达诉讼文书，在公告期满后依法判决准予离婚。判决公告送达后，待上诉期满后即发生法律效力，当事人之间的婚姻关系即告解除。

《民法典》第一千零八十条是关于婚姻关系解除时间的规定。按照该条法律规定："完成离婚登记，或者离婚判决书、调解书生效，即解除婚姻关系。"离婚后，男女双方自愿恢复婚姻关系的，应当到婚姻登记机关重新进行结婚登记。

第三节　离婚的法律后果

一、离婚后父母与子女的权利义务关系

夫妻关系是产生父母子女关系的根源，但是父母子女关系与夫妻关系毕竟是两

种不同性质的关系。夫妻关系基于结婚这一法律行为而成立，因离婚而解除；而父母子女关系是基于出生这一法律事实而发生，不因夫妻离婚而解除。

（一）离婚后的父母子女关系

《民法典》第一千零八十四条规定：“父母与子女间的关系，不因父母离婚而消除。离婚后，子女无论由父或者母直接抚养，仍是父母双方的子女。离婚后，父母对于子女仍有抚养、教育、保护的权利和义务。离婚后，不满两周岁的子女，以由母亲直接抚养为原则。已满两周岁的子女，父母双方对抚养问题协议不成的，由人民法院根据双方的具体情况，按照最有利于未成年子女的原则判决。子女已满八周岁的，应当尊重其真实意愿。”

对于离婚后子女由哪一方直接抚养，父母可以进行协商。但经查实，抚养方的抚养能力明显不能保障子女所需费用，影响子女健康成长的，人民法院不予支持。如双方协商不成，由人民法院从有利于子女身心健康、保障子女合法权益的角度出发，结合父母双方的抚养能力和抚养条件等具体情况判决。离婚后，不满两周岁的子女，以由母亲直接抚养为原则。父母双方协议不满两周岁的子女由父亲直接抚养，并对子女健康成长无不利影响的，人民法院应予支持。母亲有下列情形之一，父亲请求直接抚养子女的，人民法院应予支持：母亲患有久治不愈的传染性疾病或者其他严重疾病，子女不宜与其共同生活；母亲有抚养条件不尽抚养义务，而父亲要求子女随其生活；因其他原因，子女确不宜随母亲生活。已满两周岁的子女，父母双方对抚养问题协议不成的，由人民法院根据父母双方的具体情况，按照最有利于未成年子女的原则进行判决。

对已满两周岁的未成年子女，父母均要求直接抚养，一方有下列情形之一的，可予优先考虑：已做绝育手术或者因其他原因丧失生育能力；子女随其生活时间较长，改变生活环境对子女健康成长明显不利；无其他子女，而另一方有其他子女；子女随其生活，对子女成长有利，而另一方患有久治不愈的传染性疾病或者其他严重疾病，或者有其他不利于子女身心健康的情形，不宜与子女共同生活。父母抚养子女的条件基本相同，双方均要求直接抚养子女，但子女单独随祖父母或者外祖父母共同生活多年，且祖父母或者外祖父母要求并且有能力帮助子女照顾孙子女或者外孙子女的，可以作为父或者母直接抚养子女的优先条件予以考虑。在有利于保护子女利益的前提下，父母双方协议轮流直接抚养子女的，人民法院应予支持。子女已满八周岁的，应当尊重其真实意愿。生父与继母离婚或者生母与继父离婚时，对曾受其抚养教育的继子女，继父或者继母不同意继续抚养的，仍应由生父或者生母抚养。

离婚后，原定的子女直接抚养方，可因父母抚养条件的变化或者子女要求而变更。具有下列情形之一，父母一方要求变更子女抚养关系的，人民法院应予支持：与子女共同生活的一方因患严重疾病或者因伤残无力继续抚养子女；与子女共同生活的一方不尽抚养义务或有虐待子女行为，或者其与子女共同生活对子女身心健康确有不利影响；已满八周岁的子女，愿随另一方生活，该方又有抚养能力；有其他正当理由需要变更。具体变更方式，可由父母双方协商，协议不成时，要求变更的一方可以向人民法院提起变更之诉，人民法院应当根据子女的利益和父母双方的具体情况进行判决。凡是一方要求变更抚养关系而且又具有正当理由的，人民法院应当予以支持。在离婚诉讼期间，双方均拒绝抚养子女的，可以先行裁定暂由一方抚养。对拒不履行或者妨害他人履行生效判决、裁定、调解书中有关子女抚养义务的当事人或者其他人，人民法院可以依照民事诉讼法的有关规定采取强制措施。

（二）离婚后子女抚养费的负担

《民法典》第一千零八十五条规定："离婚后，子女由一方直接抚养的，另一方应当负担部分或者全部抚养费。负担费用的多少和期限的长短，由双方协议；协议不成的，由人民法院判决。前款规定的协议或者判决，不妨碍子女在必要时向父母任何一方提出超过协议或者判决原定数额的合理要求。"根据该条法律规定，离婚后，子女由一方直接抚养的，另一方应当负担部分或者全部抚养费。父母双方可以协议由一方直接抚养子女并由直接抚养方负担子女的全部抚养费。但是，直接抚养方的抚养能力明显不能保障子女所需费用，影响子女健康成长的，人民法院不予支持。父母双方或人民法院对于负担费用、期限达成协议或作出判决的，不妨碍子女在必要时向父母任何一方提出超过协议或者判决原定数额的合理要求。根据最高人民法院的相关司法解释，抚养费的给付期限，一般至子女18周岁时止，16周岁以上不满18周岁，以其劳动收入为主要生活来源，并能维持当地一般生活水平的，父母可以停止给付抚养费。18周岁是法定民事行为能力人的年龄，父母对超过18周岁的子女一般不再负有抚养义务。但对于超过18周岁不能独立生活的成年子女，父母有给付能力的，应当负担必要的抚养费。

抚养费的数额关系到子女的切身利益，是其生存和接受教育的基本保障。在我国的司法审判实践中，从保护子女合法权益，有利于子女身心健康出发，抚养费的数额一般根据子女的实际需要、父母双方的负担能力和当地的实际生活水平确定。有固定收入的，抚养费一般可以按其月总收入的20%～30%的比例给付；负担两个以上子女抚养费的，比例可以适当提高，但一般不得超过月总收入的50%。无固定收入的，抚养费的数额可以依据当年总收入或者同行业平均收入，参照上述比例确定。有特殊情况的，可以适当提高或者降低上述比例。父母对抚养费数额进行协商，达不成协议的，由人民法院判决。抚养费应当定期给付，有条件的可以一次性给付。父母一方无经济收入或者下落不明的，可以用其财物折抵抚养费。具有下列情形，子女要求有负担能力的父或者母增加抚养费的，人民法院应予支持：原定抚养费数额不足以维持当地实际生活水平；因子女患病、上学，实际需要已超过原定数额；有其他正当理由应当增加。

（三）父母的探望权

探望权是指离婚后，不直接抚养子女的一方父母依法享有对没有与其共同生活的子女进行探视、照护、交往的权利。《民法典》第一千零八十六条规定："离婚后，不直接抚养子女的父或者母，有探望子女的权利，另一方有协助的义务。行使探望权利的方式、时间由当事人协议；协议不成的，由人民法院判决。父或者母探望子女，不利于子女身心健康的，由人民法院依法中止探望；中止的事由消失后，应当恢复探望。"

当事人在履行生效判决、裁定或者调解书的过程中，一方请求中止探望的，人民法院在征询双方当事人意见后，认为需要中止探望的，依法作出裁定；中止探望的情形消失后，人民法院应当根据当事人的请求书面通知其恢复探望。未成年子女、直接抚养子女的父或者母以及其他对未成年子女负担抚养、教育、保护义务的法定监护人，有权向人民法院提出中止探望的请求。人民法院作出的生效的离婚判决中未涉及探望权，当事人就探望权问题单独提起诉讼的，人民法院应予受理。离婚当事人在离婚过程中难免会有对立情绪，但是双方当事人在子女问题上应当保持理智。子女需要父母双方感情的呵护，离婚后的夫妻一方不能将与对方的对立情绪转化到子女身上。为了子女的健康成长，双方在离婚时应对子女的探望问题进行协商，对探望方式、时间进行具体安排。既可以约定由间接抚养方前来探望，也可以是外出会面、游玩，子女短期随其生活、外出旅游等。对于拒不协助另一方行使探望权的有关个人或者组织，一方可以由人民法院申请采取拘留、罚款等强制措施，但是不能对子女的人身、探望行为进行强制执行。

二、无过错方的离婚损害赔偿请求权

离婚损害赔偿，是指夫妻一方因法定的严重过错行为导致离婚的，无过错方有权在离婚时请求损害赔偿。《民法典》第一千零九十一条规定："有下列情形之一，导致离婚的，无过错方有权请求损害赔偿：（一）重婚；（二）与他人同居；

（三）实施家庭暴力；（四）虐待、遗弃家庭成员；（五）有其他重大过错。”该条规定中的“损害赔偿”包括物质损害赔偿和精神损害赔偿两种。离婚损害赔偿既不是侵权责任，也不属于违约责任，它是婚姻义务的本质要求。婚姻关系成立，意味着夫妻对婚姻所负的法律义务和道德责任的承诺，双方应当切实履行其法定义务。在离婚时，由重大过错方对无过错方因此受到的损害进行赔偿，这是婚姻义务的内在要求和保障无过错方合法权益的要求。离婚损害赔偿具有维护公平正义、制裁违法行为、保障婚姻秩序的功能，又有精神抚慰、缓和矛盾的功能，起到完善我国婚姻家庭立法的作用。

（一）离婚损害赔偿的条件

离婚损害赔偿必须一方具有法定的严重过错，这是行使离婚损害赔偿请求权的必要前提。法律规定有下列情形之一，导致离婚的，无过错方有权请求损害赔偿：①重婚，即有配偶者与他人结婚；②与他人同居，指有配偶者与婚外异性不以夫妻名义持续、稳定地共同居住；③实施家庭暴力，指行为人以殴打、辱骂、残害、强行限制人身自由或其他手段，给其家庭成员的人身、精神等方面造成一定伤害后果的行为；④虐待、遗弃家庭成员，即持续性、经常性地对家庭成员实施家庭暴力构成虐待；⑤有其他重大过错。其中“有其他重大过错”是指除上述四种情况以外，其他原因导致夫妻感情破裂的情形。例如，一方患有严重的精神病，经治不愈的；一方被判处长期徒刑，或其违法犯罪行为严重伤害夫妻感情的；等等。

另一方无过错是离婚损害赔偿的又一必要前提。所谓无过错，是指另一方无法律规定的构成离婚损害赔偿的严重过错行为。同时，必须是因严重过错行为导致了离婚，给无过错方造成了损害。如双方均有过错，都不能以对方有过错为由提出离婚损害赔偿。《最高人民法院关于适用〈中华人民共和国民法典〉婚姻家庭编的解释（一）》第九十条规定：“夫妻双方均有民法典第一千零九十一条规定的过错情形，一方或者双方向对方提出离婚损害赔偿请求的，人民法院不予支持。”

（二）离婚损害赔偿请求权的行使

离婚损害赔偿请求权，作为法律赋予无过错方离婚时所享有的权利，必须是由离婚诉讼中夫妻双方中无过错方提出的。无过错方没有提出离婚损害赔偿请求，人民法院在处理离婚案件时不能主动处理。离婚损害赔偿请求只能向有过错一方提出，离婚损害赔偿责任的主体，为离婚诉讼当事人中无过错方的配偶，其他人不能作为赔偿责任主体。

人民法院判决不准离婚的案件，对于当事人基于《民法典》离婚损害赔偿提出的损害赔偿请求，不予支持。在婚姻关系存续期间，当事人不起诉离婚而单独依据《民法典》离婚损害赔偿提起损害赔偿请求的，人民法院不予受理。人民法院受理离婚案件时，应当将《民法典》离婚损害赔偿等规定中当事人的有关权利义务，书面告知当事人。在适用《民法典》时，应当区分以下不同情况：第一，符合《民法典》离婚损害赔偿规定的无过错方作为原告基于该条规定向人民法院提起损害赔偿请求的，必须在离婚诉讼的同时提出。第二，符合《民法典》离婚损害赔偿规定的无过错方作为被告的离婚诉讼案件，如果被告不同意离婚也不基于该条规定提起损害赔偿请求，可以就此单独提起诉讼。第三，无过错方作为被告的离婚诉讼案件，一审时被告未基于《民法典》离婚损害赔偿规定提出损害赔偿请求，二审期间提出的，人民法院应当进行调解；调解不成的，告知当事人另行起诉。双方当事人同意由第二审人民法院一并审理的，第二审人民法院可以一并裁判。当事人在婚姻登记机关办理离婚登记手续后，以《民法典》离婚损害赔偿规定为由向人民法院提起损害赔偿请求的，人民法院应当受理。但当事人在协议离婚时已经明确表示放弃该项请求的，人民法院不予支持。

三、离婚后夫妻共同财产的分割

（一）分割的对象

《民法典》规定了夫妻法定财产制，将夫妻婚姻关系存续期间所得财产规定为夫妻共有，但也规定了属于一方所有的个人特有财产和约定财产制。离婚分割共同财产首先应认定夫妻共同财产，将夫妻共同财产与夫妻个人财产、约定财产、家庭财产区分开来。对于个人财产还是夫妻共同财产难以确定的，主张权利的一方有责任举证。当事人不能提供有力证据，人民法院又无法查实的，按夫妻共同财产处理。人民法院审理离婚案件，涉及分割发放到军人名下的复员费、自主择业费等一次性费用的，以夫妻婚姻关系存续年限乘以年平均值，所得数额为夫妻共同财产。年平均值，是指将发放到军人名下的上述费用总额按具体年限均分得出的数额。其具体年限为人均寿命七十周岁与军人入伍时实际年龄的差额。

根据我国法律有关规定，婚姻关系存续期间夫妻双方及一方所得的财产，除双方另有约定、法律另有规定以外，属于夫妻共同所有。夫妻共同财产在离婚时需要进行分割。除夫妻约定、法律特别规定以外，法律将夫妻的婚前财产、婚姻关系存续期间所得的个人特有财产规定为个人所有。个人财产，确定范围后离婚时归一方所有，他方不能要求分割个人财产。夫妻离婚时，除夫妻以外还有其他共同生活的家庭成员的，要注意将夫妻共同财产与家庭财产区分。

（二）分割的原则

夫妻共同财产的分割，是指离婚时依法将夫妻共同财产划分为各自的个人财产。《民法典》第一千零八十七条规定："离婚时，夫妻的共同财产由双方协议处理；协议不成的，由人民法院根据财产的具体情况，按照照顾子女、女方和无过错方权益的原则判决。"该条规定是对离婚时夫妻共同财产的处理。离婚时，对于夫妻共同财产的分割，应当由当事人协商解决，达成协议。这是尊重当事人的意愿，是意思自治原则的体现。如果达不成协议，由人民法院依法判决。

（三）分割的具体方法

人民法院对夫妻共同财产的处理，应坚持男女平等，保护女方、子女权益，照顾无过错方，有利生产、方便生活的原则，合情合理地解决分割问题。在分割夫妻共同财产时，应充分发挥财产的效用和不破坏财产的经济价值。对于生活必需品应当考虑双方的需要；对于生产资料，要考虑有生产经营条件、能力和正在进行生产、经营的一方，但价值超过其应得份额时，对超过部分的价值应当补偿给对方，以保护双方的合法权益；对于夫或者妻在家庭土地承包经营中享有的权益等，应当依法予以保护。

针对目前生活中金融资产、股票及股权投资、房屋等离婚中的焦点问题，法律及司法解释也作了相关规定。夫妻双方分割共同财产中的股票、债券、投资基金份额等有价证券以及未上市股份有限公司股份时，协商不成或者按市价分配有困难的，人民法院可以根据数量按比例分配。涉及分割夫妻共同财产中以一方名义在有限责任公司的出资额，另一方不是该公司股东的，夫妻双方协商一致将出资额部分或者全部转让给该股东的配偶，其他股东过半数同意，并且其他股东均明确表示放弃优先购买权的，该股东的配偶可以成为该公司股东；夫妻双方就出资额转让份额和转让价格等事项协商一致后，其他股东半数以上不同意转让，但愿意以同等条件购买该出资额的，人民法院可以对转让出资所得财产进行分割。其他股东半数以上不同意转让，也不愿意以同等条件购买该出资额的，视为其同意转让，该股东的配偶可以成为该公司股东。

双方对夫妻共同财产中的房屋价值及归属无法达成协议时，双方均主张房屋所有权并且同意竞价取得的，应当准许；一方主张房屋所有权的，由评估机构按市场价格对房屋作出评估，取得房屋所有权的一方应当给予另一方相应的补偿；双方均不主张房屋所有权的，根据当事人的申请拍卖、变卖房屋，就所得价款进行分割。

离婚时双方对尚未取得所有权或者尚未取得完全所有权的房屋有争议且协商不成的，人民法院不宜判决房屋所有权的归属，应当根据实际情况判决由当事人使用。当事人就前款规定的房屋取得完全所有权后，有争议的，可以另行向人民法院提起诉讼。夫妻一方婚前签订不动产买卖合同，以个人财产支付首付款并在银行贷款，婚后用夫妻共同财产还贷，不动产登记于首付款支付方名下的，离婚时该不动产由双方协议处理。不能达成协议的，人民法院可以判决该不动产归登记一方，尚未归还的贷款为不动产登记一方的个人债务。双方婚后共同还贷支付的款项及其相对应财产增值部分，离婚时应根据《民法典》第一千零八十七条第一款规定的原则，由不动产登记一方对另一方进行补偿。婚姻关系存续期间，双方用夫妻共同财产出资购买以一方父母名义参加房改的房屋，登记在一方父母名下，离婚时另一方主张按照夫妻共同财产对该房屋进行分割的，人民法院不予支持。购买该房屋时的出资，可以作为债权处理。

离婚时，夫妻共同债务应当共同偿还。共同财产不足清偿或者财产归各自所有的，由双方协议清偿；协议不成的，由人民法院判决。

离婚后，一方以尚有夫妻共同财产未处理为由向人民法院起诉请求分割的，经审查该财产确属离婚时未涉及的夫妻共同财产，人民法院应当依法予以分割。夫妻一方隐藏、转移、变卖、毁损、挥霍夫妻共同财产，或者伪造夫妻共同债务企图侵占另一方财产的，在离婚分割夫妻共同财产时，对该方可以少分或者不分。离婚后，另一方发现有上述行为的，可以向人民法院提起诉讼，请求再次分割夫妻共同财产。当事人依此向人民法院提起诉讼，请求再次分割夫妻共同财产的诉讼时效期间为三年，从当事人发现之日起计算。

四、离婚经济补偿

关于离婚经济补偿，《民法典》第一千零八十八条规定：“夫妻一方因抚育子女、照料老年人、协助另一方工作等负担较多义务的，离婚时有权向另一方请求补偿，另一方应当给予补偿。具体办法由双方协议；协议不成的，由人民法院判决。”经济补偿是一种劳务补偿，因为双方的家务分担可能不均等，存在差异，因此可以将离婚经济补偿看作基于公平原则的一种救济措施。尤其是在约定分别财产制下，财产归各自所有，对多付出的一方是不公平的。离婚经济补偿请求权是对夫妻一方从事家务劳动或协助对方工作予以正确评价的必然要求。如果付出较多义务的一方不提出补偿要求，就不产生相应后果。

五、离婚经济帮助

经济帮助，是指夫妻离婚时，因一方生活确有困难，经双方协议或法院判决，由有条件的一方从其个人财产中给予有困难一方适当帮助的制度。《民法典》第一千零九十条规定：“离婚时，如果一方生活困难，有负担能力的另一方应当给予适当帮助。具体办法由双方协议；协议不成的，由人民法院判决。”由于离婚后夫妻双方的权利义务关系终止，离婚经济帮助不是扶养义务，而是从原婚姻关系中派生出来的一种责任。离婚经济帮助须具备两个条件：第一，一方生活确有困难。指离婚后依靠个人财产无法维持当地基本生活水平，离婚后没有住处，属于生活困难。第二，提供帮助的一方有经济负担能力。离婚经济帮助一般是一次性的。

本章小结

本章重点研究了诉讼离婚的条件与程序。诉讼离婚是指夫妻一方当事人基于法定离婚理由，向人民法院提起诉讼，人民法院依法通过调解或判决解除当事人婚姻关系的离婚制度。诉讼离婚的法定条件为夫妻感情确已破裂。离婚的诉讼程序分为两部分：一部分是诉讼前有关部门的非诉调解，即诉讼外的调解；另一部分是离婚诉讼的程序。通过本章的学习和研究，学生可以对协议离婚的条件与程序、离婚的法律后果有一个本质、概括的了解。

简答题

1. 简述诉讼离婚的法定条件。
2. 简述诉讼离婚的程序。
3. 简述离婚的法律后果。

案例

原告、被告系夫妻关系，2010 年 2 月，育有一子张某甲（患天使综合征）。2014 年 5 月，原告、被告经民政部门登记协议离婚，签订自愿离婚协议书（以下简称 2014 年的协议），其主要内容为：①张某甲随女方生活。②男方每月支付抚养费。③A 处房屋归

（扫码查看案例解读）

男方所有。④B 处房屋归女方所有，尚余贷款由男方清偿。⑤赣牌轿车归男方所有。⑥双方共同现金存款 24.33 万元及股票均归女方所有。⑦其他共同财产分割自行协商。2015 年 6 月，原告、被告复婚，2015 年 11 月，原告、被告生育次子张某乙。2016 年 5 月 30 日，原告、被告再次经民政部门登记协议离婚，并达成自愿离婚协议书（以下简称 5 月 30 日的协议），其主要内容为：①双方自愿离婚。②张某甲、张某乙随女方生活，两子的抚养费由女方承担。③A 处房屋、B 处房屋均归女方所有。④赣牌轿车归女方所有；沪牌轿车归男方所有，该车尚余贷款由男方清偿。⑤男方支付女方 70 万元。⑥双方存款、股票均归女方所有。2016 年 7 月 1 日，原告、被告又重新达成自愿离婚协议书，与 5 月 30 日的协议主要区别有：①张某甲、张某乙随男方生活，抚养费由男方承担。②A 处房屋归女方所有，B 处房屋归男方所有。③男方支付女方 28.50 万元。2017 年 7 月 12 日，原告向人民法院提出变更抚养关系的请求，人民法院经审理查明事实，2016 年 5 月 30 日原被告离婚后，原告仍携两子居住在 B 处房屋内，原告父母亦同住协助原告照顾两个孩子。2016 年 7 月 1 日，被告独自搬离，外出租房居住。2016 年 8 月 5 日，原告父母携两子回老家。2017 年春节过后，原告将长子张某甲托付给姐姐张某莲照顾，原告每月支付张某莲看护费 4 000 元，生活费另行支出，次子张某乙则仍随原告父母在老家生活。2016 年 10 月底，被告入住 B 处房屋，原告则搬离，外出租房居住。该案经本院组织调解，原告、被告双方达成调解协议，张某甲、张某乙由原告抚养，原告自愿负担两子的抚养费。调解后，被告搬离了 B 处房屋，原告装修 B 处房屋后，用于出租。目前 B 处房屋处于空置状态。2017 年 8 月 16 日，原告向被告支付 20 万元。被告于 2017 年 9 月 3 日向原告出具收条一份，主要内容为：按照离婚协议，原告应向被告支付存款 20 万元整，以及其他财产分割款 28.50 万元整，现被告已收到原告支付的 20 万元存款。收条由被告签字确认。诉讼中，原告、被告一致认可双方离婚协议书中所述的存款金额为 20 万元。另查明，B 处房屋于 2012 年 7 月 9 日核准登记在被告名下。

请问原告、被告于 2016 年 7 月 1 日签署的离婚协议书是否具有法律效力？

第三十三章 收养

学习目标

掌握：收养关系的成立。

熟悉：收养的效力。

了解：收养关系的解除。

第一节 收养关系的成立

收养，是指收养人、被收养人依照法律规定设立拟制父母子女关系的民事法律行为。领养他人子女的自然人为收养人，称养父母；被他人收养的自然人为被收养人，称养子女；将子女或儿童送给他人收养的父母、其他监护人和社会福利机构，称为送养人。收养关系为拟制血亲的亲子关系，是基于收养行为的法律效力而发生的。现代收养立法以保护被收养的未成年人利益为基本目的，以收养未成年人为中心。《儿童权利公约》第二十一条规定："凡承认和（或）许可收养制度的国家应确保以儿童的最大利益为首要考虑。"我国已加入该公约，因此收养立法以有利于未成年人的抚养、成长为原则，是应该履行的国际义务。收养还应保障被收养人和收养人的合法权益，遵循平等自愿原则与不违背社会公德和社会主义核心价值观。

收养具有以下法律特征：第一，收养是确立民事法律关系的民事法律行为。收养关系不同于自然血亲关系，它基于当事人的法律行为而产生。收养适用于自然人，而不适用于法人。公民之间的收养和社会福利机构对孤儿、遗弃儿和残疾儿的收养，在性质、方式和效力方面均有所不同。社会福利机构的收养，只要符合收养条件，即可自行决定收养，无须经其他机关的准许或同意。社会福利机构只能发生对儿童的监护关系，而不能发生亲属关系。第二，收养是要式法律行为。收养不仅涉及当事人的人身和财产关系，而且关系到社会公共利益，所以，收养关系的成立和解除必须符合法律规定的条件和程序。收养登记是收养行为生效的要件。第三，收养是变更亲属身份和权利义务关系的民事法律行为。通过收养行为，收养人和被收养人之间形成一种拟制血亲关系，产生了法律拟制的父母子女间的身份关系和权利义务关系，被收养人与其生父母之间的身份关系和权利义务关系随之消除。第四，收养关系的当事人需为法律所规定的特定人。收养人、被收养人和送养人必须符合法律要求，收养只能发生在非直系血亲的自然人之间。旁系血亲之间可以收养。第五，收养可以依法设立或解除。收养使非直系血亲的收养人和被收养人之间建立了拟制父母子女血亲关系，它既可以依法设立，也可以依法解除。

收养关系的成立，是指收养关系当事人依据法律规定的条件和程序设立收养关系。收养是变更当事人身份关系的重要法律行为，关系到社会公共利益，必须符合法律规定的条件和程序，收养才具有法律效力。

一、收养关系成立的条件

一般情形下，收养关系的成立应当具备以下四个方面的条件：

（一）被收养人的条件

《民法典》第一千零九十三条规定："下列未成年人，可以被收养：（一）丧失父母的孤儿；（二）查找不到生父母的未成年人；（三）生父母有特殊困难无力抚养的子女。"根据该条法律规定，被收养人应当是符合以下条件的未成年人，才可以被收养：第一，丧失父母的孤儿，是指其父母死亡或人民法院宣告其父母死亡的未成年人。第二，查找不到生父母的未成年人，是指被其父母或其他监护人遗弃而脱离家庭或监护人的未成年人。第三，生父母有特殊困难无力抚养的子女，指父母因身体健康原因或经济方面原因，遭遇特殊困难，丧失了抚养子女的能力，使未成年子女得不到生父母的抚养。

（二）送养人的条件

《民法典》第一千零九十四条规定："下列个人、组织可以作送养人：（一）孤儿的监护人；（二）儿童福利机构；（三）有特殊困难无力抚养子女的生父母。"根据该条法律规定，符合以下条件的个人、组织可以作送养人：第一，孤儿的监护人。孤儿的监护人既可以是其祖父母、外祖父母、成年的兄姐等近亲属，也可以是其他经批准的关系密切的亲属、社会组织。其中，孤儿的近亲属与孤儿在法律上有法定的抚养或扶养权利义务关系。因此，为了维护这些近亲属的合法权益，兼顾其与孤儿的感情联系，更为了保障孤儿的健康、成长，以及确保送养人具备送养的行为能力，《民法典》第一千零九十五条规定："未成年人的父母均不具备完全民事行为能力且可能严重危害该未成年人的，该未成年人的监护人可以将其送养。"为了规范社会生活中存在的监护人送养孤儿的情形，《民法典》第一千零九十六条规定："监护人送养孤儿的，应当征得有抚养义务的人同意。有抚养义务的人不同意送养、监护人不愿意继续履行监护职责的，应当依照本法第一编的规定另行确定监护人。"第二，儿童福利机构。我国民政部门或其他社会组织设立的社会福利机构，是其收容、养育的孤儿、弃婴的监护组织。因此，收养人自愿收养这些弃婴、孤儿时，儿童福利机构可以作为送养人。第三，有特殊困难无力抚养子女的生父母。父母对子女有抚养的义务。但在实际生活中，如果父母因患病、重残丧失劳动能力而无可靠经济来源造成其无力抚养子女等，允许其将子女送给他人收养。生父母送养子女，应当双方共同送养。生父母一方不明或者查找不到的，可以单方送养。《民法典》对监护人送养未成年人进行了特殊规定，未成年人的父母均不具备完全民事行为能力且可能严重危害该未成年人的，该未成年人的监护人可以将其送养。

（三）收养人的条件

《民法典》第一千零九十八条规定："收养人应当同时具备下列条件：（一）无子女或者只有一名子女；（二）有抚养、教育和保护被收养人的能力；（三）未患有在医学上认为不应当收养子女的疾病；（四）无不利于被收养人健康成长的违法犯罪记录；（五）年满三十周岁。"根据该条法律规定，收养人应当同时具备下列条件：第一，收养人无子女或者只有一名子女。是指未婚者无子女，已婚者尚无子女或只有一名子女，以及夫妇一方或双方欠缺生育能力而不可能生育子女等情况。第二，收养人具有抚养、教育和保护被收养人的能力，包括身体条件、经济条件和教育能力，这是由收养的目的所决定的。第三，未患有在医学上认为不应当收养子女的疾病。为保障被收养人的身体健康，收养人应具有完全民事行为能力和未患有不应当收养子女的疾病。第四，无不利于被收养人健康成长的违法犯罪记录。第五，年满三十周岁。养父母与养子女之间应有合理的年龄差距。法律要求收养人的年龄必须达到三十周岁，这是出于对收养关系的性质和生育时间的考虑。第六，有配偶者收养子女，应当夫妻共同收养。《民法典》对收养人收养子女的人数进行了规定：无子女的收养人可以收养两名子女，有子女的收养人只能收养一名子女。

《民法典》针对某些特殊收养关系，对特殊主体的收养条件作出了放宽性或限定性规定。第一，收养三代以内旁系同辈血亲的子女，可以不受以下限制：被收养人是生父母有特殊困难无力抚养的子女；送养人是有特殊困难无力抚养子女的生父母；无配偶者收养异性子女的，收养人与被收养人的年龄应当相差四十周岁以上。华侨收养三代以内旁系同辈血亲的子女，还可以不受无子女或者只有一名子女规定的限制。第二，继父母收养继子女的，继父或者继母经继子女的生父母同意，可以收养继子女，不受以下限制：被收养人是生父母有特殊困难无力抚养的子女；送养人是有特殊困难无力抚养子女的生父母；无子女的收养人可以收养两名子女，有子女的收养人只能收养一名子女，以及一般收养人条件。第三，收养孤儿、残疾未成年人或者儿童福利机构抚养的查找不到生父母的未成年人，不受无子女的收养人可以收养两名子女，有子女的收养人只能收养一名子女和收养人无子女或者只有一名子女的限制。第四，无配偶者收养异性子女的规定。无配偶者收养异性子女的，收养人与被收养人的年龄应当相差四十周岁以上。无配偶者收养三代以内同辈旁系血亲的子女或收养继子女的，不适用这一年龄差的规定。这一规定旨在防止日后发生有悖社会公德的事件。

（四）收养与送养必须自愿

《民法典》第一千一百零四条规定："收养人收养与送养人送养，应当双方自愿。收养八周岁以上未成年人的，应当征得被收养人的同意。"收养是变更亲属身份和权利、义务关系的民事法律行为。收养人收养与送养人送养，应当双方自愿，须当事人意思表示一致。收养八周岁以上未成年人的，应当征得被收养人的同意。八周岁以上的未成年人具有部分民事行为能力，可以表达是否同意被收养的意思，因此应征得被收养人本人的同意，形成收养人、送养人、被收养人三方一致的意思表示。

二、收养关系成立的程序

收养是要式法律行为，收养关系的成立和解除不仅必须符合法律规定的条件，还必须符合法律规定的程序。收养须履行法定的收养程序，收养关系才能合法成立。

（一）民政部门办理收养登记是收养成立的必经程序

《民法典》第一千一百零五条第一款规定：“收养应当向县级以上人民政府民政部门登记。收养关系自登记之日起成立。”

收养非社会福利机构抚养的查找不到生父母的弃婴、儿童的，在弃婴或儿童发现地收养登记机关办理收养登记。收养社会福利机构抚养的查找不到生父母的弃婴、孤儿的，在社会福利机构所在地收养登记机关办理收养登记。收养生父母有特殊困难无力抚养的子女或者由监护人监护的孤儿的，在被收养人生父母或者监护人常住户口所在地（社会组织作为监护人的，在该组织所在地）的收养登记机关办理收养登记。收养三代以内同辈旁系血亲的子女，以及继父或者继母收养继子女的，在被收养人生父或者生母常住户口所在地的收养登记机关办理登记。

办理登记的程序包括申请、审查、评估、登记。收养未成年子女，应当由收养人、被收养人和送养人（含社会福利院的负责人），共同到收养登记机关办理收养登记。收养人应当向收养登记机关提交收养申请书和相关证件、证明材料，收养登记机关依法对证件齐全有效、是否符合收养条件进行审查。收养查找不到生父母的未成年人的，收养登记机关应当在收养登记前予以公告。县级以上人民政府民政部门应当依法进行收养评估。依法符合收养条件的，收养登记机关应当为当事人办理收养登记，发给《收养登记证》。收养关系自登记之日起成立。收养关系成立后，公安机关应当按照国家有关规定为被收养人办理户口登记。

（二）收养协议与收养公证

收养关系当事人愿意签订收养协议的，可以签订收养协议。收养关系当事人各方或者一方要求办理收养公证的，应当办理收养公证。根据法律规定，收养协议或收养公证不是收养成立的必备形式，不影响收养的效力。若只办理了收养协议或收养公证，未履行收养登记程序，收养不发生法律拟制的父母子女间的身份关系和权利义务关系变更的法律效力。

三、涉外收养

外国人依法可以在我国收养子女。外国人在我国收养子女，应当经其所在国主管机关依照该国法律审查同意。收养人应当提供由其所在国有权机构出具的有关其年龄、婚姻、职业、财产、健康、有无受过刑事处罚等状况的证明材料，并与送养人签订书面协议，亲自到我国省（区、市）人民政府民政部门登记。

涉外收养的证明材料应当经收养人所在国外交机关或者外交机关授权的机构认证，并经中华人民共和国驻该国使领馆认证，但是国家另有规定的除外。

第二节 收养的效力

一、养父母与养子女的权利义务关系

《民法典》第一千一百一十一条规定："自收养关系成立之日起，养父母与养子女间的权利义务关系，适用本法关于父母子女关系的规定；养子女与养父母的近亲属间的权利义务关系，适用本法关于子女与父母的近亲属关系的规定。"

（1）养父母与养子女间产生法律拟制的父母子女间权利义务关系。养父母有抚养、教育和保护未成年养子女的权利和义务，成年养子女有赡养、扶助和保护养父母的义务，养父母与养子女之间有相互继承遗产的权利。

（2）养子女可以随养父或者养母的姓氏，经当事人协商一致，也可以保留原姓氏。

（3）养子女与养父母的近亲属间产生拟制血亲关系的，适用子女与父母的近亲属权利义务关系的规定。

二、养子女与生父母之间的关系

收养关系成立后，养子女与生父母及其他近亲属间的权利义务关系，因收养关系的成立而消除。这一规定在于稳定收养关系，有利于养父母与养子女及近亲属间建立和睦的家庭关系。收养关系的成立消除了养子女与生父母及其近亲属之间的权利义务关系，但自然血缘关系不会因收养而消除。因此，法律禁止直系血亲和三代以内旁系血亲结婚的规定仍然适用。

三、收养行为的无效

无效的收养行为，是指欠缺收养关系成立的有效要件，因而不能产生收养的法律效力的收养行为。收养行为无效主要源于：收养行为具有民事法律行为无效规定的情形；违反法律规定的收养条件；以及其他规定收养行为无效的情形。

《民法典》规定，无效的收养行为自始没有法律约束力。

第三节　收养关系的解除

收养关系的解除，即合法有效的收养关系因发生一定的法律事实，无法继续亲子关系而使该关系归于消灭。下列情形是引起收养关系解除的法律事实：其一，法律事件，因收养关系一方当事人死亡而解除；其二，法律行为，因收养当事人依法办理了解除收养的手续而解除。收养关系的解除必须符合法律规定的条件和程序。

一、收养关系解除的条件

根据法律规定，符合以下条件可以解除收养关系。

（1）收养人、送养人双方协议解除收养关系。

《民法典》第一千一百一十四条第一款规定："收养人在被收养人成年以前，不得解除收养关系，但是收养人、送养人双方协议解除的除外。养子女八周岁以上的，应当征得本人同意。"法律的这一规定，是基于有利于未成年人抚养成长和平等自愿、意思自治的原则而制定的。在养子女未成年的情况下，只有当收养人、送养人双方自愿协议解除收养关系，并且年满 8 周岁以上的养子女也同意解除的，才允许协议解除收养关系。

（2）收养人不履行抚养义务，有侵害未成年养子女合法权益的违法行为。

收养关系成立后，养父母与养子女之间形成拟制直系血亲的父母子女关系，养父母须依法承担抚养、教育和保护养子女的权利义务。如果养父母有虐待、遗弃等侵害未成年养子女合法权益的违法行为，就会直接损害养子女的身心健康。《民法典》第一千一百一十四条第二款规定："收养人不履行抚养义务，有虐待、遗弃等侵害未成年养子女合法权益行为的，送养人有权要求解除养父母与养子女间的收养关系。送养人、收养人不能达成解除收养关系协议的，可以向人民法院提起诉讼。"

（3）养父母与成年养子女关系恶化、无法共同生活。

养子女成年以后，在共同生活中因某种原因，导致与养父母关系恶化，双方无法再继续共同生活的，养父母或者成年养子女中的任何一方，都可以要求解除收养关系。《民法典》第一千一百一十五条规定："养父母与成年养子女关系恶化、无法共同生活的，可以协议解除收养关系。不能达成协议的，可以向人民法院提起诉讼。"

二、收养关系解除的法律后果

《民法典》规定了收养关系协议登记解除和诉讼解除两种收养关系解除的程序，这两种解除程序都会使因收养关系成立所产生的法律效力归于消灭，在身份和财产上产生一系列法律后果。

（一）协议登记解除

收养关系成立后，在被收养人成年之前，收养人、送养人双方可以协议解除收养关系。养父母与成年养子女关系恶化、无法共同生活的，也可以协议解除收养关系。《民法典》第一千一百一十六条规定："当事人协议解除收养关系的，应当到民政部门办理解除收养关系登记。"收养当事人双方已自愿达成解除收养关系的协议。解除收养关系时，养子女为未成年人的，应由收养人、送养人双方协议解除。对于已有识别能力的八周岁以上的未成年被收养人，还须征得其本人同意。养子女已经成年的，应由养父母与成年养子女双方协议解除收养关系。收养双方当事人须对财产和生活无争议，并在协议中对经济问题明确作出协商一致的妥善处理。收养登记机关收到解除收养关系登记申请书及有关材料后，对符合法律规定的，为当事人办理解除收养关系的登记，收回《收养登记证》，发给《解除收养关系证明》。

（二）诉讼程序解除

诉讼程序解除，即诉讼解除收养程序，是指收养当事人通过向人民法院起诉，解除收养关系的程序。它适用于以下两种情况：①收养双方当事人仅单方要求解除；②虽然双方同意解除收养关系，但对财产或生活有争议。人民法院审理解除收养关系的案件时，应当查明当事人要求解除收养关系的真实原因，以及养父母与养子女间的实际生活情况，并听取八周岁以上的被收养人的意见，本着保护合法的收养关系，维护当事人合法权益和有利于未成年被收养人的抚养、成长原则，依照解除收养的法定条件，合理合法地正确处理。人民法院可以对当事人进行调解，帮助他们达成解除收养的协议；调解无效时，可依法判决。

（三）解除收养关系后的身份效力

收养关系解除后，养子女与养父母以及其他近亲属间的权利义务关系即行消除，与生父母以及其他近亲属间的权利义务关系自行恢复。但是，成年养子女与生父母以及其他近亲属间的权利义务关系是否恢复，可以协商确定。生父母与被收养的子女间是自然血缘关系，通过依法收养而将父母子女的权利义务转移给了养父母。收养关系解除后，被收养的子女自然应当恢复与生父母的权利义务关系，以利于未成年子女的成长。

（四）解除收养关系后的财产效力

收养关系解除后，经养父母抚养的成年养子女，对缺乏劳动能力又缺乏生活来源的养父母，应当给付生活费。因养子女成年后虐待、遗弃养父母而解除收养关系的，养父母可以要求养子女补偿收养期间支出的抚养费。生父母要求解除收养关系的，养父母可以要求生父母适当补偿收养期间支出的抚养费；但是，因养父母虐待、遗弃养子女而解除收养关系的除外。生活费、抚养费的数额，可以先由双方协议；协议不成时，由人民法院根据当时当地一般生活水平需要及养子女的实际负担能力来判决。

本章小结

本章重点介绍了收养关系的成立条件及程序。收养关系的成立应当满足以下四个方面的条件：被收养人为丧失父母、查找不到父母或生父母有特殊困难无力抚养的未成年人；送养人必须为被收养人的监护人、儿童福利机构、有特殊困难无力抚养子女的生父母；收养人年满三十周岁无不利于被收养人健康成长的违法犯罪记录，且其无子女或者只有一名子女，具有抚养、教育和保护被收养人的能力并未患有在医学上认为不应当收养子女的疾病。最后一个条件便是收养与送养必须自愿。收养关系的成立程序为要到民政部门办理收养登记此程序，这是收养成立的必经程序，此外如收养人愿意签订收养协议应当予以签订协议，或要求进行收养公证应当进行公证。通过本章的学习和研究，学生可以对收养的效力、收养关系的解除有一个本质、概括的了解。

简答题

1. 简述收养关系成立的条件。
2. 简述收养关系成立的程序。
3. 简述收养的法律效力。
4. 简述收养关系的解除。

案例

张某与史某原为夫妻。2000 年 5 月，张某因偷盗钱财，被依法判处有期徒刑三年。为此，史某诉请人民法院要求与张某离婚。2001 年 1 月，人民法院判决双方离婚，双方所生的三周岁男孩由史某抚养。张某不服，上诉至中级人民法院。在二审审理期间（最终维持原判），史某未与张某协商，就擅自将男孩送给不知情的农民赵某夫妇收养，并收取了 1 000 元抚养费。赵某夫妇收养了这个男孩后，倍加疼爱，为他更改了姓名，办理了户口迁移手续。2003 年 6 月，张某得知了上述情况，几经周折找到了收养人赵某，要求领回自己的孩子，未成功。张某便于 2003 年 11 月诉至人民法院，要求领回自己的孩子自行抚养。

（扫码查看案例解读）

请问张某的诉求能否得到支持?

第六编

继承

第三十四章 继承法概述

学习目标

掌握：继承法的基本原则。

熟悉：继承权的概念和特征。

了解：继承权的接受、放弃与丧失。

第一节 继承权的概念和特征

一、继承权的概念

对继承权的概念性描述可以追溯至罗马法时期，当时罗马人对继承权概念的描述是："继承权是对于一个死亡者全部法律地位的一种继承。"①

有学者对继承权的理解是："继承权使得继承人不仅获得被继承人财产，还获得其生前拥有的法律地位和所有权利，尤其是家长权。继承人依据继承权继续着被继承人的民事生活和他的法律生存。之所以会有这样的继承权概念，是因为古代社会的继承制度不仅是财产的继承，还是身份的继承，而且更看重身份的继承。"②

也有学者认为："继承权是指公民依照法律的直接规定或者被继承人所立的合

① 梅因．古代法［M］．沈景一，译．北京：商务印书馆，1997：104.

② 刘文．继承法律制度研究［M］．北京：中国政法大学出版社，2016：39.

法有效的遗嘱享有的继承被继承人遗产的权利。”其具体是指：“（1）是公民享有的权利。只有公民才可以享有继承权，并且基于继承权取得遗产。法人、其他组织和国家接受被继承人遗产的情况有两种：一是受遗赠；二是接受无人继承又无人受遗赠的财产。（2）有两种发生的根据。合法有效的遗嘱和法律的直接规定。（3）具有财产性，是继承人取得被继承人财产的法律根据。”①

从上述内容我们可以看出，对于继承权的理解在不同时期和不同学者看来是有差异的，但从总体上来讲，继承权是基于身份权利而产生的权利，是一种财产权，而且具有绝对权性质。

继承权是指公民依照法律规定或者被继承人生前所立的合法有效的遗嘱而承受被继承人遗产的权利。继承权是财产继承法律关系的权利主体——继承人所享有的权利，其是构成财产继承法律关系内容的重要组成部分。没有继承权，财产继承法律关系将是毫无意义的。

继承权的概念有客观意义与主观意义两层含义。

（1）客观意义上的继承权，是指继承开始前，公民依照法律的规定或者遗嘱的指定而接受被继承人遗产的资格，即继承人所具有的继承遗产的权利能力。客观意义上的继承权产生于法律的直接规定和被继承人所立遗嘱的指定，是不以继承人的主观意志为转移的、客观存在的、具有实现可能性的权利。依照《民法典》继承编的有关规定，被继承人的配偶、子女、父母、兄弟姐妹、祖父母、外祖父母，以及对公、婆尽了主要赡养义务的丧偶儿媳和对岳父母尽了主要赡养义务的丧偶女婿，均属于法定继承人。上述法定继承人中的一人或数人经被继承人立遗嘱指定可作为遗嘱继承人。凡符合上述条件的法定继承人和遗嘱继承人，都具有取得被继承人遗产的资格，即都享有客观意义上的可能性继承权。这种继承权的法律意义在于：第一，其属于人身性质的权利，本身还不具有直接财产内容，不得转让与抛弃。第二，在继承开始前，其已受法律保护，不得任意剥夺。第三，当其归属发生争议时，可作为确认之诉的标的。第四，继承开始时，享有该种权利的人直接参加财产继承法律关系，不再另行经过确认。但是这种客观意义上的继承权还仅仅是一种法律意义上的、财产内容尚未实现的继承权，本身并不稳固。继承人既可能会因某种法定原因而丧失对特定被继承人的继承权，也可能会由于被继承人设立遗嘱或取消遗嘱而排除其法定继承权或否定其遗嘱继承权，还可能会由于顺位在先的法定继承人的存在而排斥顺位在后的法定继承人的继承权。只有在具备了法定条件即出现了一定的法律事实时，这种继承权才能给继承人带来实际的财产利益。正因为如

① 王琳．亲属与继承法［M］．北京：法律出版社，2014：177.

此，有些学者在其著述中将这种客观意义上的继承权称为“继承期待权”。

（2）主观意义上的继承权，是指当具备法定条件（一定的法律事实）时，原来享有客观意义上的继承权的继承人对被继承人的遗产已经拥有事实上的财产权利，即已经属于继承人并给他带来实际财产利益的继承权。这种继承权同继承人的主观意志相联系，他可以接受继承，也可以放弃继承。所以说，主观意义上的继承权是具有现实性、财产性的继承权。

由客观意义上的继承权转化为主观意义上的继承权，必须具备两个法定条件，即必须出现以下两个法律事实：①被继承人已经死亡并留有遗产。《民法典》继承编规定，继承从被继承人死亡时开始。如果被继承人还未死亡，就根本不可能发生遗产继承问题，那么继承人所享有的客观意义上的继承权也就无法转化为主观意义上的继承权。继承权的客体是遗产。如果被继承人未留下任何遗产，则继承权也将无法行使。②继承人没有丧失继承权。按照《民法典》继承编的规定，继承人如果有故意杀害被继承人，为争夺遗产而杀害其他继承人，遗弃被继承人或虐待被继承人情节严重，伪造、篡改、隐匿或销毁遗嘱情节严重，以及以欺诈、胁迫手段迫使或妨碍被继承人设立、变更或者撤回遗嘱情节严重等行为的，均应丧失继承权。因此，如果继承人丧失了继承权，那么继承人原有的客观意义上的继承权同样不会转化为主观意义上的继承权。主观意义上的继承权由于具有能够给继承人带来现实财产利益的特性，因此，有些学者将这种主观意义上的继承权称为“继承既得权”。[①]

二、继承权的特征

继承权有以下特征：

（1）继承权的享有者只能是公民（自然人）。

依照《民法典》继承编的规定，能够作为法定继承人和遗嘱继承人从而享有继承权的只能是公民。这种立法规定的理由在于：首先，确定继承权只能由与被继承人有婚姻、血缘、家庭关系的公民享有，其根本出发点是保证被继承人的遗产发挥家庭经济职能、养老育幼职能和促使家庭团结和睦。其次，法律上赋予公民以身份关系为前提条件的某些权利，法人是不能享有的，如婚姻权利、继承权利等。因此，法律规定继承权的享有者只能是公民。国家或特定的国家机关、全民或集体的企事业单位及各种社会团体，不能作为法定继承人或者遗嘱继承人，只能以受遗赠

① 龙翼飞．中华人民共和国继承法评注：总则［M］．厦门：厦门大学出版社，2020：49-50.

人的身份取得遗赠财产；国家或者集体所有制组织还可以依法取得无人继承又无人受遗赠的遗产。最后，在继承开始时尚未出生或者已经死亡的人，没有继承能力。我国法律不承认胎儿具有民事主体资格，但《民法典》继承编对胎儿的利益作出了加以特殊保护的规定。《民法典》第一千一百五十五条规定："遗产分割时，应当保留胎儿的继承份额。胎儿娩出时是死体的，保留的份额按照法定继承办理。"应当为胎儿保留的遗产份额没有保留的，应当从继承人所继承的遗产中扣回。为胎儿保留的遗产份额，如胎儿出生后死亡的，由其继承人继承；如胎儿出生时是死体的，由被继承人的继承人继承。①

（2）继承权的发生根据是法律的直接规定或合法有效的遗嘱。

在我国，继承权的发生根据不外乎两种；第一种，国家法律的直接规定。这是指在法定继承时，由法律直接规定哪些人可以作为法定继承人而享有继承权。第二种，合法有效的遗嘱。这是指在遗嘱继承时，被继承人有权通过设立合法有效的遗嘱，赋予法定继承人中的一人或数人以遗嘱继承权。

（3）继承权的客体只能是财产。

继承权之所以具有财产性，原因在于其权利客体是被继承人死亡时遗留的个人合法财产。依据《民法典》继承编第一千一百二十二条的规定，能够作为遗产转移给继承人的财产是指自然人死亡时遗留的个人合法财产，依照法律规定或者根据其性质不得继承的遗产，不得继承。公民的人身权利与公民的人身不可分离，以人身存在为前提，并随着公民的死亡而消失，因而不能作为继承权的客体转移给他人。

（4）继承权的实现以一定法律事实的出现为前提。

法律上规定或被继承人遗嘱中指定的继承权还只是客观意义上的继承权。仅凭借这种客观意义上的继承权尚不能取得任何实际财产利益。只有出现一定的法律事实，客观意义上的继承权才能转化为主观意义上的继承权，继承权才能得以实现。关于导致上述转化的两个法定条件，前文已作说明。

（5）继承权的接受和放弃取决于继承人的主观意志。

继承开始后，继承人即已取得主观意义上的继承权。从继承开始到遗产分割前，继承人完全可以在法律允许的范围内根据自己的意志为接受继承权或放弃继承权的意思表示，他人无权干涉。②

① 李俊．婚姻家庭继承法［M］．北京：中国政法大学出版社，2010：191.

② 龙翼飞．中华人民共和国继承法评注：总则［M］．厦门：厦门大学出版社，2020：51-52.

第二节　继承法的基本原则

《民法典》继承编中的各项基本制度贯穿着以下五项基本原则，即保护私人财产继承权原则，继承权男女平等原则，权利与义务相一致原则，养老育幼原则，互谅互让原则。这五项基本原则是制定、研究、解释和执行《民法典》继承编相关规定的根本依据。

一、保护私人财产继承权原则

（一）确立保护私人财产继承权原则的立法根据

保护私人财产继承权原则，被庄严地载入了《宪法》之中。《宪法》第十三条第二款规定：“国家依照法律规定保护公民的私有财产权和继承权。”《宪法》作为国家的根本大法，它所确立的关于保护公民私有财产继承权的原则，无疑是我国继承立法的法律依据。《民法典》继承编第一千一百一十九条明确指出：“本编调整因继承产生的民事关系。”之所以确立对公民私有财产继承权的保护，除了以《宪法》为依据外，还有以下几个方面的根据：

首先，国家对公民个人财产和家庭财产所有权的保护是全面的。当公民死亡时，保证其生前个人所有的合法财产和在家庭共有财产中的财产份额，能够依法或依公民生前所立的合法有效的遗嘱转移给其继承人，继续发挥个人财产和家庭财产的积极作用，防止因公民死亡而使其个人财产和家庭财产处于不稳定状态及造成损失，这是保护公民个人财产所有权和家庭财产所有权的必然要求。

其次，保护公民私有财产的继承权，能够促使公民以极大的热情从事创造性劳动。由于社会生产力发展水平和人们思想觉悟程度的局限性，如果对公民私有财产的继承权不加以保护，就会导致部分公民将自己所从事的劳动与个人利益、家庭利益和子孙后代的利益完全割裂开来，从而丧失劳动的积极性、创造性和主动性，甚至挥霍浪费财产。这样不仅会严重影响公民物质文化生活水平的逐步提高，而且必然会给家庭和社会带来极为不良的后果。

最后，保护公民私有财产的继承权，也是发挥家庭的养老育幼职能与经济消费功能和巩固家庭关系的必然要求。社会成员的经济消费、对老年人的赡养和对未成年人的抚育、夫妻间的扶养，不可能全部由社会承担，还需要依靠家庭来完成，由此决定了家庭成员之间除了感情依赖之外还必然会产生扶助、赡养和抚育的经济联系。夫妻之间的互相扶助，父母对子女的抚养教育，子女成年后对父母的赡养、照顾，以及兄弟姐妹之间、祖父母、外祖父母与孙子女、外孙子女之间的扶养、抚养、赡养，都离不开一定的物质条件。当家庭成员一方死亡时，基于婚姻、血缘和家庭关系的纽带将死者遗留的财产转移给其他家庭成员，这不仅有利于发挥家庭的养老育幼和经济消费职能，也必然会促进家庭关系的进一步和谐发展。

（二）保护私人财产继承权原则在《民法典》继承编中的体现

首先，《民法典》继承编确认，凡是公民生前所有的个人合法财产，在其死后都可以作为遗产转移给他的继承人。

其次，《民法典》继承编根据实现家庭的养老育幼和经济消费职能的需要，确定了继承人的范围和继承顺序。

再次，《民法典》继承编规定，如果继承人对被继承人或其他继承人有特定犯罪或违法行为，将丧失继承权。按照《民法典》第一千一百二十五条的规定，继承人若故意杀害被继承人，为争夺遗产而杀害其他继承人，遗弃被继承人或者虐待被继承人情节严重，伪造、篡改、隐匿或者销毁遗嘱情节严重，以欺诈、胁迫手段迫使或者妨碍被继承人设立、变更或者撤回遗嘱且情节严重者，只要实施了上述其中一种行为的，便丧失继承权。法律上的这种规定，不仅是对继承人上述违法或犯罪行为的制裁，而且也是对被继承人的人身权利、财产权利和遗嘱自由权利的保护，同时还是对其他继承人合法权益的保护。

最后，《民法典》继承编还规定，公民的继承权受到他人非法侵害时，有权在法定期限内通过诉讼程序请求人民法院依法给予法律保护。《民法典》第一百八十八条明确规定，向人民法院请求保护民事权利的诉讼时效期间为三年。诉讼时效期间，自权利人知道或者应当知道权利受到损害及义务人之日起计算。法律另有规定的，依照其规定。但是，自权利受到损害之日起超过二十年的，人民法院不予保护；有特殊情况的，人民法院可以根据权利人的申请决定延长。①

① 杨大文．亲属法与继承法［M］．北京：法律出版社，2013：301-302.

二、继承权男女平等原则

（一）继承权男女平等是我国社会主义继承制度的重要特征

男女是否享有平等的继承权，是社会主义继承制度区别于一切剥削社会继承制度的显著标志。私有制社会的经济、政治制度和男尊女卑的婚姻家庭制度，必然要求继承权上的男女不平等。从历史上考察，奴隶社会和封建社会都公开主张男尊女卑，实行夫权统治，在继承制度中亦使男女继承权的不平等合法化。

早在新民主主义革命时期，中国共产党就把男女平等和保护妇女权利的主张列入革命纲领中。中国共产党第二次全国代表大会在通过的《大会宣言》中明确指出："废除一切束缚女子的法律，女子在政治上、经济上、社会上、教育上一律享有平等权利。"1927 年以后，在各个革命根据地工农民主政权制定的一系列有关法规中，都把"男女平等"列为基本内容。1940 年颁布的《晋察冀边区目前施政纲领》中规定："妇女依法有财产的继承权。"1945 年冀鲁豫行署发布的《关于女子继承等向题》中指出："遗产继承女子与男子有平等的权利。"

我国社会主义制度的建立，为实现继承权男女平等提供了有利的社会条件，同时，也从客观上要求社会主义法律保护男女享有完全平等的继承权。《宪法》和我国第一部和第二部《婚姻法》对社会主义婚姻家庭关系的各个方面（其中包括家庭成员的财产继承关系）的调整也都体现着男女权利平等的原则。《民法典》继承编作为我国社会主义继承法律制度的统一规范，使继承权男女平等原则得到了进一步的巩固和发展。①

（二）继承权男女平等原则在《民法典》继承编中的体现

继承权男女平等原则在《我国民法典》继承编中体现为以下方面：

（1）确认继承权男女平等。中国是一个封建历史极长的国家。虽然封建统治早已被推翻，但几千年来封建宗法思想和重男轻女的腐朽观念至今仍未彻底肃清，有些妇女的继承权还得不到应有的保护，这主要表现在以下两个方面：第一，出嫁女的继承权由于受其兄弟等男性继承人的侵害而得不到实现。第二，丧偶妇女带产再婚，遭到公、婆，以及亡夫的兄弟，甚至族人的阻挠。为了切实保障妇女同男子享

---

① 近年来，我国有学者认为，继承权男女平等原则并不能全面地体现继承权平等，继承权男女平等原则只是继承权平等原则的表现之一，当然也是最核心的内容，因此主张采用"继承权平等原则"取代"继承权男女平等原则"。参见郭明瑞，房绍坤．继承法［M］．2 版．北京：法律出版社，2003：33.

有平等的继承权，彻底肃清封建余毒，《民法典》第一千一百二十六条明确规定：“继承权男女平等。”

（2）在确定法定继承人的范围时，《民法典》继承编并没有因男女性别不同而在法律中有差别的规定。每一顺序的法定继承人中既有男性又有相应的女性。例如，丈夫与妻子，儿子与女儿，父亲与母亲，兄弟与姐妹，祖父、外祖父与祖母、外祖母，以及对公、婆尽了主要赡养义务的丧偶儿媳与对岳父、岳母尽了主要赡养义务的丧偶女婿，都彼此平等地作为法定继承人。

（3）在确定法定继承人的继承顺序时，不因男女性别不同而有所差异。在亲等相同的情况下，适用于男性的继承顺序，同样适用于女性；适用于父系的继承顺序，同样适用于母系。按照《民法典》第一千一百二十七条的规定，丈夫与妻子、儿子与女儿、父亲与母亲，都平等地列入第一继承顺序。

（4）《民法典》继承编规定，在确定代位继承权时，凡适用于男性的代位继承，也同样适用于女性；凡适用于父系的代位继承，也同样适用于母系。

（5）《民法典》继承编规定，在遗嘱继承的情况下，无论是男性公民还是女性公民，都有权按照自己的意志在法律许可的条件下设立遗嘱处分个人财产，或者接受被继承人的指定成为遗嘱继承人。在内容上，遗嘱既要对缺乏劳动能力又没有生活来源的男性继承人保留必要的继承份额，又要对缺乏劳动能力又没有生活来源的女性继承人保留必要的继承份额。

（6）《民法典》第一千一百五十三条规定，夫妻在婚姻关系存续期间的共同所有的财产，除另有约定以外，在分割遗产时，应当先将共同所有的财产的一半分出为配偶所有，其余的为被继承人的遗产。不得把夫妻共有财产不加区分地作为死亡一方的遗产加以分割。

（7）《民法典》第一千一百五十七条规定，夫妻一方死亡后另一方再婚的，有权处分所继承的财产，任何组织或者个人不得干涉。这一规定有利于保护妇女权利，防止他人阻挠丧偶妇女带产再婚。①

三、权利与义务相一致原则

在《民法典》继承编中，继承顺序、继承份额的确定等方面，均以权利与义务相一致为出发点。因此，权利与义务相一致原则是《民法典》继承编的一项基本原则。这一原则主要体现在以下六个方面：第一，对公婆或者岳父母尽了主要赡养义

① 杨大文．亲属法与继承法［M］．北京：法律出版社，2013：303-305.

务的丧偶儿媳或女婿有权继承公婆或岳父母的遗产。第二，继承人遗弃被继承人，或者虐待被继承人情节严重的，丧失继承权。第三，对被继承人尽了主要赡养义务的继承人，可以多分遗产。第四，被继承人生前需要扶养，有扶养能力和扶养条件而又不尽扶养义务的继承人，可以不分或者少分遗产。第五，对被继承人生前不负有法定扶养义务而对被继承人扶养较多的人，有权取得适当的遗产。第六，继承人继承被继承人的财产权利的，也应当偿还被继承人生前所欠的债务和应缴纳的税款。①

四、养老育幼原则

（一）我国继承法确立养老育幼原则的客观必然性

养老育幼作为《民法典》继承编的一项基本原则，是基于以下客观条件而确立的：

（1）养老育幼是实现家庭功能的需要。家庭作为社会的细胞，它的一项重要职能是养老育幼。老人在有劳动能力时曾为维持家庭生活和抚育子女辛勤操劳；到年老丧失劳动能力时，客观上需要得到子女的赡养、照顾，愉快地度过晚年。在其子女先死亡的情况下，为了保证老人的生活水平不降低，一方面，要规定老人有权继承子女的遗产；另一方面，在分割子女遗产时，应当依法保障老人的权益。未成年子女尚处在身心发育和成长时期，需要父母、祖父母、外祖父母及成年且有独立生活来源和生活能力的兄姊的抚育、爱护。虽然他们尚未对家庭尽过什么义务，但他们有权获得父母或其他近亲属对自己的抚养。当父母或其他近亲属死亡时，未成年子女有权作为继承人依法取得遗产。因此，家庭赡养老人、抚育未成年子女的职能，在客观上要求我国继承制度确立养老育幼的原则。

（2）养老育幼是社会主义道德准则的要求。赡养、敬重、照顾老年人和关心、爱护、抚育未成年人，已经成为我国劳动人民世代相承的优良传统。对这种优良传统在处理继承问题时应当予以尊重和发扬。在社会主义条件下，养老育幼的优良传统与我国社会主义道德的基本要求——尊老爱幼是完全符合的，因而为伦理规范所吸收，成为社会主义道德的一项准则。

（3）保护老人和儿童的合法利益是我国法律的共同任务。从《宪法》到《民法典》，甚至《刑法》等法律，都十分重视对老人和儿童合法利益的保护。《宪法》第

① 王利明．民法学［M］．北京：高等教育出版社，2019：379-380.

四十九条规定："婚姻、家庭、母亲和儿童受国家的保护……父母有抚养教育未成年子女的义务，成年子女有赡养扶助父母的义务……禁止虐待老人、妇女和儿童。"《民法典》婚姻家庭编把保护妇女、儿童和老人的合法利益作为一项基本原则，并在具体制度上作了相应的规定。《刑法》等其他相关法律也通过调整对象和调整方法为老人、儿童的权益提供了有效的保障。对老人和儿童的合法权益的保护，是我国法律的共同任务。《民法典》继承编在财产继承方面贯彻养老育幼原则，必然使法律对老人和儿童的合法权益的保护更加系统、全面和切实。

（二）养老育幼原则在《民法典》继承编中的体现

这一原则在《民法典》继承编中的体现，可见诸下列各种规定：法定继承人的范围和顺序，代位继承，符合法定条件的丧偶儿媳、丧偶女婿对公婆、岳父母遗产的继承权，遗嘱中的保留份，保留胎儿应继份额，分配遗产时对生活有特殊困难的缺乏劳动能力的继承人的照顾，继承人以外的遗产取得人，遗赠扶养协议，等等。[①]

五、互谅互让原则

（一）互谅互让原则的本质

互谅互让原则，本质上反映了我国社会主义家庭关系和社会主义道德风尚的要求，《民法典》继承编也将其上升为法律原则。社会主义的道德风尚，要求家庭成员和社会成员之间互相尊敬、彼此关心、互相扶助、团结和睦。《民法典》继承编作为民事法律的一个重要组成部分，必然要反映我国社会主义家庭关系和社会主义道德风尚的本质要求。

（二）互谅互让原则在《民法典》继承编中的体现

互谅助互让、团结和睦原则在《我国民法典》继承编体现在以下方面：

（1）为防止和制裁严重违背社会主义家庭关系和社会主义道德风尚要求的行为，《民法典》第一千一百二十五条规定，继承人如有故意杀害被继承人，为争夺遗产而杀害其他继承人，遗弃被继承人或者虐待被继承人情节严重，伪造、篡改、隐匿或销毁被继承人遗嘱且情节严重，以欺诈、胁迫手段迫使或者妨碍被继承人设立、变更或者撤回遗嘱情节严重的行为之一的，丧失继承权。

---

① 杨大文. 亲属法与继承法［M］. 北京：法律出版社，2013：302-303.

（2）《民法典》第一千一百三十条与第一千一百三十二条规定，同一顺序继承人继承遗产的份额，一般应当均等。如果各继承人的情况有所不同，则应本着互谅互让的原则，分情况确定各继承人继承遗产的份额，即①对生活有特殊困难又缺乏劳动能力的继承人，分配遗产时，应当予以照顾；②对被继承人尽了主要扶养义务或者与被继承人共同生活的继承人，分配遗产时，可以多分；③有扶养能力和有扶养条件的继承人，不尽扶养义务的，分配遗产时，应当不分或者少分；④经继承人协商同意的，也可以不均等。

（3）为了支持和鼓励社会成员之间发扬互助友爱的社会主义道德风尚，《民法典》第一千一百三十一条规定，对继承人以外的依靠被继承人扶养的人，或者继承人以外的对被继承人扶养较多的人，可以分给适当的遗产。①

第三节 继承权接受、放弃与丧失

继承权在内容上包含三个方面的具体权利，即接受继承的权利、放弃继承的权利和继承权的丧失。

一、继承权接受

接受继承的权利，是指继承人有权就同意接受被继承人的遗产为意思表示。尽管在继承开始后，法定继承人或遗嘱继承人都有权继承遗产，但并不是必须参加继承，而是要以继承人是否表示接受继承作为确定其最终是否得到遗产的依据。继承人表示接受继承的，便实际参加继承进而取得遗产。②

二、继承权放弃

继承权的放弃，也被称为继承权的拒绝、继承权的抛弃，是指继承人在继承开始后，遗产分割前，以明示的方式作出的拒绝接受被继承人遗产的意思表示。放弃继承的意思表示属于单方民事法律行为，只要放弃继承的继承人有放弃继承的意思

① 杨大文．亲属法与继承法［M］．北京：法律出版社，2013：305-306.
② 杨大文．亲属法与继承法［M］．北京：法律出版社，2013：325-326.

表示即可，无须经他人同意。但是，继承人因放弃继承权，致使其不能履行法定义务的，放弃继承权的行为无效。①

三、继承权丧失

（一）继承权丧失的概念

继承权丧失，是指继承人因对被继承人或者其他继承人犯有某种罪行或者其他违法行为，而被依法取消其继承被继承人遗产的资格。

继承权丧失又称继承权剥夺，从古代传统的继承立法到近现代各国的继承法规范都有类似的规定。《民法典》继承编之所以设立继承权丧失制度，原因在于：继承人对被继承人或其他继承人进行了违法犯罪行为，直接侵害了被继承人或其他继承人的人身权利与财产权利，从根本上违背了我国继承法律制度的本质要求，也与我国传统的道德观和价值观相违背。②

（二）继承权丧失的原因

根据《民法典》第一千一百二十五条的规定，继承人有下列行为之一的，丧失继承权：

1. 故意杀害被继承人

继承人故意杀害被继承人，直接危害到被继承人的人身安全，本身就是一种最严重的犯罪行为。因而，无论继承人出于何种动机故意杀害被继承人，也无论是既遂还是未遂，该继承人都将丧失继承权。如果继承人因过失而致被继承人死亡，则不应确认该继承人丧失继承权。因为在这种情况下，继承人主观上并没有致被继承人死亡的恶意，而是由于疏忽大意或轻信不会造成死亡后果而实施了某种行为。还需要指出的是，继承人故意杀害被继承人，无论是否已经给予刑事处罚，都应确认其已丧失继承权。

2. 为争夺遗产而杀害其他继承人

按照我国现行继承法律的规定，继承人中的一人或数人，出于争夺遗产的动机而杀害居于同一继承顺序的其他继承人，或者杀害先于自己继承顺序的继承人，包括杀害被继承人在遗嘱中所指定的继承人，都应当被剥夺继承权。不过，需要指出

---

① 李俊．婚姻家庭继承法［M］．北京：中国政法大学出版社，2010：192-193.

② 龙翼飞．中华人民共和国继承法评注：总则［M］．厦门：厦门大学出版社，2020：194.

的是，如果继承人因缺乏法律知识，以为后一继承顺序的继承人会妨碍其继承全部遗产而杀害了后一顺序的继承人，也应当剥夺其继承权。世界上绝大部分国家都规定，继承人故意杀害其他继承人的，应当剥夺其继承权。而《民法典》继承编对杀害其他继承人是否应当剥夺其继承权的问题，还要看这种杀害是否出于夺取遗产的动机。如果继承人杀害其他继承人是为了夺取遗产，那么应当剥夺其继承权，但是，如果这种杀害不是为了夺取遗产，而是出于其他原因，则除依照《刑法》进行处罚外，不应当剥夺其继承权。①

3. 遗弃被继承人或者虐待被继承人情节严重

遗弃被继承人，是指继承人对丧失劳动能力和没有独立生活来源及没有独立生活能力的被继承人负有法定的抚养、扶养和赡养义务，但该继承人拒绝履行其义务的行为。遗弃被继承人构成犯罪的，不仅取消其继承资格，还应当给予刑罚制裁。继承人对有独立生活能力的被继承人未尽扶养、抚养和赡养义务，或者继承人本人也没有独立生活能力，无法履行应承担的义务，则不能认为是遗弃。此外，还要将因被继承人的过错而引起的继承人与之分居、来往不密切等行为同遗弃行为加以区别。

虐待被继承人，是指继承人在被继承人生前对其经常实施肉体摧残或精神折磨等行为。在司法实践中，只有继承人虐待被继承人情节严重的才能确认其丧失继承权。认定继承人虐待被继承人情节是否严重，应着重从继承人所实施虐待行为的时间、手段、后果及社会影响等方面考虑。但应将虐待行为与继承人对被继承人不够尊敬、照顾不周或相互间偶有口角的行为相区别。后者显然不能认定继承人丧失继承权。继承人虐待被继承人情节严重的，无论其是否被追究刑事责任，都不影响对其丧失继承权的确认。

由于遗弃和虐待行为均发生在有一定亲属关系的自然人之间，为了维护家庭团结，鼓励有虐待、遗弃行为的继承人改过自新，各国在立法上有两种处理办法：一种是将遗弃和虐待行为作为剥夺继承权的原因，继承人是否丧失继承权取决于被继承人是否剥夺其继承权，如日本、匈牙利、瑞士等国的继承法律就是这样规定的；另一种是将其作为丧失继承权的法定事由，但被继承人可通过宥恕而使继承人不丧失继承权，如《民法典》继承编就属于这种处理办法。《民法典》第一千一百二十五条第二款规定，继承人有遗弃被继承人或者虐待被继承人情节严重，伪造、篡改、隐匿或者销毁遗嘱情节严重，以欺诈、胁迫手段迫使或者妨碍被继承人设立、变更或者撤回遗嘱情节严重的行为，确有悔改表现，被继承人表示宽恕或者事后在遗嘱

① 刘文．继承法律制度研究［M］．北京：中国政法大学出版社，2016：57-58.

中将其列为继承人的，该继承人不丧失继承权。①

4. 伪造、篡改、隐匿或者销毁遗嘱，情节严重

《民法典》继承编中的遗嘱，是指被继承人生前处分其个人财产，并在其死亡时发生效力的单方意思表示。立遗嘱的人称为遗嘱人。人们在日常生活中所说的遗嘱，包含内容很广，既有发表政见的遗嘱，又有训诫子女的遗嘱，还有表示忏悔的遗嘱，这些遗嘱与继承无关，在法律上没有约束力。《民法典》所保护的遗嘱，是指处分财产的遗嘱。遗嘱体现了被继承人处分个人财产的意志，具有法律效力。②因此，遗嘱是立遗嘱人生前按照法律规定的方式处分自己财产及有关事务，并于死亡时发生法律效力的单方民事法律行为。《民法典》第一千一百三十三条规定："自然人可以依照本法规定立遗嘱处分个人财产，并可以指定遗嘱执行人。自然人可以立遗嘱将个人财产指定由法定继承人中的一人或者数人继承。自然人可以立遗嘱将个人财产赠与国家、集体或者法定继承人以外的组织、个人。自然人可以依法设立遗嘱信托。"该条规定体现了对立遗嘱人自由意志的尊重，同时也是私法自治基本原则的体现。

继承人伪造、篡改、隐匿或者销毁遗嘱，这四种非法行为都根本违背了被继承人的真实意愿，侵害了其他继承人和受遗赠人的合法权益。如果情节严重，应当确认其丧失继承权。这里所说的"情节严重"，根据《最高人民法院关于适用〈中华人民共和国民法典〉继承编的解释（一）》第九条规定，主要是指继承人"伪造、篡改、隐匿或者销毁遗嘱，侵害了缺乏劳动能力又无生活来源的继承人的利益，并造成其生活困难的"③。

5. 以欺诈、胁迫手段迫使或者妨碍被继承人设立、变更或者撤回遗嘱，情节严重

欺诈，是指"继承人以隐瞒真相或虚构事实的方式使被继承人产生错误认知或误解，或者继承人利用被继承人先前已有的错误认知或误解而使其对遗嘱作出正常状态下不可能为之的意思表示"④。胁迫，是指继承人通过告知被继承人足以令其心生惧怕的恶害来威胁被继承人，也就是说，被继承人被告知如果不按照继承人的要求来处理遗嘱相关事宜，那么被继承人将会在当场或未来的某一时间遭到恶害，"继承人以此使被继承人产生惧怕心理，从而迫使其做出与自己内心真实意思相违

① 龙翼飞．中华人民共和国继承法评注：总则［M］．厦门：厦门大学出版社，2020：211-212.
② 河山．河山解读继承法［M］．北京：中国社会出版社，2011：124.
③ 龙翼飞．中华人民共和国继承法评注：总则［M］．厦门：厦门大学出版社，2020：212-213.
④ 郭明瑞，等．继承法研究［M］．北京：中国人民大学出版社，2003：26.

背的表示”①。私法自治是民法的基本原则与最高宗旨。在《民法典》继承编领域，最能体现私法自治这一基本原则的是遗嘱自由原则。依据遗嘱自由原则，被继承人可于生前为死后财产的处分订立遗嘱。倘若继承人采取欺诈、胁迫手段迫使或妨害被继承人订立、变更或撤销遗嘱而仍可继承遗产，则遗嘱自由原则未免流于形式。因此，当继承人以欺诈、胁迫等手段侵害了被继承人设立、变更或者撤回遗嘱自由时，理应使其丧失继承权来进行制裁。②

（三）继承权丧失的确认

1. 丧失继承权的法定事由一旦出现，特定的继承人即当然丧失继承权

《民法典》继承编第一千一百二十五条明确规定了丧失继承权的 5 项法定事由（这些事由在本书前文中已有阐述）。

2. 因丧失继承权引发诉讼，由人民法院依法确认是否丧失继承权

在继承开始之后，若干继承人之间可能会因为其中一人或数人曾经对被继承人或者其他继承人实施过某种刑事犯罪或可能导致继承权丧失的违法行为，引发丧失继承权的纠纷。由于此类纠纷涉及公民对特定被继承人遗产的继承资格存在与否问题，直接影响到公民的经济利益，所以在这种情况下只能由人民法院根据客观事实和《民法典》继承编的有关规定，确认某一继承人或某几个继承人是否丧失继承权。除人民法院以外，其他社会组织或个人均无权确认公民继承权的丧失。人民法院在确认公民丧失继承权时需要注意以下几个问题：

（1）在发生遗产继承权纠纷时，无论被继承人或者其他继承人是否已实际遭受物质损失，只要某一继承人或某几个继承人实施了《民法典》继承编规定的丧失继承权的行为，就可以对他们提出确认丧失继承权的民事诉讼。若遗产继承权纠纷属于公诉案件，应当提请人民检察院起诉；若遗产继承权纠纷属于自诉案件，则应当告知当事人自行起诉，作为刑事案件处理，待刑事案件审结后，再恢复应当进行的继承权纠纷诉讼。

（2）人民法院确认继承人丧失继承权，只能针对故意杀害、遗弃、严重虐待被继承人或者为争夺遗产而杀害其他继承人的特定继承人。如果继承人因犯有其他罪行而被判处有期徒刑、无期徒刑、死刑并附加剥夺政治权利或被单独处以剥夺政治权利的，都不得确认其丧失继承权。因为继承权属于民事权利，一般情况下不因公

---

① 张平华，刘耀东．继承法原理［M］．北京：中国法制出版社，2009：43.

② 翟云岭，刘耀东．论继承权丧失制度：以我国《继承法》第 7 条的修改为中心［J］．北方法学，2012，6（5）：76-86.

民的人身自由权利或政治权利被剥夺而丧失。

外国继承立法中关于继承权丧失的方式有两种规定：

（1）因继承人的行为违反法律的特别规定而自然丧失。该条规定是指继承人一旦从事了为继承法所规定的可能丧失继承权的违法行为或犯罪行为，便自动丧失了对被继承人遗产的继承权。法国、德国、日本、瑞士等国的继承法采用了这种规定。

（2）因被继承人的明确意思表示而丧失。该条规定是指被继承人有权通过设立遗嘱或者提起诉讼的方式剥夺特定继承人的继承权。剥夺特定继承人的意思表示一经作出，便使该继承人丧失原来享有的继承权。由于这种继承权的丧失取决于被继承人的意志，因而其也可因被继承人的明确宽恕意思表示而无效。

《德国民法典》第二千三百三十三条规定：直系卑血亲有下列情形之一者，被继承人得剥夺其保留份：①对被继承人或其配偶或其他继承人加以生命的危害者。②故意虐待被继承人或其配偶的身体者，但关于虐待配偶的情形，以直系卑血亲系该配偶所生者为限。③故意对被继承人或其配偶犯重罪或较重的轻罪者。④恶意不履行法律上对被继承人应负担的扶养义务者。⑤违背被继承人的意思，为不名誉或不道德的行为者。《德国民法典》第二千三百三十六条规定：剥夺保留份，应以遗嘱处分为之。剥夺保留份的原因应在作出遗嘱处分时存在，且于处分中证明剥夺的原因。主张剥夺保留份之人对于剥夺保留份的原因负举证责任。《德国民法典》第二千三百三十七条规定：保留份的剥夺因宥恕而消灭。被继承人所为剥夺保留份的处分，亦因宥恕而失去效力。

《蒙古人民共和国民法典》第三百零五条和第三百零六条规定：立遗嘱的人，可以在自己的遗嘱处分书中剥夺其法定继承人或遗嘱继承人中的一人、数人或者一切人的继承权。但立遗嘱人不能剥夺其死亡时未满18周岁或者一直到其死亡前全靠其资助生活的无劳动能力而又无财产的人的法定继承权，也不能减少上述继承人在依法继承时所应当取得的遗产部分。①

（四）继承权丧失的效力

继承权丧失的效力即继承权丧失的各种法律后果。各国继承立法规定有所不同。

1. 继承权丧失的时间效力

继承权丧失的时间效力，是指继承权丧失后在时间上的追溯力，即从何时开始丧失继承权。《民法典》继承编虽然对继承权丧失的时间效力没有作出明确规定，但从基本法律准则和司法审判实践来看，继承权丧失的时间效力应当追溯到被

① 杨大文．亲属法与继承法［M］．北京：法律出版社，2013：330-331.

继承人死亡、继承开始之时。原因是，继承权丧失的性质在于依法从根本上取消继承人对特定被继承人遗产的继承资格，而继承资格正是从被继承人死亡、继承开始之时才能实际取得的。被依法确认丧失了继承权的继承人于继承开始之后曾经实际占有的被继承人的部分或全部遗产及遗产所产生的收益，都必须无条件地返还给有权取得被继承人遗产的继承人或受遗赠人。各国继承立法的有关规定与我国对该问题的基本法律准则和司法审判实践的做法是大致相同的。《法国民法典》第七百二十九条规定，继承人因无资格而不得继承时，应负责返还自继承开始时起所收益的果实与收入。《德国民法典》第二千三百四十四条规定，继承人受丧失继承资格的宣告者，应认为继承财产从未归属于丧失继承资格之人。撤销继承人的继承权后，继承财产归属于继承开始时假定丧失继承资格之人业已死亡的情形而应享继承权的人，并认为在继承开始时即已归属于此人。

2. 继承权丧失对人的效力

继承权丧失对人的效力包括以下三个方面的内容：

（1）特定的继承权丧失后，继承人是否还享有对其他被继承人遗产的继承权。依照《民法典》继承编的基本准则，继承人因对特定被继承人或其他继承人犯有某种罪行或有其他违法行为而丧失继承权，这并不意味着该继承人从此失去了对一切被继承人遗产的继承权，而仅仅是丧失了对特定被继承人遗产的继承权。因为任何一个公民所享有的继承权都不只是针对某一特定被继承人的遗产，而可能是同时或者相继针对若干被继承人的遗产。同样，在遗嘱继承的情况下，一个公民也可以按照数份合法有效遗嘱的指定同时或者相继地继承若干被继承人的遗产。法律上所要撤销的继承权，只是继承人原先所享有的对特定被继承人遗产的继承权。至于该继承人对其他被继承人的遗产所享有的继承权并不因此而全部丧失。例如，某人为独吞其父的遗产而故意篡改了其父所立的指定由兄弟二人共同继承遗产的遗嘱，并造成了严重后果，被人民法院确认丧失了取得父亲遗产的继承权。但该人还有妻子、儿女，当他的妻子、儿女先于他死亡时，由于其对妻子、儿女并无任何违法犯罪行为，对妻子、儿女的其他继承人也无任何违法犯罪行为，因而其仍然享有继承妻子、儿女遗产的继承权。

（2）丧失了继承权的继承人的晚辈直系血亲能否代位继承。对于这个问题，各国继承立法的规定也是不尽相同的。我国《民法典》继承编不承认丧失了继承权的继承人的晚辈直系血亲享有代位继承权。《民法典》继承编中关于取得代位继承权的唯一法定条件，是享有继承权的被继承人的子女先于被继承人死亡，由被继承人子女的晚辈直系血亲代位继承。按照有关司法解释的规定，继承人丧失继承权，其晚辈直系血亲不得代位继承。如果该晚辈直系血亲缺乏劳动能力又没有生活来源，或对被继承人尽了主要赡养义务的，可适当分给遗产。有些国家的继承立法则承认丧失继承权的继承人的晚辈直系血亲可以代位继承，即代位继承人的权利不因被代位人的继承权被剥夺而受到影响。例如，《瑞士民法典》第四百七十八条中规定，被剥夺继承权人的直系卑亲属对被剥夺继承权人的特留份享有与被剥夺继承权人先于他们死亡时同样的权利。该法典第五百四十一条规定，无资格继承仅对犯罪者个人产生影响。其直系卑亲属继承，按犯罪者先于死者死亡为之。《保加利亚人民共和国继承法》第十条中规定，被继承人之卑亲属如在被继承人之前死亡或者丧失接受遗产权时，则由卑亲属代位而为法定继承，并无亲等之限制。

（3）继承权的丧失对取得遗产的善意第三人利益的影响。在继承开始后，继承人可能会将其占有的部分或全部遗产有偿或无偿地转移给善意第三人。但当该继承人被确认丧失了继承权之后，善意第三人的利益是否会因该继承人继承权的丧失而使取得的部分或全部遗产归于无效。这一问题的解决不应当绝对地肯定或绝对地否定，而要根据具体情况分别对待。依据《民法典》的基本原理和审判实践经验，可以做出以下区分：第一，如果善意第三人是无偿通过某一继承人取得遗产的，在该继承人被确认丧失继承权时，善意第三人就必须将所取得的遗产返还给其他合法继承人。第二，若善意第三人是有偿通过某一继承人取得遗产的，在该继承人被确认丧失继承权时，善意第三人无须将取得的遗产返还给其他合法继承人，其他合法继承人因此而受到的损失应由转移遗产并被确认丧失继承权的继承人负责赔偿。这样规定不仅有利于保护合法继承人的权益，也使善意第三人的正当利益得到了应有的维护。①

本章小结

本章重点介绍了继承编的五项基本原则，即保护私人财产继承权原则，继承权男女平等原则，权利与义务相一致原则，养老育幼原则，互谅互让原则。通过本章的学习和研究，学生可以对我国继承权的概念和特征及继承权的接受、放弃与丧失有一个本质、概括的了解。

简答题

1. 简述继承权的特征。

① 龙翼飞，陈群峰．民法案例教程［M］．北京：法律出版社，2013：330-332.

2. 简述继承法的基本原则。

3. 简述继承权丧失的原因。

案例

2019 年，扎某的母亲身患重病，由于扎某常年在外务工，所以扎某的母亲主要由长兄扎乙、长姐卓丙照顾。因手术需要，扎乙及卓丙请求扎某支付医疗费 3 万元，但扎某拒绝支付。其母生前订立了遗嘱（主要内容为其名下的房产、银行存款等遗产全部由扎乙及卓丙继承），扎某知道此事后以各种手段威胁母亲，迫使其更改遗嘱内容（更改后的主要内容为遗产的 50%由扎某继承，剩余的 50%由扎乙及卓丙继承）。2019 年年末，扎某的母亲去世，扎某、扎乙、卓丙三人因财产继承发生纠纷诉至法院。

（扫码查看案例解读）

请问扎某是否还拥有继承权?

第三十五章　法定继承

学习目标

掌握：法定继承人的范围与顺序。

熟悉：代位继承与转继承，法定继承的遗产分配。

了解：法定继承的概念与特征。

第一节　法定继承的概念与特征

一、法定继承的概念

"法定继承"一词源自古罗马法的"succession ab intestato"。其是相对于遗嘱继承而言的，又称无遗嘱继承，"是指根据法律直接规定的被继承人的范围、继承人继承的顺序、继承人继承遗产的份额及遗产的分配原则继承被继承人的遗产"。[①] 法定继承是原始社会后期在习惯法的基础上确立起来的制度，是古代社会中最基本的继承方式。梅因认为："在所有自然生长的社会中，在早期的法律学中是不准许或是根本没有考虑到过'遗嘱权'的，只有在法律发展的后来阶段，才准许在多少限制之下使财产所有者的意志能胜过他血亲的请求。"[②]

---

① 魏振瀛．民法［M］．8 版．北京：北京大学出版社，2010：748.

② 梅因．古代法［M］．沈景一，译．北京：商务印书馆，1959：72.

与遗嘱继承相区别，法定继承中参与继承的继承人范围、继承人参与继承的顺序、继承人继承遗产的份额及遗产的分配原则由法律直接规定，并不取决于被继承人的意志。这是法律依推定的被继承人的意思将遗产直接转移给其近亲属的继承方式。①

二、法定继承的特征

与遗嘱继承相比，法定继承主要有以下几个特征：

（1）法定继承严格建立在亲属身份关系的基础之上，具有较强的人身性质。法定继承中的继承人并非由被继承人指定，而是基于法律的直接规定。法定继承人是与被继承人有着婚姻关系和其他特定亲属关系的人。英国学者认为“无遗嘱继承规则来源于十分流行的家庭观念，并且它可以说是家庭法的附录”②。在我国漫长的封建社会时期，家族主义的强大使得“家”这个基本的社会单位具有浓重的宗法制度色彩，从而使法定继承具有强烈的人身从属性。

（2）法定继承是遗嘱继承的补充。从各国的继承法来看，一般来说，在继承开始以后，应首先适用遗嘱继承，只有在不适用遗嘱继承的情形下才适用法定继承，这就是所谓的“遗嘱在先原则”。③《民法典》第一千一百二十三条规定：“继承开始后，按照法定继承办理；有遗嘱的，按照遗嘱继承或者遗赠办理；有遗赠扶养协议的，按照协议办理。”由此，我们也可以看出遗嘱继承的效力优先于法定继承，而法定继承则是遗嘱继承的补充。

（3）法定继承具有强行性。关于法定继承的相关规定属于强行性规范，但是并不能因此特征就完全排除任意性规范的适用。例如，在遗产的分配问题上，继承人可以依据法律规定的原则来协商确定遗产如何分配。④

第二节　法定继承人的范围与顺序

法定继承人是指由法律直接规定的，依法享有继承权从而继承被继承人遗产的

① 龙翼飞．中华人民共和国继承法评注：总则［M］．厦门：厦门大学出版社，2020：114.
② 劳森，拉登．财产法［M］．施天涛，等译．北京：中国大百科全书出版社，1998：207.
③ 刘素萍．继承法［M］．北京：中国人民大学出版社，1988：188.
④ 杨大文．亲属法与继承法［M］．北京：法律出版社，2013：335.

人。该权利的获得并不依据遗嘱或遗赠扶养协议，而是由法律所直接规定的。一般而言，从各国的继承制度来看，法定继承人均为法定的、与被继承人具有亲属关系的人，这不是由当事人之间的自由意志所支配的，具有不可变更性。

一、法定继承人的范围

（一）世界各国关于法定继承人范围的立法例

在适用法定继承时，究竟哪些人有权以法定继承人的身份取得被继承人的遗产，世界各国有不同的立法例。例如，《奥地利民法典》规定法定继承人的范围是子女及其直系卑亲属，父母及其直系卑亲属，祖父母及其直系卑亲属，曾祖父母，配偶。[①]《德国民法典》规定法定继承人的范围包括直系卑血亲，父母及其直系卑血亲，祖父母及其直系卑血亲，曾祖父母及其直系卑血亲，高祖父母及其直系卑血亲，配偶。《瑞士民法典》规定法定继承人的范围包括直系卑血亲，父母及其直系卑血亲，祖父母、外祖父母及其直系卑血亲，曾祖父母、曾外祖父母及其直系卑血亲，配偶。[②]

纵观世界各国对法定继承人范围的相关规定，主要有两种立法例：①亲属继承限制主义。代表性国家有法国、意大利等。②亲属继承无限制主义。代表性国家有德国等。我国属于后者。我国《民法典》继承编以配偶、子女、父母、兄弟姐妹、祖父母、外祖父母为被继承人的法定继承人。丧偶儿媳对公婆，丧偶女婿对岳父母尽了主要赡养义务的，也可以作为法定继承人。

（二）我国《民法典》中关于法定继承人范围的规定

根据《民法典》继承编的相关规定，法定继承人的范围包括下列几类：

1. 配偶

配偶是与被继承人之间存在合法婚姻关系的人。夫妻双方互为配偶，一方死亡，另一方可以作为法定继承人参与遗产继承。

配偶作为法定继承人须以被继承人死亡时与被继承人处于合法的婚姻关系状态为条件。在我国，除符合事实婚姻条件以外，合法的婚姻关系必须以婚姻登记为前提。未进行婚姻登记而同居或姘居的当事人，相互之间不存在配偶关系，一方死

① 刘文．继承法比较研究［M］．北京：中国人民公安大学出版社，2004：89.

② 龙翼飞．比较继承法［M］．长春：吉林人民出版社，1996：51.

亡，另一方不能成为法定继承人。虽然当事人已经进行过婚姻登记，但是并未共同生活的，婚姻关系不受影响，一方死亡，另一方能够作为法定继承人参与遗产继承。相反，婚姻关系被宣告无效或被撤销的，当事人之间不存在合法的婚姻关系，一方死亡，另一方不能作为配偶参与法定继承。

若一方与被继承人之间曾经存在合法的婚姻关系，但在被继承人死亡前，婚姻关系已经被解除的，其与被继承人之间的配偶关系终止，不能成为法定继承人。离婚诉讼过程中或离婚判决产生效力之前，夫妻一方死亡的，配偶关系并未终止，另一方仍然能够以配偶的身份参与法定继承。

因历史遗留原因或尊重少数民族习惯而存在的一夫多妻或一妻多夫现象，当事人之间存在合法的婚姻关系，一方死亡，另一方可以以配偶身份参与法定继承。

2. 子女

子女是被继承人的晚辈直系血亲，世界各国均以子女为法定继承人，但是对于子女的范围，各国的规定不尽相同。根据《民法典》第一千一百二十七条第三款的规定，子女包括婚生子女、非婚生子女、养子女和有扶养关系的继子女。

（1）婚生子女。婚生子女不论是否与父母共同生活，也不论其是随父姓还是随母姓，其作为法定继承人都有权继承父母的遗产。在父母死亡之前出生的子女享有继承父母遗产的权利，父亲死亡以前母亲已经怀孕并于父亲死亡后出生的子女同样享有继承父亲遗产的权利。

（2）非婚生子女。根据《民法典》继承编的规定，非婚生子女和婚生子女都享有平等的继承权，同样有权继承父母的遗产。

（3）养子女。养子女作为养父母的法定继承人，是以收养的效力为依据。收养关系成立后，养父母与养子女之间的权利义务关系适用法律关于父母与子女关系的相关规定。

（4）有扶养关系的继子女。继子女与生父母之间的法律上的权利义务关系并不解除。有扶养关系的继子女享有双重继承权，既有权继承继父母的遗产，也有权继承生父母的遗产。《民法典》继承编对继子女与继父母之间有无相互继承遗产的权利是分情况区别对待的。继子女与被继承人之间有扶养关系，才能作为法定继承人。至于怎样认定“有扶养关系”，《民法典》婚姻编、继承编并没有作出明确规定，这就导致司法实践中出现认定困难的情况。

3. 父母

父母，是与子女相对应的称谓，是与被继承人最近的直系尊亲属。与子女的类型划分类似，根据父母与子女关系形成方式的不同，父母可以分为生父母、养父母及继父母等。《民法典》第一千一百二十七条第四款规定："本编所称父母，包括生父母、养父母和有扶养关系的继父母。"关于父母能否作为法定继承人参与继承其子女的遗产，与子女部分的分析相同或类似，在此不再赘述。

4. 兄弟姐妹

兄弟姐妹是被继承人最近的旁系血亲。因此，大多数国家都规定兄弟姐妹之间享有相互继承的权利。根据《民法典》第一千一百二十七条第五款的规定，兄弟姐妹作为第二顺序继承人，主要包括同父母的兄弟姐妹、同父异母或者同母异父的兄弟姐妹、养兄弟姐妹和有扶养关系的继兄弟姐妹。

其中，对于养兄弟姐妹之间的继承权，一些国家未作规定，但我们认为，养兄弟姐妹之间有相互继承遗产的权利。根据《最高人民法院关于适用〈中华人民共和国民法典〉继承编的解释（一）》第十二条的规定，养子女与生子女之间、养子女与养子女之间，系养兄弟姐妹，可以互为第二顺序继承人。被收养人与其亲兄弟姐妹之间的权利义务关系，基于收养关系的成立而消除，不能互为第二顺序继承人。

至于继兄弟姐妹之间的继承关系，我国学者对此各抒己见。有学者认为，形成扶养关系的继兄弟姐妹不能作为法定继承人，而是应该赋予他们遗产的酌给请求权，并且按照《民法典》第一千一百三十一条的规定取得遗产。[①] 我们认为，继兄弟姐妹之间如果已经形成扶养关系，则其相互之间具有继承权。对此，《最高人民法院关于适用〈中华人民共和国民法典〉继承编的解释（一）》第十三条规定："继兄弟姐妹之间的继承权，因继兄弟姐妹之间的扶养关系而发生。没有扶养关系的，不能互为第二顺序继承人。继兄弟姐妹之间相互继承了遗产的，不影响其继承亲兄弟姐妹的遗产。"

5. 祖父母、外祖父母

祖父母、外祖父母到底应该是哪一顺序的继承人，在各国立法中的规定也是不同的，有的国家将祖父母、外祖父母直接规定为一个独立顺序的继承人，有的国家将祖父母、外祖父母规定为与父母同为尊亲属的继承顺序。根据《民法典》继承编的规定，祖父母、外祖父母为第二顺序的法定继承人。祖父母、外祖父母应当包括亲祖父母与亲外祖父母、养祖父母与养外祖父母、有扶养关系的继祖父母与继外祖父母。

---

① 张玉敏．继承制度研究［M］．成都：成都科技大学出版社，1994：253.

6. 对公婆尽了主要赡养义务的丧偶儿媳和对岳父母尽了主要赡养义务的丧偶女婿

在司法实践中经常会出现这样的情形，即夫妻一方已经死亡，儿媳与公婆、女婿与岳父母之间没有赡养义务，但是丧偶儿媳对公婆、丧偶女婿对岳父母仍然尽了主要的赡养义务。若公婆或岳父母死亡后，丧偶儿媳、丧偶女婿是否有权作为继承人来继承公婆或岳父母的遗产呢？对此，《民法典》第一千一百二十九条作出了明确的规定，即“丧偶儿媳对公婆，丧偶女婿对岳父母，尽了主要赡养义务的，作为第一顺序继承人。”这一规定被认为是中国的特色，有学者称其是对中华人民共和国成立以来司法实践的总结与发展。[①] 其适用条件必须是儿媳或者女婿存在丧偶的情形，并且其对公婆或岳父母尽了主要的赡养义务。何谓“尽了主要的赡养义务”？《最高人民法院关于适用〈中华人民共和国民法典〉继承编的解释（一）》第十九条明确规定，对被继承人生活提供了主要的经济来源，或者在劳务等方面给予了主要扶助的，应当认定其尽了主要赡养义务或者主要扶养义务。[②]

二、法定继承人的顺序

法定继承人的顺序，是指由法律直接规定的法定继承人参与遗产继承的先后顺序。该继承顺序具有法定性、强行性、排他性与限定性特点。在法定继承中，并非所有的法定继承人同时参与遗产继承。法定继承人被划分为不同顺序，顺序在先的法定继承人优先于顺序在后的法定继承人参与遗产继承；存在前一顺序的法定继承人时，后一顺序的法定继承人不得参与遗产继承；只有当前一顺序的法定继承人都不存在、已经死亡或放弃继承权时，后一顺序的法定继承人才能参与遗产继承。

根据《民法典》第一千一百二十七条、第一千一百二十九条的规定，法定继承人主要有两个继承顺序：第一顺序的法定继承人为配偶、子女、父母。对公婆或岳父母尽了主要赡养义务的丧偶儿媳或者丧偶女婿也可以作为第一顺序的法定继承人。第二顺序的法定继承人为兄弟姐妹、祖父母、外祖父母。[③]

---

① 何勤华，殷啸虎．中华人民共和国民法史［M］．上海：复旦大学出版社，1999：313.

② 龙翼飞．中华人民共和国继承法评注：总则［M］．厦门：厦门大学出版社，2020：124-127.

③ 龙翼飞．中华人民共和国继承法评注：总则［M］．厦门：厦门大学出版社，2020：127.

第三节 代位继承与转继承

一、代位继承

代位继承是法定继承中的一项重要制度。按照《民法典》第一千一百二十八条的规定，代位继承是指被继承人的子女先于被继承人死亡的，由被继承人的子女的直系晚辈血亲代位继承被继承人遗产的制度。但这个定义并不能完全、准确地揭示代位继承的本质特征，不能帮助我们认识代位继承制度的实质及其在整个继承制度中的地位与作用。

（一）代位继承的概念

所谓代位继承，是指在被继承人的子女先于被继承人死亡的情形下，由被继承人的子女的晚辈直系血亲代替其继承应继承遗产份额的一种法定继承制度。其是法定继承中的一种特殊情况。其中，被继承人子女称为被代位继承人，被继承人子女的晚辈直系血亲称为代位继承人，被继承人子女的晚辈直系血亲所继承的是被继承人子女所应该继承的份额。

代位继承制度早在古罗马时期就已经出现。《法学阶梯》中明确指出，当有一个儿子或女儿和出自另一个儿子的一个孙子、一个孙女被召集继承的情况下，亲等近的不排斥亲等远的，因为孙子和孙女是代其父亲之位。孙子女代位继承，不是按人头，而是按房分割遗产。一个儿子或女儿继承一半的遗产，另一个儿子所生的两个或更多的孙子女继承另一半遗产。[①] 代位继承制度产生的主要原因在于："在生产力有所提高，大家庭被小家庭取代之后，血亲继承是按照感情疏密、亲等远近而定其顺序的，如果被继承人的子女先于被继承人死亡，应推定被继承人对其直系晚辈亲属有同等的感情；子女中已先死亡，其所遗留的年幼尚不能自行谋生的儿童，更有予以照顾的必要。"[②] 这种代位继承制度在我国古代早已有之，《唐律疏议》中指出"兄弟亡者，子承父分。"《民法典》继承编以先于被继承人死亡的子女的晚辈直系血亲为代位继承人，并且代位继承人一般只能继承被代位继承人有权继承的遗产份额。

---

① 优士丁尼．法学阶梯［M］．徐国栋，译．北京：中国政法大学出版社，2000：279.

② 周枏．罗马法原论：下册［M］．北京：商务印书馆，2001：476.

（二）代位继承的特征

代位继承在构成要件方面主要具有以下特征：

（1）被继承人的子女先于被继承人死亡。这是代位继承适用的前提条件，在被继承人死亡时，被继承人的子女尚生存的，由其子女继承被继承人的遗产，不发生代位继承；被继承人的子女已经死亡，才会发生代位继承。被继承人子女的死亡可能是自然死亡，也可能是宣告死亡。如果被继承人的子女在继承开始后才死亡的，则不会发生代位继承。先于被继承人死亡的被代位继承人必须是被继承人的子女，如果是其他继承人，如被继承人的配偶、父母等，则不会发生代位继承。

在司法实践中有时会出现被继承人的子女与被继承人同时死亡的情形，对于这种情况是否应该适用代位继承制度？对此，《民法典》第一千一百二十一条给出了明确的答复，即“推定同时死亡，相互不发生继承”。此时，当然也不会发生代位继承。①

（2）代位继承人必须是被代位继承人的晚辈直系血亲②，既不能是旁系血亲，也不能是长辈直系血亲。对于这个条件，各国继承法的规定基本上是一致的。例如，《法国民法典》规定，直系卑亲属均得代位继承，并且无代数的限制，而直系尊亲属或旁系亲属则不得代位继承。根据《民法典》继承编的相关规定，代位继承人只能是被继承人的子女的晚辈直系血亲，主要包括被继承人的孙子女、外孙子女等。代位继承不受辈分的限制。

在代位继承中，被代位继承人的养子女能否成为代位继承人？对此，有的国家采用肯定说，即被代位继承人的养子女可以代位继承其养父或者养母的直系尊亲属的遗产。有的国家采用否定说，即养子女的养父或者养母死亡后，不能代位继承养父或者养母的直系尊亲属的财产。

《最高人民法院关于适用〈中华人民共和国民法典〉继承编的解释（一）》第十五条规定：“被继承人的养子女、已形成扶养关系的继子女的生子女可以代位继承；被继承人亲生子女的养子女可以代位继承；被继承人养子女的养子女可以代位继承；与被继承人已形成扶养关系的继子女的养子女也可以代位继承。”

（3）被代位继承人未丧失继承权。被代位继承人不存在继承权丧失的法定事由，《最高人民法院关于适用〈中华人民共和国民法典〉继承编的解释（一）》第十七条规定：“继承人丧失继承权的，其晚辈直系血亲不得代位继承。如该代位继

---

① 韩家勇．试析代位继承中的几个问题［J］．中南政法学院学报，1988（3）：78-81.

② 《中华人民共和国继承法》将其规定为“晚辈直系血亲”，而大陆法系国家或者地区的继承法一般将其称之为“直系血亲卑亲属”，二者虽然称谓不同，但是内容大体一致。

承人缺乏劳动能力又没有生活来源，或者对被继承人尽赡养义务较多的，可以适当分给遗产。”

在司法实践中经常会出现继承人放弃或者丧失对被代位继承人的继承权的情形，此时，他能否成为代位继承人来继承被继承人的遗产呢？对此，罗马法采取的是肯定说。《法国民法典》第七百四十四条明确规定：“任何人如曾放弃继承被继承人的遗产，仍得代替被继承人的地位。”对此，我们也深表赞同，其主要原因在于代位继承人有权利直接代位继承被继承人的遗产，其并不是基于对被代位继承人的继承权而间接地继承被继承人的遗产。针对此种情况，各国民法都未作禁止性规定。

（4）代位继承人原则上只能继承被代位继承人应继承的遗产份额。有权代位继承的晚辈直系血亲不止一人的，也只能共同继承被代位继承人有权继承的份额。此外，如果代位继承人缺乏劳动能力同时又没有生活来源，或者对被继承人尽了主要赡养义务的，则在分配遗产时，可以适当多分。

（5）代位继承只适用于法定继承。代位继承是法定继承中的制度，在遗嘱继承中不会发生代位继承，在遗赠中也不会发生代位受遗赠。

（6）被代位继承人是被继承人的子女（也可能是子女的晚辈直系血亲，代位继承不受世代或行辈的影响）。根据《最高人民法院关于适用〈中华人民共和国民法典〉继承编的解释（一）》的规定，法律是承认被继承人的养子女及已形成抚养关系的继子女成为被代位继承人的。①

二、转继承

（一）转继承的概念

转继承，又称转归继承、连续继承、再继承，是指继承开始后、遗产分割前死亡的继承人，未明确放弃继承权，其有权继承的遗产份额转由其法定继承人承受的一种继承制度。其中，死亡的继承人被称为被转继承人，承受该遗产份额的人被称为转继承人。

在界定转继承的含义时，有学者认为，转继承中需要继承人在生前没有表示放弃继承，同时，也没有表示接受继承，即继承人的法律地位处于不确定的状态时，才可以发生转继承。② 对于这种说法，本章作者并不赞同。《民法典》第一千一

① 杨大文．亲属法与继承法［M］．北京：法律出版社，2013：346-348.

② 张玉敏．继承制度研究［M］．成都：成都科技大学出版社，1994：275.

百二十四条第一款规定："继承开始后，继承人放弃继承的，应当在遗产处理前，以书面形式作出放弃继承的表示；没有表示的，视为接受继承。"即使继承人在继承开始后、遗产分割之前没有明确表示，仍应视为接受继承，其法律地位是确定无疑的。

世界上不少国家的民法典都确认转继承的合法性。《日本民法典》规定，继承人没有表示承认或者放弃继承时就死亡的，在2个月以内，自其继承人知悉自己有继承权开始时起作出单纯承认、限定承认或放弃的表示。《法国民法典》第七百八十一条规定："录应继承遗产的人未放弃继承，亦未明示或默示接受继承而死亡时，该继承人的继承人得以前者的名义接受或放弃继承。"[①] 苏俄民法典规定，如果依法或依遗嘱应召继承的人在继承开始后亡故而未能在规定期限内接受继承的，则接受应属他的继承份额的权利转归他的继承人。[②]《民法典》第一千一百五十二条规定："继承开始后，继承人于遗产分割前死亡，并没有放弃继承的，该继承人应当继承的遗产转给其继承人，但是遗嘱另有安排的除外。"

（二）转继承的特征

转继承有以下特征：

（1）转继承是继承开始后因继承人死亡而发生的继承制度，这是转继承发生的前提条件。继承已经开始而继承人死亡，继承人在死亡之前并没有明确表示放弃继承权的，方可适用转继承制度。

（2）继承人在死亡之前并未实际取得遗产。如若已经取得遗产，便没有转继承的必要，而是进入了新的法定继承程序。只有继承人在遗产分割前死亡，转继承才能在继承程序上生效。

（3）转继承的客体是被转继承人的应继份。被转继承人有权继承的遗产份额决定了转继承中遗产的范围。转继承人对遗产提出的主张不得超越这个范围。[③]

三、代位继承与转继承的区别

（一）属性不同

转继承不同于代位继承，其实质上是一种二次继承，是在继承开始后、遗产分

① 刘文．继承法比较研究［M］．北京：中国人民公安大学出版社，2004：165.
② 龙翼飞．比较继承法［M］．长春：吉林人民出版社，1996：65.
③ 杨大文．亲属法与继承法［M］．北京：法律出版社，2013：351-352.

配之前继承人死亡，而由死亡的继承人的继承人对被继承人遗产份额进行继承的一种制度。此过程具有一定的连续性，发生的是对被继承人遗产的分割的权利，而不是被继承人遗产的继承的权利。相反，代位继承则是由代位继承人替代被代位继承人而直接继承被继承人的遗产，并不是对被代位继承人遗产的继承。因此，有的学者认为，转继承具有连续继承的性质，而代位继承具有替补继承的性质。[1]

（二）适用的范围不同

转继承既可以适用于遗嘱继承，也可以适用于法定继承；而代位继承只能适用于法定继承，不适用于遗嘱继承。主要原因在于：在遗嘱继承中，如果遗嘱所指定的继承人先于被继承人死亡，那么该部分遗产须按照法定继承来办理。如果遗嘱所指定的继承人丧失继承权，对于遗嘱中指定的该部分遗产，也应按照法定继承来办理。因此，在遗嘱继承中是不会发生代位继承的。

（三）发生的条件不同

转继承发生的条件是被继承人的继承人在继承开始后、遗产分割前死亡，代位继承发生的条件则是继承人在继承开始前已经死亡。代位继承人仅限于被代位继承人的晚辈直系血亲，转继承人则无此限制。转继承的基础是被转继承人对被继承人遗产的应继份额，如果被转继承人放弃其应继份额或丧失继承权的，转继承不会发生。

（四）主体不同

转继承的主体是对被转继承人享有继承权的全体继承人，无论是法定继承人还是遗嘱继承人。代位继承的主体则是固定的，只能是被代位继承人的晚辈直系血亲。

（五）客体不同

关于转继承的客体，理论界的说法不一。有学者认为，转继承的客体是被转继承人的继承权，也就是被转继承人接受和放弃继承的权利，而不是已归属于被转继承人的财产。[2] 我们认为，因为转继承实际上是对遗产份额的再次继承，而并不是继承权利的一种转移。转继承的客体应该是被转继承人的遗产份额。代位继承的客体则是被代位继承人的继承权。[3]

---

① 郭明瑞，房绍坤．继承法［M］．2 版．北京：法律出版社，2003：128.
② 张玉敏．继承法律制度研究［M］．北京：法律出版社，1999：234-235.
③ 杨大文．亲属法与继承法［M］．北京：法律出版社，2013：353-354.

第四节 法定继承的遗产分配

法定继承的遗产分配，是指在继承法律关系中，依法定继承分配遗产时所应遵循的规则。《民法典》第一千一百三十条规定："同一顺序继承人继承遗产的份额，一般应当均等。对生活有特殊困难又缺乏劳动能力的继承人，分配遗产时，应当予以照顾。对被继承人尽了主要扶养义务或者与被继承人共同生活的继承人，分配遗产时，可以多分。有扶养能力和有扶养条件的继承人，不尽扶养义务的，分配遗产时，应当不分或者少分。继承人协商同意的，也可以不均等。"由此可见，在继承开始之后，如果只存在法定继承，而无遗嘱继承、遗赠或遗赠扶养协议等，且被继承人的继承人只有一人时，则遗产由该继承人一人予以继承。但是，如果继承人为数人时，则会产生遗产分配份额等问题，此时，对遗产进行分配就需要遵循一定的原则。

一、法定继承遗产分配的一般规则

（一）互谅互让、团结和睦

互谅互让、团结和睦是中华民族的传统美德，《民法典》继承编的相关规定也充分体现了这一美德。《民法典》第一千一百三十二条规定："继承人应当本着互谅互让、和睦团结的精神，协商处理继承问题。遗产分割的时间、办法和份额，由继承人协商确定；协商不成的，可以由人民调解委员会调解或者向人民法院提起诉讼。"因此，在继承开始之后，各个继承人共同进行遗产分配时，首先应该通过协商的方式来确定彼此应继承的份额。这一规定符合我国的国情，不仅可以有效减少继承纠纷，而且也有利于家庭关系的稳定及和谐社会的建设。

（二）均等分配

一般情况下，在继承开始后，同一顺序的法定继承人在继承遗产之时，应该均等分配遗产，而不应有所差别。对此，《民法典》第一千一百三十条第一款规定："同一顺序继承人继承遗产的份额，一般应当均等。"这就是所谓的均等分配原则，即同一顺序的继承人为多人时，除非存在法律规定的特殊情形，一般应当均等分配，即使同一顺序的婚生子女与非婚生子女、生子女与养子女、生子女与有扶养关系的继子女之间，其继承份额一般也要均等。继承人的继承份额，不因性别而异。①

二、法定继承遗产分配的特殊规则

在一般情形下，同一顺序继承人继承遗产的份额应当均等，但是在特殊情形下，如果一律均等分配，可能会显失公平。为此，《民法典》继承编作出了若干例外规定。

（一）关于应当照顾和可以多分的规定

根据《民法典》继承编的规定，继承开始后，对于那些缺乏劳动能力而又无生活来源的人，在分配遗产时，应当予以照顾。只有继承人同时具备缺乏劳动能力和没有生活来源两个条件时才可以适用该规定，缺少任何一个条件，均不得适用该原则。这样的规定不仅符合人情，而且为生活困难的群体提供了一定的生活保障，符合当代保护弱者权益的法律观念和时代潮流。

对被继承人尽了主要扶养义务或者与被继承人共同生活的继承人，分配遗产时，可以多分。采取这样倾斜性的规定是为了鼓励家庭成员履行其对被继承人的扶养义务，弘扬中华民族的传统美德。对被继承人尽了主要扶养义务的继承人比其他继承人负担了更多的扶养费用，付出了更多的努力，多分遗产是应当依法予以支持的。与被继承人共同生活的继承人，对被继承人也给予了较多生活上的帮助，因此也可以依法多分。需要注意的是，法律规定的是“可以”多分，而非“应当”多分，法律对此并没有作出强制性规定。这也意味着并非在任何情况下，对被继承人尽了主要扶养义务或者与被继承人共同生活的继承人都能够多分遗产。

（二）关于应当不分或者少分的规定

《民法典》继承编规定，有扶养能力和有扶养条件的继承人，如果不尽扶养义务的，则在分配遗产时，应当不分或者少分。《最高人民法院关于适用〈中华人民共和国民法典〉继承编的解释（一）》第二十二条对此作了下列解释：“继承人有扶养能力和扶养条件，愿意尽扶养义务，但被继承人因有固定收入和劳动能力，明确表示不要求其扶养的，分配遗产时，一般不应因此而影响其继承份额。”该解释

① 杨大文. 亲属法与继承法［M］. 北京：法律出版社，2013：336-337.

第二十三条规定："有扶养能力和扶养条件的继承人虽然与被继承人共同生活，但对需要扶养的被继承人不尽扶养义务，分配遗产时，可以少分或者不分。"被继承人既有受扶养的需要，继承人又有扶养能力和扶养条件时，如其不尽扶养义务，基于公平原则和保护其他继承人权益的要求，自应对其少分或者不分。

（三）经继承人协商同意的不均等分配

《民法典》继承编规定，经继承人之间自愿协商，遗产的分配也可以不均等。继承权是权利而非义务，在存在多个继承人时，继承人之间可以共同协商由部分继承人继承或者对遗产的份额实行不均等的分配。这是民法中自愿原则在遗产继承中的体现，对此，法律并不加以干涉。这种协商分配对于维护家庭关系的稳定和睦有着重要作用，法律应当根据实际情况予以提倡。①

本章小结

本章重点介绍了法定继承人的范围与顺序，根据《民法典》继承编的相关规定，法定继承人的范围包括下列几类：配偶、子女、父母、兄弟姐妹、祖父母、外祖父母及对公婆尽了主要赡养义务的丧偶儿媳和对岳父母尽了主要赡养义务的丧偶女婿。通过本章的学习和研究，学生可以对代位继承与转继承的概念，以及法定继承遗产分配的规则有一个本质、概括的了解。

简答题

1. 代位继承的含义与特征。
2. 转继承的含义与特征。

案例

苏某泉于2018年3月死亡，其父母和妻子均先于其死亡，其生前未生育和收养子女。苏某泉的姐姐苏某乙先于苏某泉死亡，苏某泉无其他兄弟姐妹。苏某甲系苏某乙的养女。李某田是苏某泉堂姐的儿子，李某禾是李某田的儿子。苏某泉生前未立遗嘱，也未立

（扫码查看案例解读）

① 杨大文．亲属法与继承法［M］．北京：法律出版社，2013：337-338.

遗赠扶养协议。另外，李某田与苏某泉长期共同居住，苏某泉生病在护理院期间的事宜由李某田负责处理，费用由李某田代为支付，苏某泉的丧葬事宜也由李某田操办。上海市徐汇区华泾路×弄×号×室房屋的登记权利人为苏某泉、李某禾，系共同共有。苏某泉的梅花牌手表1块及钻戒1枚由李某田保管。苏某甲起诉至法院，请求判决其继承系争房屋中属于被继承人苏某泉的产权份额，以及梅花牌手表1块和钻戒1枚。请问苏某甲的诉求能否得到法院支持?

第三十六章 遗嘱继承和遗赠

学习目标

掌握：遗嘱继承的条件，遗赠与遗嘱继承的区别。

熟悉：遗嘱的概念与特征，遗赠的概念与特征。

了解：遗嘱的设立、变更与撤销，遗嘱的执行。

第一节 遗嘱继承

一、遗嘱的概念与特征

（一）遗嘱的概念

遗嘱，是指被继承人生前对自己财产的处分在其死亡时发生法律效力的单方民事法律行为。在遗嘱法律关系中，遗嘱继承人与受遗赠人为权利主体，权利主体以外的其他任何人为义务主体，负有不得侵害遗嘱继承人或受遗赠人权利的义务。遗嘱与遗嘱继承既相互联系又有所区别。遗嘱是遗嘱继承的前提条件，但遗嘱不同于遗嘱继承。

（二）遗嘱的特征

（1）遗嘱是单方民事法律行为。遗嘱是被继承人的单方意思表示，无须与他人意思表示一致。被继承人以外的其他主体作出的意思表示不影响遗嘱的内容、成立及生效。遗嘱中指定的继承人不同意继承的，有权在继承开始后、遗产分割前明确表示放弃继承权。该放弃行为属于主体处分继承权的行为，并不影响遗嘱的成立与生效。

（2）遗嘱是被继承人生前独立处分财产的法律行为。首先，遗嘱是被继承人生前对其死后财产如何处分作出的安排。其次，遗嘱应当由被继承人亲自、独立作出。遗嘱是被继承人亲自为意思表示，自主处分其财产的法律行为，不适用代理。最后，遗嘱应体现被继承人真实的意思表示。受胁迫或欺诈所立的遗嘱无效或可变更、可撤销。

（3）遗嘱以被继承人死亡为生效条件。被继承人生前处分财产并已经产生法律效力的行为不属于遗嘱的范畴。被继承人设立遗嘱后，遗嘱成立，但并不产生法律效力。被继承人死亡之前，遗嘱不产生法律效力，立遗嘱人有权随意变更或者撤销遗嘱。立遗嘱人死亡，遗嘱产生法律效力，继承人根据法律规定及遗嘱确定的内容继承遗产，遗嘱不能再被变更或者撤销。

（4）遗嘱是要式法律行为。遗嘱对被继承人死后财产的处置影响甚巨，法律为保障遗嘱真实反映立遗嘱人的遗愿，对遗嘱的形式进行了明确规定和要求。立遗嘱人必须严格遵循法律规定的形式要件制作遗嘱，否则不能产生法律效力。

（5）遗嘱是处分行为。遗嘱是立遗嘱人自由处分自己财产的法律行为。财产是遗嘱的处分对象。与财产处分无关的行为不属于《民法典》继承编规定的遗嘱。①

二、遗嘱继承的条件

遗嘱继承有以下条件：

（1）被继承人死亡且生前立有合法有效的遗嘱。遗嘱继承法律关系的产生需要同时满足两项法律事实的要求：一是被继承人死亡，二是被继承人生前立有合法有效的遗嘱，两者缺一不可。即便被继承人死亡，但其生前未立遗嘱或者所立遗嘱无效、被撤销的，不适用遗嘱继承。

（2）遗嘱中指定的继承人未丧失或放弃继承权。遗嘱中指定的继承人丧失或明确表示放弃继承权的，不适用遗嘱继承。相关的遗产根据法定继承的规定由法定继承人继承。

（3）没有遗赠扶养协议。遗嘱继承优先于法定继承，但遗赠扶养协议优先于遗

① 龙翼飞．中华人民共和国继承法评注：总则［M］．厦门：厦门大学出版社，2020：117-118.

嘱继承。被继承人与扶养人订立遗赠扶养协议处分的遗产，不适用遗嘱继承。遗赠扶养协议未约定的遗产才适用遗嘱继承。[①]

三、遗嘱订立、撤回与变更

（一）遗嘱的订立

遗嘱的订立，是指具有遗嘱能力的遗嘱人依法定形式设立遗嘱的行为。遗嘱订立的合法性标准主要包括遗嘱人有订立遗嘱的能力，以及遗嘱的形式和见证人符合法律规定等。

1. 订立遗嘱的方式

订立遗嘱的方式是遗嘱成立的形式要件，遗嘱的订立须符合《民法典》中规定的遗嘱形式，同时也应符合法律对见证人的要求。不符合法定形式的遗嘱不发生法律效力。

2. 遗嘱见证人

根据《民法典》的相关规定，遗嘱人订立代书遗嘱、打印遗嘱、录音录像遗嘱、口头遗嘱时均须有两个以上的见证人在场见证。遗嘱见证人须符合下列条件：

（1）遗嘱见证人应当是具有完全民事行为能力的自然人。完全民事行为能力人对事物有足够的识别能力，这对遗嘱见证人来说是不可或缺的。无民事行为能力人或限制民事行为能力的未成年人、精神病人欠缺这种能力，不得充当遗嘱见证人。自然人以外的民事主体，如法人等，也不得充当遗嘱见证人。

（2）遗嘱见证人应当客观、公正，与遗嘱没有利害关系。与遗嘱有利害关系的人参加见证，有可能受利益的驱动而作出不真实的证明，损害遗嘱人及有关当事人的合法权益。《民法典》第一千一百四十条规定："下列人员不能作为遗嘱见证人：（一）无民事行为能力人、限制民事行为能力人以及其他不具有见证能力的人；（二）继承人、受遗赠人；（三）与继承人、受遗赠人有利害关系的人。"《最高人民法院关于适用〈中华人民共和国民法典〉继承编的解释（一）》第二十四条指出，继承人、受遗赠人的债权人、债务人、共同经营的合伙人也应当视为与继承人、受遗赠人有利害关系，不能作为遗嘱的见证人。

---

① 龙翼飞. 中华人民共和国继承法评注：总则［M］. 厦门：厦门大学出版社，2020：128.

（二）遗嘱的撤回与变更

《民法典》规定，遗嘱人可以撤回、变更自己所立的遗嘱。遗嘱是要式法律行为，遗嘱的订立须经过严格的法定程序，遗嘱的撤回与变更也须受法定程序的规制。遗嘱的撤回，是指遗嘱人对原立遗嘱的废除；遗嘱的变更，是指遗嘱人对原立遗嘱进行的部分修改。遗嘱的撤回与变更有诸多相似之处，二者的区别在于遗嘱内容的改变程度有所不同。我们可以将遗嘱的撤回视为遗嘱内容的全部变更，也可以将遗嘱的变更视为遗嘱内容的部分撤回。

在法律实务中，遗嘱的撤回与变更主要有以下两种情形：一种是修改原立遗嘱或以新立遗嘱代替原立遗嘱。这是以遗嘱人的意思表示作出的明示的撤回与变更。另一种是遗嘱人生前的行为致使原立遗嘱无法执行或部分无法执行。这是因遗嘱人的行为导致的事实上的撤回与变更。

《民法典》第一千一百四十二条第二款规定："立遗嘱后，遗嘱人实施与遗嘱内容相反的民事法律行为的，视为对遗嘱相关内容的撤回。"

按照《民法典》第一千一百四十二条的规定，立有数份遗嘱，内容相抵触的，以最后的遗嘱为准。

遗嘱的撤回与变更，并无时间限制，在继承开始前，遗嘱人均可随时随地撤回或与变更遗嘱，这是遗嘱自由原则的具体表现，与其他民事法律行为的撤回与变更是有明显区别的。①

四、遗嘱的执行

遗嘱的执行是实现遗嘱内容的必经程序。执行遗嘱的目的是实现遗嘱人在遗嘱中的意思表示。遗嘱执行须有合法的执行程序加以保证。

（一）遗嘱执行人的确定

遗嘱执行人，是指按照遗嘱人的指定或按照法律规定而履行执行遗嘱之责的人。按照《民法典》第一千一百三十三条的规定，遗嘱执行人的确定有以下几种方式：

第一，遗嘱执行人由遗嘱人指定。遗嘱人指定能够最充分地体现遗嘱人的意愿，各国继承法均以其为遗嘱执行人的产生方式之一。遗嘱中指定的执行人既可以是法定继承人，也可以是法定继承人以外的人。遗嘱执行人的指定既可以是口头指

① 杨大文．亲属法与继承法［M］．北京：法律出版社，2013：360-361.

定，也可以是通过书面、录音等方式指定；既可以指定一人，也可以指定数人。

第二，遗嘱执行人为法定继承人。遗嘱中没有指定遗嘱执行人或者遗嘱中指定的执行人不具有执行遗嘱的能力的，出于执行的需要，可以法定继承人为当然的遗嘱执行人。法定继承人为数人的，所有法定继承人为遗嘱的共同执行人。继承人也可以共同推举一人或数人作为代表来执行遗嘱。

第三，遗嘱执行人为遗嘱人生前所在单位或者继承开始地点的基层组织。既没有遗嘱中指定的遗嘱执行人，也没有法定继承人执行遗嘱时，可由遗嘱人生前所在单位或者继承开始地点的基层组织为遗嘱执行人。由于这些单位或基层组织对遗嘱人及其财产状况比较了解，便于执行，以其为遗嘱执行人是比较适宜的。

（二）遗嘱执行人的资格

各国对遗嘱执行人的资格都有不同的规定，大体如下：

第一，未成年人不可被指定为遗嘱执行人。德国、法国等大陆法系国家对此都有明确的规定，我国虽然没有规定未成年人为遗嘱执行人的合法性问题，但从司法实践和法理考量中都不赞成指定未成年人为遗嘱执行人，因为其不具有执行遗嘱的能力。

第二，破产人不可以担任遗嘱执行人。这种规定在各国的立法例中很普遍，但因为我国没有个人破产制度，因此没有相关的法律规定与司法实践。

第三，法人可以被指定为遗嘱执行人。法人具有处分财产的能力和理性，在民法中法人与自然人享有同等的法律地位，因此法人具有成为遗嘱执行人的资格。

（三）遗嘱执行人的法律地位

遗嘱执行人在继承关系中处于何种法律地位？主要有两种观点：

一种观点是代理权说。该说认为，遗嘱执行人在遗嘱继承关系中处于代理人或代表人的地位。基于被代理人或被代表人的不同，持此观点者的主张又有下述差别。一种主张认为，遗嘱执行人是遗嘱人的代理人或代表人，须依遗嘱人的意思忠实地执行。该主张有其不足之处，即承认死者也有人格权。另一种主张认为，遗嘱执行人是继承人（有的学者认为还应当包括受遗赠人，下文中不再另作说明）的代理人或代表人，其理由为：继承开始后，遗产便归继承人所有，遗嘱执行的目的是保护继承人的利益。例如，《日本民法典》规定，遗嘱执行人可以被看作继承人的代理人。该主张无法解释不存在继承人时的遗嘱执行人代理何人，也无法解释在执行遗嘱同继承人的利益相对立时遗嘱执行人代理何人。

另一种观点是固有权说。该说认为，遗嘱执行人执行遗嘱是基于自己固有的权利，既非仅代表遗嘱受益人的利益，也非继承人的代理人。《民法典》对遗嘱执行人的法律地位未作明确规定。学者们对此也有不同的看法。一种主张认为，相比较而言，被继承人的代理权说更符合实际，易于为大众所接受。因为遗嘱执行人无非是以其执行的行为实现遗嘱人的意志，是代替遗嘱人执行遗嘱的。另一种主张认为，固有权说中的任务说更为合理。遗嘱执行人有自己固有的法律地位，并不是遗嘱人或者继承人的代理人。遗嘱执行人的法律地位决定了其任务、职责，依法执行的权利是出于遗产的管理和分配等需要，由法律赋予的。

（四）遗嘱执行人的权利与职责

遗嘱执行人主要有以下权利：

第一，对遗产的管理权和追诉权。遗嘱执行人所管理的遗产，以遗嘱中所涉及的有关财产为限，遗嘱对遗产的管理有要求的，遗嘱执行人应当按照遗嘱中的要求管理遗产；遗嘱对遗产的管理没有提出要求的，遗嘱执行人对遗产的管理以执行遗嘱的必要为限。这里的管理包括事实上的管理与法律上的管理。遗嘱执行人不得对遗产进行毁损、无偿赠与等处分行为。对遗产的追诉权，是指在遗嘱执行过程中，因遗产归属发生的纠纷或他人对遗产造成损害的，遗嘱执行人有参与诉讼的权利。

第二，要求他人停止侵害的权利。遗嘱执行人在执行遗嘱时，任何人不得妨碍和干涉。对法定继承人、遗嘱继承人、受遗赠人或其他人的干涉和妨碍，遗嘱执行人有权要求其停止侵害，给予赔偿。

第三，对遗产的有限处分权。遗产执行人可以依据法律规定，对遗产执行过程中所产生的费用、成本和损失，要求继承人在遗产的价值范围内给予清偿，对自己在遗产管理过程中所付出的劳动和费用，要求继承人在遗产的价值范围内给予报酬或补偿。

遗嘱执行人在享有上述权利的同时，必须履行下列职责：

第一，查明遗嘱是否真实、有效。遗嘱执行人执行遗嘱，应先查明遗嘱的真实性、合法性，这是遗嘱执行人的首要职责。其要查明遗嘱是否为遗嘱人的真实意思表示，所立遗嘱有无涂改之处，遗嘱的内容是否符合法律之规定，此外，在遗嘱人所立遗嘱的意思表示不是很明确的情况下，要根据遗嘱人的真实意思表示作出合理的解释，等等。上述种种主要是因为遗嘱执行人对于无效的遗嘱是不能执行的。

第二，对遗产进行清算并编制遗产清单。遗嘱人虽然在遗嘱中对其所属财产做了一定的安排，但是在遗嘱设立之后，遗产的情况可能还会发生一定的变化。此外，为了更好、更方便地执行遗嘱，遗嘱执行人也应该对遗产的状况进行查明，这就涉及遗产的清理，即遗嘱执行人需要对遗产的名称、数量等进行一定的清理。与此同时，为了使遗嘱的执行能够顺利进行，遗嘱执行人还应该编制遗产清单，并交付给继承人及其他利害关系人。

第三，管理遗产，对遗产进行必要的处分。若遗嘱中对遗产的管理有明确要求的，则遗嘱执行人需要按照遗嘱中的要求对遗嘱进行管理；若遗嘱中对遗产的管理没有明确要求的，则遗嘱执行人对遗产的管理以执行遗嘱的必要为限，即遗嘱执行人对遗产需要进行适当的管理，不得损毁遗产或者将遗产无偿赠与他人等，以保护继承人及其他利害关系人的利益。对于遗嘱执行人管理遗产过程中所产生的相应费用，遗嘱执行人可以在遗产中予以相应的扣除或者由继承人负担。

第四，公开遗嘱内容并分割遗产。遗嘱执行人有义务向全体继承人公开遗嘱的内容，必要时还需要对遗嘱的内容作出相应的说明。如果遗嘱人在遗嘱中指明某些财产由受遗赠人遗赠时，遗嘱执行人应当按照遗嘱的要求将该特定财产交付给受遗赠人。如果遗嘱人在遗嘱中对何人应该继承遗产及继承人的相应份额作了明确说明，遗嘱执行人应当按照该说明对遗产进行分割。

第五，参与或提起有关诉讼。遗嘱执行人在履行职责时，如有必要可参与相应的诉讼。当遗嘱人的债务人不履行债务时，遗嘱执行人可以独立提起诉讼，请求其履行相应的债务。遗嘱执行人怠于履行其职责而给继承人或其他利害关系人造成损害的，继承人或其他利害关系人可以向法院请求撤销该遗嘱执行人的资格。[①]

第二节 遗赠

一、遗赠的概念与特征

（一）遗赠的概念

遗赠制度由来已久，在中外各国的古代法中早已有之。在近现代，为了充分保障遗嘱人对其财产的自由处分权，尊重遗嘱人的真实意思表示，各国民法典对遗赠制度均有规定。我国《民法典》第一千一百三十三条第三款指出：“自然人可以立遗嘱将个人财产赠与国家、集体或者法定继承人以外的组织、个人。”遗赠是指公民在遗嘱中指定并于其死亡后发生法律效力的一种单方民事法律行为。在遗赠法律关系中，立遗嘱人为遗赠人，接受赠与财产的人为受遗赠人，遗赠财产为遗赠物。

① 杨大文．亲属法与继承法［M］．北京：法律出版社，2013：362-364.

（二）遗赠的特征

遗赠具有下列特征：

（1）遗赠是一种要式法律行为。遗赠是遗赠人生前通过立遗嘱的方式设立的，其与遗嘱继承一起构成了遗嘱的实际内容。因此，设立遗赠必须符合法律关于遗嘱的相关规定，如果遗嘱无效，则遗赠当然无效。

（2）遗赠是一种单方民事法律行为。只需遗赠人的意思表示即可成立，不以相对人的同意为前提。继承开始，遗嘱生效后受遗赠人有权决定是否接受受遗赠财产，这种决定也是一种单方民事法律行为。

（3）遗赠是一种无偿的民事法律行为。遗赠是遗赠人通过遗嘱给予受遗赠人财产利益的行为，是无偿的；遗赠既可以是遗赠人将自己的财产让与给受遗赠人，也可以是遗赠人对受遗赠人的财产义务的免除。虽然遗赠人可以设定负担，但这并不妨碍遗赠的无偿性。遗赠必须是给予他人以财产利益，不能通过遗赠为他人设定债务。

（4）受遗赠人必须是国家、集体或法定继承人以外的人。受遗赠人不能是法定继承人范围以内的人。如果遗嘱中指定将财产赠与给法定继承人，则该遗嘱不是遗赠，而是遗嘱继承。

（5）遗赠是于遗赠人死亡后发生法律效力的。如果遗赠人尚未死亡，即使遗赠人已经设立了遗赠，受遗赠人也无权请求执行遗赠。在遗赠人生前遗赠并不具有法律效力，遗赠人在生前可以无条件地变更、撤销自己的遗赠。

（6）遗赠是由受遗赠人亲自接受的行为。遗赠以特定的受遗赠人为受益主体。受遗赠人应为接受遗赠时的生存之人，受遗赠人先于遗赠人死亡或者在继承开始后作出接受遗赠的意思表示之前死亡的，该遗赠不发生法律效力。如果受遗赠人是国家、集体的，受遗赠权由其负责人行使。①

二、遗赠与遗嘱继承的区别

遗赠与遗嘱继承都是遗产移转的法定方式，但并非完全相同。关于如何区分遗赠与遗嘱继承，各国均有不同的标准。例如，《德国民法典》第二千零八十七条规定：如果被继承人将其财产或将其财产的一部分赠与应得馈赠者，则此种处分视为指定继承人，即使应得馈赠者并未被继承人称作继承人亦如此。如果应得馈赠者只是被赠与个别物品，倘有疑义，不推定其为继承人，即使该人被称作继承人亦如此。

① 杨大文．亲属法与继承法［M］．北京：法律出版社，2013：377-378.

在我国，遗赠与遗嘱继承主要有以下区别：

（1）受遗赠人与遗嘱继承人的主体范围不同。根据《民法典》继承编的规定，受遗赠人既可以是法定继承人以外的人，也可以是国家、集体，法定继承人以内的人不得成为受遗赠人。在遗嘱继承中，遗嘱人不得指定法定继承人以外的人继承遗产，继承人只能是法定继承人以内的人，既可以是第一顺序的继承人，也可以是第二顺序的继承人。

（2）受遗赠人与遗嘱继承人所承担的义务不同。在遗赠中，受遗赠人不需要承担遗赠人的债务，但是只有在清偿完遗赠人应交纳的税款和债务之后，方可主张遗赠。在遗嘱继承中，遗嘱继承人不仅享有继承遗产的权利，同时也负有清偿被继承人债务的义务，但以遗产的实际价值为限，超过的部分可不予清偿。①

（3）受遗赠人与遗嘱继承人接受遗产的方式不同。受遗赠人接受遗产原则上应该以明示的方式作出。遗嘱继承则不然，继承人既可以采用明示的方式，也可以采用默示的方式。②

本章小结

本章重点介绍了遗嘱继承的条件，分别是：被继承人死亡且生前立有合法有效的遗嘱；遗嘱中指定的继承人未丧失或放弃继承权；没有遗赠扶养协议。通过本章的学习和研究，学生可以对我国遗嘱继承与遗赠的概念与特征及遗赠与遗嘱继承的区别有一个本质、概括的了解。

简答题

1. 简述遗嘱继承的条件。
2. 简述遗赠与遗嘱继承的区别。

案例

1977 年 10 月 29 日，张某与晋某办理了结婚登记手续，婚后于 1979 年 5 月 10 日生育儿子晋甲。1987 年 9 月 23 日，郑州市中

（扫码查看案例解读）

① 杨大文．亲属法与继承法［M］．北京：法律出版社，2013：378-379.

② 《最高人民法院司法解释小文库》编选组．婚姻家庭继承司法解释［M］．北京：人民法院出版社，2006：150.

级人民法院作出民事调解书，张某与晋某达成调解离婚，该调解书中第二项内容为：“婚生子晋甲归晋某抚养，抚养费由晋某自理，待孩子成年后，随父随母由其自择。”2017年，晋甲与陈某结婚，双方之间未生育子女，晋乙系晋甲与陈某的养子。晋甲于2020年9月30日死亡，获得死亡赔偿金235万元，其中，25万元用于晋甲死亡后处理后事的支出；剩余210万元由晋某占有70万元，陈某占有140万元（包含晋乙的份额）。截至本案起诉时，张某未分得晋甲的死亡赔偿金，故张某起诉至原审法院，请求法院依法进行裁判。

请问张某的诉求能否得到支持?

第三十七章 遗赠扶养协议

学习目标

掌握：遗赠扶养协议的概念。

熟悉：遗赠扶养协议的特征。

了解：遗赠扶养协议的效力。

第一节 遗赠扶养协议的概念与特征

一、遗赠扶养协议的概念

《民法典》第一千一百五十八条规定："自然人可以与继承人以外的组织或者个人签订遗赠扶养协议。按照协议，该组织或者个人承担该自然人生养死葬的义务，享有受遗赠的权利。"所谓遗赠扶养协议，是指遗赠人（被扶养人）和受遗赠人（扶养人）之间所订立的，由后者承担前者的生养死葬义务，前者将其个人财产在其死后赠与后者的协议。遗赠扶养协议有两种，一种是公民与自然人所订立的遗赠扶养协议，另一种则是公民与集体所有制组织所订立的遗赠扶养协议。[①]

① 龙翼飞．中华人民共和国继承法评注：总则［M］．厦门：厦门大学出版社，2020：121.

二、遗赠扶养协议的特征

遗赠扶养协议有以下特征：

（1）遗赠扶养协议是一种双方民事法律行为。与遗嘱继承、遗赠等单方民事法律行为不同，遗赠扶养协议的成立需要扶养人与被扶养人之间意思表示一致，属于双方民事法律行为。扶养人与被扶养人之间形成合同法律关系。

（2）遗赠扶养协议是一种诺成性的法律行为。遗赠扶养协议经双方协商意思表示达成一致即可成立，是一种诺成性的法律行为。遗赠扶养协议中涉及的标的物是否给付与遗赠扶养协议的成立或生效之间并无直接关联。

（3）遗赠扶养协议是一种要式法律行为。《民法典》继承编对于遗赠扶养协议的形式并没有作出明确规定。我们认为，遗赠扶养协议涉及扶养人与被扶养人之间的扶养及财产转移问题，为了更好地维护双方的权益，一般应作书面形式，最好有与协议无利害关系的人在场见证。至于是否需要经过公证，则不必作出强制性规定，双方当事人可以根据自身实际情况自行作出决定。

（4）遗赠扶养协议是一种双务有偿法律行为。遗赠扶养协议的扶养人负有在被扶养人生前扶养和死后安葬被扶养人的义务；被扶养人负有将其财产遗赠给扶养人的义务。扶养人与被扶养人相互之间负有对待给付义务。①

（5）被扶养人死亡并不导致遗赠扶养协议终止。遗赠扶养协议是被扶养人生前对其死后遗产进行处分的方式，被扶养人死亡是遗赠扶养协议遗赠内容生效的条件，并不导致遗赠扶养协议终止。

（6）扶养人应为对被扶养人无法定扶养义务的主体。扶养人的主体形式是多样的，既可以是自然人，也可以是组织，但是对被扶养人有法定扶养义务的人不能作为遗赠扶养协议中的扶养人。

第二节　遗赠扶养协议的效力

依法成立的遗赠扶养协议自成立开始即发生法律效力。扶养人与被扶养人应当根据遗赠扶养协议的内容分阶段享有权利并履行义务。根据遗赠扶养协议约束的主

---

① 龙翼飞，宋晓明，陈群峰．合同法教程［M］．北京：法律出版社，2008：227.

体不同，可以将遗赠扶养协议的效力分为对内效力与对外效力。

一、遗赠扶养协议的对内效力

遗赠扶养协议是扶养人与被扶养人意思表示一致的结果，该协议对订立协议的双方当事人应当产生法律约束力。遗赠扶养协议对协议双方当事人产生的效力为对内效力，主要表现为协议双方当事人的权利与义务。因遗赠扶养协议双方当事人之间的权利与义务具有相对性，遂在此选择扶养人与被扶养人的义务进行论述。

第一，扶养人的义务。扶养人的义务由遗赠扶养协议载明，通常包括生前扶养被扶养人及死后安葬被扶养人的义务。扶养人不依据法律规定及协议约定的内容履行扶养人义务的，被扶养人有权请求解除遗赠扶养协议。被扶养人未解除协议的，对未尽扶养义务的扶养人，经被扶养人的亲属或者有关单位的请求，人民法院可以剥夺扶养人的受遗赠权；对不完全履行扶养义务，导致被扶养人经常处于生活缺乏照料状态的扶养人，经被扶养人的亲属或者有关单位的请求，人民法院可以酌情减少扶养人受遗赠的财产数额。

第二，被扶养人的义务。被扶养人负有将其财产遗赠给扶养人的义务。被扶养人在遗赠扶养协议中明确表示其死后遗赠给扶养人的财产，对该财产被扶养人可以占有、使用、收益，但是不能处分。被扶养人违反遗赠扶养协议的要求，对遗赠的财产擅自处分，导致扶养人无法取得遗赠财产的，扶养人有权解除遗赠扶养协议，并有权要求被扶养人补偿其支付的供养费用。①

二、遗赠扶养协议的对外效力

遗赠扶养协议虽然是扶养人与被扶养人之间的意思表示，但是该协议作为遗产处理的依据，具有优先于法定继承和遗嘱继承的效力。也就是说，遗赠扶养协议不仅能够在扶养人与被扶养人之间产生法律效力，对涉及遗赠扶养协议中财产处理的第三人也具有法律效力。《民法典》第一千一百二十三条规定："继承开始后，按照法定继承办理；有遗嘱的，按照遗嘱继承或者遗赠办理；有遗赠扶养协议的，按照协议办理。"②

---

① 龙翼飞．中华人民共和国继承法评注：总则［M］．厦门：厦门大学出版社，2020：150.

② 龙翼飞．中华人民共和国继承法评注：总则［M］．厦门：厦门大学出版社，2020：150.

本章小结

本章重点研究了遗赠扶养协议的概念。遗赠扶养协议，是指遗赠人（被扶养人）和受遗赠人（扶养人）之间所订立的，由后者承担前者的生养死葬义务，前者将其个人财产在其死后赠与后者的协议。通过本章的学习和研究，学生可以对遗赠扶养协议的特征、效力有本质、概括的了解。

简答题

1. 简述遗赠扶养协议的概念。
2. 简述遗赠扶养协议的特征。
3. 简述遗赠扶养协议的效力。

案例

独居的曹某为了解决自己的养老问题，与居委会签订了协议，由居委会负责照顾曹某的生活，为曹某养老送终，曹某的财产在其寿终后由居委会处置。在之后的十多年里，居委会一直认真照顾曹某，在曹某去世后，也花费了近 6 万元为其办理丧葬。但曹某去世后，多年未联系的子女从天而降，要求继承曹某将近 200 万元的遗产。

（扫码查看案例解读）

请问，曹某的子女有权继承曹某的遗产吗？

第三十八章 遗产管理、分割和债务清偿

学习目标

掌握：遗产分割的原则与方式。

熟悉：遗产债务清偿的范围与原则。

了解：遗产管理人的确定与义务。

第一节 遗产管理

一、遗产管理人的确定

在继承开始之后，应对遗产依法进行清算和管理，对遗产的管理，各国的规定不尽相同，按照《德国民法典》的规定，法院可以为继承人选任遗产保佐人。按照《日本民法典》的规定，当继承人为多人时，法院应从继承人当中选任遗产管理人。遗产管理人是指对遗产进行清算和管理的人。一般来说，继承人无疑是遗产的管理人，如有利害关系人提出不同请求，法院亦可另行指定遗产管理人。

为了对遗产进行有效的管理，可以选择采用以下几种方式确定遗产管理人：

（1）由继承人担任或推举遗产管理人。我国采取的是当然继承主义。在继承开始后，如果继承人为一人，该继承人即为遗产管理人；如果继承人为多人，各继承

人均可为遗产管理人，相互之间可以协商。为了更有效地管理遗产，全体继承人既可以推举其中一人或数人作为遗产管理人，也可以推举继承人以外的人为遗产管理人。

（2）由遗嘱指定遗产管理人。被继承人可以根据自己的意志在遗嘱中对遗产管理等事项作出相应的安排，可以指定遗产管理人。如果遗嘱中已作指定，被指定者为遗嘱管理人；如果遗嘱中没有指定遗产管理人，仅指定遗嘱执行人，遗产管理的职责可以由遗嘱执行人行使。遗嘱所指定的遗产管理人并非不可改变，如果遗嘱所指定的遗产管理人有未尽其应尽的注意义务或损害继承人或者遗产债权人利益等情形，利害关系人也可以请求法院予以撤换。如果遗嘱指定的遗产管理人拒绝担任管理职责，可以通过其他方式另行确定遗产管理人。

（3）由法院指定遗产管理人。在特定情况下，遗产管理人可以由法院直接指定。《日本民法典》第九百五十二条规定："家庭法院因利害关系人或者检察官的请求，应选任继承财产管理人。"此立法例可以借鉴。我们认为，在下列情形下，遗产管理人可以由人民法院指定：①被继承人在遗嘱中对遗产管理人没有作出明确的指定，而继承人对遗产管理人的选任又有争议的。②遗嘱中未指定遗嘱执行人或遗产管理人，被继承人又没有继承人或者继承人下落不明的。③遗嘱中虽然指定了遗嘱执行人或遗产管理人，但是对该遗嘱的效力存在争议的。④遗产债权人有证据证明遗产管理人的行为将对其利益造成损害的。

（4）默认的遗产管理人。如果被继承人在遗嘱中并没有指定遗嘱执行人或遗产管理人，法院没有指定相应的遗产管理人，继承人也没有推举遗产管理人，遗产管理人的职责应由全体继承人共同行使，这是为广大群众所默认的。

（5）由法院代行遗产管理人的职责。为了保护继承人的利益，保护遗产的安全，在法院指定遗产管理人之前，如经利害关系人的请求，法院可以对遗产进行必要的处分，在紧急情形之下，可以代行遗产管理人的部分职责。①

二、遗产管理人的义务

一般来说，遗产管理人的义务主要可以概括为以下各项：

（1）清理遗产并制作遗产清单。在继承开始以后，遗产管理人应对遗产进行清理并登记造册。遗产的名称、性质、数量、价值等状况均应全面、准确地载于遗产清单。遗产的清理不能改变遗产的性质或数量，也不具有处分的效力，其是为防止遗产散失而采取的必要措施，也是遗产债务清偿、执行遗赠等的依据。

（2）向继承人报告遗产情况。遗产管理人应该在遗产清单中向继承人及其他有

① 杨大文．亲属法与继承法［M］．北京：法律出版社，2013：393-394.

权取得遗产人说明遗产的实际状况，包括遗产的存放地点及持有人等。

（3）督促权利人主张权利。遗产管理人须督促遗产权利人主张权利，了解其是否接受或放弃继承或者遗赠，以利于遗产的分配。无法得知继承人及其他有权取得遗产人的，必要时可向法院申请公告。

（4）管理和保护遗产。遗产管理人应当妥善地管理遗产，对遗产的完整与安全负有保护之责。出于管理和保护的需要，遗产管理人可以采取相应的措施，包括某些处分行为，如变卖物品、修缮房屋、追索债务或提起诉讼等，但不能超越必要的限度。因管理上的过错或非必要的处分，致使遗产权利人蒙受损失的，应由遗产管理人负赔偿责任。

（5）清偿债务及执行遗赠。继承开始后，遗产管理人应依法清偿债务，被继承人所欠税款和债务以遗产的实际价值为限。有关清偿的原则和具体要求，详见本章第三节。清偿之后，如果遗产有剩余部分再开始执行遗赠。

（6）交付遗产。遗产管理人应在遗产分割完毕时交付于继承人或其他遗产权利人。如果遗产管理人是继承人，也应将自己所管理的属于其他遗产权利人的份额交付给他们。这是管理遗产的目的和管理行为的归宿。

（7）遗产管理人的注意义务。遗产管理人在执行职务的过程中应尽何种注意义务，《民法典》继承编对此未作规定。在这个问题上，学者们有以下主张：一种观点认为，确定遗产管理人的注意义务，应当区分其有无报酬。有报酬者，在遗产管理中应尽最大注意义务；无报酬者，仅需尽与处理自己事务相同之注意义务。另一种观点认为，遗产管理人的注意义务不应区分有无报酬，均应以管理人的身份尽心履行职责。我们认为，索要报酬是遗产管理人的一项权利，有报酬自应对遗产履行注意义务，无报酬也不能因此而降低其对遗产管理的注意程度。①

第二节 遗产分割

一、遗产分割的原则

（一）自由原则

遗产分割请求权在本质上属于继承人或受遗赠人的形成权。依据形成权的属

① 杨大文．亲属法与继承法［M］．北京：法律出版社，2013：394.

性，继承人或受遗赠人有权依单方意思表示行使权利，无须其他民事主体的同意或认可。处于临时共有状态的遗产并不是为了维系共有人的共同生活需要，各继承人或受遗赠人请求分割共有遗产，并不会损害其他共有人的利益。继承人或受遗赠人请求分割遗产的，其他继承人或受遗赠人不应拒绝。

（二）胎儿利益保护优先原则

胎儿因尚未出生，并非法律意义上的人，不具有权利能力和行为能力，因而不能作为继承人。但是，无论是基于伦理道德还是法律价值的考量，都应当对胎儿的利益进行保护。现代法治社会，各国的立法大多遵循胎儿利益保护优先原则，为胎儿设立了特留份制度，以保护胎儿的利益。《民法典》第一千一百五十五条规定："遗产分割时，应当保留胎儿的继承份额。胎儿娩出时是死体的，保留的份额按照法定继承办理。"根据该条规定，遗产分割时必须为胎儿保留相应的遗产份额，未保留的应当从继承人所继承的遗产中扣回。为胎儿保留的遗产份额，由胎儿出生后继承。胎儿出生时为死体的，保留的份额按照法定继承处理。

（三）互谅互让原则

虽然遗产分割请求权在性质上属于形成权，但是继承人或受遗赠人在行使权利的过程中，为了保障权利的实现，避免遗产遭受损失，应当互谅互让。在遗产分割过程中，各当事人应当就遗产分割的时间、份额、方法协商一致。当事人之间未能协商一致的，可以通过人民调解委员会调解或者向人民法院提起诉讼。

（四）兼顾各当事人利益、最大化遗产效用原则

物尽其用是现代物权法或财产法的基本原则。在分割遗产的过程中，遗产分割方法、时间、手段等的选择应当有利于生产和生活，发挥遗产的效用，避免遗产价值遭受贬损。尤其是对房屋、生产资料及与特定职业密切相关的遗产进行分割时，应当充分考虑遗产的使用效用和现状及各继承人或受遗赠人的需要，兼顾各当事人的利益，最大化发挥遗产效用。①

二、遗产分割的方式

遗产分割的方式，是指继承人取得应继份额的具体方式。根据《民法典》第一

① 龙翼飞．中华人民共和国继承法评注：总则［M］．厦门：厦门大学出版社，2020：82.

千一百五十六条的规定，遗产分割的方式有以下几种：

一是实物分割。遗产如为可分物，遗产分割应尽可能采取实物分割的方式。

二是变价分割。这是对那些不宜进行实物分割的遗产或继承人不愿意实际取得的遗产而采用的分割方式。变价分割取得价金之后，各继承人再根据各自应占比例进行分割。

三是补偿分割。对于不宜分割的遗产，如果继承人中有人愿意取得该遗产，则由该继承人取得该遗产的所有权，再由取得该遗产的继承人将超出自己应继份额的部分，用金钱或者实物补偿给其他继承人。

四是保留共有关系。各继承人都愿意取得但不宜分割的遗产或者任何一个继承人取得该遗产都可能对其他继承人造成不利影响的，可经全体继承人协商，保持对该遗产的共有关系，依照一定的比例按份共有。严格来说，保持共有关系并非一种分割方法，只是一种处理方法。该共有遗产在共有关系终止时才得以分割。

《最高人民法院关于适用〈中华人民共和国民法典〉继承编的解释（一）》第四十二条规定："人民法院在分割遗产中的房屋、生产资料和特定职业所需要的财产时，应当依据有利于发挥其使用效益和继承人的实际需要，兼顾各继承人的利益进行处理。"对此，许多学者均发表过自己的见解，认为遗产分割应当尊重被继承人的意愿；在各共同继承人条件大致相同的情况下，应当均等分割；遗产分割应当照顾共同继承人中的未成年人、缺乏劳动能力又无生活来源的人；等等。

在我国民法学界，王利明教授修订主持的《中华人民共和国民法典学者建议稿》及梁慧星教授主持的民法典草案中都规定了继承人有随时请求分割遗产的权利。

《民法典》第一千一百三十二条规定："继承人应当本着互谅互让、和睦团结的精神，协商处理继承问题。遗产分割的时间、办法和份额，由继承人协商确定；协商不成的，可以由人民调解委员会调解或者向人民法院提起诉讼。"通过相互协商有效地预防和减少继承纠纷，有利于实现继承制度的社会功能，有利于维护家庭关系的和谐稳定。[①]

---

① 杨大文．亲属法与继承法［M］．北京：法律出版社，2013：391-392.

第三节 遗产债务清偿

一、遗产债务清偿的范围

清偿遗产债务，首先要确定遗产债务的范围。对此问题，有些学者认为，遗产债务即被继承人所欠的债务，是指被继承人生前个人依法应当缴纳的税款和完全用于个人需要所欠下的债务。按此观点，税款也被归入了遗产债务之中。我们认为，遵照《民法典》第一千一百五十九条的提法（分割遗产，应当清偿被继承人依法应当缴纳的税款和债务；但是，应当为缺乏劳动能力又没有生活来源的继承人保留必要的遗产）将二者分列为宜。税款与因合同、侵权行为、不当得利、无因管理等所生之债，在性质上是迥然有别的。

在确定遗产债务的范围时，应当注意以下几个问题：

（1）应当将被继承人个人的债务与夫妻共同债务、家庭共同债务加以区别。夫妻共同债务应以夫妻共同财产偿还；家庭共同债务应以家庭共同财产偿还，当家庭共同财产不足以清偿家庭共同债务时，由家庭成员的个人财产偿还。应由被继承人承担清偿责任的部分，才能列入其遗产债务的范围。

（2）应当将被继承人所欠的债务与因被继承人丧葬所产生的债务相区别。继承开始后，因被继承人的丧葬而产生的债务应由继承人承担，不应视作被继承人的遗产债务。被继承人死亡后即丧失了民事主体资格，不可能再作为现实生活中的债务人。

（3）应将遗产债务与为继承遗产而支付的费用加以区别。上述丧葬费用、继承费用的扣除应在清偿遗产债务之后，否则有可能会侵害债权人的权益。①

二、遗产债务清偿的原则

继承人继承被继承人的遗产，同时也应清偿被继承人所欠的债务。在债务的清偿过程中，应当坚持以下原则：

（1）有限清偿原则。有限清偿，是指继承人对被继承人遗产债务所负的清偿责

---

① 杨大文．亲属法与继承法［M］．北京：法律出版社，2013：395.

任以遗产的实际价值为限。在继承人继承遗产的实际价值范围内，继承人对被继承人的债务负有清偿责任；超过继承人继承遗产的实际价值范围的，继承人对被继承人的债务不负有法定的清偿责任，是否清偿取决于继承人的意思。换言之，继承人通过继承虽然可能会承担被继承人的全部或部分消极财产，但是除非继承人自愿清偿，否则继承人继承的消极财产不得超过其继承的积极财产。继承行为原则上不能给继承人带来负担。有限清偿原则的确立也否定了“父债子偿”的原则，彰显了个体的独立性与自主性。

（2）特留份优先于债务清偿原则。继承人清偿被继承人的遗产债务以为需要特殊照顾的继承人适当保留遗产为前提。即便遗产不足以清偿被继承人的遗产债务，也需要为缺乏劳动能力又没有生活来源的继承人适当保留遗产。在为特殊继承人保留遗产份额的前提下，才能根据《民法典》继承编及相关法律的规定清偿被继承人的遗产债务。

（3）清偿债务优先于执行遗赠原则。执行遗赠之前应当先清偿被继承人的遗产债务。清偿完被继承人的遗产债务之后的剩余财产，方能执行遗赠。反之，清偿完被继承人的遗产债务之后没有剩余财产或者遗产不足以清偿被继承人的遗产债务的，不能执行遗赠。

（4）连带清偿责任原则。对被继承人的遗产债务，共同继承人负有连带清偿责任。债权人有权请求继承被继承人遗产的共同继承人全体或任意一人或数人清偿。①

本章小结

本章重点研究了遗产分割的原则与方式。遗产分割的原则包括自由原则、胎儿利益保护优先原则、互谅互让原则与兼顾各当事人利益、最大化遗产效用原则。通过本章的学习和研究，学生可以对遗产债务清偿的范围与原则有本质、概括的了解。

简答题

1. 简述遗产分割的原则。
2. 简述遗产债务清偿的范围与原则。

① 龙翼飞．中华人民共和国继承法评注：总则［M］．厦门：厦门大学出版社，2020：86-87.

案例

罗某从事建筑行业工作，常向周某赊购钢材等物品并向其借款。2019年6月6日，罗某向周某出具“借条”一份，内容为：“罗某向周某借款15万元，用于资金周转，借款期限自2019年6月6日起至2019年12月5日止。如借款人逾期不还，出借人为维护权益向违约方追偿的一切费用均由违约方承担。”罗某于2021年4月9日因病去世，其所欠借款未还予周某。罗某继承人有罗某甲、罗某乙（系罗某的子女）。

（扫码查看案例解读）

请问罗某的继承人是否需要偿还罗某的债务？

第七编

侵权责任

第三十九章　侵权责任法的一般规定

学习目标

掌握：侵权责任的归责原则、一般侵权责任的构成要件。
熟悉：侵权责任的概念、特征与免责事由。
了解：数人侵权责任、侵权责任法的基本问题。

第一节　侵权责任法与侵权责任概述

《民法典》侵权责任编采总分结构，共十章，九十五个条文（第一千一百六十四条至第一千二百五十八条），前两章为总则，包括一般规定（归责原则、构成要件、责任承担规则等）和损害赔偿；后八章为分则，包括五类责任主体的特殊规定和七种特殊侵权责任。

侵权责任法是民法的重要组成部分，主要解决民事主体的民事权利与合法权益保护问题，是规范侵权责任成立与侵权责任承担的法律规范的总称。[①] 狭义的侵权责任法仅指《民法典》第七编及其他编中规定侵权责任成立与承担的法律规范。广义的侵权责任法还包括除《民法典》以外，所有涉及侵权责任成立与承担的法律规范，如《中华人民共和国产品质量法》（以下简称《产品质量法》）、《中华人民共和国道路交通安全法》（以下简称《道路交通安全法》）等。

---

① 程啸．侵权责任法教程［M］．4 版．北京：中国人民大学出版社，2020：4.

传统大陆法系认为侵权行为是债的一种发生原因，并将侵权行为、不当得利、无因管理与合同视为债法的组成部分。我国自1986年颁布《中华人民共和国民法通则》（以下简称《民法通则》）开始，就未采取传统立法体例，而是将侵权行为从债权中独立出来，于“民事责任”一章中进行单独规定。这主要考虑到20世纪以来侵权责任法发展迅速，侵权行为的内容和形式不断扩张变化，只有赋予侵权责任以相对独立的地位，才能适应新时代的要求，更好地发挥其功能。在《民法典》编纂之前，我国就已经形成了以《中华人民共和国侵权责任法》（以下简称《侵权责任法》）为中心，包括《产品质量法》《中华人民共和国消费者权益保护法》等侵权责任特别法及《最高人民法院关于审理人身损害赔偿案件适用法律若干问题的解释》《最高人民法院关于审理国家赔偿案件确定精神损害赔偿责任适用法律若干问题的解释》等诸多司法解释在内的一个完整的侵权责任法律体系。《民法典》侵权责任编主要在上述基础上进行了完善和补充，具有坚实的理论和实践基础。

一、侵权责任法的基本问题

（一）侵权责任法的调整范围

《民法典》第一千一百六十四条规定，侵权责任编调整因侵害民事权益产生的民事关系。民法所调整的平等主体之间的人身关系和财产关系多种多样，在侵权责任法调整的民事关系中，被侵权人享有的权利和侵权人应当承担的责任是基于侵权事实的发生，由法律直接加以规定，而非由当事人事先约定，因此，因侵权发生的债被称为法定之债，被侵权人可以依据法律的规定请求侵权人承担侵权责任。侵权责任的承担方式既可以是人身性质的（如赔礼道歉、恢复名誉等），也可以是财产性质的（如赔偿损失、恢复原状等）。

（二）侵权责任法的保护范围

侵权责任法首先要解决的问题是保护对象的范围，即哪些权益可以作为客体，获得侵权责任法的保护。并不是所有的权益在遭受损害后都需要用侵权责任制度进行保护。我国侵权责任法保护的是“民事权益”，其范围很广，包括民事权利和民事利益，前者是指私法所明确规定的权利；后者是指未被法律明确规定但也应受到私法保护的利益。法律给予了民事权利和民事利益加以区分、不同程度的保护，这是为了更好地平衡行为自由与权益保护的关系。

（1）侵权责任法保护的民事权利。《民法典》总则编“第五章　民事权利”所规定的民事权利包括人格权、身份权、物权、债权、知识产权、继承权、股权及其他投资性权利，这些权利均属于侵权责任的保护范围。一般情况下，侵权责任法保护的民事权利主要是其中的绝对权，例外情况下才保护相对权（如第三人故意侵害债权）。这主要是因为绝对权具有很强的公示性和法定性，任何人都必须尊重，不得侵犯。绝对权之外的其他权利及合法利益，存在方式则较为隐秘，不具有公示性，不能要求其他人都给予与绝对权一样的尊重，受保护程度较弱，否则将会不当限制其他人的行为自由。

（2）侵权责任法保护的民事利益。《民法典》第三条规定，民事主体的人身权利、财产权利及其他合法权益受法律保护，受侵权责任法保护的其他合法权益主要包括其他人格利益（如个人信息权益）、其他身份利益、其他财产利益（如数据和网络虚拟财产）、死者人格利益、胎儿人格利益。

不受侵权责任法保护的权利主要是《宪法》中公民的基本权利，如平等权、选举权、受教育权、政治权利、劳动权等，以及公权力、各类诉讼权利等。

（三）侵权责任法的功能

侵权责任法有以下功能：

（1）填补损害功能。填补损害功能，是指侵权责任法通过赔偿损失、恢复原状等责任方式，使被侵权人遭受损害的财产或人身尽可能恢复到受损害前的状态。填补损害功能是侵权责任法的首要功能。根据受损害权益性质的不同，填补损害的责任方式不同。若为财产权受到损害，则主要采用返还财产、恢复原状或赔偿损失等侵权责任方式；若为人身权受到损害，则主要采用消除影响、恢复名誉、赔礼道歉及损害赔偿等侵权责任方式。

（2）预防损害功能。预防损害功能，是指通过规定侵权人的侵权责任，引导人们的正确行为，激励社会各方采取预防措施，阻止侵权行为发生，维持社会秩序稳定。我国侵权责任立法规定了预防损害发生和防止损害扩大的侵权责任方式。例如，《民法典》第一千一百六十七条规定，如果侵权行为危及他人人身、财产安全，则被侵权人有权请求侵权人停止侵害、排除妨碍、消除危险等。

（3）教育与惩戒功能。教育与惩戒功能，是指侵权责任对于侵权人而言，是一种否定性评价和不利后果。原则上该功能不是为了报复性惩罚，但客观上能够警戒侵权人及其他社会成员，能够起到行为导向的作用，矫正不法行为，保护民事主体的合法权益。

（4）分散损失。侵权责任法能够将被侵权人遭受的全部或部分损失转移给侵权人或其他相关主体，由其承担被侵权人的损失，从而实现侵权责任分散损失的功能，这样在客观上有利于实现行为自由与权益保护的利益平衡。①

二、侵权责任的概念与特征

（一）侵权责任的概念

侵权责任，是指侵权人对自己的侵害行为或者准侵权行为造成的损害等后果依法应当承担的民事责任。② 其中，自己的侵害行为是指行为人自己实施的侵害他人民事权益的行为；准侵权行为则是指应当对他人实施的侵害行为或者物件等造成的损害承担侵权责任的情况。侵权人是指自己实施侵权行为，或者对他人、物体的损害依法负有救济义务的人；被侵权人是指有权主张损害赔偿等请求权的人，包括侵权行为和准侵权行为的直接被侵权人，以及根据法律规定享有该请求权的人。侵权责任是与违约责任相对应的一类民事责任。

（二）侵权责任的特征

侵权责任有以下特征：

（1）侵权责任是一种违反法定义务的民事责任形式。③ 民事责任是指当事人违反民事义务所应当承担的民法上的不利后果。根据违反义务性质的不同，可以将民事责任划分为侵权责任和违约责任两类，前者是违反法定义务的责任形式，后者是违反约定义务的责任形式。侵权责任的不利后果包括财产方面的不利性（如赔偿损失）和人身方面的不利性（如消除影响、恢复名誉、赔礼道歉等）。

（2）侵权责任形式多样化，以损害赔偿为主要形式。侵权责任的主要功能是填补被侵权人因侵权行为所遭受的损害，因此损害赔偿一直被视为侵权责任的主要形式。随着现代侵权责任法的发展，仅仅依靠损害赔偿无法消除损害后果，特别是存在精神损害的情况。因此，《民法典》还规定了停止侵害、排除妨碍、消除危险、消除影响、恢复名誉、赔礼道歉等侵权责任方式，在司法实践中常常与损害赔偿并用。

（3）侵权责任具有优先性。侵权人因同一行为应当承担侵权责任、行政责任和刑事责任的，承担行政责任或者刑事责任不影响承担侵权责任。侵权人的财产不足以支付的，应当优先用于承担侵权责任。

---

① 王成．侵权责任法［M］．3版．北京：北京大学出版社，2019：4.

② 张新宝．侵权责任法［M］．5版．北京：中国人民大学出版社，2020：5.

③ 龙翼飞．民法学［M］．3版．北京：中国人民大学出版社，2020：243.

第二节　侵权责任的归责原则

侵权责任法理论最核心的问题是行为人承担侵权责任的原因是什么，即已经发生的损害为什么要从受害人转移给行为人，或者为什么要给予受害人其他救济？侵权责任的归责原则就是确定侵权人承担侵权责任的一般准则。我国侵权责任的归责原则采用的是过错责任原则和无过错责任原则的二元归责原则体系。过错责任原则是最基本的归责原则，调整一般侵权行为的责任归属问题；无过错责任原则作为补充，调整部分特殊侵权行为。

侵权责任归责原则的意义在于解决侵权责任的根据问题，即可归责事由，在此基础上进一步确定不同的责任构成要件、免责事由等。过错责任将行为人主观上的过错作为其承担责任的依据；而无过错责任中，侵权人承担侵权责任的依据不是过错，而是其他客观上的原因。例如，行为或物有对他人造成损害的潜在危险、存在特定的法律关系、侵权人的优势地位等。

一、过错责任原则

（一）过错责任原则的概念与特征

《民法典》第一千一百六十五条第一款规定了过错责任原则，即“行为人因过错侵害他人民事权益造成损害的，应当承担侵权责任”。过错责任原则，是指以行为人的过错为依据，判断其是否应当承担侵权责任的归责原则。行为人主观上具有过错是一般侵权责任的判断标准和理论基础。反之，如果行为人没有过错，则无须承担侵权责任。过错责任原则之所以被奉为金科玉律，视同自然法则，主要是基于道德观念、社会价值、个人尊严三个方面的原因。[①] 遵循过错责任原则，有助于确定侵权责任，救济侵权损害，预防损害发生；同时，有助于确定社会一般行为标准，保障行为自由。

过错责任原则的特征主要体现为以下方面：

（1）过错责任原则是一种主观归责原则。主观归责与客观归责相对，在确定侵

① 王泽鉴．侵权行为法［M］．修订本．北京：北京大学出版社，2009：12-13.

权责任时，以行为人的主观心理状态为绝对标准。任何人只有因过错造成他人损害的，才可能承担侵权责任；如果行为人主观上没有过错，则无须承担侵权责任。行为人的过错一般表现为主观上的故意或过失两种情形。

（2）过错责任原则以行为人的过错作为侵权责任的构成要件。侵权责任的成立必须具备法律规定的要件，在适用过错责任原则归责的情形下，行为人主观上具有过错是必备要件之一。证明过错的有无，是确定侵权责任的关键环节。

（3）过错责任原则适用于一般侵权行为。侵权行为分为一般侵权行为和特殊侵权行为。法律有特殊规定的属于特殊侵权行为，不适用过错责任原则，除此之外的一般侵权行为则适用过错责任原则。

（4）过错责任原则对确定责任范围有决定性作用。行为人过错的种类和大小决定了侵权责任的轻重。

（二）过错推定责任原则及其适用范围

《民法典》第一千一百六十五条第二款规定了过错推定责任原则，即“依照法律规定推定行为人有过错，其不能证明自己没有过错的，应当承担侵权责任”。过错推定责任是指损害发生后，基于某种客观事实推定行为人具有过错，如果行为人不能证明自己没有过错，则应承担侵权责任。因此，过错推定责任也被称为过错举证责任的倒置。过错推定责任原则仍然以行为人的主观过错为归责依据，属于过错责任原则的特殊情况，并不是独立的归责原则。过错推定责任原则是为调整现代社会生产生活中侵权人与被侵权人双方举证能力的不平衡而对传统过错责任原则进行的修正。

过错推定责任原则并非适用于一般侵权行为，而是必须由法律作出明确的规定。我国侵权责任法中规定适用过错推定责任原则的案件类型主要包括：①无民事行为能力人在教育机构受到人身损害，推定教育机构有过错（《民法典》第一千一百九十九条）。②动物园动物致人损害，推定动物园有过错（《民法典》第一千二百四十八条）。③建筑物、构筑物的搁置物、悬挂物脱落、坠落致害，推定其所有人、管理人或使用人有过错（《民法典》第一千二百五十三条）。④堆放物倒塌致害，推定堆放人有过错（《民法典》第一千二百五十五条）。⑤公共道路上妨碍通行物品致害，推定管理人有过错（《民法典》第一千二百五十六条）。⑥林木折断致害，推定林木所有人或管理人有过错（《民法典》第一千二百五十七条）。⑦挖掘、修缮地下设施致害，推定施工人有过错（《民法典》第一千二百五十八条第一款）。⑧窨井等地下设施致害，推定管理人有过错（《民法典》第一千二百五十八条第二款）。⑨特殊情形患者在诊疗活动中受害，推定医疗机构有过错（《民法典》第一千二百二十

二条）。⑩非法占有高度危险物致害，推定其所有人、管理人有过错。（《民法典》第一千二百四十二条）

（三）过错责任原则的适用规则

过错责任原则适用于一般侵权行为，过错是责任构成要件。过错责任原则在过错的举证责任分配上有两种情况：一种是“谁主张，谁举证”，即通常由被侵权人证明侵权人存在过错；另一种是举证责任倒置，在法律规定的特殊案件中，无须被侵权人举证证明侵权人的过错，由侵权人证明自己没有过错。如果侵权人不能证明自己没有过错，则推定侵权人有过错，其须承担侵权责任；如果侵权人能够证明自己没有过错，则无须承担侵权责任。可见，过错推定责任在适用上有利于保护被侵权人的利益。

二、无过错责任原则

（一）无过错责任原则的概念与特征

《民法典》第一千一百六十六条规定了无过错责任原则，即“行为人造成他人民事权益损害，不论行为人有无过错，法律规定应当承担侵权责任的，依照其规定”。无过错责任原则是指在法律有特殊规定时，不考虑行为人主观有无过错，只要其行为造成了他人民事权益的损害，就应当根据法律规定承担侵权责任的归责原则。无过错责任原则以损害结果来确定责任，“无过错”并不意味着实际上没有过错，只是责任构成上不以过错为要件。[①] 与过错责任原则不同，无过错责任原则的责任基础可以归纳为行为或物存在高度危险、在先的特定法律关系、行为人的优势地位等。无过错责任原则是侵权责任法为应对现代工业社会的危险而发展起来的，通过倾斜性规定来保护受害人等弱势一方，合理分配损害[②]，实现整个社会利益的均衡，有助于协调权益保护和行为自由的关系，同时能够促使最有能力管控危险的人履行义务，有效预防损害的发生。

无过错责任原则的特征主要体现为以下方面：

（1）无过错责任原则不以行为人过错为责任构成要件。无过错责任的成立，完全不考虑行为人主观方面的过错。无论行为人实施加害行为时有没有过错，都不影

① 魏振瀛．民法［M］．8 版．北京：北京大学出版社，2021：669.

② 王泽鉴．民法学说与判例研究：第 5 册［M］．北京：中国政法大学出版社，1997：262.

响侵权责任的成立，行为人只需证明存在违法行为、损害事实、因果关系等客观构成要件。这也意味着无过错责任的承担，并不当然意味着法律对行为人的行为进行否定性评价。

（2）无过错责任原则仍然存在减责、免责事由。在适用无过错责任原则时，不考虑行为人主观上的过错，但需要考虑受害人的过错。如果受害人对损害的发生或扩大也有过错，则应按照法律规定进行减免。首先，受害人故意造成损害的，应免除行为人责任（《民法典》第一千一百七十四条）；其次，受害人对损害的发生或扩大具有重大过失的，实行过失相抵；再次，受害人对损害的发生有过失，如果法律规定可以减轻责任，则按照法律规定（《民法典》第一千二百四十条）；最后，受害人仅有轻微过失的，不实行过失相抵。

（3）无过错责任原则的适用必须是法律明确规定的。无过错责任原则并非普遍适用于一切侵权行为，其适用受到法律的明确限定。凡是法律未规定适用无过错责任原则的侵权案件，均不得适用无过错责任原则；仅在法律有明确规定的案件中，才适用无过错责任原则。

（4）往往存在最高赔偿限额的规定。《民法典》第一千二百四十四条规定，承担高度危险责任，法律规定赔偿限额的，依照其规定，但是行为人有故意或者重大过失的除外。对于无过错责任原则，尤其是以危险为归责事由的情形，法律大多对侵权人承担的最高赔偿进行限制。这样规定一则有利于限制较为容易即可成立的侵权责任，平衡双方当事人的利益；二则使相关行为具有明确的预见性，方便行为人评估风险，采取措施。

（二）无过错推定责任原则的适用范围

我国侵权责任法对无过错推定责任原则的适用范围作出了明确规定，主要包括以下七类：①产品不合格致人损害。②机动车交通事故中，机动车一方致非机动车或行人损害。③环境污染、破坏生态致人损害。④高度危险作业致人损害。⑤饲养动物致人损害。⑥雇员在工作中致人损害。⑦被监护人致人损害。

（三）无过错责任原则的适用规则

无过错责任原则仅适用于法律有明确规定的特殊侵权行为，责任构成只需具备违法行为、损害事实和因果关系三个要件，不需要考虑过错要件。因此，受害人能够举证证明违法行为、损害事实和因果关系三个要件的，侵权责任即已构成。免除受害人对行为人主观过错的举证和证明责任。

另外，《民法典》第一千一百八十六条还规定了法定分担损失规则，即“受害人和行为人对损害的发生都没有过错的，依照法律的规定由双方分担损失”。法定分担损失规则，也称为公平责任（民法的公平原则在损害赔偿制度中的运用），是指受害人和行为人对损害的发生都没有过错，依照法律规定，由双方当事人分担损失。由于不存在侵权行为，因此这项规定不是侵权责任承担问题，其只是民法的公平原则在损害赔偿制度中的运用。在适用中注意双方当事人对损害的发生均无过错，不属于法定适用无过错责任原则的情形。另外，分担损失并非必须平分，而是要综合考虑双方当事人的相关情况后进行合理分担。法定分担损失规则主要体现在完全民事行为能力人特殊情形的补偿（《民法典》第一千一百九十条）、高空抛物补偿（《民法典》第一千二百五十四条）等情形中。

第三节 一般侵权责任的构成要件

一般侵权责任是指适用于过错责任原则的侵权责任，其构成要件是指作为承担一般侵权责任必要条件的各因素。根据《民法典》第一千一百六十五条的规定，一般侵权责任的构成要件包括加害行为、损害事实、因果关系、主观过错四项。

一、加害行为

（一）加害行为的概念与特征

加害行为是指行为人实施的侵害受害人民事权益的不法行为。加害行为是一般侵权责任构成的客观要件。首先，其是受到行为人意志支配的人的行为；其次，其是具有违法性的行为，表现为违反法定义务、违反保护他人的法律和故意违背善良风俗致人损害的加害行为；最后，其是侵害他人民事权益的行为。侵权责任法只针对侵害他人民事权益的行为进行评价。

（二）加害行为的分类

加害行为依其行为方式可以分为作为的加害行为和不作为的加害行为。所谓作为的加害行为，也称积极加害行为，是指违反法律规定的不作为义务的行为，是加害行为最主要的行为方式。人身权、财产权都是绝对权，任何人都负有不得侵害的法定义务，行为人违反不可侵的法定义务而加害，即实施了作为的加害行为，如伤害他人的身体健康、侵害他人的财产权等。不作为的加害行为，也称消极加害行为，是指违反法律特别规定的作为义务的行为。确定不作为加害行为的前提是行为人负有法律所要求的特定的具体法律义务，如父母对未成年子女的抚养义务等。法定作为义务的来源主要有以下四种：①法律直接规定，如群众性活动组织者的安全保障义务。②当事人之间有约定，如约定照顾孩子。③当事人之间有特殊身份关系，如存在亲属之间的抚养义务。④行为人有先前行为，如成年人带未成年人到水库游泳。

加害行为依其样态可以分为自己行为、监护和管理下的人所实施的行为、管理物件的不当行为。加害行为样态的不同将影响其所承担的侵权责任形态。自己行为又被称为直接加害行为，是指侵权人的加害行为直接作用于被侵权人的人身、财产权益，侵权人自己承担责任，适用一般过错责任原则归责，属一般侵权行为。监护和管理下的人所实施的行为与管理物件的不当行为被称为间接加害行为，是指侵权人通过他人或其他介质作用于被侵权人的人身、财产权益，责任人承担替代责任，根据法律规定适用过错推定责任原则或无过错责任原则，属特殊侵权行为。

二、损害事实

（一）损害事实的概念和特征

损害事实，是指被侵权人的人身、财产权益及其他利益所遭受到的不利后果。损害事实是一般侵权责任，特别是填补损害性侵权责任的必备要件。这种“不利”主要表现为财产的减少、利益的丧失、精神的痛苦、生命的丧失、身体的损害、健康的损害等。另外，损害一般是现实存在的不利后果，但当法律另有规定时，即使实际损害尚未出现，也可以认定为构成要件意义上的损害事实。例如，损害虽未实际发生，但已使他人的人身、财产受到现实威胁或妨害。损害事实的特征主要包括：①损害是侵害合法民事权益的结果。②损害在法律上具有补救的必要和可能。③损害具有客观性和确定性。

（二）损害事实的分类

1. 财产损害

财产损害是指被侵权人的财产或人身所遭受的经济损失。财产损害不以侵害财产权益为限，侵害人身权益也可能造成财产损失。财产损失既可以是物体的实际毁损，也可以是能用金钱计算的实际物质损失。财产损失可以分为直接损失和间接损失两类。直接损失，也称积极损失，是指侵权行为导致现有财产或既得利益的丧失或减少。间接损失，也称消极损失，是指由于受到侵害而发生的可得财产利益的丧失或减少。间接损失指向将来可得财产的损失，包括可得的财产孳息、可得的经营利润、可得的工资奖金、可能的挣钱能力等。需要注意的是，虽然受到侵害时该财产利益尚未取得，但在通常情况下，如果受害人没有受到侵害，则必然或极有可能得到该财产上的利益。

2. 非财产损害

非财产损害是指被侵权人所遭受的无法以金钱计算的损害。非财产损害没有财产价值，包括自然人的死亡或者伤残，对其他人身权如名誉权、隐私权的损害，以及精神损害。非财产损害虽然无法用金钱计量，但是金钱赔偿是救济非财产损害的重要途径。

其中，精神损害是指被侵权人在精神上出现痛苦、严重反常等现象。通常在侵害人身权益，侵害特定人格关系、精神利益所指向对象，以及具有特定感情意义的物等案件中可能会发生精神损害。根据精神损害的程度，精神损害可以分为轻微精神损害、一般精神损害和严重精神损害。《民法典》第一千一百八十三条规定，只对严重精神损害给予损害赔偿救济，且被侵权人须举证证明损害的存在。

三、因果关系

（一）因果关系的概念和特征

因果关系是指加害行为与损害事实之间引起与被引起的关系。加害行为是损害发生的原因，被侵权人遭受的损害则是加害行为的后果。

因果关系主要表现出以下四个特征：

（1）客观性。原因和结果客观地存在于自然界和人类社会之中，独立于人的意志之外，不以人的意志为转移。

（2）规范性。侵权责任法中存在因果关系的目的在于解释和归责，重点在于寻求归责的可能性，受到人们主观价值判断的影响，具有立法政策方面的考量。

（3）时间性和相对性。时间性是指在一个具体的因果关系中，原因在前发生，结果在后发生。相对性是指在事物发展的因果长链条中，一种现象在某个具体因果关系中是原因，在另一个具体因果关系中则可能是结果。侵权责任法中的因果关系只是截取因果链条中的相对片段，研究特定现象之间的因果关系。

（4）复杂性。原因和结果的关系错综复杂，形态多样，除了一因一果，常常还表现为一因多果、多因一果和多因多果等形态。

（二）两个层次的因果关系

侵权责任法上的因果关系可以分为两层：一层是责任成立的因果关系，指加害行为与权益受侵害之间的因果关系，解决侵权责任是否成立的问题；另一层是责任范围的因果关系，指权益受侵害与损害事实之间的因果关系，解决侵权责任成立后的责任的形式、大小等问题。侵权责任成立的因果关系是侵权责任的客观构成要件，责任范围的因果关系属于损害的确定问题，并非责任构成要件。

（三）因果关系的判断标准

因果关系复杂多样，对于如何确定因果关系在国际上形成了多种判断标准。我国侵权责任法理论在借鉴国际经验的基础上，结合国内具体情况主要确定了以下规则，在司法实践中应当区分情况，分别适用。

1. 直接原因规则

直接原因规则是指当加害行为与损害结果之间有直接的原因关系（行为对结果的发生有重要贡献），无须再适用其他因果关系判断规则，直接确认加害行为与损害结果之间具有因果关系。

2. 相当因果关系规则

因果关系的确认要以行为时一般社会知识经验作为判断标准，若一般社会知识经验认为该加害行为有引起损害结果的可能，而实际上该加害行为确实引起了损害后果，那么该加害行为与损害结果之间具有因果关系。

3. 近因规则

近因规则包括事实原因（与损害结果发生同时存在的各个事实）和近因/法律原因（应当承担责任的主要原因）两个层面，只有在事实原因确认后才考虑近因/法律原因。损害的近因指的是多个事实原因中离损害最近的原因，即引发损害的最主要或最有效的原因。

4. 推定因果关系规则

在特定的场合，当被侵权人处于弱势，无法证明因果关系时，由侵权人负责证明自己的加害行为与损害后果之间不存在因果关系。侵权人不能证明的，则可以推定存在因果关系。适用推定因果关系规则必须有法律的明确规定，我国法律目前仅规定了环境污染侵权纠纷适用该规则。

（四）复数因果关系

复数因果关系是指多个原因与结果存在关联的情况，如多个原因相互结合造成一个或多个损害结果。侵权责任法中常见的复数因果关系主要包括以下几种类型：

（1）聚合因果关系，也称累积因果关系，是指多个加害行为导致损害结果的产生。即使不考虑其他加害行为，这些加害行为中的任何一个也都能造成全部的损害结果。数个加害行为中的每个行为都与损害结果有因果关系的，行为人应当承担连带责任。

（2）共同因果关系，是指数个加害行为中，每个加害行为均不足以导致部分或全部的损害结果，数个加害行为结合在一起才能共同导致一个损害结果。共同因果关系能够分清各自责任的，每个行为人按各自份额承担侵权责任；无法分清的，平均承担侵权责任。

（3）择一因果关系，是指数个加害行为中的部分行为导致了损害结果，但无法确定究竟是哪个或哪些行为导致了损害结果。择一因果关系中所有行为人承担连带责任，但行为人可以通过举证证明具体侵权人而使自己免责。

四、主观过错

主观过错是指侵权人的一种可归责的心理状态，表现为故意和过失两种形态。

（一）故意

故意是指侵权人预见到损害结果的发生，并追求（直接故意）或放任（间接故意）该结果发生的心理状态。故意的可责难性在于侵权人对损害结果的发生有控制力和主动性。

（二）过失

过失是指侵权人应当预见到损害结果的发生，却因为疏忽大意而没有预见到（疏忽），或者已经预见到但轻信能够避免（懈怠）的心理状态。民法上的过失就是侵权人对受害人应负注意义务的违反。根据侵权人违反的注意义务，过失可以分为重大过失、具体轻过失和抽象轻过失三种。重大过失对应违反普通人的注意义务，即一般人能够在一般情况下注意到却没有注意，为重大过失。具体轻过失对应违反与处理自己事务同一注意，即若侵权人能够证明主观上已经尽到自己平日处理事务时所用的注意，则无过失，反之则有过失。抽象轻过失对应违反善良管理人的注意，即以一般观念认为某职业人应具备的注意进行判断，不考虑该侵权人的主观能力，若未尽到相应义务，则为抽象轻过失。过失的可责难性在于损害结果是侵权人适当注意即可避免的。

第四节 数人侵权责任

一、数人侵权责任概述

数人侵权责任是指二人以上实施侵权行为，造成他人损害时的侵权责任。在数人侵权责任中，承担责任的主体为二人或二人以上，数人是对同一个损害后果承担责任，而非数个不同损害后果，且数人承担责任的方式呈多样化。数人实施侵权行为时，受害人如何证明因果关系、加害人如何承担侵权责任、加害人内部如何分担责任等都是数人侵权责任制度需要解决的难题。

二、数人侵权责任的分类

《民法典》第一千一百六十八条至第一千一百七十二条对数人侵权责任进行了规范。依据是否存在数人之间的意思联络（共同故意），数人侵权责任可以分为有意思联络的数人侵权和无意思联络的数人侵权。前者又分为共同侵权行为、教唆帮助侵权行为、共同危险行为三类。后者则分为承担连带责任的无意思联络数人侵权和承担按份责任的无意思联络数人侵权两类。

（一）共同侵权行为

共同侵权行为是指二人以上共同故意或共同过失侵害他人民事权益的行为。共同侵权人对受害人承担连带责任。共同侵权行为以共同的过错为必要，这种共同的过错既可以是共同的故意，也可以是共同的过失，还可以是故意和过失的混合。共同故意是指数个侵权人明知且追求损害结果的发生；共同过失则是指数人基于共同行为，产生防范损害发生的共同注意义务，因共同违反该注意义务而导致同一损害。共同侵权行为的构成要件包括：①主体为二人以上。②各加害人主观上有意思联络（共同过错）。③损害结果具有同一性，是一个不可分割的整体。《民法典》第一千一百六十八条规定："二人以上共同实施侵权行为，造成他人损害的，应当承担连带责任。"

（二）教唆帮助侵权行为

教唆行为是指利用一定方式对他人进行开导、说服，或者通过怂恿、刺激、利诱等办法使被教唆者接受教唆意图，并实施侵权行为的行为。帮助行为是指通过提供工具、指示目标或者语言激励等方式在物质上或者精神上帮助他人实施侵权行为的行为。

《民法典》第一千一百六十九条规定："教唆、帮助他人实施侵权行为的，应当与行为人承担连带责任。教唆、帮助无民事行为能力人、限制民事行为能力人实施侵权行为的，应当承担侵权责任；该无民事行为能力人、限制民事行为能力人的监护人未尽到监护职责的，应当承担相应的责任。"根据《民法典》的规定，若教唆、帮助完全民事行为能力人实施侵权行为，则构成共同侵权，教唆、帮助人与行为人承担连带责任；若教唆、帮助无民事行为能力人、限制民事行为能力人实施侵权行为，监护人无过错的，不构成共同侵权，由教唆人、帮助人单独承担责任；若教唆、帮助无民事行为能力人、限制民事行为能力人实施侵权行为，监护人有过错的，监护人应承担与其过错相应的责任（按份责任）。

（三）共同危险行为

共同危险行为，又称准共同侵权行为，是指数人共同实施危及他人人身或财产安全的行为并造成损害后果，但不能确定谁是实际侵权人的情形。共同危险行为的构成要件包括：①主体为二人以上。②每个人都单独实施了危险行为。③每个人的行为都构成侵权行为。④不能确定是哪个人的行为造成了损害后果。

《民法典》第一千一百七十条规定："二人以上实施危及他人人身、财产安全的行为，其中一人或者数人的行为造成他人损害，能够确定具体侵权人的，由侵权人承担责任；不能确定具体侵权人的，行为人承担连带责任。"

（四）无意思联络的数人侵权

无意思联络的数人侵权，是指数个行为人之间虽无意思联络，但其侵害行为直接结合导致同一损害后果的侵权行为。其构成要件包括：①主体为二人以上。②数个行为人分别实施了侵权行为。③数个行为人彼此之间没有任何的意思联络。④损害结果同一。

无意思联络的数人侵权可能有两种法律后果：①承担连带责任的无意思联络数

人侵权。《民法典》第一千一百七十一条规定：“二人以上分别实施侵权行为造成同一损害，每个人的侵权行为都足以造成全部损害的，行为人承担连带责任。”②承担按份责任的无意思联络数人侵权。《民法典》第一千一百七十二条规定：“二人以上分别实施侵权行为造成同一损害，能够确定责任大小的，各自承担相应的责任；难以确定责任大小的，平均承担责任。”

第五节 侵权责任的免责事由

一、免责事由概述

免责事由，也称抗辩事由，是指被告针对原告的诉讼请求而提出的证明原告诉请不成立或不完全成立的事实，从而使得侵权责任免除或者减轻。侵权责任的免责事由可以分为正当理由和外来原因两类。

二、正当理由

正当理由是指虽然损害是行为人的行为所致，但其行为具有合法性，行为人可依法免除或者减轻责任，包括正当防卫、紧急避险、自甘风险、自助行为。

（一）正当防卫

正当防卫是指为了使公共利益、本人或者他人的财产或人身免于正在遭受的不法侵害而对行为人采取的不超过必要限度的行为。正当防卫的目的是保护公共利益、本人或者他人的合法权益；防卫所针对的对象只能是不法侵害人，所针对的行为必须是正在实施的不法侵害行为；正当防卫不得超过必要的限度。《民法典》第一百八十一条规定：“因正当防卫造成损害的，不承担民事责任。正当防卫超过必要的限度，造成不应有的损害的，正当防卫人应当承担适当的民事责任。”

（二）紧急避险

紧急避险是指为了防止公共利益、本人或者他人的合法权益免受正在发生的紧急危险，不得已而采取的损害另一较小权益的行为。首先，这里的危险必须具有紧迫性，正在发生且足以威胁国家与社会公共利益、本人或他人的权益。其次，行为人必须是在不得已的情况下采取的紧急措施。所谓不得已，是指如果不采取紧急避险措施，就不能保护更大的法益。最后，紧急避险行为不得超过必要的限度，以尽可能小的损害保护较大的法益。

根据《民法典》第一百八十二条的规定，紧急避险的法律后果有三种情形：若因紧急避险（人为因素）造成损害的，由引起险情发生的人承担民事责任；若由自然原因引起险情，紧急避险人不承担责任，可以给予适当补偿；但紧急避险采取措施不当或超过必要限度，造成不应有损害的，紧急避险人应承担适当责任。

（三）自甘风险

自甘风险是指受害人自愿参加有一定风险的活动，因其他参加者的行为受到损害的，受害人不得请求其他参加者承担侵权责任，但其他参加者对损害的发生有故意或者重大过失的除外。自甘风险是编纂《民法典》时新增加的一项侵权责任免责事由，只有符合以下构成要件，才能适用自甘风险规则，免除其他活动参加者的侵权责任：①受害人参与的是具有一定风险的文体活动，这些活动往往具有较强的对抗性、竞技性。②受害人明知存在风险还自愿参与活动。③其他参与者没有故意或重大过失。根据《民法典》第一千一百七十六条的规定，适用自甘风险规则后，受害人不得请求其他参加者承担侵权责任；但其他参加者对损害的发生有故意或者重大过失的，则仍须承担侵权责任；该活动组织者不能以此为由主张免责，应依据《民法典》第一千一百九十八条至第一千二百零一条的规定，承担相应的违反安全保障义务责任或教育机构侵权责任。

（四）自助行为

自助行为是指行为人为保护自己的合法权益，在情况紧急无法及时获得公力救济时，对他人的财产或者人身造成一定侵害的行为。自助行为是公力救济的补充，其对于保护合法权益、维护社会善良风俗具有重要意义，但因为自助行为要侵犯他人权益，属于私力救济，因此必须有严格限定。首先，必须是为保护自己的合法权益；其次，必须是情况紧急无法及时获得国家机关保护；再次，必须采取适当方法，不能超过必要的限度；最后，应当立即请求有关国家机关处理。根据《民法典》第一千一百七十七条的规定，受害人实施自助行为时若采取的措施得当，则无须承担民事责任；但受害人采取的措施不当造成他人损害的，应当承担侵权责任。

三、外来原因

外来原因是指损害不是行为人的行为所致，而是由外在于其行为的独立原因造成，因此损害与行为之间不存在因果关系，行为人不应承担相应责任。外来原因包括不可抗力、受害人故意、受害人过错/过失相抵、第三人原因。

（一）不可抗力

不可抗力是指不能预见、不能避免且不能克服的客观情况。不可抗力所涉客观情况，既包括自然现象，也包括社会事件。因不可抗力不能履行民事义务的，不承担民事责任。法律另有规定的，依照其规定。不可抗力作为免责事由，既适用于过错责任原则，也适用于无过错责任原则。但根据《民法典》的规定，以下两种情形考虑到行为本身的高度危险性，即使存在不可抗力，行为人也不可免责：①民用核设施或者运入运出核设施的核材料发生核事故造成他人损害的，不可抗力不是免责事由（《民法典》第一千二百三十七条）。②民用航空器造成他人损害的，不可抗力不是免责事由（《民法典》第一千二百三十八条）。

（二）受害人故意

《民法典》第一千一百七十四条规定："损害是因受害人故意造成的，行为人不承担责任。"根据该条规定，因损害结果的出现是受害人积极追求导致，行为人的行为与损害结果之间不存在因果关系，故不需要承担侵权责任。但在禁止饲养的动物致害责任中，受害人故意不能作为减免责任的事由（《民法典》第一千二百四十七条）。另外，在违反规定饲养动物致害责任中，受害人故意仅能减轻责任，不能免除责任（《民法典》第一千二百四十八条）。

（三）受害人过错/过失相抵

《民法典》第一千一百七十三条规定："被侵权人对同一损害的发生或者扩大有过错的，可以减轻侵权人的责任。"受害人存在过失的，其行为构成损害发生或扩大的部分原因时，需要对行为人与受害人的过错进行比较，以此确定是否减轻责任及减轻多少责任等。

（四）第三人原因

《民法典》第一千一百七十五条规定："损害是因第三人造成的，第三人应当承担侵权责任。”第三人原因，是指当第三人对于损失的发生或者扩大存在过错时，可以减轻或者免除行为人的侵权责任。当第三人过错是导致损害发生的唯一原因时，第三人过错是免责事由。但当第三人过错仅是损害扩大的原因时，只能减轻行为人的责任。

本章小结

我国侵权责任归责原则采用过错责任原则和无过错责任原则的二元归责体系。一般侵权责任的构成要件包括加害行为、损害事实、因果关系、主观过错四项。数人侵权责任可以分为有意思联络的数人侵权和无意思联络的数人侵权两类。侵权责任的免责事由可以分为正当理由和外来原因两类。

简答题

1. 简述我国侵权责任归责原则的体系。
2. 简述一般侵权责任的构成要件。

案例

甲和朋友们在公园进行羽毛球比赛时，乙击打出的羽毛球正中甲的右眼。甲诉至法院，要求乙赔偿医疗费、护理费等总计 8 500 余元。甲认为乙的最后一下扣杀，用力过大，具有过错。乙则辩称，他们是参加群众自发组织的文体活动，甲应当对自己的身体情况有所了解，参加活动应自担风险。

（扫码查看案例解读）

请问原告甲的行为是否属于自甘风险?

第四十章 损害赔偿

学习目标

掌握：精神损害赔偿、惩罚性赔偿。

熟悉：侵权责任的承担方式、侵权责任的形态、人身损害赔偿。

了解：损害赔偿的概念、特征与原则，确定赔偿数额的规则，财产损害赔偿。

第一节 侵权责任的承担与损害赔偿概述

一、侵权责任的承担方式

侵权责任的承担方式是指侵权人就自己实施的侵权行为应当承担的具体民事责任方式。侵权责任成立后就需要解决侵权人如何承担责任，即如何对被侵权人加以救济的问题，应以最有效消除侵权行为造成的不利影响为原则。《民法典》第一百七十九条第一款规定了十一种承担民事责任的方式，其中有八种属于侵权责任的承担方式，即停止侵害，排除妨碍，消除危险，返还财产，恢复原状，赔偿损失，消除影响、恢复名誉，赔礼道歉。以上八种侵权责任方式既可以单独适用，也可以合并适用。《民法典》第一百七十九条第二款规定："法律规定惩罚性赔偿的，依照其规定。"最主要的侵权责任承担方式为恢复原状与赔偿损失。《民法典》侵权责任编

第二章的标题即“损害赔偿”，可见赔偿损失的责任方式具有特殊意义。①

二、侵权责任的形态

侵权责任的形态是指侵权责任由不同当事人承担责任的不同表现形式。与侵权责任的承担方式不同，其关注的重点是：侵权行为后果由谁承担？如何承担？侵权责任的形态发挥着落实侵权责任归属的作用。

（一）自己责任和替代责任

侵权责任的形态可以分为自己责任和替代责任。

1. 自己责任

自己责任，是指对自己的行为或者自己管理、控制的物致人损害承担侵权责任。在一般侵权责任中，以责任自负为原则，此为一般侵权责任形态。如无法律明文规定，他人无须对侵权人的侵权行为承担侵权责任。

2. 替代责任

替代责任，是指依照法律明文规定，行为人对他人的侵权行为承担责任。替代责任是特殊侵权责任形态，须有法律的明确规定，例如，监护人对被监护人的替代责任等。

（二）单独责任和共同责任

侵权责任的形态还可以分为单独责任和共同责任。

1. 单独责任

单独责任指仅由一个责任人单独对受害人承担侵权责任。

2. 共同责任

共同责任指由两个以上责任人依照法定方式共同对受害人承担责任。其中，共同责任的承担形态又可以分为四种，即按份责任、连带责任、不真正连带责任、补充责任。

（1）按份责任，是指对被侵权人的同一损害负有共同赔偿责任的人，按照法律规定的份额比例各自承担责任。例如，《民法典》第一千一百七十二条规定的承担按份责任的无意思联络数人侵权。

---

① 王利明．民法：下册［M］．9 版．北京：中国人民大学出版社，2022：526.

（2）连带责任，是指全体共同侵权人不分份额地对被侵权人承担全部责任，被侵权人可以选择全体侵权人或部分侵权人承担全部责任，各侵权人内部要进行责任的分摊，并享有追偿权。例如，《民法典》第一千一百七十一条规定的承担连带责任的无意思联络数人侵权。

（3）不真正连带责任，是指数个侵权人基于不同事由对同一被侵权人承担全部赔偿责任，任何一个侵权人承担全部赔偿责任后，被侵权人则不得再向其他侵权人主张赔偿。在不真正连带责任中，存在中间责任人和终局全部责任人，中间责任人承担全部责任后，有权向终局全部责任人追偿。被侵权人有权向每个侵权人主张全部责任，但是中间责任人承担责任后，有权向终局全部责任人追偿，终局全部责任人最终要承担全部的责任。例如，《民法典》第一千二百零四条规定的产品责任。

（4）补充责任，是指因直接责任人的行为造成被侵权人损失，补充责任人因为对该损害的发生也具有一定的过错而承担相应的责任。补充责任人享有追偿权。在补充责任中，损害是由直接责任人造成的，但为了给予被侵权人更充分的救济，让对损害发生也具有某种过错的人承担部分补充责任。例如，《民法典》第一千一百九十八条第二款规定的安全保障义务人补充责任。

三、侵权损害赔偿概述

（一）损害赔偿的概念、特征与原则

侵权损害赔偿，是指支付一定的金钱或者实物，以赔偿侵权行为所造成损失的侵权责任方式。

侵权损害赔偿具有以下特征：①侵权损害赔偿是一种最主要、适用最广泛的侵权责任方式。②侵权损害赔偿是财产性责任方式，均以财产赔偿为唯一方式，主要表现为金钱赔偿，也可以是实物赔偿。③侵权损害赔偿的基础是侵权责任的成立，其根本目的在于救济损害。

侵权损害赔偿以全部赔偿为原则，是指赔偿责任的大小应以行为所造成的全部实际财产损失为依据，予以全部赔偿。侵权责任法的重要功能是填补损失，侵权行为给他人造成损失，损害赔偿应当使受害人的权益尽可能恢复到未被侵害之前的状态。侵权损害赔偿包括人身损害赔偿、精神损害赔偿及财产损害赔偿。

（二）惩罚性赔偿概述

惩罚性赔偿是指法律规定某些情形下，在赔偿被侵权人的实际损失之外，再加

罚一定数额的赔偿金，对被侵权人进行额外赔偿，以示对侵权人的惩罚。该制度的目的主要在于惩罚而非救济，彰显警示教育功能，维持正常社会秩序。适用惩罚性赔偿需具备以下条件：①法律对适用惩罚性赔偿进行了特别规定（如《民法典》第一千一百八十五条、第一千二百零七条、第一千二百三十二条）。②一般要求侵权人的主观要件为故意或重大过失。③一般要求侵权行为情节或损害后果严重。

（三）确定赔偿数额的规则

在确定侵权损害赔偿数额时，应当充分考虑以下因素：①有利于预防损害。在确定赔偿数额时应充分考虑其对行为人未来行为的影响，应有利于促进行为人采取措施，预防损失的发生。②过失相抵。过失相抵是指受害人对损害的发生或扩大有过错的，应当依据其过错大小和种类减轻直至免除行为人的赔偿数额。这是过错责任原则的表现。③损益相抵。损益相抵是指受害人在受到损失时也得到了利益，应将其所得利益从应得赔偿金额中扣除。④衡平规则。侵权损害赔偿数额的确定，应适当考虑侵权人的经济状况，要为其保留基本生活所必需的经济条件。

四、其他侵权责任承担方式

前文已重点介绍了赔偿损失的责任方式，下面简单介绍《民法典》规定的其他七种侵权责任承担方式。

（1）停止侵害。《民法典》第一千一百六十七条规定了停止侵害，是指被侵权人有权要求侵权人停止正在实施过程中的侵害行为。停止侵害通常适用于遭受持续性侵害的场合，有利于及时制止侵害行为，防止损害后果扩大。

（2）排除妨碍。《民法典》第一千一百六十七条规定了排除妨碍，是指侵害行为使他人无法正常行使民事权利或者享有民事权益的，被侵权人可以要求侵权人排除相关障碍。

（3）消除危险。《民法典》第一千一百六十七条规定了消除危险，是指侵权行为虽尚未对他人的权益造成实际侵害，也未产生现实的持续侵害或妨碍，但存在危及他人人身、财产安全的现实危险，被侵权人有权要求侵权人消除此危险。

（4）返还财产。这是指非法侵占他人财产的侵权人将侵占的他人特定财产返还给被侵权人的责任方式。

（5）恢复原状。这是指毁损他人财物的侵权人通过修理等手段，使毁损的财产恢复到受损害前状况的一种侵权责任承担方式。

（6）消除影响、恢复名誉。这是指侵权人在其给被侵权人造成的不良影响范围内，采取适当方式消除对被侵权人名誉的不利影响，以使其名誉恢复的一种侵权责任承担方式。

（7）赔礼道歉。这是指侵权人以口头或书面方式向被侵权人承认错误，赔礼道歉，争取其谅解的责任方式。

第二节　人身损害赔偿

一、人身损害赔偿概述

人身损害赔偿是指自然人的生命权、健康权、身体权受到不法侵害，造成致伤、致残、致死的后果及其他损害时，被侵权人或其近亲属有权要求侵权人以财产赔偿等方法承担损失的赔偿责任。人身损害赔偿的范围既包含对财产损失的赔偿，也包括对纯粹的死亡赔偿或残疾赔偿，还包括精神损害赔偿；其赔偿对象既包括被侵权人，也包括被侵权人的近亲属；其既可对已发生的损失进行赔偿，也可对未来可能发生的损失进行赔偿。

《民法典》第一千一百七十九条至第一千一百八十一条对人身损害赔偿作出了规定，确立了我国人身损害赔偿体系。

二、人身损害赔偿的类型

我国人身损害赔偿的类型主要有：常规赔偿、造成残疾的赔偿、造成死亡的赔偿。另外，被侵权人或其近亲属有权请求精神损害赔偿。

（一）常规赔偿

人身损害所涉及的常规赔偿，主要包括医疗费，护理费，转院治疗的交通费和住宿费，营养费、伙食补助费等为治疗和康复支出的合理费用，以及因误工减少的收入等。

（二）造成残疾的赔偿

被侵权人的身体、健康受到侵害，出现伤残后果，特别是残疾损害后果时，侵权人应当进行常规赔偿、残疾赔偿金赔偿、残疾辅助器具费赔偿、被侵权人精神损害赔偿。其中，残疾赔偿金和残疾辅助器具费属于致残的特殊赔偿项目。

残疾赔偿金是指侵害受害人身体、健康致残后，应对残疾这一单纯损害后果进行的金钱赔偿。《最高人民法院关于审理人身损害赔偿案件适用法律若干问题的解释》对残疾赔偿金的解释采取“劳动能力丧失说”，是根据残疾等级抽象评定劳动能力丧失程度，并以此作为评价被侵权人利益损失。该司法解释第十二条规定：“残疾赔偿金根据受害人丧失劳动能力程度或者伤残等级，按照受诉法院所在地上一年度城镇居民人均可支配收入标准，自定残之日起按二十年计算。但六十周岁以上的，年龄每增加一岁减少一年；七十五周岁以上的，按五年计算。受害人因伤致残但实际收入没有减少，或者伤残等级较轻但造成职业妨害严重影响其劳动就业的，可以对残疾赔偿金作相应调整。”

（三）造成死亡的赔偿

侵害生命权致受害人死亡的，应当进行常规赔偿、死亡赔偿金赔偿、丧葬费赔偿、死者近亲属精神损害赔偿。其中，死亡赔偿金和丧葬费属于致死的特殊赔偿项目。①

死亡赔偿金，是指被侵权人因侵权行为死亡，侵权人应支付给被侵权人近亲属的金钱赔偿。死亡赔偿金的意义在于维持被侵权人近亲属的物质生活水平与其死亡前大致相当。其属于财产损害赔偿，是对近亲属利益受损进行的救济，而不是对被侵权人生命的赔偿，因此近亲属享有损害赔偿请求权。《民法典》第一千一百八十条规定，因同一侵权行为造成多人死亡的，可以以相同数额确定死亡赔偿金。《最高人民法院关于审理人身损害赔偿案件适用法律若干问题的解释》第十五条规定：“死亡赔偿金按照受诉法院所在地上一年度城镇居民人均可支配收入标准，按二十年计算。但六十周岁以上的，年龄每增加一岁减少一年；七十五周岁以上的，按五年计算。”

丧葬费，是指被侵权人死亡时，为火化、安葬等支出的必要费用。《最高人民法院关于审理人身损害赔偿案件适用法律若干问题的解释》第十四条对丧葬费的计算标准作出了明确规定：“丧葬费按照受诉法院所在地上一年度职工月平均工资标准，以六个月总额计算。”

另外，《最高人民法院关于审理人身损害赔偿案件适用法律若干问题的解释》第十六条规定，被扶养人生活费应当计入残疾赔偿金或者死亡赔偿金。被扶养人是

---

① 王利明，等. 民法学［M］. 6版. 北京：法律出版社，2020：1098.

指受害人依法应当承担扶养义务的未成年人或者丧失劳动能力又无其他生活来源的成年近亲属。该司法解释第十七条规定：“被扶养人生活费根据扶养人丧失劳动能力程度，按照受诉法院所在地上一年度城镇居民人均消费支出标准计算。被扶养人为未成年人的，计算至十八周岁；被扶养人无劳动能力又无其他生活来源的，计算二十年。但六十周岁以上的，年龄每增加一岁减少一年；七十五周岁以上的，按五年计算……被扶养人还有其他扶养人的，赔偿义务人只赔偿受害人依法应当负担的部分。被扶养人有数人的，年赔偿总额累计不超过上一年度城镇居民人均消费支出额。”

第三节　精神损害赔偿

一、精神损害赔偿的概念与要件

精神损害赔偿，是指自然人在人身权益或者某些财产权益受到不法侵害，致使其本人或者其近亲属遭受精神损害时，要求侵权人以财产赔偿等方法，对被侵权人或其近亲属承担的损害赔偿责任。精神损害赔偿的受害人既可能是被侵权人，也可能是被侵权人的近亲属。[①] 若要侵权人承担精神损害赔偿责任，首先，侵权人须有主观上的故意或重大过失；其次，被侵权的自然人需遭受到严重的精神损害后果，我国法律仅对严重的精神损害予以救济；最后，在适用无过错责任原则的场合，须额外对侵权人的故意或重大过失举证。

二、精神损害赔偿的适用范围

被侵权人的精神损害赔偿适用于以下情形：①侵害自然人人身权益造成严重精神损害的，被侵权人有权请求精神损害赔偿。②因故意或者重大过失侵害自然人具有人身意义的特定物造成严重精神损害的，被侵权人有权请求精神损害赔偿。③因当事人一方的违约行为，损害对方人格权并造成严重精神损害，被侵权人选择请求其承担违约责任的，不影响被侵权人请求精神损害赔偿。

被侵权人的近亲属享有精神损害赔偿请求权的情形包括：①自然人因侵权行为

① 张新宝．侵权责任法［M］.5 版．北京：中国人民大学出版社，2020：104.

致死，或者自然人死亡后其人格或者遗体遭受侵害。②死者的姓名、肖像、名誉、荣誉、隐私、遗体、遗骨等受到侵害。

三、精神损害赔偿数额的确定

精神损害赔偿的前提是精神损失，而精神损失是无形的痛苦，无法确切计算。如果完全按照填补损失的思想，将导致这种损失无法被填平。因此，精神损害赔偿的具体数额，要根据各种因素综合确定。《最高人民法院关于确定民事侵权精神损害赔偿责任若干问题的解释》第五条规定："精神损害的赔偿数额根据以下因素确定：（一）侵权人的过错程度，但是法律另有规定的除外；（二）侵害行为的目的、方式、场合等具体情节；（三）侵权行为所造成的后果；（四）侵权人的获利情况；（五）侵权人承担责任的经济能力；（六）受理诉讼法院所在地的平均生活水平。"此外，法律对精神损害赔偿数额有明确规定的，适用其规定。

第四节 财产损害赔偿

一、财产损害赔偿概述

财产损害赔偿是指自然人的民事权益受到不法侵害，造成财产损失时，要求侵权人以财产赔偿等方法对被侵权人承担的损害赔偿责任。财产损害赔偿救济的是被侵权人所受的财产上的损害，其与人身损害赔偿、精神损害赔偿共同构成我国侵权责任法上的损害赔偿制度。

二、财产损害赔偿的分类

无论侵权人侵犯了被侵权人的人身权益还是财产权益，都可能发生财产上的损失。依据被侵害的民事权益类型，财产损害赔偿可以分为侵害人身权益的财产损害赔偿（《民法典》第一千一百八十二条）和侵害财产权益的财产损害赔偿（《民法典》第一千一百八十四条）两类。需要注意的是，对生命权、身体权和健康权的侵害，虽然也会发生直接或间接的财产损失，但考虑到《民法典》第一千一百七十九条已经对侵害生命权、身体权和健康权造成的人身损害和财产损害的赔偿责任作出了全面规定（详见本章第二节）。因此，本部分所讲的侵害人身权益的财产损害赔偿，不包括侵害生命权、身体权和健康权的损害赔偿。

三、侵害人身权益的财产损害赔偿

本部分所讲侵害人身权益的财产损害赔偿主要是指侵害除生命权、身体权和健康权以外的其他人格权益（包括人格尊严和人身自由、姓名权、名称权、肖像权、名誉权、荣誉权、隐私权、个人信息、监护权、婚姻自主权等）造成的财产损失，应依法对被侵权人的损失予以赔偿的损害赔偿责任。可能涉及的财产损失有两部分：一部分是一些人格权益可以依据《民法典》第九百九十三条所规定的公开权被商业化利用，由此造成的财产损失；另一部分是不能被商业化利用的人格权益，在被侵害时也可能产生诸如误工导致收入减少、交通费等财产损失。

就赔偿标准而言，依据《民法典》第一千一百八十二条的规定：首先，被侵权人拥有选择权，既可以选择按照被侵权人因此受到的损失赔偿，也可以选择按照侵权人因此获得的利益赔偿。其次，如果被侵权人既无法证明自己的损失，也无法证明侵权人的获利，那么双方当事人可以就赔偿数额进行协商，无法达成协议，则由人民法院根据实际情况确定赔偿数额。

四、侵害财产权益的财产损害赔偿

侵害财产权益的财产损害赔偿，主要是指侵害财产权利（如物权、债权、知识产权、继承权、股权等）和财产利益（如数据和网络虚拟财产、纯粹经济利益等）所造成的财产损失，应依法对被侵权人的损失予以赔偿的损害赔偿责任。财产损害赔偿应以全面赔偿为原则，赔偿范围既包括被侵权人遭受的直接损失，也包括被侵权人遭受的间接损失。前者是指现有财产价值的减少，后者是指被侵权人原本可以得到但因侵权行为而无法获得的利益。

《民法典》第一千一百八十四条规定："侵害他人财产的，财产损失按照损失发生时的市场价格或者其他合理方式计算。"

本章小结

《民法典》规定了八种侵权责任的承担方式，即停止侵害，排除妨碍，消除危险，返还财产，恢复原状，赔偿损失，消除影响、恢复名誉，赔礼道歉。侵权责任形态可以分为自己责任和替代责任，还可以分为单独责任和共同责任（包括按份责任、连带责任、不真正连带责任、补充责任）。侵权损害赔偿包括人身损害赔偿、精神损害赔偿及财产损害赔偿三种类型。

简答题

1. 简述侵权责任的承担方式。
2. 简述侵权责任的免责事由。

案例

新人甲、丙举行婚礼，聘请乙公司为其提供婚庆服务，甲、丙订购了价值 5 500 元的婚庆服务套餐，其中摄像服务为 600 元。婚礼结束后，甲、丙支付了全部服务费。但乙公司不慎将婚礼的摄像资料丢失，甲、丙遂诉至法院，要求乙公司返还服务费 5 500 元并赔偿精神损害抚慰金 5 万元。

（扫码查看案例解读）

婚礼影像资料丢失，甲、丙可以申请到精神损害抚慰金吗？

第四十一章 责任主体的特殊规定

学习目标

掌握：监护人责任、用人者责任、网络侵权责任、违反安全保障义务的侵权责任、教育机构的侵权责任这些特殊责任主体侵权责任的归责原则和责任承担规则。

熟悉：监护人责任、用人者责任、网络侵权责任、违反安全保障义务的侵权责任、教育机构的侵权责任这些特殊责任主体侵权责任的概念、特征和类型。

了解：监护人责任、用人者责任、网络侵权责任、违反安全保障义务的侵权责任、教育机构的侵权责任这些特殊责任主体侵权责任的认定。

《民法典》侵权责任编第三章是关于“责任主体的特殊规定”，主要规定了责任主体与行为主体分离的替代责任，另有少量条文规定了与之密切相关的“自己行为责任”。替代责任的责任人因与加害人之间存在特定关系，需要对加害人造成的损害承担侵权责任。自己责任是侵权责任的基本规则，承担替代责任的例外情形需要法律的特别规定。

第一节 监护人责任

一、监护人责任概述

（一）监护人责任的概念与特征

监护人责任，是指无民事行为能力人、限制民事行为能力人因自己的行为导致他人损害，由监护人承担责任的特殊侵权责任。《民法典》第一千一百八十八条规定了监护人责任，第一千一百八十九条增加规定了委托监护人的责任。监护人责任属于特殊的侵权责任，其特征主要表现在以下三个方面：

首先，监护人责任是替代责任。侵权行为的实施者是无民事行为能力人、限制民事行为能力人，该行为造成了被侵权人的人身或财产损害，构成侵权责任，但承担侵权责任的并非行为人本人，而是行为人的监护人，监护人代替行为人承担侵权责任。

其次，监护人责任是无过错责任。只要被监护人造成他人损害，无论监护人是否有过错，均须承担侵权损害赔偿责任。即使监护人完全尽到了监护职责，不存在过错，也仅能减轻责任，而不能免除责任。只有被监护人是因他人教唆、帮助而实施侵权行为的，监护人才能通过证明自己尽到了监护义务，而免于承担责任。

最后，承担侵权损害赔偿责任时，优先使用被监护人的财产。《民法典》第一千一百八十八条第二款规定："有财产的无民事行为能力人、限制民事行为能力人造成他人损害的，从本人财产中支付赔偿费用；不足部分，由监护人赔偿。"这是一种补充责任，意味着监护人的财产足以支付赔偿费用的，监护人实际上不承担责任；但若被监护人的财产不足以承担赔偿责任，不足部分都应由监护人承担，这是一种完全的补充责任，而非"相应的补充责任"。

（二）监护人责任的归责原则

《民法典》第一千一百八十八条第一款规定："无民事行为能力人、限制民事行为能力人造成他人损害的，由监护人承担侵权责任。监护人尽到监护职责的，可以减轻其侵权责任。"自《民法通则》开始，我国侵权责任法就一直规定监护人对于被监护人造成的他人损害承担无过错责任。这意味着：首先，任何无民事行为能力人、限制民事行为能力人造成他人损害的，只要被监护人有自己独立的财产，无论有无过错，都要用自己的财产承担赔偿；其次，如果被监护人自己的财产不足以支付全部赔偿费用，则监护人需要就不足部分承担完全补充责任，即缺多少补多少；最后，即使监护人尽到了监护职责，也只能减轻责任，而不能免除。适用无过错责任原则主要是考虑到监护人与被监护人之间存在密切的监护关系，监护人最有可能通过教育被监护人来预防损害的发生。另外，这样的规定也为受害人提供了更为全面、稳妥的保护。

二、监护人责任的构成要件

监护人责任适用无过错责任原则，因此其构成要件主要包括以下三点：

（1）行为人是被监护人。侵权行为由无民事行为能力人、限制民事行为能力人实施，无民事行为能力人、限制民事行为能力人是相关行为的主体。根据《民法典》总则编第二章第一节的相关规定，可认定无民事行为能力人、限制民事行为能力人。

（2）责任人与行为人之间存在合法有效的监护关系。根据《民法典》总则编第二章第二节的相关规定，可认定监护关系。

（3）行为人的行为造成他人损害。首先，无民事行为能力人、限制民事行为能力人的行为造成了第三人的损害，而不是被监护人因自己的行为造成自己的损害，或者被监护人遭受他人损害。其次，这一损害既包括财产损害，也包括精神损害。最后，被侵权人需要证明被监护人的加害行为与其损害之间存在因果关系。另外，由于我国民法上没有规定责任能力制度，因此不需要考虑行为人是否存在主观过错。

三、监护人责任的承担规则

（一）监护人的责任

根据《民法典》第一千一百八十八条、第一千一百八十九条的规定，监护人责任的承担可以区分为以下三种情况：

（1）被监护人有财产。被监护人是否承担责任及责任的大小，取决于监护人的财产多寡。若被监护人有财产，则先从本人财产中支付赔偿费用；不足部分由监护人赔偿。可见在此种情形下，监护人承担的是补充责任，且可能实际上不承担责任。

（2）被监护人无财产。若被监护人无财产，则其不用承担任何责任，而由其监护人承担责任。在实际生活中，有财产的被监护人很少，多数属于由监护人承担责任的情况。

（3）委托监护人应承担责任。《民法典》第一千一百八十九条规定："无民事行为能力人、限制民事行为能力人造成他人损害，监护人将监护职责委托给他人的，监护人应当承担侵权责任；受托人有过错的，承担相应的责任。"本条是关于监护人将监护职责委托给他人时，监护人与受托人分担责任的特殊侵权责任规定。此种情形，首先是监护人将自己的监护职责委托给他人承担，其次被监护人是在受托人的监管下实施了侵害行为，造成了他人损害。因此，侵权责任的承担主体有两个，分别是监护人和受托人。监护人并不因为将监护职责委托给他人而免责。监护人和受托人可以通过约定的方式来免除监护人的责任，但仅具有对内效力。但受托人若有过错，应承担相应的责任。

（二）责任的减轻

责任减轻有以下两种情况：

（1）监护人尽到监护职责减轻责任。被监护人造成他人损害，监护人尽到监护职责的，可以减轻其侵权责任。对于监护职责的考察，以被监护人实施侵害行为时监护人是否尽到监护职责为标准，包括宽泛的教育培养义务、各种具体情形的指导监督义务等，需结合具体案情进行判断。在司法实践中，法院很少认定监护人尽到了监护职责，监护人得以减轻责任的情形也很少见。

（2）被侵权人存在过错减轻责任。在司法实践中，更常见的能够减轻监护人责任的情形是被侵权人对于损害的发生或扩大也存在过错，根据《民法典》第一千一百七十三条关于过失相抵的规定，可以减轻监护人的责任。

四、暂时丧失意识的责任

与监护人责任密切关联的是《民法典》第一千一百九十条规定的完全民事行为能力人暂时丧失意识时的侵权责任，指的是完全民事行为能力人在各种原因导致意识暂时丧失的情况下，造成他人民事权益受损时，所应承担的特殊侵权责任。完全民事行为能力人暂时丧失意识的原因有很多。根据其对暂时丧失意识造成他人损害是否存在过错为标准，可以将完全民事行为能力人暂时丧失意识的侵权行为分为有过错和无过错两种情况。《民法典》第一千一百九十条规定："完全民事行为能力人对自己的行为暂时没有意识或者失去控制造成他人损害有过错的，应当承担侵权责任；没有过错的，根据行为人的经济状况对受害人适当补偿。完全民事行为能力人因醉酒、滥用麻醉药品或者精神药品对自己的行为暂时没有意识或者失去控制造成他人损害的，应当承担侵权责任。"其中"因醉酒、滥用麻醉药品或者精神药品"

暂时失去意识是对前款中“有过错”情况的列举规定。

第二节 用人者责任

一、用人者责任的概念与特征

（一）用人者责任的概念

用人者责任，又称雇主责任，是指用人者对被使用人在执行工作任务或提供劳务过程中造成他人损害时，应承担的侵权责任。其中，用人者指任用他人，通过对其活动进行委派、指示来实现自己特定目的的人。根据《民法典》的规定，依据用人者是单位还是个人，可以将用人者分为用人单位和个人劳务使用人两类。相应地，接受任用的被使用人则分为工作人员和个人劳务提供人两类。

（二）用人者责任的特征

用人者责任的特征主要表现在以下五个方面：

（1）用人者责任属于替代责任。用人者责任中承担侵权责任的是用人者，而实施侵权行为的是被使用人，行为主体与责任主体分离。

（2）用人者责任适用无过错责任。只要被使用人因执行工作任务而发生侵权责任，即由用人者承担责任，不考虑用人者是否存在过错。但前提是被使用人的行为满足侵权责任的构成要件，通常被使用人是有过错的，并非不考虑被使用人是否有过错。

（3）用人者与被使用人存在特定关系。用人者与被使用人存在隶属关系、管理关系等。

（4）因执行工作任务导致损害。用人者是否承担责任，取决于该加害行为是否为执行用人者指派的工作任务或履行自己的职务。

（5）用人者有追偿权。用人者承担侵权责任后，可以向有故意或重大过失的被使用人进行追偿。

二、用人者责任的类型

如前所述，我国侵权责任法上的用人者侵权责任分为用人单位责任和个人劳务使用人责任两种类型。

（一）用人单位责任

《民法典》第一千一百九十一条第一款规定了一般用人单位责任，即“用人单位的工作人员因执行工作任务造成他人损害的，由用人单位承担侵权责任。用人单位承担侵权责任后，可以向有故意或者重大过失的工作人员追偿”。

《民法典》第一千一百九十一条第二款规定了较为特殊的劳务派遣责任，即“劳务派遣期间，被派遣的工作人员因执行工作任务造成他人损害的，由接受劳务派遣的用工单位承担侵权责任；劳务派遣单位有过错的，承担相应的责任”。

（二）个人劳务使用人责任

《民法典》第一千一百九十二条规定了个人提供劳务时，接受劳务一方的侵权责任制度，即“个人之间形成劳务关系，提供劳务一方因劳务造成他人损害的，由接受劳务一方承担侵权责任。接受劳务一方承担侵权责任后，可以向有故意或者重大过失的提供劳务一方追偿。提供劳务一方因劳务受到损害的，根据双方各自的过错承担相应的责任。提供劳务期间，因第三人的行为造成提供劳务一方损害的，提供劳务一方有权请求第三人承担侵权责任，也有权请求接受劳务一方给予补偿。接受劳务一方补偿后，可以向第三人追偿。”

三、用人者责任的归责原则

用人者责任适用无过错责任原则。适用这一原则的目的主要是全面保护受害人的合法权益，另外，用人者在享受使用他人工作带来的利益时，也应当承担相应的风险。用人者对被使用人具有较强的控制力，令其承担责任，也可以形成有效激励机制，防止损害发生。

四、用人者责任的构成要件

用人者责任的构成要件包括以下内容：

（1）行为人是被使用人。

用人者与被使用人应当构成广义上的雇佣关系，用人者对被使用人的行为具有较强的控制力和支配力。

（2）被使用人的行为符合侵权责任构成要件。

用人者责任的前提是被使用人的行为满足侵权责任的构成要件。需要明确的是，首先，该侵权责任涉及的损害是用人者和被使用人以外的第三方所遭受的。其次，应依照具体的行为类型和法律规定判断被使用人的行为是否构成某一具体的侵权责任，原则上遵循过错责任原则，即分别考察加害行为、损害事实、因果关系和主观过错。如果被使用人的行为不构成侵权责任，用人者无须承担责任。

（3）被使用人的加害行为属于执行工作。

用人者责任的承担，关键取决于致人损害的行为是否是被使用人执行工作任务即职务行为，这也是司法实践中的难点。首先，应考察用人者与被使用人之间是否存在合法雇佣关系。其次，应确定用人者对被使用人的活动是否有足够的控制力，如果不存在支配控制的可能性，则行为人应自己独立承担责任。最后，判断被使用人的活动与用人者的利益相关。

关于职务行为的认定，有主观说和客观说两种主张。主观说是以法人或者组织的意思或者其工作人员的意思为标准。客观说则以行为的外在表现为标准。一般认为，如果就外观来看，行为人的行为属于职务行为，则应当由用人单位承担责任。

五、用人者责任的承担规则

（一）用人者责任的承担

用人者责任的承担需要综合考虑用人者的身份、利益归属、控制力等因素。在我国民法中用人单位和个人劳务使用人的承担主体不同。前者范围较广，包括国家机关及一般法人与非法人组织；个人劳务使用人则范围较窄，仅指单纯提供劳务的情形，不包括概括处理事务，以及完成一定工作（承揽）的情形，如保姆、小时工等。

（二）用人者的追偿权

用人者承担侵权责任后，可以向有故意或者重大过失的被使用人追偿。《民法典》将追偿权限定在被使用人存在故意或者重大过失的情形，这样规定既有利于被使用人更好地履行职责，也有利于贯彻自己责任原则，维护用人者的合法权益。

（三）劳务派遣相关责任承担

劳务派遣是指由劳务派遣单位与接受派遣单位签订派遣合同，将其工作人员派遣至接受派遣的单位，在接受派遣单位的指挥监督下提供劳动的劳动关系。劳务派遣关系存在三方主体，即劳务派遣单位、接受派遣单位、工作人员。雇佣单位和实际用工单位相分离，符合现代社会专业化分工、降低成本等需求。关于劳务派遣中的用人者责任，《民法典》第一千一百九十一条第二款作了专门规定。首先，接受派遣单位被视为主要的用人者，对被派遣工作人员的侵权行为承担无过错责任。其次，劳务派遣单位只在有过错时承担相应责任（如果劳务派遣单位违反派遣协议，派遣了不符合要求的人员到接受派遣单位，导致该工作人员在执行工作中给他人造成损害的，则劳务派遣单位依其过错承担责任）。最后，当被派遣工作人员存在故意或重大过失时，接受派遣单位拥有追偿权。

（四）被使用人自身受害的赔偿

另外，《民法典》针对个人劳务提供人自身受到损害时的责任承担问题，新增了相关规定。《民法典》第一千一百九十二条第二款规定，提供劳务期间，因第三人的行为造成提供劳务一方损害的，提供劳务一方有权请求第三人承担侵权责任，也有权请求接受劳务一方给予补偿。接受劳务一方补偿后，可以向第三人追偿。此条款赋予个人劳务提供人一项选择权：既可以选择请求第三人承担侵权责任，也可以选择请求接受劳务一方给予补偿，二者只能择一行使。

六、定作人指示过失责任

与用人者责任相关的一类侵权责任是定作人指示过失责任。《民法典》第一千一百九十三条对之进行了规定。承揽人在完成工作过程中造成第三人损害或者自己损害的，应由承揽人承担侵权责任，原则上定作人不负责。只有当定作人对定作、指示或者选任有过错的，才应当承担相应的责任。这主要是由于承揽合同中的承揽人较之一般被使用人地位更为独立，在具体完成工作的过程中一般不需要听从定作人的指示，仅承担最终交付工作成果的义务。

第三节　网络侵权责任

一、网络侵权责任概述

网络侵权责任是指民事主体利用互联网侵害他人民事权益，依法应承担的侵权责任。实施网络侵权行为的既可能是网络用户，也可能是网络服务提供者。网络服务提供者包括技术服务提供者和内容服务提供者。网络侵权行为的损害后果往往比较严重，且难以计量。《民法典》第一千一百九十四条规定了网络用户、网络服务提供者的单独侵权责任；第一千一百九十五条至第一千一百九十七条规定了网络服务提供者对网络用户侵害他人权益的连带责任，包括“通知与反通知规则”和“知道规则”。

二、网络用户、网络服务提供者的单独责任

网络用户、网络服务提供者的单独责任，是指网络用户、网络服务提供者利用网络单独从事侵害他人民事权益的行为，依法应独自承担的侵权责任。该责任是一般侵权责任，适用过错责任原则。《民法典》第一千一百九十四条规定：“网络用户、网络服务提供者利用网络侵害他人民事权益的，应当承担侵权责任。法律另有规定的，依照其规定。”

三、网络服务提供者的连带责任

（一）通知与反通知规则

《民法典》第一千一百九十五条规定了通知移除规则，即受害人得知侵权行为后，有权通知网络服务提供者采取必要措施；若网络服务提供者未按照通知采取措施，则其对通知之后损害的扩大部分承担侵权责任。

通知与反通知规则中侵权责任的构成要件主要包括：①网络用户的行为构成侵权。这是网络服务提供者与网络用户承担连带责任的前提，需依据一般侵权责任构

成要件判断。受害人应举证证明网络用户利用网络服务提供者提供的网络服务，对其合法权益造成了侵害。②网络服务提供者存在过错。若网络服务提供者违反通知移除规则，则视为其存在过错。通知移除规则的第一程序是发出合格的通知：受害人发现侵权行为后有权通知网络服务提供者采取删除、屏蔽、断开链接等必要措施。其中，合格的通知应当包括构成侵权的初步证据及受害人的真实身份信息。第二程序是由此产生网络服务提供者的义务：网络服务提供者接到通知后，应当及时将该通知转送相关网络用户，并根据构成侵权的初步证据和服务类型采取必要措施，阻止公众访问侵权信息。若网络服务提供者未及时采取必要措施，对损害的扩大部分与该网络用户承担连带责任；若及时采取了措施，则无须承担责任。

侵权责任的承担主要涉及三种情形：①通知前的侵权责任由实施侵权行为的网络用户单独承担。②网络服务提供者接到通知后，未及时采取必要措施，对损害的扩大部分与该网络用户承担连带责任。③《民法典》第一千一百九十五条第三款还规定了对错误通知人的责任，即“权利人因错误通知造成网络用户或者网络服务提供者损害的，应当承担侵权责任。法律另有规定的，依照其规定”。《中华人民共和国电子商务法》第四十二条就规定了在电子商务知识产权的侵权责任中，恶意通知者需要承担惩罚性赔偿责任。

另外，《民法典》第一千一百九十六条基于上述通知移除规则第二程序中的转送通知义务，还规定了反通知规则。首先，网络用户接到转送的通知后，可以向网络服务提供者提交不存在侵权行为的声明。该声明即反通知，合格的反通知应当包括不存在侵权行为的初步证据及网络用户的真实身份信息。其次，网络服务提供者接到反通知后，即产生相应义务：一是将该通知转送发出通知的权利人；二是告知其可以向有关部门投诉或者向人民法院提起诉讼。网络服务提供者在转送声明到达权利人后的合理期限内，未收到权利人已经投诉或者提起诉讼通知的，应当及时终止所采取的措施，以保护网络用户（反通知人）的言论自由。

（二）知道规则

《民法典》第一千一百九十七条规定了知道规则，是指网络用户利用网络服务提供者所提供的网络服务侵害他人民事权益，网络服务提供者知道或者应当知道，未采取必要措施的，与该网络用户承担连带责任。

知道规则中侵权责任的构成要件主要包括以下方面：

（1）网络用户的行为构成侵权。与通知移除规则中的侵权责任相同，网络服务提供者承担连带责任的前提是网络用户的加害行为给他人的民事权益造成了损害，且符合一般侵权责任的构成要件。

（2）网络服务提供者存在过错。网络服务提供者知道侵权事实，而未采取必要措施的，视为其存在过错。此处的“知道”包含“明知”和“应知”两种主观状态，前者是事实上知道，后者则可能确实不知道，但从法律规定有知道的义务。根据《最高人民法院关于审理利用信息网络侵害人身权益民事纠纷案件适用法律若干问题的规定》第六条的规定认定网络服务提供者是否“知道”，应当综合考虑下列因素：①网络服务提供者是否以人工或者自动方式对侵权网络信息以推荐、排名、选择、编辑、整理、修改等方式作出处理。②网络服务提供者应当具备的管理信息的能力，以及所提供服务的性质、方式及其引发侵权的可能性大小。③该网络信息侵害人身权益的类型及明显程度。④该网络信息的社会影响程度或者一定时间内的浏览量。⑤网络服务提供者采取预防侵权措施的技术可能性及其是否采取了相应的合理措施。⑥网络服务提供者是否针对同一网络用户的重复侵权行为或者同一侵权信息采取了相应的合理措施。⑦与本案相关的其他因素。

网络服务提供者知道或者应当知道网络用户利用其网络服务侵害他人民事权益，未采取必要措施的，就其所知或应知部分的损害，与该网络用户承担连带责任。

第四节　违反安全保障义务的侵权责任

一、安全保障义务概述

《民法典》第一千一百九十八条规定了违反安全保障义务的侵权责任，指的是依照法律规定或约定对他人负有安全保障义务的人，因未尽到安全保障义务，而直接或间接地造成他人损害，应当承担的侵权责任。

（一）安全保障义务的概念

安全保障义务，是指宾馆、商场、银行、车站、机场、体育场馆、娱乐场所等经营场所、公共场所的经营者、管理者或者群众性活动的组织者，依法负有的保障他人人身和财产安全的注意义务。首先，安全保障义务保护的对象既包括他人的人身安全，也包括他人的财产安全。其次，安全保障义务的主体是法律所规定的特定主体，并非任何民事主体都须承担该义务。根据《民法典》的规定，安全保障义务的主体主要包括三类：①宾馆、商场、银行、车站、机场、体育场馆、娱乐场所等经营场所的经营者。②公共场所的管理者。③群众性活动的组织者。这些主体从所从事的活动中获得利益，同时给社会一般公众带来一定的危险，并且最有可能以最低成本避免因这些活动带来的危险①，因此法律为这些主体施加安全保障义务。安全保障义务主体经营、管理的场所或者组织的群众性活动不以有偿及经营活动为限；安全保障义务的保护对象不仅包括经营活动中的消费者，还包括虽没有交易关系，但以合理方式进入具有一定社会开放性场所的人。最后，安全保障义务要求义务人必须积极作为，消极的不作为往往构成对该义务的违反。另外，安全保障义务属于法定作为义务。虽然该义务可能来源于法律规定、合同约定或诚实信用原则等，但多数来源于法律法规的明确规定，违反该义务承担的是侵权责任而非合同责任，因此原则上是一种法定义务。

（二）违反安全保障义务侵权责任的类型

违反安全保障义务的侵权责任可以分为两类：一类是义务人因自身违反安全保障义务的行为，而造成他人损害的侵权责任（《民法典》第一千一百九十八条第一款）。此时直接加害人就是安全保障义务人，无第三人介入，由于其未尽义务而给他人造成损害；另一类是第三人造成他人损害，但安全保障义务人未尽到安全保障义务时的侵权责任（《民法典》第一千一百九十八条第二款）。此时直接加害人是第三人，而非安全保障义务人，但由于安全保障义务人并未尽义务，也要承担相应补充责任。

二、安全保障义务人的自己责任

《民法典》第一千一百九十八条第一款规定了安全保障义务人为自己的行为而承担侵权责任，适用过错责任原则，一般表现为消极的不作为，即“宾馆、商场、银行、车站、机场、体育场馆、娱乐场所等经营场所、公共场所的经营者、管理者或者群众性活动的组织者，未尽到安全保障义务，造成他人损害的，应当承担侵权责任”。

（一）构成要件

首先，安全保障义务人仅在具有过错时才承担责任，该过错表现为未尽到安全保障义务。不同案件中安全保障义务人的义务千差万别，必须根据具体情况具体判

① 福克斯．侵权行为法［M］．齐晓琨，译．北京：法律出版社，2006：102.

断。司法实践中可以从以下因素考量：安全保障义务人是否达到法律法规等要求的注意程度，是否达到了同类管理组织者通常的注意程度，是否达到了与活动危险程度相适应的注意程度等。

其次，加害行为通常表现为不作为，例如，不采用符合安全规范要求的设备，不采取适当的安全措施，不设置警示说明，不配备保安等。

再次，他人受有损害，“他人”是义务人及其工作人员之外的人，损害包括人身损害和财产损害。

最后，该损害与未尽安全保障义务的行为之间存在因果关系。如果安全保障义务人尽到了义务，则损害结果就不会发生或可以减轻。

（二）责任承担

经营场所、公共场所的经营者、管理者或者群众性活动的组织者，未尽到安全保障义务，造成他人损害的，应对自己过错所造成的损害承担侵权责任。

三、安全保障义务人对第三人致害的补充责任

《民法典》第一千一百九十八条第二款规定了第三人的加害行为直接造成他人损害时，安全保障义务人未尽义务的补充责任，适用过错责任原则，即“因第三人的行为造成他人损害的，由第三人承担侵权责任；经营者、管理者或者组织者未尽到安全保障义务的，承担相应的补充责任。经营者、管理者或者组织者承担补充责任后，可以向第三人追偿”。

（一）构成要件

首先，损害是由第三人的直接侵害行为造成的，并非安全保障义务人造成，只是损害发生在安全保障义务人负有安全保障义务的场所或活动中。

其次，安全保障义务人存在过失。其有义务防止或制止损害的发生，而未能防止或制止。对这一义务的程度和要求都不应过高，只要安全保障义务人在其能够防止或控制的范围内尽到了一定程度的注意义务即可。

再次，安全保障义务人及其工作人员之外的人遭受了人身和财产的损害。

最后，损害与安全保障义务人的行为之间存在因果关系。第三人的侵害行为是导致损害发生的直接原因，足以导致损害发生；但安全保障义务人对义务的违反行为也是损害发生的间接原因或者必要条件。

（二）责任承担

首先，根据自己责任原则，实施侵害行为的第三人对自己的行为承担侵权责任。

其次，未尽到安全保障义务的义务人，承担与过错相应的补充责任（并非全部补充责任）。此处的补充责任意味着安全保障义务人实际承担责任的大小受到第三人承担责任情况的影响。若第三人能够全面承担责任，则安全保障义务人不需要承担任何责任。只有当第三人无法确定或财力不足时，安全保障义务人才补充承担与其过错大小相当的责任。

最后，安全保障义务人承担补充责任后，可以向第三人追偿。

第五节　教育机构的侵权责任

一、教育机构侵权责任概述

（一）教育机构侵权责任的概念

《民法典》第一千一百九十九条至第一千二百零一条规定了教育机构的侵权责任，指的是无民事行为能力人在幼儿园、学校或者其他教育机构学习、生活期间遭受人身损害的，教育机构因未尽到相应的教育、管理等职责而应当承担的侵权责任。首先，教育机构仅对受害人在教育机构学习、生活期间遭受的损害承担责任。就时间而言，一般是上学后、放学前的在校期间，除此之外，也包括学校组织的在校外活动的期间。超出此期间，教育机构无教育、管理、保护义务，不承担责任。其次，受害人所遭受的损害是人身损害，不包括财产损害。再次，受害人分为无民事行为能力人和限制民事行为能力人，还包括因精神健康原因属于不完全民事行为人的成年人。又次，仅指学生为受害人的情形，不包括学生致他人损害的情况。最后，适用过错责任原则归责。

（二）教育机构侵权责任的类型

根据造成损害的原因不同，《民法典》对教育机构的侵权责任进行了以下分类。

1. 教育机构直接侵权责任

教育机构未尽到教育、管理职责，使在校学习、生活的无民事行为能力人、限制民事行为能力人遭受人身损害的，教育机构应当承担侵权责任。考虑到无民事行为能力人、限制民事行为能力人的能力差异，《民法典》第一千一百九十九条、第一千二百条对教育机构的过错责任进行了区分规定。

（1）受害人为无民事行为能力人，适用过错推定责任。《民法典》第一千一百九十九条规定："无民事行为能力人在幼儿园、学校或者其他教育机构学习、生活期间受到人身损害的，幼儿园、学校或者其他教育机构应当承担侵权责任；但是，能够证明尽到教育、管理职责的，不承担侵权责任。"

（2）受害人为限制民事行为能力人，适用一般过错责任。《民法典》第一千二百条规定："限制民事行为能力人在学校或者其他教育机构学习、生活期间受到人身损害，学校或者其他教育机构未尽到教育、管理职责的，应当承担侵权责任。"

2. 第三人侵权时教育机构的补充责任

《民法典》第一千二百零一条规定了第三人侵权时教育机构的补充责任，即"无民事行为能力人或者限制民事行为能力人在幼儿园、学校或者其他教育机构学习、生活期间，受到幼儿园、学校或者其他教育机构以外的第三人人身损害的，由第三人承担侵权责任；幼儿园、学校或者其他教育机构未尽到管理职责的，承担相应的补充责任。幼儿园、学校或者其他教育机构承担补充责任后，可以向第三人追偿"。

二、教育机构的自己责任

（一）构成要件

首先，受害人为无民事行为能力人或者限制民事行为能力人。

其次，受害人在幼儿园、学校或者其他教育机构学习、生活期间，受到人身损害。

再次，教育机构存在主观过错。教育机构的过错是其承担侵权责任的正当性基础，可归纳为教育机构"未尽到教育、管理职责"，表现形态多样，司法实践中需要根据法律法规的具体规定，结合现实情况判断。《民法典》规定了教育机构存在过错的两种情形：①如果受害人是无民事行为能力人，推定教育机构存在过错，但其若能证明已经尽到教育、管理职责，则不承担侵权责任。②如果受害人是限制民事行为能力人，则按照一般过错责任原则的要求，受害人应举证证明教育机构存在过错。

又次，教育机构存在违反义务的加害行为，与教育机构应承担的具体职责密切相关，可能表现为作为或不作为。

最后，教育机构的过错行为与学生的人身损害之间存在因果关系。

（二）责任承担

幼儿园、学校或者其他教育机构应对无民事行为能力人、限制民事行为能力人在校学习、生活期间受到的人身损害承担侵权责任。如果被侵权人或其监护人存在过失，则依据过失程度减轻教育机构的责任。

三、教育机构对第三人致害的侵权责任

第三人造成损害时，教育机构所承担的侵权责任为一般过错责任，不实行举证责任倒置，不区分无民事行为能力人、限制民事行为能力人。

（一）构成要件

首先，直接侵权行为人是教育机构以外的第三人，不包括教育机构的工作人员和其他在教育机构学习、生活的无民事行为能力人、限制民事行为能力人。

其次，教育机构的过错表现为“未尽到管理职责”，不包括“未尽到教育职责”。由于加害人不是教育机构的工作人员，也不是教育机构的学生，教育机构无法对其进行教育，只可能承担健全安全保障措施等管理义务，以防损害发生。

再次，受害人在校学习、生活期间遭受了人身损害。

最后，教育机构的过错与受害人的人身损害之间存在因果关系：一则教育机构的过错导致未能避免损害发生；二则第三人的加害行为直接造成了受害人的人身损害。

（二）责任承担

首先，实施侵害行为的第三人应对自己的行为承担侵权责任。

其次，幼儿园、学校或者其他教育机构未尽到管理职责的，承担与其过错相适应的补充责任。

最后，幼儿园、学校或者其他教育机构承担补充责任之后，可以向第三人追偿。与安全保障义务的责任原理一致，“补充”意味着仅在第三人不能承担全部侵权责任时（如第三人下落不明、不能确定、无赔偿能力等），教育机构才承担第二位的、与其过错相适应的补充责任。如果第三人作为第一顺位的责任人已经承担了全部侵

权责任，则教育机构无须承担责任。这样规定的目的是避免对教育机构苛以过重的责任。

本章小结

《民法典》规定了五类特殊主体的侵权责任，主要涉及责任主体与行为主体分离的替代责任，包括监护人责任、用人者责任、网络侵权责任、违反安全保障义务的侵权责任、教育机构的侵权责任。监护人对于被监护人造成的他人损害、用人者对于被使用人因执行工作任务造成他人的损害承担无过错责任。网络侵权责任、违反安全保障义务的侵权责任、教育机构的侵权责任皆适用过错责任原则。

简答题

1. 简述共同危险行为的构成要件。
2. 简述监护人责任的特征与归责原则。

案例

甲、乙（甲之子）与丙养老院签订了《入住养老院协议书》，约定由丙养老院负责照顾甲的日常生活起居及轻微疾病的护理、治疗，乙向丙养老院支付服务费用。协议签订后，甲正常入住。某日，甲在午休时间摔倒，被他人发现，丙养老院将其送入医院急救，甲因抢救无效死亡。乙遂向法院起诉，要求判令丙养老院承担损害赔偿责任。

（扫码查看案例解读）

请问丙养老院需要承担甲死亡的损害赔偿责任吗？

第四十二章 特殊侵权责任

学习目标

掌握：产品责任、机动车交通事故责任、医疗损害责任、环境污染和生态破坏责任、高度危险责任、饲养动物损害责任、建筑物和物件损害责任的归责原则和责任承担。

熟悉：产品责任、机动车交通事故责任、医疗损害责任、环境污染和生态破坏责任、高度危险责任、饲养动物损害责任、建筑物和物件损害责任的概念和分类。

了解：产品责任、机动车交通事故责任、医疗损害责任、环境污染和生态破坏责任、高度危险责任、饲养动物损害责任、建筑物和物件损害责任的认定。

《民法典》侵权责任编第四章至第十章规定了各种具体的特殊侵权责任类型，与一般侵权责任的过错原则不同，这些特殊侵权责任所涉活动较为特殊，因此适用过错推定原则或无过错责任原则。法律对这些特殊侵权责任的构成要件和免责事由进行了专门规定。与一般侵权责任的构成要件相比，特殊侵权责任的特殊性主要体现在是否考察行为人的主观过错，以及过错的证明责任方面。

第一节　产品责任

一、产品责任概述

产品责任，是指产品的制造者和销售者，因制造、销售的产品存在缺陷而造成他人人身、财产损害或者危及他人人身、财产安全而应当承担的侵权责任。产品之所以会致害是因为其存在缺陷，而不是因为存在质量问题，因此产品责任是一种侵权责任，而非合同责任。产品侵权责任是产品这一物件致人损害时，与该产品有关联的人（如制造者、销售者、运输者等）所应承担的特殊侵权责任。产品责任的正当性基础在于缺陷产品存在不合理的危险，导致了损害的发生，而将这一危险带入流通领域的人应承担相关的危险责任。

二、产品责任的归责原则和构成要件

（一）归责原则

我国产品责任采二元归责原则，即以无过错责任原则为主，以过错责任原则为辅。

1. 无过错责任原则

无过错责任原则适用于以下情形：

（1）生产者和销售者的直接责任。只要因使用、消费缺陷产品而受到损害的被侵权人向该产品的生产者和销售者主张赔偿的，生产者和销售者均不得以无过错抗辩。即使是无过错的生产者和销售者，也应首先承担直接责任。

（2）生产者的最终责任。无过错的销售者向被侵权人承担直接责任后，有权向生产者追偿，由生产者承担最终责任。生产者的最终责任属于无过错责任。如果被侵权人直接向生产者主张赔偿，也适用无过错责任原则。

2. 过错责任原则

过错责任原则适用于以下情形：

（1）销售者的最终责任。由于销售者的过错使产品存在缺陷的，销售者应承担最终责任。此时如果销售者承担了责任，则不得再向生产者追偿；如果生产者承担了直接责任，生产者则可以通过证明产品缺陷是由于销售者过错所致而向销售者追偿。

（2）运输者、仓储者等第三人的最终责任。运输者、仓储者等第三人不是直接责任的承担者，如果产品缺陷是因其过错所致，生产者或销售者在承担无过错的直接责任后，则可以向有过错的运输者、仓储者等第三人追偿。运输者、仓储者等第三人对最终责任的承担适用过错责任原则。

（二）构成要件

产品责任的构成要件主要包括以下方面：

（1）产品有缺陷。《产品质量法》第二条第二款、第三款规定："本法所称产品是指经过加工、制作，用于销售的产品。建设工程不适用本法规定；但是，建设工程使用的建筑材料、建筑构配件和设备，属于前款规定的产品范围的，适用本法规定。"产品责任中的产品首先应经过加工、制作；其次应用于销售，即已进入流通领域。除普通产品之外，还包括食品、药品、消毒药剂、医疗器械、血液、农产品、汽车等特殊产品，但是不包括建筑工程、动物、军工产品、核设施、核产品、电力、人体器官和信息产品等。

依据《产品质量法》第四十六条的规定，产品的缺陷是指产品存在危及人身、他人财产安全的不合理的危险；产品有保障人体健康和人身、财产安全的国家标准、行业标准的，是指不符合该标准。

（2）被侵权人的人身、财产受到损害。损害包括人身损害、精神损害、财产损害。其中，人身损害包括致人受伤、伤残及致人死亡；财产损害包括纯经济利益的损失。除了已经发生的损害，还包括有遭受损害的危险这一情形，此时被侵权人有权请求生产者、销售者承担预防性侵权责任。另外，需要注意的是，被侵权人不仅可以是产品的购买人、使用人，而且可以是既非购买也非使用的其他人。

（3）损害与产品缺陷存在因果关系。被侵权人需要证明其所遭受的损害是由使用或消费缺陷产品导致的。

三、责任主体及其责任

（一）生产者责任

《民法典》第一千二百零二条规定："因产品存在缺陷造成他人损害的，生产者应当承担侵权责任。"根据《最高法人民法院关于产品侵权案件的受害人能否以产品的商标所有人为被告提起民事诉讼的批复》所作规定，任何将自己的姓名、名称、商标或者可资识别的其他标识体现在产品上，表示其为产品制造者的企业或者个人，均属于生产者。此外，产品的进口商也属于产品的生产者。司法实践中判断被告是否属于生产者，可以考虑它是否对该产品的质量有最终、最重要的控制力或影响力。

（二）销售者责任

销售者包括所有不属于生产者的，将产品投入流通领域的民事主体，包括线上线下销售商、批发商等。《民法典》第一千二百零三条规定："因产品存在缺陷造成他人损害的，被侵权人可以向产品的生产者请求赔偿，也可以向产品的销售者请求赔偿。产品缺陷由生产者造成的，销售者赔偿后，有权向生产者追偿。因销售者的过错使产品存在缺陷的，生产者赔偿后，有权向销售者追偿。"《产品质量法》第四十二条规定："由于销售者的过错使产品存在缺陷，造成人身、他人财产损害的，销售者应当承担赔偿责任。销售者不能指明缺陷产品的生产者也不能指明缺陷产品的供货者的，销售者应当承担赔偿责任。"

这里涉及被侵权人的选择权与侵权人的追偿权。首先，只要产品责任成立，无论被侵权人选择生产者还是销售者承担侵权责任，被请求者都有义务承担全部责任。其次，任何一方承担责任后，均可以向终局责任人追偿。这样的安排有利于被侵权人及时、有效地获得救济。

（三）第三人责任

除了生产者和销售者之外，其他对缺陷产生具有过错的人都是第三人，包括但不限于运输者、仓储者。《民法典》第一千二百零四条规定："因运输者、仓储者等第三人的过错使产品存在缺陷，造成他人损害的，产品的生产者、销售者赔偿后，有权向第三人追偿。"当产品缺陷由运输者、仓储者等第三人的过错造成并致人损害时，被侵权人依然要向缺陷产品的生产者、销售者请求赔偿，而不是直接向有过错的第三人请求赔偿。虽然第三人无须直接向被侵权人承担责任，但生产者、销售者赔偿后有权向第三人追偿。

四、产品责任的免责事由

《产品质量法》第四十一条第二款规定："生产者能够证明有下列情形之一的，不承担赔偿责任：（一）未将产品投入流通的；（二）产品投入流通时，引起损害的缺陷尚不存在的；（三）将产品投入流通时的科学技术水平尚不能发现缺陷的存在的。”根据此规定，生产者如果有证据能够证明上述三种情形之一，将不承担赔偿责任。

五、产品责任的承担

（一）赔偿损失

根据《产品质量法》第四十四条的规定，因产品存在缺陷造成受害人人身伤害的，侵害人应当赔偿医疗费、治疗期间的护理费、因误工减少的收入等费用；造成残疾的，还应当支付残疾者生活自助具费、生活补助费、残疾赔偿金及由其扶养的人所必需的生活费等费用；造成受害人死亡的，并应当支付丧葬费、死亡赔偿金及由死者生前扶养的人所必需的生活费等费用。因产品存在缺陷造成受害人财产损失的，侵害人应当恢复原状或者折价赔偿。受害人因此遭受其他重大损失的，侵害人应当赔偿损失。

（二）其他责任方式

除上述之处，还有一些责任方式，如：

（1）停止侵害、排除妨碍、消除危险等侵权责任。《民法典》第一千二百零五条规定：“因产品缺陷危及他人人身、财产安全的，被侵权人有权请求生产者、销售者承担停止侵害、排除妨碍、消除危险等侵权责任。”

（2）其他补救措施。《民法典》第一千二百零六条规定了产品投入流通后生产者、销售者的跟踪观察义务及应及时采取的补救措施。补救措施包括但不限于：①停止销售，是指在所有渠道和环节都停止销售，如下架某种商品。②警示，是指对产品的不合理危险进行警示，告知购买者、使用者及潜在使用者产品存在的相关危险，避免损害的发生。③召回，是指公开要求产品的购买者、使用者送回有缺陷的产品，并进行修理、更换、退货等以消除产品缺陷。依法律规定采取召回措施的，生产者、销售者应当负担被侵权人因此支出的必要费用。

另外，未及时采取补救措施或者补救措施不力造成损害扩大的，产品的生产者、销售者对扩大的损害也应当承担侵权责任。

（三）惩罚性赔偿

《民法典》第一千二百零七条规定：“明知产品存在缺陷仍然生产、销售，或者没有依据前条规定采取有效补救措施，造成他人死亡或者健康严重损害的，被侵权人有权请求相应的惩罚性赔偿。”惩罚性赔偿的适用主要是为惩罚不法行为，避免再犯，全面保护消费者的合法权益。

产品责任惩罚性赔偿责任的构成要件包括：①主观上明知产品存在缺陷，或产品投入流通后发现有缺陷；②仍然生产、销售，或者没有依据前条规定采取有效补救措施；③客观上造成他人生命、健康的严重损害。

第二节 机动车交通事故责任

一、机动车交通事故责任概述

机动车交通事故责任，是指因在道路上驾驶机动车，过失或意外造成他人人身伤亡、财产损失而应当承担的侵权责任。事故须是机动车造成的，机动车包括各种汽车、电车、电瓶车、摩托车、拖拉机和轮式专用机械车等。事故发生在机动车的运行中，即必须是机动车在道路上发生的。机动车发生交通事故造成损害的，依照《民法典》《道路交通安全法》等有关规定承担赔偿责任。

机动车交通事故责任可以分为机动车之间发生交通事故，机动车与行人、非机动车之间发生交通事故，以及机动车内乘客因交通事故遭受损害时的侵权责任三类，适用不同的归责原则：

（1）机动车之间交通事故责任，适用过错责任原则。

（2）机动车与行人、非机动车之间交通事故责任，适用无过错责任原则。

（3）机动车内乘客因交通事故遭受损害时，若与机动车一方存在客运合同，则可能产生违约责任与侵权责任的竞合，依照《民法典》相关条款承担责任。若乘客与机动车一方不存在合同关系，如好意同乘，则适用过错责任原则。据此，机动车使用人承担过错责任。依据《民法典》第一千二百一十七条的规定，非营运机动车发生交通事故造成无偿搭乘人损害，属于该机动车一方责任的，应当减轻其赔偿责任，但是机动车使用人有故意或者重大过失的除外。

二、机动车之间交通事故责任

机动车之间交通事故责任适用过错责任原则，其构成要件包括：

（1）一方或双方存在过错。该要件主要考察行为人是否违反了道路交通安全法律法规及相关规则。若一方违反了，则认为其存在过错，由过错方承担与其过错程度相应的责任；若双方皆无过错，则无须承担责任。

（2）一方或双方实施了违反道路交通安全法律法规的行为。

（3）事故造成了一方或双方损害，包括人身损害、财产损害和精神损害。

（4）违规行为与损害之间存在因果关系。

机动车之间发生交通事故的责任，由有过错的一方承担。双方都有过错的，按照各自过错的比例分担责任。能够确定责任大小的，各自承担相应责任；难以确定责任大小的，平均承担赔偿责任。

三、机动车与行人、非机动车之间交通事故责任

机动车与行人、非机动车之间交通事故责任适用无过错责任原则，其构成要件不包括过错，只需考察以下三个方面：①机动车一方实施了违反道路交通安全法律法规的行为。②造成了行人、非机动车一方的损害，包括人身损害、财产损害和精神损害。③违规行为与损害之间存在因果关系。

机动车与行人、非机动车之间发生交通事故，须承担无过错责任，因此机动车一方的责任主要受到行人、非机动车一方过错的影响。若行人、非机动车一方无过错，则机动车一方承担全部责任；若行人、非机动车一方有过错，则根据过错程度减轻机动车一方的责任。若机动车一方无过错，则其承担不超过损失 10% 的责任；若交通事故的损失是由行人、非机动车驾驶人故意碰撞机动车造成的，机动车一方不承担赔偿责任。

四、机动车一方的概念与认定

机动车一方是指机动车的保有人，即对机动车的运行享有支配控制权，并享有机动车运行所产生利益的人。认定机动车一方的核心要素在于支配与利益，这主要是因为机动车一方带来了机动车运行所产生的危险，其最有能力控制危险，也能够享受危险带来的利益，理应承担由此产生的侵权责任。原则上，机动车的所有人、管理人就是机动车一方，但现实中机动车的所有人、管理人和使用人往往发生分离，难以确定责任主体，因此法律法规专门针对一些常见情形进行了规定。

（1）租赁、借用机动车，使用人是机动车一方，使用人承担侵权责任。《民法典》第一千二百零九条规定："因租赁、借用等情形机动车所有人、管理人与使用

人不是同一人时，发生交通事故造成损害，属于该机动车一方责任的，由机动车使用人承担赔偿责任；机动车所有人、管理人对损害的发生有过错的，承担相应的赔偿责任。”

（2）转让并交付但未办理登记，受让人为机动车一方，受让人承担侵权责任。《民法典》第一千二百一十条规定：“当事人之间已经以买卖或者其他方式转让并交付机动车但是未办理登记，发生交通事故造成损害，属于该机动车一方责任的，由受让人承担赔偿责任。”

（3）机动车挂靠的，挂靠人与被挂靠人承担连带责任。《民法典》第一千二百一十一条规定：“以挂靠形式从事道路运输经营活动的机动车，发生交通事故造成损害，属于该机动车一方责任的，由挂靠人和被挂靠人承担连带责任。”

（4）未经允许使用他人机动车的，驾驶人承担责任；机动车所有人或管理人有过错的，承担相应责任。《民法典》第一千二百一十二条规定：“未经允许驾驶他人机动车，发生交通事故造成损害，属于该机动车一方责任的，由机动车使用人承担赔偿责任；机动车所有人、管理人对损害的发生有过错的，承担相应的赔偿责任，但是本章另有规定的除外。”

（5）使用拼装或者已达到报废标准的机动车，转让人和受让人承担连带责任。《民法典》第一千二百一十四条规定：“以买卖或者其他方式转让拼装或者已经达到报废标准的机动车，发生交通事故造成损害的，由转让人和受让人承担连带责任。”另外，拼装车、已达到报废标准的机动车或者依法禁止行驶的其他机动车被多次转让，并发生交通事故造成损害的，被侵权人可以请求由所有的转让人和受让人承担连带责任。

（6）盗抢机动车的，盗抢人为机动车一方，盗抢人承担侵权责任。《民法典》第一千二百一十五条规定：“盗窃、抢劫或者抢夺的机动车发生交通事故造成损害的，由盗窃人、抢劫人或者抢夺人承担赔偿责任。盗窃人、抢劫人或者抢夺人与机动车使用人不是同一人，发生交通事故造成损害，属于该机动车一方责任的，由盗窃人、抢劫人或者抢夺人与机动车使用人承担连带责任。保险人在机动车强制保险责任限额范围内垫付抢救费用的，有权向交通事故责任人追偿。”

（7）套牌机动车的，套牌车的所有人或管理人承担责任。《最高人民法院关于审理道路交通事故损害赔偿案件适用法律若干问题的解释》第三条规定，套牌机动车发生交通事故造成损害，属于该机动车一方责任，当事人可以请求由套牌机动车的所有人或者管理人承担赔偿责任；被套牌机动车所有人或者管理人同意套牌的，应当与套牌机动车的所有人或者管理人承担连带责任。

（8）机动车驾驶人发生交通事故后逃逸的处理。《民法典》第一千二百一十六条规定："机动车驾驶人发生交通事故后逃逸，该机动车参加强制保险的，由保险人在机动车强制保险责任限额范围内予以赔偿；机动车不明、该机动车未参加强制保险或者抢救费用超过机动车强制保险责任限额，需要支付被侵权人人身伤亡的抢救、丧葬等费用的，由道路交通事故社会救助基金垫付。道路交通事故社会救助基金垫付后，其管理机构有权向交通事故责任人追偿。"

五、强制责任保险与救助基金

虽然法律规定了机动车一方与行人、非机动车之间交通事故责任适用无过错责任原则，又实行机动车强制责任保险制度，但对交通事故受害人的保障仍然可能不足。因此，《道路交通安全法》第十七条规定，国家实行机动车第三者责任强制保险制度，同时设立道路交通事故社会救助基金。《民法典》第一千二百一十三条规定了赔付顺序，即"机动车发生交通事故造成损害，属于该机动车一方责任的，先由承保机动车强制保险的保险人在强制保险责任限额范围内予以赔偿；不足部分，由承保机动车商业保险的保险人按照保险合同的约定予以赔偿；仍然不足或者没有投保机动车商业保险的，由侵权人赔偿"。

第三节 医疗损害责任

一、医疗损害责任概述

医疗损害责任，是指患者在诊疗活动中因医疗机构或者其医务人员的过错而遭受损害，由医疗机构承担的侵权责任。医疗损害责任适用过错责任原则，包含一般过错责任和过错推定两种情形。司法实践中医疗损害责任的加害人常常是医务人员，但责任承担主体是医疗机构，而非医务人员。这是由于医疗机构与其医务人员之间存在雇佣关系，医务人员是因执行工作任务而造成他人损害的，医疗机构作为用人单位，对医务人员有特定的支配力，因此由医疗机构为其医务人员造成的损害承担替代责任。

二、医疗损害责任的构成要件

（一）医疗机构及其医务人员有违法诊疗行为

医疗损害责任发生在医务人员以医疗机构名义从事的诊疗活动过程中。现代国家对医疗活动管理非常严格，只有依据相关法律法规取得相应资格的机构和自然人才能从事诊疗活动。因此，行为主体只能是国家认可的医疗机构及其医务人员，不包括非法行医的机构或人员。另外，医疗机构及其医务人员进行的诊疗行为违反了相关专业规范的要求，如误诊、贻误治疗、操作不当等，具有违法性。

（二）患者在诊疗活动中遭受损害

鉴于诊疗活动的对象是患者的生命健康，且诊疗行为一般都具有一定的侵袭性，因此诊疗活动中的损害主要是指对患者生命权、身体权、健康权的非正常、不合理的损害，也包括对患者及其家属的财产损害和精神损害。但需要注意的是，单纯的财产权益纠纷，如过度医疗以牟取非法利益等情况属于合同责任，不属于医疗损害责任。

（三）医疗机构及其医务人员存在过错

根据《民法典》的相关规定，医疗损害责任的过错认定分为以下三种类型。

1. 违反告知同意义务

告知同意义务是指医务人员向患者或其近亲属说明病情及可能采取的医疗措施，并在获得患者一方同意时才实施相关行为的义务。患者到医疗机构就诊，同意医疗机构为其治疗疾病，但并非对所有的医疗行为和措施都知情和同意。只有在充分告知病情和医疗措施的前提下，取得患者一方的具体同意后，医疗机构才能够为患者实施具体的手术、特殊检查、特殊治疗等。《民法典》第一千二百一十九条第一款规定了告知同意义务的具体内容：“医务人员在诊疗活动中应当向患者说明病情和医疗措施。需要实施手术、特殊检查、特殊治疗的，医务人员应当及时向患者具体说明医疗风险、替代医疗方案等情况，并取得其明确同意；不能或者不宜向患者说明的，应当向患者的近亲属说明，并取得其明确同意。”现实中未尽到告知同意义务主要表现为：未针对患者的病情和欲采取的医疗措施作出说明，或未进行准确充分的说明，导致患者未能作出适当的选择；未取得患者同意就采取较高风险的医疗措施等。

此外，《民法典》第一千二百二十条对不适用告知同意义务的紧急情形进行了规定：因抢救生命垂危的患者等紧急情况，不能取得患者或者其近亲属意见的，经医疗机构负责人或者授权的负责人批准，可以立即实施相应的医疗措施。

2. 违反与当时的医疗水平相应的诊疗义务

《民法典》第一千二百二十一条规定："医务人员在诊疗活动中未尽到与当时的医疗水平相应的诊疗义务，造成患者损害的，医疗机构应当承担赔偿责任。"其中"当时的医疗水平"是指从事诊疗活动时一个合格的医务人员应具有的医疗水平，而非以起诉时的医疗水平为标准。司法实践中判断医务人员是否尽到了诊疗义务，应首先以诊疗活动进行时的相关法律法规、诊疗规范惯例等的具体规定为标准；其次以同行合格医务人员的一般医疗水平为标准。如未达到相关标准，则存在过错。

3. 特殊情形的医疗过失推定

《民法典》第一千二百二十二条规定，患者在诊疗活动中受到损害，存在以下三种情形时，推定医疗机构有过错：①违反法律、行政法规、规章及其他有关诊疗规范的规定。②隐匿或者拒绝提供与纠纷有关的病历资料。③遗失、伪造、篡改或者违法销毁病历资料。需要注意的是，存在上述情况之一时，被侵权人无须证明医疗机构一方存在过错，医疗机构也不能通过证明自己虽违反了法律规定但不存在主观过错而得以脱责。

（四）诊疗行为与损害后果之间有因果关系

患者的损害必须是因医务人员存在过错的诊疗活动所导致的，诊疗活动是造成损害的必要条件。当医疗机构的诊疗活动表现为积极的作为时，如果不存在错误的诊疗活动，损害就不会发生，那么就存在因果关系；当医疗机构的诊疗活动表现为消极的不作为时，如果医务人员正确地履行了诊疗义务，则损害不会发生，那么就存在因果关系。

三、医疗损害责任的责任承担

医疗损害责任的责任主体是医疗机构，而非医务人员个人。《民法典》第一千二百二十四条第一款规定了医疗损害责任的三项特殊减免事由：

（1）患者或者其近亲属不配合医疗机构进行符合诊疗规范的诊疗活动。此种情形下推定患者一方主观上存在过错，应对自己的过错承担责任，医疗机构可以不承担责任。但若医疗机构或者其医务人员也有过错，则应当在比较过错的基础上承担相应的赔偿责任。

（2）医务人员在抢救生命垂危的患者等紧急情况下已经尽到了合理诊疗义务。

（3）患者的疾病限于当时的医疗水平难以诊疗。

四、医疗产品责任

（一）医疗产品责任概述

医疗产品包括药品、消毒药剂、医疗器械等，属于产品。医疗产品责任属于产品责任而非医疗损害责任，应适用《民法典》侵权责任编“第四章　产品责任”的规定，以及《产品质量法》《中华人民共和国药品管理法》等法律法规的规定，以无过错责任原则归责。《民法典》出于立法的系统性考虑将医疗产品责任与医疗损害责任合并规定。《民法典》第一千二百二十三条规定：“因药品、消毒产品、医疗器械的缺陷，或者输入不合格的血液造成患者损害的，患者可以向药品上市许可持有人、生产者、血液提供机构请求赔偿，也可以向医疗机构请求赔偿。患者向医疗机构请求赔偿的，医疗机构赔偿后，有权向负有责任的药品上市许可持有人、生产者、血液提供机构追偿。”

（二）医疗产品责任的构成要件

医疗产品责任的构成要件包括以下内容：

（1）医疗产品存在缺陷，或输入的血液不合格。药品、消毒产品、医疗器械存在缺陷与血液质量不合格造成患者的损害都可以视为产品责任的范畴。医疗产品存在缺陷是指医疗产品有危及患者或他人人身、财产安全的不合理危险，通常以相关医疗产品是否符合国家标准进行判断。

（2）患者一方遭受了人身或财产损失。

（3）使用缺陷医疗产品或输入不合格血液是造成损害的原因。

（三）医疗产品责任的责任承担

医疗产品责任的主体包括医疗产品的生产者（包括药品上市许可持有人）、血液提供机构及医疗机构（非医疗产品生产者，也非血液提供者）三类。医疗产品责任的承担规则与产品责任相同，医疗产品的生产者、血液提供机构可以被视为产品生产者，医疗机构可以被视为产品销售者。患者既可以向医疗产品生产者、血液提供机构请求赔偿，也可以向医疗机构请求赔偿。医疗机构赔偿后，有权向负有责任的医疗产品生产者、血液提供机构追偿。

第四节 环境污染和生态破坏责任

一、环境污染和生态破坏责任概述

环境污染和生态破坏责任，是指因污染环境、破坏生态造成他人损害时，侵权人应当承担侵权责任。作为特殊侵权责任，环境污染和生态破坏责任的特殊性主要表现在以下四个方面：①以无过错责任原则归责；②保护的对象是环境和生态，保护的受害人范围较大，还包括国家的生态和环境利益；③在举证责任上实行因果关系的推定；④责任承担方式多样，除赔偿损失以外，还包括消除危险、修复等多种责任。

习近平总书记在党的十八大报告中提出了建设生态文明的目标，在党的二十大报告中进一步确立了生态文明建设在“五位一体”总体布局中的重要地位，明确指出“中国式现代化是人与自然和谐共生的现代化。”“尊重自然、顺应自然、保护自然，是全面建设社会主义现代化国家的内在要求。生态文明是中国式现代化的重要组成部分，必须牢固树立和践行绿水青山就是金山银山的理念，站在人与自然和谐共生的高度谋划发展。”

中国特色社会主义新时代对环境、生态侵权制度提出了新要求。《民法典》侵权责任编第七章将环境污染和生态破坏作为并列的侵权行为，进行了专章规定，并在《侵权责任法》原制度的基础上增加了生态环境损害的生态修复公益诉讼、生态环境损害的损害赔偿国家利益诉讼两条规定。在我国，除《民法典》外，《中华人民共和国环境保护法》《中华人民共和国大气污染防治法》《中华人民共和国环境噪声污染防治法》等多部法律规范都对环境污染和生态破坏责任进行了规定。

二、环境污染和生态破坏责任的构成要件

环境污染和生态破坏责任的构成要件包括以下方面：

（1）存在污染环境、破坏生态的行为。

污染环境是指自然人、法人或非法人组织向周围环境排放污染物，破坏大气、水、土壤、海洋等自然环境，造成损害的行为。破坏生态是指由人类活动引起的生态退化及由此衍生的环境效应，导致环境结构和功能变化，对人类生存发展及环境

本身发展产生不利影响的现象，如水土流失、沙漠化、湖泊富营养化等。在判断行为人是否从事了污染环境、破坏生态的行为时需要注意，即使行为人的排污行为符合标准，但只要其行为造成了他人损害，就构成污染环境、破坏生态的行为。行为人不得以排污符合标准或者行为不具有违法性而主张免除或减轻责任。这主要是因为环境污染和生态破坏责任是一种危险责任，危险责任本身不是对违法行为进行的制裁，而是对不幸损害的分配，所以不需要行为的违法性。

（2）造成他人损害。

污染环境、破坏生态所造成的损害，既包括人身伤亡的损害，如造成他人身患癌症；也包括直接和间接的财产损害，如使水稻因枯败。另外，即使污染环境、破坏生态等行为没有造成现实的损失，只要构成侵害或妨害，受害人就可以请求污染者承担停止侵害、排除妨碍、消除危险等侵权责任。

（3）存在因果关系。

《民法典》第一千二百三十条规定，环境污染和生态破坏责任实行因果关系推定，受害人无须证明侵权行为与损害结果之间存在因果关系，行为人应当就其行为与损害之间不存在因果关系承担举证责任。这主要是考虑到环境污染和生态破坏行为与损害之间的因果关系较为复杂，为减轻受害人的举证责任，采取因果关系推定。

但采取因果关系推定并不意味着受害人不负担任何举证责任，根据《最高人民法院关于审理环境侵权责任纠纷案件适用法律若干问题的解释》第六条的规定，受害人仍应提供初步证据证明：①侵权人排放了污染物；②被侵权人的损害；③侵权人排放的污染物或者其次生污染物、破坏生态行为与损害之间具有关联性。方才实行因果关系推定，转由侵权人证明因果关系不存在。

根据《最高人民法院关于审理环境侵权责任纠纷案件适用法律若干问题的解释》第七条的规定，侵权人举证证明下列情形之一的，人民法院应当认定其污染环境、破坏生态行为与损害之间不存在因果关系：①排放的污染物、破坏生态的行为没有造成该损害可能的；②排放的可造成该损害的污染物未到达该损害发生地的；③该损害于排放污染物、破坏生态行为实施之前已发生的；④其他可以认定污染环境、破坏生态行为与损害之间不存在因果关系的情形。

三、环境污染和生态破坏责任的责任承担

（一）数人侵权时的责任承担

现实中环境污染和生态破坏往往是由多个企业共同造成的，根据《民法典》和

《最高人民法院关于审理环境侵权责任纠纷案件适用法律若干问题的解释》的规定，可以将数人侵权时的责任承担分为共同侵权和无意思联络的数人侵权两类：

1. 共同侵权

《最高人民法院关于审理环境侵权责任纠纷案件适用法律若干问题的解释》第二条规定，两个以上侵权人共同实施污染环境、破坏生态行为造成损害，被侵权人有权根据《民法典》第一千一百六十八条规定请求侵权人承担连带责任的。

2. 无意思联络的数人侵权

《最高人民法院关于审理环境侵权责任纠纷案件适用法律若干问题的解释》第三条规定了三类无意思联络的数人侵权责任：

（1）累积因果关系（聚合因果关系）。两个以上侵权人分别实施污染行为造成同一损害，每一个侵权人的污染环境、破坏生态行为都足以造成全部损害，被侵权人有权根据《民法典》第一千一百七十一条规定请求侵权人承担连带责任。

（2）共同因果关系。两个以上侵权人分别实施污染环境、破坏生态行为造成同一损害，每一个侵权人的污染环境、破坏生态行为都不足以造成全部损害，被侵权人有权根据《民法典》第一千一百七十二条规定请求侵权人承担按份责任。

（3）单向连带责任。两个以上侵权人分别实施污染环境、破坏生态行为造成同一损害，部分侵权人的污染环境、破坏生态行为足以造成全部损害，部分侵权人的污染环境、破坏生态行为只造成部分损害，被侵权人有权根据《民法典》第一千一百七十一条规定请求足以造成全部损害的侵权人与其他侵权人就共同造成的损害部分承担连带责任，并对全部损害承担责任。

《民法典》第一千二百三十一条规定，环境污染和生态破坏按份责任中，确定数个侵权人责任份额的因素，即“两个以上侵权人污染环境、破坏生态的，承担责任的大小，根据污染物的种类、浓度、排放量，破坏生态的方式、范围、程度，以及行为对损害后果所起的作用等因素确定”。

（二）惩罚性赔偿

为落实党中央严格保护生态环境，保护被侵权人合法权益的立法政策，《民法典》第一千二百三十二条新增规定了环境污染和生态破坏的惩罚性赔偿制度，即“侵权人违反法律规定故意污染环境、破坏生态造成严重后果的，被侵权人有权请求相应的惩罚性赔偿”。根据该条规定，若要侵权人承担超过实际损失的惩罚性赔偿，要求如下：①侵权人主观状态为故意，即明知其污染环境、破坏生态行为会造成损害，依然追求或放任损害发生；②违反了污染环境、破坏生态的相关法律规定；

③造成了严重后果。

（三）第三人过错的责任承担

《民法典》第一千二百三十三条规定："因第三人的过错污染环境、破坏生态的，被侵权人可以向侵权人请求赔偿，也可以向第三人请求赔偿。侵权人赔偿后，有权向第三人追偿。"该条应理解为相关损害的发生完全因第三人的过错所导致，也就是说，从侵权责任的因果关系上考虑，损害与环境污染者、生态破坏者的行为无关，不适用关于数人污染环境或破坏生态的规定。此种情形，出于对受害人全面保护的考虑，侵权人不能以第三人的过错作为自己的免责事由。受害人既可以向侵权人请求赔偿，也可以向第三人请求赔偿。侵权人赔偿后，有权向第三人追偿。

四、生态环境损害责任

破坏生态环境可能造成两类损害：一类是因破坏生态环境对民事主体人身、财产权益造成的损害；另一类是违反国家规定造成的对生态本身的损害。[①] 后一类即生态环境损害，是指因污染环境、破坏生态造成大气、地表水、地下水、土壤、森林等环境要素和植物、动物、微生物等生物要素的不利改变及上述要素构成的生态系统功能退化。针对此种损害，《民法典》规定了生态环境修复责任和生态环境损害赔偿责任两种不同的责任形式。

（一）生态环境修复责任

《民法典》第一千二百三十四条规定："违反国家规定造成生态环境损害，生态环境能够修复的，国家规定的机关或者法律规定的组织有权请求侵权人在合理期限内承担修复责任。侵权人在期限内未修复的，国家规定的机关或者法律规定的组织可以自行或者委托他人进行修复，所需费用由侵权人负担。"

修复责任的承担前提仅适用于"能够修复"的生态环境，即可以通过采取合理必要的措施，使被污染的环境质量达标，受损的生态恢复原状。该责任的构成要件包括：①侵权人违反法律规定，实施了污染环境、破坏生态的行为，这一行为具有违法性；②存在对生态本身的损害（公共利益）；③污染环境、破坏生态行为与损害之间存在因果关系。

生态环境修复请求权的主体是国家规定的机关或者法律规定的组织，主要包括

---

① 吕忠梅．"生态环境损害赔偿"的法律辨析［J］．法学论坛，2017，32（3）：5-13.

根据法律法规规定有权提起环境公益诉讼和生态环境损害赔偿诉讼的国家检察机关和行政机关。生态环境修复责任首先应由侵权人在合理期限内承担。如果其在该期限内未修复，国家规定的机关或者法律规定的组织可以自行或者委托他人进行修复，所需费用由侵权人负担。

（二）生态环境损害赔偿责任

如果生态环境所遭受的损害属于无法修复的，只能适用生态环境损害赔偿责任。《民法典》第一千二百三十五条规定了生态环境损害的赔偿范围，违反国家规定造成生态环境损害的，国家规定的机关或者法律规定的组织有权请求侵权人赔偿下列损失和费用：①生态环境受到损害至修复完成期间服务功能丧失导致的损失；②生态环境功能永久性损害造成的损失；③生态环境损害调查、鉴定评估等费用；④清除污染、修复生态环境费用；⑤防止损害的发生和扩大所支出的合理费用。

第五节　高度危险责任

一、高度危险责任概述

（一）高度危险责任的概念

高度危险责任是指因从事高度危险作业造成他人损害或保有高度危险物品致人损害而应承担的侵权责任。

（二）高度危险责任的特征

高度危险责任的特征主要表现为以下三个方面：

（1）高度危险责任属于危险责任，适用无过错责任原则归责。科学的发展和技术的创新必然带来许多新的活动和物品，它们促进了社会发展，提高了人民生活水平，但往往伴生即使行为人或保有人极为谨慎也难以避免的巨大风险，极易对他人造成侵害。例如，高空、高压、高速运输工具的运行或者易燃、易爆、放射性物质等危险物品致人损害的责任，都属于高度危险责任。考虑到带来危险的人应承受相关风险责任，同时其也最具控制危险的能力，能够更好地预防事故发生，因此一方面，法律允许高度危险作业或物品的存在；另一方面，高度危险作业者或高度危险物保有者要为因此给他人带来的损害承担无过错责任。也正因如此，法律对于高度危险责任一般规定了责任限额，这也为现实中往往处于弱势地位，难以证明行为人过错的受害人提供了更为充分的保护。

（2）高度危险责任是对合法行为承担的责任。如前所述，高度危险责任所规范的高度危险作业或高度危险物品通常是合法的，而且往往有助于推动社会进步，提高公民的生活质量。鉴于科技创新必然伴生风险，法律允许相关危险活动存在。

（3）高度危险责任是自己责任。高度危险责任是高危活动的经营管理者或高危物品的保有者为自己的行为所承担的责任。虽然其与替代责任都适用于无过错责任原则，但其是因为危险的引入而承担无过错责任，并非因为替代他人。

（三）高度危险责任的构成要件

高度危险责任的构成需要以下三项要件：

（1）行为人从事了高度危险作业或保有高度危险物品。由于高度危险责任给行为人配置了较重的责任，因此某种行为是否属于高度危险行为，在司法实践中往往会成为原被告双方争议的焦点。该责任的行为要件既包括现代科学技术创造的高度危险物品，也包括高度危险作业，这一行为对周围环境有高度危险，也有较高的致害概率，且行为人即使尽到了高度注意义务，往往也无法避免损害的发生。《民法典》侵权责任编第八章列举了多种高度危险责任，有助于加强人们对高度危险作业或高度危险物品的理解。

（2）受害人遭受的损害，包括人身损害和财产权益的损害。在高度危险责任中，往往遭受损害的是处于高度危险作业或高度危险物品周围环境中的民事主体。

（3）行为人从事的高度危险作业或保有的高度危险物品与损害之间存在因果关系，损害应当是由高度危险本身所导致的，而非一般事故。例如，核设施的墙体倒塌造成他人损害就不属于高度危险责任。

《民法典》第一千二百四十四条规定了高度危险责任的责任限制，即“承担高度危险责任，法律规定赔偿限额的，依照其规定，但是行为人有故意或者重大过失的除外”。该条规定为指引性条款，指向具体规定高度危险责任限额的其他法律规范，但行为人主观有故意或重大过失的，不受限制。

二、高度危险责任的类型及规则

《民法典》侵权责任编第八章规定了七种高度危险责任，其在责任主体、构成要件、责任承担规则等方面各有一定的特殊性。

（一）民用核设施致害责任

《民法典》第一千二百三十七条规定：“民用核设施或者运入运出核设施的核材料发生核事故造成他人损害的，民用核设施的营运单位应当承担侵权责任；但是，能够证明损害是因战争、武装冲突、暴乱等情形或者受害人故意造成的，不承担责任。”

民用核设施是指非军工、军事用途的核设施，主要包括：①核电厂、核热电厂、核供汽、核供热厂等核动力厂及装置；②核动力厂以外的研究堆、实验堆、临界装置等其他反应堆；③核燃料生产、加工、贮存和后处理设施等核燃料循环设施；④放射性废物的处理、贮存、处置设施。

民用核设施致害责任的高度危险作业包括两种行为：一种是营运民用核设施发生核事故；另一种是运入运出核材料发生核事故。因核事故造成他人人身、财产损害的，核设施的营运单位应当承担侵权责任。受害人对事故与损害的因果关系承担举证责任。

另外需要注意的是，民用核设施致害责任的免责事由非常严格，仅限于《民法典》第一千二百三十七条的规定，即“能够证明损害是因战争、武装冲突、暴乱等情形或者受害人故意造成的，不承担责任”，除此以外的其他不可抗力，或一般性侵权责任免责事由，都不适用。但受害人故意导致核事故发生的，营运单位不承担对该受害人的侵权责任。

（二）民用航空器致害责任

《民法典》第一千二百三十八条规定：“民用航空器造成他人损害的，民用航空器的经营者应当承担侵权责任；但是，能够证明损害是因受害人故意造成的，不承担责任。”

民用航空器是指除用于军事、海关、警察飞行任务以外的航空器。民用航空器致害责任的构成要件特殊之处在于：

（1）航空器发生事故，既可能表现为所运输的旅客发生人身伤亡，也可能表现为旅客随身携带的财物毁损或是托运的财物毁损，还可能表现为地面第三人遭受损害。

（2）事故与损害之间存在因果关系。只有存在与民用航空器特有危险相关的损害，民用航空器的经营者才承担无过错责任。但若损害是因受害人故意造成的，民用航空器的经营者不承担责任，但其应承担举证责任。

另外，我国对民用航空器致害责任实行责任限额制度。《国内航空运输承运人赔偿责任限额规定》第三条规定，国内航空运输承运人应当在下列规定的赔偿责任限额内按照实际损害承担赔偿责任，但是《中华人民共和国民用航空法》另有规定的除外：①对每名旅客的赔偿责任限额为人民币 40 万元；②对每名旅客随身携带物品的赔偿责任限额为人民币 3 000 元；③对旅客托运的行李和对运输的货物的赔偿责任限额，为人民币 100 元/千克。

（三）占有或者使用高度危险物致害责任

《民法典》第一千二百三十九条规定："占有或者使用易燃、易爆、剧毒、高放射性、强腐蚀性、高致病性等高度危险物造成他人损害的，占有人或者使用人应当承担侵权责任；但是，能够证明损害是因受害人故意或者不可抗力造成的，不承担责任。被侵权人对损害的发生有重大过失的，可以减轻占有人或者使用人的责任。"本条规定对高度危险物进行了不完全列举，正是因为这些物品具有"易燃、易爆、剧毒、高放射性、强腐蚀性、高致病性"等危险性，才会改变或者增加某地某时原有的危险，因此占有或者使用这些物品的行为本身就是责任产生的依据，适用无过错责任。

对于占有或者使用高度危险物致害责任的构成要件，可以从以下几个方面考察：①侵权人为高度危险物的占有人或使用人。这主要是考虑到占有人或使用人是高度危险物品的直接控制人，最有能力控制风险，且其享受高度危险物品带来的直接利益，也应当承担由此产生的风险。②占有、使用具有高度致害危险的物品。占有或者使用高度危险物品的行为开启了周围环境的高度危险源。③损害与高度危险物存在因果关系，被侵权人遭受的人身损害或财产权益的损害与高度危险物本身特殊的危险相关。占有或者使用高度危险物致害责任的免责事由包括两项：一是受害人故意，二是不可抗力。此时高度危险物的占有人或者使用人不承担责任。另外，若被侵权人对损害的发生有重大过失，则只能减轻占有人或者使用人的责任，不能免除。

（四）从事高空、高压、地下挖掘活动或使用高速轨道运输工具致害责任

《民法典》第一千二百四十条规定："从事高空、高压、地下挖掘活动或者使用高速轨道运输工具造成他人损害的，经营者应当承担侵权责任；但是，能够证明损害是因受害人故意或者不可抗力造成的，不承担责任。被侵权人对损害的发生有重大过失的，可以减轻经营者的责任。"本条规定了四种高度危险活动致害责任，包括高空作业致害、高压作业致害、地下挖掘活动致害和高速轨道运输工具致害。与前述占有或者使用高度危险物致害责任类似，从事高空、高压、地下挖掘活动或使

用高速轨道运输工具，会改变或者增加某地某时原有的危险，因此这种活动本身就是责任产生的依据，行为人承担无过错责任。

该侵权责任的特殊性主要表现如下：

（1）加害行为表现为从事高空、高压、地下挖掘活动或者使用高速轨道运输工具。

（2）人身或财产权益遭受损害的是他人，不包括从事这些活动的员工。

（3）高危作业或运营活动与损害之间存在因果关系。

（4）责任的承担者为经营者，即实际上负责管理和控制该项作业或运营的民事主体。

该责任的免责事由包括两项：一是受害人故意；二是不可抗力。此时进行高度危险活动的人不承担责任。另外，若被侵权人对损害的发生有重大过失，则只能减轻占有人或者使用人的责任，不能免除。

（五）遗失、抛弃高度危险物致害责任

《民法典》第一千二百四十一条规定："遗失、抛弃高度危险物造成他人损害的，由所有人承担侵权责任。所有人将高度危险物交由他人管理的，由管理人承担侵权责任；所有人有过错的，与管理人承担连带责任。"与前述占有、使用高度危险物责任相比，遗失、抛弃高度危险物者，往往未能尽到高度的注意义务，使得危险范围无限扩大，因此所有人或者管理人须承担责任。《民法典》没有规定遗失、抛弃高度危险物特殊免责事由，可见立法对此种行为的严厉态度。高度危险物由管理人管理的，例如所有人交由他人运输、保管、储存等情形，管理人承担责任。所有人有过错（如选任不合格管理人、未依法采取防护措施、未依法如实说明等），且其过错行为与损害之间存在因果关系的，与管理人承担连带责任。

（六）非法占有高度危险物致害责任

《民法典》第一千二百四十二条规定："非法占有高度危险物造成他人损害的，由非法占有人承担侵权责任。所有人、管理人不能证明对防止非法占有尽到高度注意义务的，与非法占有人承担连带责任。"其中，"非法占有"表现为违背所有人、管理人的意志，通过盗窃、抢劫、抢夺等非法行为占有高度危险物。非法占有高度危险物这一行为本身即可以产生责任，由非法占有者承担。而所有人、管理人则可能因没有"对防止非法占有尽到高度注意义务"，需要与非法占有人承担连带责任。根据该条规定，对所有人、管理人的过错实行过错推定，即受害人无须证明所有人、管理人的过错，而所有人、管理人若不能证明自己已尽到高度注意义务

（符合法律要求的全部注意义务），就需要承担连带责任。

（七）未经许可进入高度危险活动区域致害责任

《民法典》第一千二百四十三条规定："未经许可进入高度危险活动区域或者高度危险物存放区域受到损害，管理人能够证明已经采取足够安全措施并尽到充分警示义务的，可以减轻或者不承担责任。"与其他高度危险致害责任相比，高度危险活动区域致害责任的减免事由较为特殊。

高度危险区域管理人侵权责任减轻或免除的前提是：①受害人未经许可进入高度危险区域；②管理人尽到了高度注意义务，包括已经采取足够安全措施并尽到充分警示义务。只有这两项条件都具备，才可能减免管理人的责任，此时受害人遭受的损害实际上是自己过错导致的。管理人负担减责、免责事由的证明责任。这一特殊性规定根源于高危区域伴生危险的静态性，往往是特定区域内才有高度危险，只要不是未经许可闯入，一般不会造成损害。

第六节　饲养动物损害责任

一、饲养动物损害责任概述

饲养动物损害责任，是指饲养的动物造成他人损害，动物饲养人或管理人依法应当承担的侵权责任。如果源于一个动物的危险变成了现实，最适当的解决方案似乎是由动物的保有者承担排他的责任。[①] 需要注意的是，致害的动物是饲养的，而非野生的。[②] 致害的行为是饲养动物独立实施的，动物饲养人或管理人并非对自己的行为承担责任，而是为其所管领的动物承担替代责任。

《民法典》依据动物的类型和侵权情形规定了二元归责原则体系。首先，《民法典》第一千二百四十五条是一般条款，规定了饲养动物损害原则上适用无过错责任原则。其次，《民法典》第一千二百四十六条、第一千二百四十七条分别规定了两类更为严格的无过错责任。最后，《民法典》第一千二百四十八条规定了过错推定责任。

---

① 巴尔．欧洲比较侵权行为法［M］．2版．张新宝，焦美华，译．北京：法律出版社，2004：277.

② 龙翼飞．民法学［M］．3版．北京：中国人民大学出版社，2020：252.

《民法典》第一千二百四十五条规定："饲养的动物造成他人损害的，动物饲养人或者管理人应当承担侵权责任；但是，能够证明损害是因被侵权人故意或者重大过失造成的，可以不承担或者减轻责任。"饲养动物损害的一般侵权责任是无过错责任，其构成要件包括：①饲养的动物独立实施了致害行为。②该行为造成了他人的损害。③致害行为与损害之间有因果关系。侵权责任的承担人为动物饲养人或者管理人。

饲养动物损害责任的减责、免责事由包括被侵权人故意或重大过失两种情形，如盗窃动物、挑逗动物等。当被侵权人的故意或重大过失为引起损害的全部原因时，动物的饲养人或管理人可以免责；当被侵权人的故意或重大过失只是引起损害的部分原因时，动物的饲养人或管理人则不能免责，只能适用过错相抵减轻责任。

二、更严格的无过错责任

（一）违反管理规定，未对动物采取安全措施致害责任

《民法典》第一千二百四十六条规定："违反管理规定，未对动物采取安全措施造成他人损害的，动物饲养人或者管理人应当承担侵权责任；但是，能够证明损害是因被侵权人故意造成的，可以减轻责任。"本条规定了动物的饲养人或者管理人违反管理规定，未对饲养的动物采取管理规定所要求的安全措施时，应承担侵权责任。较为特殊之处在于，此种情形下，因饲养人或者管理人存在严重过失，所以即使被侵权人存在重大过失，也不能免除或者减轻动物饲养人的责任；即使被侵权人存在故意，也不能免除责任，只能减轻责任。

（二）禁止饲养的危险动物致害责任

《民法典》第一千二百四十七条规定："禁止饲养的烈性犬等危险动物造成他人损害的，动物饲养人或者管理人应当承担侵权责任。"违反禁止性规定饲养"烈性犬等危险动物"本身即严重的过错，因此《民法典》未规定任何减免责任的事由。

三、动物园动物致害责任

《民法典》第一千二百四十八条规定："动物园的动物造成他人损害的，动物园应当承担侵权责任；但是，能够证明尽到管理职责的，不承担侵权责任。"动物园动物致人损害的，动物园承担的是过错推定责任。如果动物园能够证明自己已经尽

到管理职责，则不承担责任。

四、遗弃、逃逸的动物致害责任

《民法典》第一千二百四十九条规定："遗弃、逃逸的动物在遗弃、逃逸期间造成他人损害的，由动物原饲养人或者管理人承担侵权责任。"遗弃、逃逸的动物是侵权人曾经饲养的动物，而非野生动物。遗弃、逃逸动物的致害责任是无过错责任，追究动物原饲养人或者管理人的责任时，不考虑其是否存在主观过错。但无过错责任的正当性在于促使动物饲养人或者管理人照管好饲养或者管理的动物，防止动物逃逸，更不得遗弃动物。

五、第三人过错与责任承担

《民法典》第一千二百五十条规定："因第三人的过错致使动物造成他人损害的，被侵权人可以向动物饲养人或者管理人请求赔偿，也可以向第三人请求赔偿。动物饲养人或者管理人赔偿后，有权向第三人追偿。"本条规定中"因第三人的过错致使动物造成他人损害"是指动物饲养一方、被侵权人一方以外的第三人实施了有过错的行为，该行为与动物的危险相结合造成了损害，如第三人挑逗、刺激动物等行为。另外，损害的发生完全是由第三人行为造成的，动物的饲养人或管理人不存在任何过错，否则应适用数人侵权责任的规则。此时，被侵权人有选择权，既可以向动物饲养人或者管理人请求赔偿，也可以向第三人请求赔偿。动物饲养人或者管理人赔偿后有追偿权。本条规定的是一种不真正连带责任。动物饲养人或者管理人是中间责任人，第三人是终局责任人。

第七节　建筑物和物件损害责任

一、建筑物和物件损害责任概述

建筑物和物件损害责任，是指因自己管领的建筑物或物件造成他人损害，建筑物或物件的所有人、管理人或其他相关主体承担的特殊侵权责任。该责任是一种替代责任，致人损害的是物体，而不是人的行为，但责任人往往对物有控制力。建筑物和物件损害责任属于对物造成损害的责任，是一种特殊类型的责任形式。《民法典》侵权责任编第十章规定了七种建筑物和物件损害责任，不同类型致人损害行为采用不同的归责原则，既有过错推定原则（第一千二百五十二条、第一千二百五十三条、第一千二百五十五条、第一千二百五十六条、第一千二百五十七条、第一千二百五十八条），也有无过错责任原则（第一千二百五十六条），还涉及公平分担损失的规则（第一千二百五十四条）。

二、建筑物等倒塌、塌陷致害责任

《民法典》第一千二百五十二条将建筑物等倒塌、塌陷致害责任分为因质量缺陷倒塌和因其他原因倒塌两种类型，分别于该条的第一条、第二款中作出规定。

（一）因质量缺陷倒塌

《民法典》第一千二百五十二条第一款规定：“建筑物、构筑物或者其他设施倒塌、塌陷造成他人损害的，由建设单位与施工单位承担连带责任，但是建设单位与施工单位能够证明不存在质量缺陷的除外。建设单位、施工单位赔偿后，有其他责任人的，有权向其他责任人追偿。”其中，“建筑物”是指在土地上建造的供人们居住生活、生产等活动的封闭场所，如住宅、仓库、厂房、超市、学校、医院、体育馆等。“构筑物”是指在土地上建造的具有特定用途的场所，不直接用于居住生活、生产等活动，如道路、桥梁、隧道、纪念碑等。“其他设施”是指附属于建筑物、构筑物的设施，如广告牌、电线等。

此种责任适用过错推定，其构成要件包括：①建筑物、构筑物或者其他设施存在质量缺陷。②他人受到人身财产权益的损害。③双层的因果关系：首先，质量缺陷是倒塌、塌陷的原因；其次，倒塌、塌陷是损害发生的原因。④建设单位与施工单位对质量缺陷存在过错。其责任人为建设单位与施工单位，鉴于二者在建筑物等的管控方面合作密切，应承担连带责任。另外，考虑到受害人在举证方面的劣势地位，法律规定了举证责任倒置，即推定建设单位与施工单位对质量缺陷存在过错，受害人无须对此举证，由建设单位与施工单位证明不存在质量缺陷。建设单位与施工单位赔偿后，对于其他有过错的人（如设计人、监理人等）享有部分或全部的追偿权。

（二）因其他原因倒塌

《民法典》第一千二百五十二条第二款规定："因所有人、管理人、使用人或者第三人的原因，建筑物、构筑物或者其他设施倒塌、塌陷造成他人损害的，由所有人、管理人、使用人或者第三人承担侵权责任。"

此种责任属于一般过错责任，当所有人、管理人、使用人或者第三人存在管理、维护、修理等方面的过错，导致建筑物、构筑物或者其他设施等倒塌造成他人损害时，有过错者须承担侵权责任，无过错者则无责任。

三、建筑物等脱落、坠落致害责任

《民法典》第一千二百五十三条规定："建筑物、构筑物或者其他设施及其搁置物、悬挂物发生脱落、坠落造成他人损害，所有人、管理人或者使用人不能证明自己没有过错的，应当承担侵权责任。所有人、管理人或者使用人赔偿后，有其他责任人的，有权向其他责任人追偿。"其中，"搁置物、悬挂物"并非建筑物等设施的组成部分，而是搁置、悬挂在建筑物上的动产。

此种责任适用过错推定，其构成要件包括：①建筑物、构筑物或者其他设施及其搁置物、悬挂物发生脱落、坠落。②他人受到人身财产权益的损害。③损害与脱落、坠落之间有因果关系。④所有人、管理人或者使用人有过错。此种责任的责任人为所有人、管理人或者使用人，造成损害的原因多为责任人未尽到维护、管理义务，因此，依据损害事实，即可推定责任人有过错，被侵权人不必证明责任人存在过错。所有人、管理人或者使用人能够证明自己没有过错的，不承担侵权责任。所有人、管理人或者使用人赔偿后，对其他责任人享有追偿权。

四、堆放物倒塌、滚落或者滑落致害责任

《民法典》第一千二百五十五条规定："堆放物倒塌、滚落或者滑落造成他人损害，堆放人不能证明自己没有过错的，应当承担侵权责任。"此种责任适用过错推定，其构成要件包括：①堆放物倒塌、滚落或者滑落。②他人受到人身财产权益的损害。③损害与倒塌、滚落或者滑落有因果关系。④堆放人有过错。此种责任的责任主体为堆放人，即堆放物品的所有人或管理人，并非实施堆放行为的人。堆放人若能证明自己没有过错（如堆放行为合法正当、尽到了管理警示义务等），则不用承担侵权责任。

五、林木折断致害责任

《民法典》第一千二百五十七条规定："因林木折断、倾倒或者果实坠落等造成他人损害，林木的所有人或者管理人不能证明自己没有过错的，应当承担侵权责任。"此种责任适用过错推定，其构成要件包括：①林木折断、倾倒或者果实坠落。②他人受到人身财产权益的损害。③损害与林木折断、倾倒或者果实坠落有因果关系。④所有人或者管理人有过错。其责任主体为所有人或者管理人，所有人或者管理人若能证明自己没有过错，则不用承担侵权责任。

六、地下设施致害责任

《民法典》第一千二百五十八条第一款规定了正在施工中的地下设施致害责任，即"在公共场所或者道路上挖掘、修缮安装地下设施等造成他人损害，施工人不能证明已经设置明显标志和采取安全措施的，应当承担侵权责任"。此种责任适用过错推定，其构成要件包括：①在公共场所或者道路上实施了挖掘、修缮安装地下设施等行为。②他人受到人身财产权益的损害。他人不包括施工人的雇员、工作人员等。③施工行为与损害之间存在因果关系。④施工人有过错，未尽到"设置明显标志和采取安全措施"的义务。其责任主体为施工人，施工人可以通过证明自己"已经设置明显标志和采取安全措施"没有过错来免除责任。

与第一款规定的"正在施工中"不同，第二款规定了"使用中"的地下设施致害责任，即"窨井等地下设施造成他人损害，管理人不能证明尽到管理职责的，应当承担侵权责任"。此种责任也适用过错推定，与前款构成要件的区别主要表现在是使用窨井等地下设施的行为，即其内在危险引起了他人损害，推定管理人"未尽到管理职责"，存在过错。其责任主体为管理人（包括所有人、负有管理维护职责的人），管理人可以通过证明自己已尽到管理和维护的义务来减免责任。

七、妨碍通行物致害责任

《民法典》第一千二百五十六条规定："在公共道路上堆放、倾倒、遗撒妨碍通行的物品造成他人损害的，由行为人承担侵权责任。公共道路管理人不能证明已经尽到清理、防护、警示等义务的，应当承担相应的责任。"本条规定了两类妨碍通行物致害责任：一类是行为人的无过错责任；另一类是管理人的过错推定责任。

（1）在公共道路上堆放、倾倒、遗撒妨碍通行的物品威胁公共安全，本身即违反了法律规定。行为人只要实施了该行为就存在过错，在实践中也很难证明自己没有过错，出于对公共安全的维护，适用无过错责任原则。只要行为人实施了在公共道路上堆放、倾倒、遗撒妨碍通行物的行为，该行为造成了他人人身财产权益的损害，即应当承担侵权责任。

（2）公共道路的管理人依法负有管理维护公共道路的义务，发现道路上存在妨碍通行物时应及时清理警示，如未尽到相关义务，造成他人损害，则应当承担责任。该责任的构成要件包括：在公共道路上堆放、倾倒、遗撒妨碍通行的物品，该物品造成了他人的损害，管理人存在过错（如果不能证明已经尽到清理、防护、警示等义务）。

八、抛掷物、坠落物致害责任

（一）一般性义务

《民法典》第一千二百五十四条第一款确立了“禁止从建筑物中抛掷物品”的一般性义务。其性质为行为规范，而非裁判规范。任何民事主体都不得从建筑物中抛掷物品，否则将被追究法律责任。

（二）行为人自己责任

《民法典》第一千二百五十四条第一款规定了在行为人明确时的一般侵权责任。此种责任是自己为自己的过错行为所承担的责任，即“从建筑物中抛掷物品或者从建筑物上坠落的物品造成他人损害的，由侵权人依法承担侵权责任”。

（三）可能加害的建筑物使用人的补偿责任

此种情形在现实生活中往往难以查明具体的侵权人，因此法律规定了公平分担损失规则，这是一种补偿责任（不包含法律上否定性的评价），而非赔偿责任。其适用的前提是“经调查难以确定具体侵权人”。除了受害人举证证明外，《民法典》还赋予公安等机关调查的职责，若在此基础上仍不能确定具体的侵权人，则“由可能加害的建筑物使用人给予补偿”。此处的责任主体是建筑物的使用人而非所有人，是事实上可能加害的使用人，而非一切使用人。之所以规定这两点限制，主要是考虑到案发时实际使用建筑物的人，最有可能是行为人。

可能的加害人只有在“证明自己不是侵权人”时，才有可能免除侵权责任。首先，证明责任由建筑物的使用人承担；其次，只有排除了自己加害的全部可能性时才能免责；最后，可能加害的建筑物使用人补偿后，有权向侵权人追偿。

（四）建筑物管理人的过错责任

《民法典》第一千二百五十四条第二款规定了物业服务企业等建筑物管理人对建筑物负有维修、养护、管理等安全保障义务，应采取必要的安全保障措施来防止高空抛物坠物可能造成的损害。例如，事前提醒告知、安装摄像头、事后积极配合调查等。物业服务企业等建筑物管理人“未采取必要的安全保障措施的，应当依法承担未履行安全保障义务的侵权责任”。

（五）公安机关的调查职责

在现实中，受害人往往难以查明侵害自己的具体责任人，因此有关机关应依法履行职责，及时调查，查清责任人，协助受害人追究责任人的民事责任，乃至行政、刑事责任。《民法典》专门规定了“公安等机关应当依法及时调查，查清责任人”。

本章小结

《民法典》规定了七种特殊的侵权责任，涉及较具特殊性的行为和活动，其归责原则适用过错推定原则或无过错责任原则，包括产品责任、机动车交通事故责任、医疗损害责任、环境污染和生态破坏责任、高度危险责任、饲养动物损害责任、建筑物和物件损害责任。

简答题

1. 简述产品责任的构成要件及责任方式。
2. 简述环境污染和生态破坏责任的构成要件。

案例

甲、乙多次到国家级水产品资源保护区使用禁用方法非法捕捞水产品，共计 500 千克，非法获利 3 500 元。甲、乙违反了保护水产资源的法律法规，在未取得捕捞许可证的情况下，在禁渔区、禁渔期使用禁用工具、方法捕捞水产品，情节严重，其行为构成非法

（扫码查看案例解读）

捕捞水产品罪。检察院对其提起公诉，同时提起附带民事公益诉讼。

甲、乙是否应根据《民法典》的规定承担修复责任及赔礼道歉？甲、乙是否应承担惩罚性赔偿金？

参考文献

［1］王利明．民法［M］．8 版．北京：中国人民大学出版社，2020.

［2］王利明．民法［M］．9 版．北京：中国人民大学出版社，2022.

［3］王利明，等．民法学［M］．6 版．北京：法律出版社，2020.

［4］王利明．合同法研究：第三卷［M］．2 版．北京：中国人民大学出版社，2015.

［5］王利明．人格权法［M］．3 版．北京：中国人民大学出版社，2021.

［6］王利明．人格权法研究［M］．3 版．北京：中国人民大学出版社，2018.

［7］王利明，程啸．中国民法典释评：人格权编［M］．北京：中国人民大学出版社，2020.

［8］崔建远．合同法［M］．5 版．北京：法律出版社，2010.

［9］郑玉波．民法债编各论［M］．台北：三民书局，1986.

［10］姚辉．人格权法论［M］．北京：中国人民大学出版社，2011.

［11］黄河清．近现代汉语词源［M］．上海：上海辞书出版社，2020.

［12］周枏．罗马法原论［M］．北京：商务印书馆，2014.

［13］杨立新．人身权法论［M］．北京：人民法院出版社，2002.

［14］杨立新，李怡雯．中国民法典新规则要点［M］．2 版：修订本．北京：法律出版社，2021.

［15］韩大元．生命权的宪法逻辑［M］．南京：译林出版社，2012.

［16］黄薇．中华人民共和国民法典人格权编解读［M］．北京：中国法制出版社，2020.

［17］陈甦，谢鸿飞．民法典评注：人格权编［M］．北京：中国法制出版社，2020.

［18］中国审判理论研究会民事审判理论专业委员会．民法典人格权编条文理解与司法适用［M］．北京：法律出版社，2020.

［19］张俊浩．民法学原理［M］．修订版．北京：中国政法大学出版社，1997.

［20］王众，刘丽娟．隐私权若干法律问题初探［J］．云南大学学报（法学

版），2004（4）：25-27.

［21］张新宝．侵权责任法［M］．5版．北京：中国人民大学出版社，2020.

［22］张新宝．信息技术的发展与隐私权保护［J］．法制与社会发展，1996（5）：16-25.

［23］中共中央马克思恩格斯列宁斯大林著作编译局．马克思恩格斯选集［M］．北京：人民出版社，1972.

［24］梅因．古代法［M］．沈景一，译．北京：商务印书馆，1997.

［25］刘文．继承法律制度研究［M］．北京：中国政法大学出版社，2016.

［26］王琳．亲属与继承法［M］．北京：法律出版社，2014.

［27］李俊．婚姻家庭继承法［M］．北京：中国政法大学出版社，2010.

［28］杨大文．亲属法与继承法［M］．北京：法律出版社，2013.

［29］郭明瑞，房绍坤．继承法［M］．2版．北京：法律出版社，2003.

［30］郭明瑞，等．继承法研究［M］．北京：中国人民大学出版社，2003.

［31］河山．河山解读继承法［M］．北京：中国社会出版社，2011.

［32］张平华，刘耀东．继承法原理［M］．北京：中国法制出版社，2009.

［33］翟云岭，刘耀东．论继承权丧失制度：以我国《继承法》第7条的修改为中心［J］．北方法学，2012，6（5）：76-86.

［34］魏振瀛．民法［M］．8版．北京：北京大学出版社，2021.

［35］劳森，拉登．财产法［M］．施天涛，等译．北京：中国大百科全书出版社，1998.

［36］刘素萍．继承法［M］．北京：中国人民大学出版社，1988.

［37］张玉敏．继承制度研究［M］．成都：成都科技大学出版社，1994.

［38］张玉敏．继承法律制度研究［M］．北京：法律出版社，1999.

［39］何勤华，殷啸虎．中华人民共和国民法史［M］．上海：复旦大学出版社，1999.

［40］优士丁尼．法学阶梯［M］．徐国栋，译．北京：中国政法大学出版社，2000.

［41］韩家勇．试析代位继承中的几个问题［J］．中南政法学院学报，1988（3）：78-81.

［42］《最高人民法院司法解释小文库》编选组．婚姻家庭继承司法解释［M］．北京：人民法院出版社，2006.

［43］王成．侵权责任法［M］．3版．北京：北京大学出版社，2019.

［44］王泽鉴．侵权行为法［M］．修订本．北京：北京大学出版社，2009.

[45] 王泽鉴．民法学说与判例研究：第5册［M］．北京：中国政法大学出版社，1997.

[46] 福克斯．侵权行为法［M］．齐晓琨，译．北京：法律出版社，2006.

[47] 吕忠梅．“生态环境损害赔偿”的法律辨析［J］．法学论坛，2017，32(3)：5-13.

[48] 龙翼飞．中华人民共和国继承法评注：总则［M］．厦门：厦门大学出版社，2020.

[49] 龙翼飞，陈群峰．民法案例教程［M］．北京：法律出版社，2013.

[50] 龙翼飞．比较继承法［M］．长春：吉林人民出版社，1996.

[51] 龙翼飞．民法学［M］．3版．北京：中国人民大学出版社，2020.

[52] 龙翼飞，宋晓明，陈群峰．合同法教程［M］．北京：法律出版社，2008.

[53] 龙翼飞．编纂民法典婚姻家庭编的法理思考与立法建议［J］．法制与社会发展，2020，26（2）：39-53.